新闻写作
精选案例解析

赵凤山 著

中国文史出版社

图书在版编目（CIP）数据

新闻写作精选案例解析／赵凤山著. —北京：中国
文史出版社，2019.12
ISBN 978-7-5205-1801-7

Ⅰ. ①新… Ⅱ. ①赵… Ⅲ. ①新闻写作 Ⅳ.
①G212.2

中国版本图书馆 CIP 数据核字（2019）第 286494 号

责任编辑：方云虎
封面设计：张　军

出版发行：中国文史出版社
社　　址：北京市海淀区西八里庄路 69 号　　　邮编：100142
电　　话：010-81136630
传　　真：010-81136666
印　　装：廊坊市海涛印刷有限公司
经　　销：全国新华书店
开　　本：787 毫米×1092 毫米　　　1/16
印　　张：22.25
字　　数：346 千字
版　　次：2021 年 3 月北京第 1 版
印　　次：2021 年 3 月第 1 次印刷
定　　价：68.00 元

自　序

作者与新闻结缘始于 20 世纪 50 年代。1958 年 12 月，中国人民大学在七七四厂（北京电子管厂）开办新闻函授班，那时作者入厂不到 5 个月，由于给厂报《红星报》（后更名为《电子报》）写过稿，有幸被推荐参加这期函授班，那是作者平生首次与新闻有缘。通过培训对新闻萌生兴趣，买过一本苏联切列巴霍夫著《消息和通讯》（中国人民大学出版社 1956 年 6 月第 1 版），这是作者读过的第一本新闻专著，受益匪浅，保存至今。作者的第一篇通讯《旗手——潘凤楼》发表在《电子报》1959 年 10 月 31 日第 386 期第 2 版。此后，虽业余时间主要精力是研习文学，还是为厂报和广播站写过不少稿件。这期间对新闻是实践积累的过程。

1985 年 10 月底，作者调到中国电子报社，加入新闻从业人员队伍，新闻视野拓宽了，实践有了用武之地。在中国电子报社工作 16 年期间，任过《中国电子报》副刊部副主任（主持工作）、记者部主任（兼过不到一年总编室主任）；参与创办《电子商报》，任过副总编辑、执行总编辑；参与创办《通信产业报》，任过执行总编辑、总编辑。2000 年提前退休后，到深圳参与创办《世界电子商报》，任过常务副社长兼总编辑。

在报社除了大量的管理工作外，还发表了六七百篇新闻作品。出版过新闻通讯评论集《谁持彩练当空舞》（中国人事出版社 1995 年 10 月第 1 版），这本书从当时 400 余篇作品中，精选出 60 篇通讯和评论，新华社高级记者、中国新闻学院教务长徐占焜先生为该书写了序。出于对新闻事业的挚爱，以及对新闻写作的体味，退休后经过十年磨一剑，出版了《消息写作技巧》《通讯写作诀窍》《评论写作方法》（中国社会出版社 2015 年 9 月第 1 版）三本专著。

作者的后半生可以说与新闻密不可分、休戚与共。新闻是作者的工作职业，也是融入作者体内的血液。这本《新闻写作精选案例》，作者从 2000 年就开始做准备，把尽可能找到的报样录入电子版，然后反复取舍编辑校改，直到 2013 年基本完成。由于忙着出版其他的书籍，这本书就搁置了下来，直到 2019 年元旦期间，有了想再重新校改一遍的想法，用了 40 多天时间完成重校，自己觉得还是有出版价值，主要是出于如下几个方面：

收录书中的 70 篇新闻案例作品，时间跨度系 1985 年—2007 年。这 20 余年正是改革开放如火如荼的时期，电子工业经历了重大的变革，部属企业下放地方变为行业管理，电子工业部体制上也几经变化，先是与机械工业部合并为机械电子工业部，后又独立出来变回电子工业部，再后来与邮电工业部合并为信息产业部……电子工业或者说信息产业，在这 20 余年里超常规快速发展，在引进→消化→吸收→创新方针下，经历着翻天覆地大发展，走在了各行各业的前列。作为这一段历史见证人的记者，用手中的笔忠实地记录下历史瞬间。作者在电子行业工作 40 多年，希望人们记住这段艰难岁月，这是作者的一大未了心愿。

虽然在 1995 年出版过《谁持彩练当空舞》，那只是作者 10 年阶段性的成果。由于时间匆匆，留下许多遗憾。当年获中国新闻奖的评论员文章《弘扬国产名牌迫在眉睫》没能收入，此后作者还发表过很多重要文章，如《俯瞰全球并购潮》

《"入世"给中国通信业带来什么》《面对 WTO 倾力打造中国技术品牌》等。2015 年出版三本新闻专著以后，作者一直想在有生之年，出版一部新闻写作案例解析专著，为自己的新闻生涯画上一个圆满的句号。

从 2013 年开始，对发表过的六七百篇作品进行梳理，确定了 141 篇作品大名单，当时选录的标准是内容上有资料性价值，蕴含着足够多的信息量，还有就是有自己的观点和见解，再就是形式上有自己的特点。作者撰写新闻稿件特别强调信息量，无论写什么体裁的新闻，一定要有读者未知的信息，哪怕是一组数字也好；再就是一定要有自己的见解和观点，因为在进入中国电子报社之前，作者已在电子行业浸淫了 27 年，目睹了电子行业的发展历程，凭借着这些累积的经验，有自己的见解和观点再自然不过，当然这些见解和观点是与时代合拍的。

2019 年春，又一次整理阅读这些作品，从 141 篇作品中，精选细选出有代表性的 70 篇案例作品，这些案例作品大都主题鲜明、内容翔实、信息量大、启发性强，紧扣改革开放中需要关注的问题，有一定的史料价值。在消息、通讯、评论三大类案例作品中，又细划分出 12 个品种类别。同时对这些案例作品，现身说法进行独家解析。这些解析先对文章体裁作简要说明，然后对作品进行剖解，有的是创作背景，有的是采访经历，有的是写作过程，有的是作品剖析；这些解析中有说明，有讲解，有分析，有感慨，有故事，有轶事；不乏糅合一些采访经验、写作技巧、心得体会。这些独家解析可以增强读者对本书的认识，也为借鉴写作提供了样本和方法。这样做的目的无非是希望把作者的经验，能让更多的热爱新闻的后来者分享。

本书附录收有作者的四篇理论探讨文章。这些文章主要是新闻作品写作方面的分析，是作者实践总结中的独创，深入浅出、通俗易懂、理论为辅、实例为主，有一定的知识性、可读性，以及可操作性。它们大多是作者的经验之谈，是作者个人对新闻体味的凝聚，相对 70 篇案例作品，也算是对新闻写作技巧的补充。虽是作者的一家之言，希望起到抛砖引玉的作用。

新闻写作内容为王，但也不能忽视形式的作用。作者在形式上的创新也做过多种尝试，在通讯中运用过文学中的对话，电影中的蒙太奇镜头，画龙点睛的议论等，甚至采用第二人称写过人物通讯。这些尝试既不是哗众取宠，也不是离经叛道。作者的本意是打破固有的模式，变个样子试验一下，即使这些尝试失败了，也没有什么大的损失，因为作者已经尝试过了。

最后，还有说明一点的是，本书的案例作品发表时，除了用作者本名以外，还用过应同兴等笔名。在本书即将出版之际，特别感谢报社的历任领导给作者提供的平台，感谢他们对作者的帮助和指导；感谢和作者合作过的报社同仁及朋友；感谢那些见过面和未谋面的新闻前辈，他们的著作为作者提供了精神食粮和难得范本；感谢中国文史出版社领导的厚爱、感谢编校人员的辛劳付出，没有他们的帮助和支持，就没有本书的出版和发行。同时还要感谢那些未谋面的读者，感谢他们一起分享作者的心得和体会。

作者于 2020 年 1 月 22 日京西八角寓所

目　　录

消息类原文与解析

企业民主管理的新鲜事

"环宇"有个"侃大山"协会

本报讯 记者赵凤山报道：为增强民主意识，推动企业文化建设，石家庄电视机厂在今年2月成立了"侃大山"协会，出版了"侃"报，企业出现了职工心情舒畅，工作热气腾腾的景象。

今年初，石家庄电视机厂有关部门建议出版"环宇"报。郎宝祥总经理认为办报就得让大家说说心里话，批评总经理也行。起初，有人担心这样工厂会不会"乱套"。郎总认为有三个"相信"就不会乱了套，这就是相信我们的事业是正义的，相信我们也有不足的地方，相信职工群众是通情达理的。群众议论纷纷，七嘴八舌，各级干部置于群众监督之下，不仅发扬了企业民主，而且还可以抑制企业的短期行为。于是由群众选的"侃大山"协会诞生了，"侃"报也问世了，著名作家理由还担任了"侃"报顾问。

"侃大山"是近年北京流行的土话，意思是大伙坐在一起"神聊"。据传金代游牧民族时就有"侃大山"的谐音。"侃大山"协会成立后，群众"正侃""反侃"，还真"侃"出不少好东西。厂里把大家"侃"的意见集中起来，每月出一期"侃"报，各级领导根据群众的"侃议"，制订工厂整改方案。目前已就家属宿舍、职工福利、饮水问题等八个方面"侃"出的问题，采取了有效的措施。工厂对"侃"出名堂、"侃"出效益的职工还进行了奖励。其中一个职工由于"侃"出了好意见，工厂还给他涨了一级工资。

"侃大山"协会这种新鲜事，实际上是把厂长负责制和民主管理相结合、高度集中和高度民主相结合、个人决策和民主决策相结合的一种形式。郎宝祥提出对"侃大山"的职工要保护和奖励，工厂保证说到做到，绝不能放空炮，如果放了空炮，下次见"侃"报。

编后：时下颇为时髦的是大谈透明度，而人们最关心的是这种透明度到底能见到什么程度。"环宇"成立"侃协"，出刊"侃"报，充分尊重职工的主体意识，焕发出职工的主人翁责任感。我们透过这件新鲜事物，看到了企业民主化的进程，可谓能见度高乎?!

《中国电子报》1988 年 4 月 15 日

机械电子工业部质量安全司郑重宣布

金凤电视机 "爆炸" 是外力破坏所致

本报讯 记者赵凤山报道：日前，机械电子工业部质量安全司程光辉司长，在辽宁无线电八厂赴襄阳调查爆炸事件汇报会上郑重宣布：湖北襄阳县张湾镇散有德家的 14 英寸"金凤"牌黑白电视机不是自爆，而是由于另一强爆炸源破坏所致。这一结论，不仅使众多电视机厂家释然，而且也使千千万万消费者的心踏实下来。

1989 年 2 月 7 日晚，散有德家在收看电视时，突然发生爆炸事件，房屋受到严重破坏，室内物品大都毁坏，电视机显像管也破碎，而且家中 6 人受伤，其中 4 人受重伤。随后，辽宁无线电八厂收到电报，说是电视机爆炸，一些新闻单位也进行了报道，一时使消费者产生了疑虑。

辽宁无线电八厂本着对产品质量负责，对消费者利益负责的态度，先后分两批派人前往现场调查，并在机械电子工业部质量安全司的指导下，请部属广播电视产品检测中心、电真空器件检测中心等单位的专家和技术人员组成技术专家组到现场工作，在当地有关部门的支持和配合下，经过历时 20 余天，耗资 3 万余元的周密调查，确认散有德家遭此严重的伤害后果，是来自另一强爆炸源，电视机显像管之所以破碎，是受外爆炸力冲击的结果，不是自爆。

近年来，发生的几起所谓电视机"爆炸"事件，无一起是因电视机本身的质量造成，都是外界起火、爆炸，引起电视机被动损坏。有关权威部门指出，国产电视机均经过严格的防爆试验，质量是可信的。因此，不要轻易将不明的爆炸原因算到电视机的头上。

《电子市场报》1989 年 3 月 30 日

昔日旧线闲置　今朝妙手回春

我国首条 Φ100 集成电路生产线试产

本报讯　记者凤山、大寿、自力报道：我国第一条能加工 3 微米的双极型 Φ100 毫米集成电路管芯生产线，在甘肃天水 871 厂首次全线试生产成功。经过近半年多的运行，34 个 LS 品种中测成品率已超过设计指标，小规模品种一般达 70% 以上，中规模品种一般达 50% 以上，材料国产化品种达到 95% 以上。该线已具有 80 年代初集成电路工业化生产的国际水平。

871 厂是国家"六五"和"七五"期间技术改造规划的重点。这个厂于 1984 年用新设备价格的 1/2 款，从美国引进了 Φ100 毫米集成电路旧线。在旧线引进成风的情况下，有人预言该线设备将来会变成一堆废铜烂铁。但该厂发动广大技术人员和职工，依靠自己的力量和技术，对该线技术和设备进行消化、改进，尤其是在缺乏关键件和资料不全的情况下，他们自己重新编制软件系统，修复硬件系统，成功地把国产计算机移植到扩散炉控制系统上，控制精度全部达到和部分超过原进口设备的指标，叩开了引进二手设备技术奥秘的大门。

该厂自力更生、奋发图强、艰苦创业的精神，在当前西方发达国家在高技术领域对我国严加封锁的国际大气候下，显得尤为重要。只要在后工序的投资改造等方面给予必要的倾斜，该厂就会形成年产 1 亿只管芯，3200 万块成品的规模生产能力。

《中国电子报》1989 年 8 月 15 日

十年苦心营造终结硕果
银线千丝万缕牵动万家

北 京 现 代 电 信 网 初 竣

本报讯　记者赵凤山报道：经过近十年的新建、扩建和改建，北京已初步建成一个现代化的、四通八达的国内、国际电信网络，市话网以每 5 年翻一番的速度发展，到 2000 年时，电话机总数可达 300 多万门，话机普及率 35% 左右。这是北京电信管理局倪益麟副局长在不久前召开的亚运会电子工程新闻发布会上透露的。

近年来，北京电信事业取得了飞速发展，尤其是借亚运会东风，491 局的开通使用，使北京电话交换机容量已达 48 万门，其中先进的数字程控交换机占 65%以上，此外还有近 80 万门的用户交换机。北京国内长途自动机容量已有 6700 路，通过全国长途自动网，可直拨 521 个城市；国际交换机容量为 2800 路；国内、国际交换网相连通的蜂房式移动电话系统已在北京地区广泛应用，有 16 个基地台、200 多个高频信道、两个交换局（900、901）。无线寻呼通信网，经过扩容现有 3 个基地台，拥有近 3 万个用户。纵横交错、四通八达的电信网，保证了第 11 届亚运会通信服务工作的圆满完成。

北京电信网的广阔发展前景，给通信设备市场注入了活力，专用数据网控制机房、专用数据终端设备、程控交换机、光端机、光缆、移动电话、磁卡电话、BB 机等的需求，将会有较大幅度的增长，与此同时，未来十年，全国电信事业将会发生巨变。

《电子商报》试刊号 1990 年 11 月 12 日

软技术带来硬效益

正交优化法应用前景诱人

本报讯 记者赵凤山报道：面对激烈的市场竞争，企业如何提高经济效益？在 4 月 20 日召开的正交优化法应用成果发布会上，专家们建议企业不妨从正交优化法中去寻求答案。

正交优化法（以下简称正交法）是一种投入少、获利大的最优化方法，它利用正交表（一种编排后规格化了的数学用表）来安排试验和分析试验，做到多因素的最佳优化，国内外专家认为这是提高效率、改善质量的最为有效的方法之一。日本早在 50 年代，田口玄一博士就创立了正交法（又称"田口方法"），其各大公司把正交法作为工程技术人员必修的培训课程。美国专家认为，正交法成为 60 年代以来日本经济高速发展的一种秘密武器。近年来，欧美国家推广应用正交法，也取得重大成果和经济效益。

我国从 1963 年开始研究正交法，目前，据中国现场统计研究会提供的资料，已取得数万项成果，经济效益累计达十几亿元。仅北京市电子工业统计，正交法成果占全市该项成果的 1/3。电子行业应用正交法的成功例子举不胜举，如杭州电视机厂 OTL 电路设计，应用正交法后年避免经济损失 1800 万元；无锡电容器厂把正交法用于计算机工艺过程的优化控制，年增经济效益 168 万元；江苏淮安半导体零件厂应用正交法后，绝缘电阻值超过部颁标准 1—2 个数量级，创造了 50 多万元的直接经济效益；8531 厂推广应用正交法，使 2CK 系列二极管的合格率从 20%—40% 提高到 98%—100%。作为全国推广的七大软科学成果之一的正交法，将成为 90 年代我国发展社会生产力的重要方法。

《电子商报》1993 年 4 月 27 日

轻巧纤薄　　新颖别致

飞利浦数字移动电话独具个性

本报讯　记者赵凤山报道：一部只有 9.9 厘米高、95 克重的数字移动电话，一会儿被罗振辉（Simon Roper）托在手掌上，一会儿又放进他的西服上衣内兜里。这位飞利浦消费通讯系统亚太区经理，4 月 3 日向在京的记者充分展示了据称迄今全球最小最轻的飞利浦 Genie 数字移动电话。

飞利浦 GSM Genie 享有专利的话筒设计，此话筒不仅提供了非常合理的耳到嘴比例，而且能够自动应答和结束呼叫。该机选用了全球首创的语音识别功能，即音控拨号。使用音控拨号，用户只需说出姓名，电话便会自动拨通，方法简单。只要在早已储存在 SIM 卡的电话号码前加上话音标记，就可以用音控拨号存储多达 10 个号码。这对在车内使用尤为简便。

Genie 还有一个振动提示功能，它使电话只振动而不响铃，在开商务会议时使用此功能就更理想。在嘈杂的环境，即使将 Genie 电话放在提包或公文包里，也能清晰听见 Genie 的铃声。如果使用超高容量电池，其待机时间长达 3 个星期——比同类的任何其他电话的待机时间都长。

《通信产业报》1997 年 4 月 9 日

"巨龙"高奏奋进曲

本报讯　记者赵凤山报道：元月 14 日夜晚，京城瑞雪纷飞，长安街银装素裹，透着缕缕寒意。位于六部口内的北京音乐厅，'98 巨龙之春世界名曲交响合唱音乐会的激扬乐曲，却提早给通信业的人士带来融融春意。

随着总政歌舞团演奏的《我们举杯》《丰收之歌》的欢快旋律，巨龙公司的新朋老友沉浸在去年的回顾之中：1997 年 8 月，巨龙公司自行开发生产的 HJD04 数字交换系统累计销售超过 1000 万线，市场占有率达到 10%，雄踞国产交换机榜首；12 月，我国第一套 CIN 高级智能网系统通过了国家鉴定。累累硕果相伴巨龙走进 1998。

《莫斯科郊外的晚上》《红莓花儿开》那熟悉的抒情曲调，自然勾起对俄罗斯的感情。1997 年初，HID04 数字程控交换系统正式获得了俄罗斯电信网入网许可证，从而成为第一个获得国外入网许可的中国国产交换系统；5 月在莫斯科举行的国际通信展上，巨龙又一次引起国际通信界的普遍关注。从俄罗斯到古巴建立基地，巨龙公司开始走向世界，在亚洲的越南、孟加拉、缅甸、尼泊尔，拉美的巴西、哥伦比亚，非洲的埃及、南非等国家和地区的市场开拓也取得了突破性进展。

雄壮激昂的《保卫黄河》，将音乐会推向高潮。那激人奋起的乐章，预示着巨龙公司在'98 新春将继续高奏中华民族奋进曲，列入国家"863"计划的 04E 型机的研制工作接近尾声；一种全新概念的发布式移动通信交换系统——DMSC 的技术已经成熟，这两项产品将于今年初投放市场，新春的通信市场又会带来一股"巨龙"冲击波。

《通信产业报》1998 年 1 月 28 日

解析：《"环宇"有个"侃大山"协会》《金凤电视机"爆炸"是外力破坏所致》《我国首条 Φ100 集成电路生产线试产》《北京现代电信网初竣》《正交优化法应用前景诱人》《飞利浦数字移动电话独具个性》《"巨龙"高奏奋进曲》7 篇消息放在一起解析。

消息在新闻家族中是绝对的主角。这是因为消息的新闻特征最集中、最鲜明，它的地位最突出、最重要，它的传播最迅速、最及时，它也是拥有读者最多的新闻报道形式。消息的结构主要由标题、导语、主体、背景和结尾五个层次组成，导语（一般为文中第一段）通常包含五个 W，即何人（Who）、何时（When）、何地（Where）、何事（What）、何因（Why），现在不再强调导语有五个 W，但至少也要有两个以上 W。为了增强新闻的客观性和可信度，有时在导语中还需要有由头——新闻发布的依据、来源、契机等，宽泛的理解还可以是新闻发布的时间、重要事实、次要事实，甚至是新闻的时宜性。

笔者在 1985—2000 年，发表过 400 多篇各类消息，这里就本书选出的 7 篇消息进行一下解析：7 篇消息的标题，除了《"巨龙"高奏奋进曲》只有主标题外，其余 6 篇都是"眉题+主题"的模式。7 篇消息的导语至少都有 3 个以上的 W。7 篇消息大都有新闻由头，如《"环宇"有个"侃大山"协会》中的"为增强民主意识，推动企业文化建设"；《北京现代电信网初竣》的"经过近十年的新建、扩建和改建……这是北京电信管理局倪益麟副局长在不久前召开的亚运会电子工程新闻发布会上透露的"；《金凤电视机"爆炸"是外力破坏所致》中的"在辽宁无线电八厂赴襄阳调查爆炸事件汇报会上"；《正交优化法应用前景诱人》中的"面对激烈的市场竞争，企业如何提高经济效益？"；《飞利浦数字移动电话独具个性》中的"据称迄今全球最小最轻的飞利浦 Genie 数字移动电话"等。7 篇消息的导语中，有 5 篇写得循规蹈矩；另 2 篇消息稍有新意：《飞利浦数字移动电话独具个性》的导语，采用了场景的描写，显得活灵活现；《"巨龙"高奏奋进曲》的导语，用"京城瑞雪纷飞，长安街银装素裹，透着缕缕寒意"，反衬巨龙之春名曲交响合唱音乐会带来的融融春意。这两篇消息的导语，多多少少用了散文化的笔调。

任何新闻都是在一定的环境和历史条件下产生的。因此，新闻事件发生的历史、环境和动因的说明，就成为消息的背景。背景材料是新闻的从属部分，不一定每条新闻都要有背景材料，但是应该写上的绝对不能少。如《金凤电视机"爆炸"是外力破坏所致》一文中，就必须交代清楚背景，这就是湖北省襄阳县张湾镇散有德家的爆炸是如何发生的，损失到什么程度，是不是电视机引起的爆炸？最后通过缜密调查才得出结论：电视机不是自爆的，电视机的损坏是由另一强爆炸源所造成的。

《我国首条 Φ100 集成电路生产线试产》的写作，是在 1989 年 7 月前去甘肃天水八七一厂，笔者参观 Φ100 集成电路生产线试产后，写出此篇消息。没想到被新华社当作通稿发出。当时受邀去的媒体很多，新华社选中笔者这篇消息，一是对集成电路报道的高度重视，二是关于集成电路高科技新闻，更相信电子专业媒体的权威性。这篇消息写作上没有出奇的地方，之所以被新华社采用通稿，绝对是沾了集成电路题材的光。

俯 瞰 全 球 并 购 潮

按语： 近几年来，全球掀起一阵阵企业并购狂潮，汹涌澎湃，如火如荼，令人眼花缭乱。各种媒体连篇累牍刊发并购消息，一时成为经济界的热门话题。本文作者试图从宏观的角度，对全球并购潮进行全景式的描述和勾勒，逐一剖析全球并购潮形成的特点、产生的动因和出现的正负效应等问题。力争做到资料翔实、数字准确、介绍全面、分析客观，以期使读者能够窥探到并购潮的全貌。

进入 20 世纪 90 年代中期，全球企业并购潮愈演愈烈，形成燎原之势，一发不可阻挡。毫不夸张地说，在当今世界经济生活中，并购已成为最令人瞩目的一道色彩斑斓的风景线，它对未来 21 世纪全球经济格局产生的巨大影响是无法估量的。

何谓并购？所谓并购（M&A）就是兼并（Merger）和收购（Acquisition）的简称，用通俗的话说，就是购买企业。这意味着企业本身就是一种商品。近年来并购热潮的风起云涌，足以说明时下在全球范围内，已经形成了一个买卖企业的庞大市场。

自 1995 年起，国内外经济界和新闻界开始格外关注并购现象，有关并购的消息目不暇接，有关并购的话题永无休止。作为一种全球经济现象，它可能成为 20 世纪最后几年里，最值得研究的重大课题。全景式的描述世界并购潮，深入探索其独有的内在和外在规律，无疑有助于对全球并购现象重新审视和理解。

一、全球并购潮形成的特点

众所周知，迄今为止，美国历史上曾发生过四次企业兼并浪潮，时间依次为 19 世纪末至 20 世纪初（1895—1904 年）；20 世纪 20 年代（1915—1930 年）；

20 世纪 60 年代（1960—1970 年）；20 世纪 70 年代中期至 90 年代初期（1975—1992 年）。这四次兼并浪潮主要目的是进行产业结构调整，且都出现在经济周期的复兴阶段。

如果把以美国为风源的始于 20 世纪 90 年代中期的全球并购潮，暂且称为近百年来的第五次并购浪潮的话，那么它与前四次并购潮有何本质的不同？又有何鲜明的特点呢？

并购背景不同　着眼长远发展

美国历史上发生的四次企业兼并浪潮，均发生在该国经济周期由萧条转向复苏时期，通过企业间的兼并加快产业结构调整，加大市场份额。如百年前的第一次兼并，以横向兼并为主，兼并的结果使美国的工业结构出现了永久性的变化，100 家大公司的规模增长了 4 倍，并控制了全国工业资本的 40%。

随着垄断的形成和反垄断法规的出台，第二次兼并浪潮有了纵向兼并的需要；又由于竞争的加剧，第三次兼并浪潮混合兼并变为主角；巨型公司应运而生之后，又推动第四次兼并浪潮向多样化发展。纵观前四次兼并浪潮，无不受现实生存和短期行为影响。

近几年出现的全球并购浪潮，是在世界经济一体化和信息化步伐不断加快的过程中掀起的，是企业为适应全球经济格局和产业结构急剧变化而实施的一项战略行动，终极目的是要寻求在 21 世纪的长远发展。由于是一次战略行动，因此并购的规模、特点、成因、结果与过去几次兼并浪潮有很大不同。

并购规模空前　源头仍是美国

这次全球并购浪潮规模前所未有，主要表现在并购的数量和金额上。前四次美国企业并购数量在高峰期年平均为 530 件、916 件、1650 件和 3000 件。这次全球并购浪潮，年均并购数量达到 21782 件以上，其中 1995 年 17200 件，1996 年 22729 件，1997 年 21000 件，1998 年 26200 件。并购数量之多，使前四次并购潮相形见绌。

前四次并购潮年均并购金额最多约为 3000 亿美元。这次全球并购年均并购金额为 14515 亿美元，其中 1995 年 8660 亿美元，1996 年 11400 亿美元，1997 年 14000 亿美元，1998 年 25790 亿美元。并购金额之大，令前四次并购潮望尘莫及。

如果说全球并购潮的风源在西方的话，那么源头仍旧是美国。近几年美国企业并购的金额始终占全球并购金额的 50% 以上，并购数量也接近全球的 50%。如美国并购金额和数量及占全球的百分比，分别是 1995 年，5190 亿美元，占59.9%，9152 件，占 53.2%；1996 年，6588 亿美元，占 57.8%，10200 件，占

44.9%；1997 年，8230 亿美元，占 58.8%，9400 件，占 44.8%；1998 年，16790 亿美元，占 65%，11500 件，占 43.9%。并购金额一路扬升，而并购数量原地徘徊，原因是大企业之间巨额并购增加，而数量大体持平。

据美国纽约一家证券公司统计，1997 年世界主要几个经济大国并购额排名依次为美国、英国、加拿大、澳大利亚、德国和意大利。英国虽名列第二，但全年并购案只有 1908 件，并购金额仅 1190 亿美元，与排名第一的美国相比，可谓是小巫见大巫。

巨额并购飙升　垄断大势已定

美国毕马威公司将巨额交易定义为 10 亿美元以上，这个界定如果放在前几年还算比较高，但这两年并购活动太精彩，变化太奇妙，10 亿美元以上的交易，在 1997 年就发生了 156 起，成为家常便饭。进入 1998 年，就是 100 亿美元以上的交易，也是屡见不鲜，似小菜一碟。"迄今为止最大的一宗并购案"这种新闻用语，早已用滥，成为历史。巨额并购的浪潮一浪更比一浪高。这里不妨撷取美国公司几例，权当佐证：

——1996 年，波音公司斥资 133 亿美元并购麦道公司；时代公司以 141 亿美元收购华纳公司；大西洋贝尔以 360 亿美元兼并纽新公司；

——1997 年，世界通信公司（WorldCom）以 370 亿美元兼并了微波通信公司（MCI）；

——1998 年国民银行与美洲银行合并，组成美国第一大银行，合并金额涉及 593 亿美元；西南贝尔公司以 620 亿美元与亚美达科公司达成兼并协议；花旗银行以 820 亿美元完成与旅行者公司的并购。

以上这些例子只是极少一部分，恐怕不过是挂一漏万。巨额并购的结果，无非是产生巨型公司，这些新的巨型公司以其强大实力取得国内和国际的垄断地位。如 1998 年 12 月 1 日，美国埃克森石油公司出资 800 亿美元并购美孚石油公司，新组成的埃克森—美孚石油公司，一举成为世界最大的石油公司，市场价值高达 2500 亿美元，石油日产量仅次于沙特和伊朗的石油产量，全球龙头老大的位置不言而喻。

跨国并购活跃　欧美企业居多

这次全球并购潮使沉寂多年的跨国兼并又重新激荡起来，而且无论在数量、规模、金额上都超过了早期跨国公司的全盛时期。据统计，1995 年至 1996 年每年跨国并购都在 2000 起以上。1997 年全球企业跨国并购案涉及的金额达到 3410 亿美元，比 1996 年增长 20% 以上，其中美国公司用在跨国并购上的金额近 800

亿美元，居世界跨国并购费用第一位，瑞士公司和英国公司分居第二位和第三位，支出金额接近 400 亿美元。1998 年跨国并购又上新台阶，仅头三个季度企业并购涉及的总金额就达到 3830 亿美元，比 1996 年同期增长了 67%，且超过了创纪录的 1997 年全年的数额。其中仅 61 项跨国巨额交易总金额就达到 2290 亿美元，是 1996 年同期的 3 倍。

1998 年跨国并购高潮迭起，仅 11 月下旬以来，就发生了多起重大跨国并购案，如德意志银行收购美国信孚银行；法国道达尔石油公司并购比利时的菲那石油公司；德国的赫希斯特和法国的罗纳—普朗克合并；瑞典的阿斯特拉制药集团与英国的捷利康医药公司合并。此前，英国石油公司兼并了美国阿莫科石油公司。

这些跨国并购的一个明显标志，是在欧美发达国家之间进行。以 1998 年头三个季度为例，欧盟的跨国兼并额达 1800 亿美元，比 1996 年同期增长 100%，外国公司收购美国产业的总金额达到 1050 亿美元，美国公司的跨国收购金额也达到 1100 亿美元。

跨国并购方兴未艾，究其原因，主要是因为世界经济一体化进程加快，区域化趋势日益明显，跨国经营就显得尤为重要。随着欧元的问世，新一轮跨国并购风潮将会更加如火如荼。

并购格局变化　信息产业占先

以信息业为代表的高科技产业在这次全球并购潮中扮演了主角。1996 年，美国兼并与合并的企业总数的 22% 是信息技术企业，通信产业的企业收购、合并和股票交易比 1995 年上升 38%。

1997 年的全球科技企业兼并案达 4040 起，比 1996 年增长近 25%，兼并金额 2428 亿美元，比 1996 年增长了 17%，其中由美国公司兼并的科技企业占 2/3。通信产业一跃成为并购的领头羊，1997 年通信产业以 963 亿美元的并购额高居行业并购的榜首，居第二位的商业银行和银行控股公司的并购总额为 842 亿美元。

1998 年新年伊始，信息产业的拼争更加白热化。元月份就开了个好头，美国几家大公司拉开了并购的序幕战。西南贝尔公司以 44 亿美元收购南方新英格兰公司；美国电话电报公司（AT&T）以 113 亿美元收购电信港公司；康柏公司以 96 亿美元收购 DEC 公司。此后一发不可收拾，1998 年信息产业掀起空前的并购高潮。

历史往往是惊人的相似。当 1998 年末几起巨额并购案暂时画上休止符时，1999 年初，如同赶潮一般重演 1998 年元月的情景。1 月 13 日，美国朗讯科技公司迫不及待斥资 200 亿美元收购了 Ascend；1 月 16 日，英国沃达丰集团以 560 亿美元并购了美国空中通信公司；1 月 19 日，名气不大的美国互联网公司 At

Home 以 67 亿美元鲸吞了因特网第三大搜索引擎商 Excitc；1 月 28 日，因特网搜索引擎服务提供商雅虎（Yahoo!）宣布以 46 亿美元收购"地球村"（GeoCitiec）。连续两年美国上演 IT 业的"贺岁片"，其无穷的韵味让人荡气回肠。

在 IT 业紧锣密鼓并购时，代表高科技水平的美国军工业转向了电子领域进行重组。如诺思罗普·格印曼公司以 30 亿美元收购了西屋公司的国防电讯业务；洛克希德·马丁以 100 多亿美元购买了洛拉尔公司的大部分宇航电子系统；雷声公司以 30 亿美元收购了德克萨斯仪器公司的国防业务之后，又以 95 亿美元兼并了通用汽车公司的国防业务——休斯公司电子业务。这似乎传递出一个信号，连美国五角大楼也出于竞争考虑，从中给以支持，致使军工企业从 1992 年起就率先掀起并购高潮，这似乎是有悖常理，让人们始料未及的。

二、全球并购潮产生的动因

20 世纪末发生的震荡世界的并购潮，事先没有什么预言家能准确推测到它的演变是如此猛烈和持久，它没有现成的轨道，没有历史的参照，没有遵循常规，没有套用公式，一切似乎都在自然而然之中来临。但是，并购潮离不开国际大环境这块土壤，它之所以能够滋生、培育、成长、发展，应该说是综合因素的结果，任何单一的动因都不足以使它成为全球风潮。就每一起个案来说，它又必然在各种动因中存在着一个主导动因。下面就并购潮的几种主导动因分别进行剖析。

壮大经济实力　确立竞争优势

随着经济全球化趋势的不断加强，企业如果不能在国际市场中确立竞争优势，其生存和发展的危险隐患早晚会凸显出来。而要提高企业的国际竞争力，扩大国际市场份额，就必须实现规模经营，增强壮大实力，稳坐同行业中全球头几把交椅才行。就是那些已经争得霸主地位或独占鳌头的企业，也不敢掉以轻心，波音兼并麦道就是明证。

世界最大的航空制造公司——美国波音公司，一直稳占全球客机市场 60% 的份额，1996 年还上升到了 64%。但面对主要竞争对手——欧洲空中客车公司咄咄逼人、逐年上升的市场份额，以及空中客车不会甘居第二的态势，波音公司还是不惜重金，于 1996 年 12 月 15 日宣布以 133 亿美元并购了世界第三大航空制造公司——美国麦道公司。尽管此前麦道公司曾两次拒绝，但波音公司为能长久保住世界飞机制造业的霸主地位，锲而不舍终于兼并成功。

1998 年 1 月 26 日，正当中国虎年春节即将来临之际，从大洋彼岸传来消息，仅有 16 年历史的美国电脑厂商康柏公司宣布，将以 96 亿美元的价格，收购老资格的计算机业巨头 DEC 公司，成为当时全球计算机工业史上最大的一桩兼并案。这次收购使康柏在全球计算机界的排名由第 5 位跃升到第 2 位。按 1997 年统计，康柏与 DEC 的营业额共计 376 亿美元，仅次于蓝色巨人 IBM，将惠普公司挤到了第 3 位。康柏之所以大胆兼并有 40 年历史、人员比自己多两倍的 DEC，其目的是为与 IBM 进行全面竞争，能够在计算机的各个领域，扩大自己的国际市场份额。尽管有人评论这次收购不一定达到 1+1＝2 的效果，但康柏为了达到其 1+1>2 的目的，还是甘冒风险。

据悉，目前全球移动电话用户达 3.1 亿，仅美国就有移动电话用户 6100 万。无疑，移动通信市场正成为国际电信业竞争的重点，谁都想成为全球最大的移动通信公司，在国际竞争中占据有利地形。1999 年新年伊始，世界移动通信行业就掀起一轮并购战。1 月 3 日和 5 日，大西洋贝尔和英国沃达丰集团分别证实，正在与美国空中通信公司洽谈并购事宜。1 月 16 日，英国沃达丰集团宣布以 560 亿美元并购空中通信公司成功。沃达丰集团最终以高出大西洋贝尔 110 亿美元的价格并购空中通信，目的就是要成为全球最大的移动通信公司，从而在争夺欧洲市场并在美国立足时处于上风。新成立的沃达丰空中通信公司，总资产值将达到 1100 亿美元，其作为世界最大移动通信公司的目的终于如愿以偿。

资源合理配置　技术优势互补

在这次规模宏大的并购潮中，虽然说涉及到所有的领域，但 IT 和通信界的并购活动，仍然显得特别突出和引人注目，无论是并购数量和并购金额，均占到整个并购活动的 1/3 左右。这充分说明信息产业作为朝阳产业、高科技产业，在其快速发展中，资本、人力、技术等资源需要不断向高效益领域转移，从而实现优化配置的过程，而并购正是企业实现资源优化配置的一个重要方式。而随着科技的日新月异变化，技术优势互补则显得更加迫在眉睫，否则企业经不住市场风浪的冲击。

1998 年 6 月 15 日，加拿大北方电讯公司以 91 亿美元并购美国贝网络（Bay Networks）公司，引起业界关注。北方电讯是世界知名的电信供应商，Bay 公司则是全球网络市场的主导企业。这次并购成功，不是一般意义上的整合或重组，而是真正优势互补的范例。在并购之前，北方电讯就把发展目标盯住了 IP，而 Bay 具有较强的 IP/路由器技术和经验，并购后新的公司将融合两家公司的专业知识，实现优势互补，并将提供针对 IP 优化的下一代网络，通过局域网（LAN）、广域网（WAN）和运营商主干网在桌面间传送语音、数据和视频，为用户提供特定的服务。同时，新公司在分销渠道方面也实现了优势互补。正是由于这种优势互补所显现出来的优越性，在同年 8 月 28 日 Bay 举行的股东特别大会上，股东们顺利地通过了北方电讯与 Bay 的合并，被称为以因特网一样快的速度提前完成并购。

作为美国乃至世界电信业中的"大哥大"，AT&T 在 1998 年并购活动中有两次大手笔。一次是在 6 月 24 日，以 480 亿美元并购美国第二大有线公司——TCI 公司；另一次是在 12 月 8 日，以 50 亿美元现金收购了 IBM 的全球网络系统。TCI 公司拥有 1400 万个有线电视客户，这对 AT&T 来说是个重要资源。并购完成后，AT&T 将把自己的长途电话、无线通信及因特网服务部门，与原 TCI 的有线电视、通信、高速因特网服务部门，统一组成一个新的全资子公司——用户服务公司（AT&T Consumer Services Unit）。新公司将运营美国最大的宽带本地网，向用户提供包括本地（长途）电话、无线及国际通信、有线电视、拨号及高速因特网接入服务等在内的完整的宽带通信服务。

如果说并购 TCI 是为了完成电信与有线电视的结盟，那么收购 IBM 的全球网络系统，将全世界 100 个国家和地区的 3.5 万个原属于 IBM 的客户收归己有，则是 AT&T 抢滩数据网络的举措。收购 IBM 的全球网络系统，不仅可以满足跨国公司召开全球电视会议、大容量数据传输的需要，同时也填补了 AT&T 在高速数据服务领域的空白。作为传统的电信企业，AT&T 通过并购后的资源优化配置和优势互补，正在走向符合 IT 业潮流的"三网合一"的道路。

立足持续发展　积蓄巨资研发

在当今世界，市场的优胜劣汰毫不留情。企业的生存，除了必须达到规模经济外，其新产品的研发就成了制约其发展的生命线。IT 业和通信业的竞争在相当大的程度上是技术水平的竞争，唯有掌握先进技术和新型产品，才能保持技术优势，才能确保有利的竞争地位。但是，高新技术产品的研发，需要耗费巨额资金，且研发周期长，对于在市场上快速作战的企业来说，独立承担这种任务困难很大。尤其是基础研究方面，需要将众多英才聚集在实验室，先期需投入大量资金。这不是短平快项目，企业自身难以支撑。中小企业望洋兴叹，就是世界上知名的大公司有时也会感到心有余而力不足。

捷径只有一条，那就是通过并购滚雪球似的壮大自身实力，有了雄厚资金支撑，研发问题就迎刃而解。这恐怕也是 IT 业和通信业出现频繁并购的原因之一。如 AT&T 在实行一系列兼并后决定，将投资 80 亿美元用于研究开发电池寿命长达 100 小时至 200 小时的移动电话。没有雄厚的资金积蓄，新产品研发就会捉襟见肘。世界医药界巨子的结盟恰好说明了这个问题。

现在研发新特药的费用和成本越来越高。一个新特药的研发成功大约要投入 3 亿—4 亿美元，花费 10—12 年时间，这不是中小公司所能负担的。只有大型公司才能投入巨资去搞新特药研发。像长期排名世界医药业龙头的美国默克医药公司，年研发资金高达 20 亿英镑，令同行业羡慕不已。这就逼迫医药业的巨子去"攀亲""结贵"。

　　为了解决庞大的研发资金，加快药品的更新换代，从1993年开始，全球医药业开始出现大规模的兼并重组。1995年9月，英国的葛兰素与另一大药商威康合并，以4.6%的全球市场占有率跃居第一；德国的赫希斯特与美国的MMD公司联姻，份额达到3.5%，排名升至第二，传统的排名被打乱了。瑞士汽巴—嘉基由过去的第三名一下子落到第十位。这时同饮莱茵河水的汽巴、山德士再也坐不住了。为了生存的需要，两家公司终于摒弃了昔日的对峙和隔阂，于1996年3月闪电般合并。而且双方自愿放弃有着上百年辉煌史的企业名称，选中了在拉丁文中有"创新"之意的Nvarlis（诺华）为新公司名称。合并后的诺华，其市场资本价值达750亿瑞士法郎，是名副其实的药界巨子，仅知名的医药研究和开发中心就有十几个，一个医疗保健部年投入的研发费用就达24.39亿瑞士法郎，占其销售额的15%。这种大基数、高比重的科研投入是其他药业集团无法比拟的。雄厚的资金，确保了诺华源源不断地推出新产品。其他巨子岂甘落后，两年之后，德国赫希斯特与法国罗纳—普朗克合并，登上世界第一大医药制造集团的宝座。

拓展融资渠道　刺激活跃股市

　　在并购狂潮兴起的时代，似乎每一个并购消息都是喜讯，最典型的莫过于股市的飘红。不管是有意识还是无意识，股票行情成了并购的晴雨表。DEC鼎盛时每股194美元，最低曾跌至18.25美元。到了1997年，DEC的股东们已对公司失去了信心。由于股价的不断下跌，投资者损失惨重，10年前投资DEC股票10000元，现在只能拿到3600元。无奈之中，DEC将半导体生产厂卖给了Intel公司，之后又将网络部卖给了另一家公司。当1998年1月26日康柏以96亿美元收购DEC的消息发布后，当日DEC的股票升到近56美元，比上一个交易日上涨10.25美元，升幅达22%。此后，DEC股票一路攀升，到2月12日已达到62美元。并购成了震荡股市的"兴奋剂"。

　　无独有偶。1998年1月8日，AT&T宣布以113亿美元并购业绩不错的电信港公司，当天AT&T的股价出现了跳升，上扬了大约4.4%，交易额也从平常的540万美元上涨到1270万美元。紧接着AT&T在5月以480亿美元收购TCI，在12月以50亿美元收购IBM的全球网络，1999年2月1日又宣布与美国最大的有线电视公司——时代华纳公司合资成立一个新公司。AT&T股票也从1996年时的每股37美元左右，一下子升至现在的90多美元，使公司股票走出低谷。

　　1998年11月下旬，并购好戏连台，十几起消息都振奋人心。其中有两起消息引发道—琼斯指数创出历史新高，西欧股市连涨3天。11月23日，德国最大的商业银行——德意志银行宣布，它将以90亿美元（约合165亿马克）的价格，收购美国第八大银行——信孚银行的全部股权。两家银行的营业额总计为

8200 亿美元，德国的《法兰克福汇报》报道说，德意志银行将因此一跃而成为世界最大的商业银行，这也是美国银行史上最大的外国收购事件。此外，在 11 月 22 日，美国纽约《华尔街日报》传出消息，美国在线公司正准备以 42 亿美元收购网景公司。受上述两条并购消息的影响，美欧股市强劲走高。

11 月 23 日，纽约股市道琼斯 30 种工业股票平均价格指数创下新的历史记录，全天大涨 214.72 点（2.3%），以 9374.27 点收盘。此前的最高纪录是同年 7 月 17 日创下的 9337.97 点。其他股指也大都走高。标准普尔 500 种股票指数上涨 24.64 点，报收创纪录的 1188.18 点。该指数此前的历史最高点也是同年 7 月 17 日创下的，为 1186.75 点。

当日，伦敦《金融时报》100 种股票价格平均指数以 5848.4 点报收，比前一交易日上升 130.9 点，增幅为 2.3%。法兰克福和巴黎股市也继续走高。法兰克福 DAX 30 种股票价格平均指数上涨 113.08 点（2.3%），收于 5024.51 点。CAC 40 种股票价格平均指数比前一交易日上扬 43.11 点（1.1%），以 3845.81 点收盘。这也是西欧股市主要价格连续第三个交易日大幅上扬。

这些客观事实说明并购有效地刺激了股市，反过来股票的飙升又激活了企业。这是相辅相成的两面，可以说谁也离不开谁，到了两相情愿不能罢手的地步。

三、全球并购潮出现的正负效应

世上任何事物都具有两面性。并购本身也必然会出现正面效应和负面效应。盲目乐观固然不可取，一味悲观也无济于事。正面效应和负面效应不是定式，不是一成不变，今年是正面效应，明年可能是负面效应；负面效应可能一直下去直至垮台，也可能起死回生转化为正面效应。在科技飞速发展的时代，在变幻莫测的市场经济面前，谁也无法预测企业明天的命运。企业的命运掌握在自己的手中，也掌握在市场经济这只"无形的手"中。

探讨正面效应和负面效应，涉及的问题很多，但需要割舍。在并购高歌猛进的时候，给予负面效应更多的篇幅，绝不是以偏概全，无非是提醒后来者引以为戒。

同步扩张途径　超速成长手段

谈到并购的正面效应，我们不妨归纳一下肯定的意见："世界购并之所以如火如荼，这是因为购并是企业同步扩张、实现超速成长的一种策略"；"在市场经济条件下，企业并购是调整产业结构、优化资源配置的重要手段之一。通过并购，企业能重新配置资产，使它们从无效益到发挥效益，从不规模经济到规模经济，从低质量资产变为高质量资产，从而提高购买公司的盈利能力"；"企业通过跨国收购、合并，实现股份相互占有，技术相互转让，市场相互分享，形成国际化经营的公司，有利于产品进一步抢占国际市场，这是提高国际竞争力的一个重要战略手段"；"企业兼并意味着成本降低，效率提高，在世界市场上占有份额的扩大和利润的增加，而这也正是企业兼并的初衷"；"企业兼并重组有利于壮大企业本身的经济实力和资本实力，有利于降低企业的经营成本"。

诸如此类的赞同支持并购的舆论，简直不胜枚举，事实如何呢？康柏公司于1999年1月27日宣布，截至1998年12月31日第四季度销售收入总额为109亿美元，比1997年同期增长48%，每股盈利0.43美元，与DEC合并后的增长速度是市场平均增长速度的三倍多。其PC市场份额超过紧随其后的竞争对手5.7个百分点。IDC称，康柏正以每季度30%的全球增长速度而遥遥领先于竞争对手。这些足以说明康柏并购DEC，现在是成功的。

德意志银行收购信孚银行后，其总裁布洛尔估计，自2001年起银行每年可节省17亿马克的费用，包括基本设施和人员的费用等。据法国道达尔公司统计，兼并比利时菲纳公司后，使道达尔公司在欧洲的供应网点由3.3%增至5.6%，并将提高30%的生产能力和近20%的石油储量，营业额超过3000亿法郎。埃克森并购美孚后，仅节约开支一项每年有望达几十亿美元。波音兼并麦道后，每年可为公司减少经营成本费用10亿美元。大西洋贝尔兼并纽新公司后，预计三年内可节省开支6亿美元。英国石油公司兼并美国阿莫科石油公司后，势力范围迅速扩大，仅加油站总数就增长了50%。

并购为什么盛行？英国电信公司董事长瓦兰斯认为，两家公司如能将各自的优势发挥出来，可以"比各自单干做得好"。这话言简意赅，很有味道。

难达预期效果　屡见铩羽而归

刚写完正面效应，紧接着谈负面效应，是不是自己否定自己？或者是不能自圆其说。其实，无论是正面效应还是负面效应，无论是利大于弊，还是弊大于利，都离不开以客观事实为依据的原则。

哈佛大学教授弗雷德里克·谢勒1987年曾对过去百年间合并企业做过仔细研究考察，他最终得出的结论是，将近70%的合并"没有收效，或者赔本"，也就是说只有1/3的合并交易达到了预期的效果。

根据著名企业咨询公司凯尼公司的调查，在以往的合并中，约有70%没有达到预期目标，约有50%合并后利润甚至下降。

美国麦金西全球研究所在1997年上半年公布的一项研究结果表明，在过去10年内，通过以强食弱的方式接管被收购的企业后，80%具有强势的大公司未能收回自己的投资成本。

根据J.P.摩根投资银行对过去10年来欧洲30家大企业合并后的调查发现，

12 家企业的经营状况明显恶化。摩塞尔管理咨询公司的肯·史密斯说，大约有 1/3 企业合并后很快又一分为二，成为两个独立的公司，剩下的企业即使同步前进，磨合期内管理模式的改变，业务系统的调整，也往往陷入剪不断，理还乱的尴尬境地。

相信以上调查有着客观性和公正性。在过去已完成的并购案中，有 30%—50% 铩羽而归并不为奇。究其原因，错综复杂。像宝马公司兼并英国罗威公司达 5 年之久，投入几十亿资金进行技术改造，还开发了新的车型，但罗威始终没有扭亏为盈，1997 年亏损达 2.8 亿马克，1998 年亏损 6 亿—7 亿马克，劳动生产率比宝马低 30%。原因是宝马始终没有真正把罗威掌握在手中，而原先认为英国生产成本低的说法也不符合实际情况。全球闻名的美国魁克麦片公司，于 1994 年 12 月以 17 亿美元的资本收购了软饮料制造商斯奈普公司，由于经营方针发生冲突调整失败，两年后不得不以 3000 万美元的低价易手他人。

并购带来的另一个不能忽视的负面效应是裁减人员所造成的失业率增加和社会的不稳定。德意志银行总裁曾表示，与信孚银行合并后再减少 5500 个岗位，至少裁员 2000 人以上；芬兰最大银行梅里塔与瑞典的北方银行合并后，两家银行共裁减员工 1200 人；英国石油公司与阿莫科公司合并后将裁减 6000 人；埃克森合并后计划裁减 9000 人；仅美国 1998 年因公司并购就有约 7.4 万人失去工作，比 1997 年翻了一番。

1997 年 3 月 18 日，德国老牌的克虏伯钢铁公司宣布以 136 亿马克（约合 80 亿美元），收购德国另一家钢铁业巨头蒂森公司。鲁尔地区的钢铁工人大感恐慌，担心购并后会大幅裁员造成失业，蒂森公司的大批员工到克虏伯总部进行示威抗议，并以鸡蛋攻击出面说明的克虏伯总裁克虏曼，一伙愤怒的工人"占领"了德意志银行的地方分支机构，工会扬言组织 10 万人到法兰克福算账。德国总理科尔对兼并可能产生的失业非常忧虑，一些政府官员干脆直接反对这起并购。

文化差异较大　彼此相融不易

并购为利益所驱，为潮流所动，何以不能达到预期效果和不遂人愿呢？坦诚地讲，并购本身就是一项高风险的投入，成功与失败的概率几乎是对等的，关键看谁能运作成功。

并购过程是企业经营过程的重组，涉及前期评估、效应分析、并后机构设置和人事安排等诸多问题；他要面对的是不同业务系统的整合、企业文化的冲突，庞大规模本身就是对管理者的巨大挑战。

并购成功的前提是两个文化背景不同的公司能否真正融为一体，这对跨国兼并来说尤为重要。但是，并购的决策者往往关注的是并购后能产生规模效益，能降低成本费用，能集中使用研发经费等优点，而忽略了合并后双方能否接受对方的文化，员工能否真正合作。实际上企业文化存在着互不相容性，因为每个企业都有一定的文化传统，这些文化传统体现在分配制度、激励机制、对内部和外部变化的反应机制、资源配置、管理观念、技术特性等因素中。而企业文化一旦形成，都有一定的稳定性和惯性，对外来的文化冲击，会很自然地作出抵御的反应。即使产品与主导技术基本相同的企业，其企业文化仍然存在很大的差别。如果并购企业与被并购企业的文化未能有效融合，必然导致产生许多矛盾和冲突，造成协调难度加大，内部激励机制降低，再加上合并后往往破坏了原先成功的基层组织结构，裁员又使一些优秀人才流失，便导致企业在数年内裹足不前或难以为继。

1998 年底，德国赫希斯特和法国的罗纳—普朗克合并成为世界第一大医药制造集团，各方反应消极冷淡，分析家甚至建议股东们及早抛售股票。出现这种反常情况，原因是怀疑合并后的阿文提斯医药公司很可能成为"泥足匠人"。这也是对两个文化背景不同的企业能否真正融为一体持疑虑态度的表示。阿文提斯公司按法国法律设在法国的斯特拉斯堡，却要由实力较强的赫希斯特公司在过渡时期从法兰克福确定经营方针，遥控指挥。仅仅是语言就成了问题，双方只能用英语交际，各自的母语都派不上用场，双方的各层领导乃至员工都要重新学习以适应对方。就连社会传统方面两国也存在不少差异，如德国工会基本上与雇主采取合作态度，而法国工会却一向与雇主作对。双方需要多长时间的磨合期才能相互适应和融合，谁也说不准。

不仅是文化背景难以相融，大公司的经营管理也是问题。洛克希德·马丁公司曾在一个多月内两次调低盈利预测，公司董事长、总裁和首席执行官一致坦诚地说，管理如此大规模的公司对他们来说实在有些难以适应。合并后的"巨人"管理上的弱势逐渐显现出来。

垄断绿灯放行　忧虑无人监管

伴随着巨额并购的增多，国际上发生垄断的危险性也在不断增加。一些有识之士认为，防止国际性垄断将成为在 21 世纪来临之际世界经济发展所面临的一个新问题。

垄断问题由来已久。美国等西方发达国家都制定有完善的反垄断法。公众害怕垄断造成的垄断价格会损害他们的切身利益；经济学家担心垄断造成经济实力的集中会影响市场经济的运作；出于政治和经济两方面的考虑，政府则积极地促进竞争，排除行业中的垄断。在 1996 年全球并购潮乍起之时，美国的联邦贸易委员会和司法部的反托拉斯局以及欧盟的竞争专员都绷紧了神经，对一个十亿和几十亿美元的合并，讨论了又讨论，谈判了又谈判，生怕一不小心就"制造"了某个行业的"一霸"。甚至对两家最大的办公用品零售商 40 亿美元的兼并案，联邦贸易委员会也未予批准，理由是此项兼并会阻碍办公用品市场的竞争，损害消费者利益。

但是，政府这只"有形的手"，终于未能敌得过市场这只"无形的手"的力量。在全球并购的高涨热情面前，政府反过来采取纵容甚至支持的态度，为一个又一个"巨无霸"式的并购大开绿灯放行。这种变化从政府官员的讲话中就可以看出来。美国的联邦贸易委员会主席彼托夫斯基说，对许多兼并案要从全球市场的规模，而不是从美国国内和地方市场的角度来考虑，现在获得兼并许可的项目在 10 年前不可能予以批准，原因是今天竞争来自世界各个角落。美联储主席格林斯潘最近曾说，近期发生在工业和金融服务业中的一些合并规模的确"令人可怕的巨大"，但是除了"大企业的官僚气息会使股东的回报率受到损害"外，他认为这些合并不可能削弱竞争。美国总统经济顾问团主席对此表示赞同，她说："规模大和垄断力量不是一回事。"司法部官员则称，现在对兼并案的审理原则非常有弹性，"大小本身并不能说明什么，而是根据市场和竞争的影响来决定。"

说穿了，本国利益原则还是至上的。对国际市场的垄断可以为本国获得超额利益。只有当利益原则发生冲突时，才又用得上反垄断法。如埃克森和美孚原来同属洛克菲勒家族的标准石油托拉斯，1911 年被美国联邦最高法院依照反垄断法裁决分家。然而将近一个世纪后，由于海外市场和新世纪发展等原因，两家公司又合而为一，成为名副其实的石油市场霸主。又如，AT&T 公司，美国联邦通信委员会依据反托拉斯法，于 1984 年将其一分为八，出现了七个贝尔公司，而今这些兄弟又忙着合并。最典型的是波音和麦道的合并，美国政、商界支持和反对两种意见互不相让，欧盟委员会奋起调查，强烈反对这起兼并案，波音对欧盟做出让步后，美国联邦公平交易委员会（FTO）还是无条件同意波音并购麦道。面对垄断的形成，发展中国家呼吁共同制定国际反垄断法，对并购出现的国际市场垄断经营进行各国共同监管。但这种呼声不会引起西方发达国家的重视。

不管并购带来何种正面效应或负面效应，全球并购潮都不会戛然而止。对于企业来说，似乎没有中间道路可走，要么扩大规模，要么退出市场。在这种情况下，并购正像一列在行进中的高速列车，只能开足马力冲向 21 世纪。

《通信产业报》1999 年 3 月 3 日、3 月 10 日、3 月 17 日、3 月 24 日、3 月 31 日、4 月 14 日

● **附记：**

原文发表时分 6 篇见报，现将 6 篇按先后顺序合成一篇。

解析：《俯瞰全球并购潮》一文属于综述。何为综述？顾名思义，综述就是综合叙述的意思，即把经过收集、采访的材料，通过分析、归纳、组合、提炼，

将各个部分、各个属性的素材，综合成为一个统一的整体，然后叙述出来。从新闻文体的角度来看，综述是述评性新闻的一种，是就若干新闻事实加以综合评述的新闻报道。综述具有综合性、评述性、新闻性等特点；对其内容要求选题要新，说理要明，层次要清，数据要准，叙述越集中、越明确、越具体越好。综述的结构一般采用纵式、横式和纵横结合式三种写法。一篇好的综述，应当是既有笔者观点和见解，又有客观事实和案例；既有骨头又有肉，既立体丰满，又逻辑清晰。

《俯瞰全球并购潮》作为超长篇综述，准备期和写作期长达数年。1996 年起，全球逐步掀起企业并购狂潮，一时成为经济界的热门话题。笔者敏锐地发现这是一个值得关注的选题，每天从阅读的十几种报刊中，开始搜集关于全球并购的信息，前后积累了约 20 万字的资料，并在 1997 年 10 月、1998 年 11 月，两次进行梳理、分类、归档。1998 年 3 月中旬到 4 月上旬完成初稿，12 月完成二稿和三稿，1999 年 1 月进行最新材料补充，完成第四稿也就是最终的发表稿。

在大量阅读和整理材料时，写作思路也逐渐明晰，决定采用纵横结合式的写法，对全球并购潮全景式的俯瞰描述和勾勒。构思时确定全文分为三大部分，即全球并购潮形成的特点、全球并购潮产生的动因、全球并购潮出现的正负效应。每一大部分又分为若干层次，全球并购潮形成的特点分为 5 个层次，即"并购背景不同，着眼长远发展""并购规模空前，源头仍是美国""巨额并购飙升，垄断大势已定""跨国并购活跃，欧美企业居多""并购格局变化，信息产业占先"；全球并购潮产生的动因分为 4 个层次，即"壮大经济实力，确立竞争优势""资源合理配置，技术优势互补""立足持续发展，积蓄巨资研发""拓展融资渠道，刺激活跃股市"；全球并购潮出现的正负效应分为 4 个层次，即"同步扩张途径，超速成长手段""难达预期效果，屡见铩羽而归""文化差异较大，彼此相融不易""垄断绿灯放行，忧虑无人监管"，与这三大部分无关的材料统统舍弃。

在写作过程中，除了要做到资料翔实、数字准确、介绍全面、分析客观、符合逻辑、层次分明外，始终坚持用观点和见解，将新闻资料盘活和用活，以期使读者能够窥探到并购潮鲜活的全貌。由于这篇超长综述有 1.36 万余字，在报纸上分 6 次连载发表，见报后起到应有的社会效应。有些报刊先后向笔者就全球并购问题约稿，笔者利用手头的大量资料，又撰写了综述《全球涌动并购潮》《世界并购狂潮》，分别发表在《中国通信》1999 年第 7 期（总第 21 期）、《财经界》2000 年第 1 期《财经趋势》专栏。由于当时笔者还不习惯上网，有人将笔者的《俯瞰全球并购潮》，作为他们书中的一章出版，笔者花费几年心血撰写的作品，轻易就被某些人剽窃，不过这也从另一个侧面证实这篇综述的价值。

方位一直没有迷失

——电子专用设备工业四十年发展历程缩影

只要提起机床设备，人们自然的就会想到车、铣、刨、磨、镗等工作母机。然而，在工业生产领域，并不都是这些通用机床的独家天下。当人们走进现代化的千级、百级的洁净的超净间，来到庞大的显像管生产厂房，踏入年产以亿只计算的元件车间，就会惊讶地发现那里几乎是清一色的电子专用设备领地。因此有人说，如果把元器件称为电子工业的基础，那么电子专用设备则是基础的基础。不言而喻，电子专用设备产业，理应是电子工业的技术装备部。

翻开 40 年电子工业发展史，呈现在我们面前的是这样一幅图景：每当新的元器件生产技术出现，电子专用设备的发展就会迈上一个新的台阶；而新一代电子专用设备的问世，又决定着新型元器件水平的提高。电子专用设备就是沿着这样一条清晰的轨迹滚动向前的。

——20 世纪 50 年代，制造的多是灯泡、电子管、钨钼丝、电容器生产设备，手工操作还相当普遍。

——20 世纪 60 年代，随着半导体器件的发展，研制成功 Φ35 毫米圆片硅平面工艺半导体设备；这个时期已能制造单机自动化设备，1G2 锗半导体三极管生产线，1/8 瓦轴向炭膜电阻器等生产线，已实现半机械化、半自动化。

——20 世纪 70 年代，四机部部署的 21 条电子产品工艺设备的机械化、自动化生产线，有 12 条进行了技术鉴定，加快了电子工业由传统手工操作、小生产方式向大生产、高效率转化的进程；Φ50 毫米集成电路设备中，出现了自动化程度比较高，技术难点比较大的多管扩散炉、自动匀胶机、自动显影机、半自动光刻机、光栅定位四头精缩机等。

——20 世纪 80 年代，电子专用设备进入全面发展提高阶段。电阻、电容等元件生产线设备全线实现了单机自动化，主要技术指标达到了国外同类设备水平；年产 50 万只黑白显像管玻壳制造和装配生产线设备经受住了考验；Φ75 毫米集成电路设备，除个别需要进口外，已全线国产化，微机扩散、CVD、等离子刻蚀、磁控溅射、气浮传递等新技术得到了应用，微细加工设备已向高、精、尖发展。环境与可靠性设备、净化设备、电子整机装联设备、电子专用工模具等也有了长足的进步。

沿着电子专用设备发展的轨迹，我们发现在其前进的历程中，并未遇到什么大的沟坎。路，虽不是笔直笔直，但方位一直没有迷失。从维修专用设备到开始制造，从借鉴仿制到自行设计，从消化吸收到提高创新，一步一个脚印，一步一个台阶。"一五"期间，电子工业新建厂的专用设备，主要是依靠进口；"二五"至"四五"期间，专用设备行业为 103 个新建电子企业装备了成套的国产工艺设备；尤为可贵的是，从 60 年代初期，电子专用设备就开始援外，电子专用设备由接受成套外援到提供成套援外，只用了 5 年左右的时间，这是个奇迹，它是电子专用设备行业广大技术人员和职工坚持自力更生、弘扬民族精神的结晶。

数字有时是枯燥的，有时是闪光的。这里不妨罗列几组数字，让我们从枯燥与闪光的交融中领略到一番韵味。1957 年，电子专用设备场所只有 2 个，职工人数 3800 余人，产量 0.08 万台（件）；同样上述项目，1986 年分别为 185 个，76000 余人，3.2 万台（件），行业发展规模之快由此可见一斑。

电子专用设备行业是品种多、批量小、难度大、效益低的行业，它的效益主要反映在第二次、第三次效益上。面对改革开放、商品经济的冲击，电子专用设备企业一时感到喘不过气来，不再那么被人青睐看好，一些企业为了生存，不得不忍痛转入效益高的轻工等行业。然而，"柳暗花明"的前景，此刻也在脚下。机电部系统、科学院系统、大专院校都有专家、教授在领衔攻关，一些高、精、尖的跟踪国际目标的电子微细加工设备，即将在 80 年代的最后日子里问世，也许 90 年代的第一春，可望听到来自电子专用设备行业的惊雷。

《中国电子报》1989 年 9 月 26 日

解析：《方位一直没有迷失——电子专用设备工业四十年发展历程缩影》一文属于概貌通讯。概貌通讯又称风貌通讯，是勾勒某一地区、某条战线或某个单位面貌变化的一种通讯。概貌通讯总是以全景式的介绍来报道对象，努力给人一个"概貌"的感觉。概貌通讯在报刊上经常标以"见闻""巡礼""侧记""纪行""缩影"等一类字眼，它的形式多样，写法各异。

1989 年 8 月，笔者时任中国电子报社记者部主任，曾经策划"庆祝新中国 40 周年电子工业展示系列报道"。主要是想通过这个系列报道，全面展示电子工业 40 年来的成就。报道选定了 8 个选题，即通信工业、雷达工业、广播电视工业、电子测量仪器工业、计算机工业、电子元件工业、电子器件工业、电子专用设备工业。这 8 个选题基本涵盖了电子工业的全貌。提出的写作要求是，用概貌通讯的形式，运用高度概括能力，把 40 年的成就浓缩在 1500 字左右，同时提出主标题要有色彩、有动感，让人眼前一亮，即使外行看了也感兴趣。8 篇稿件展示 8 个不同侧面，最后累加的效果，就是 40 年电子工业的全貌。第一篇稿件从 9 月 1 日开始见报，最后一篇 9 月 26 日见报，正好赶在国庆节前夕刊登完。这组系列报道见报后，引起很大反响，有的文章被其他媒体转载，其中有几篇稿件被中央人民广播电台播出。

笔者撰写的《方位一直没有迷失——电子专用设备工业四十年发展历程缩影》，对于电子专用设备工业20世纪50年代到90年代产品的更迭，只用了500余字，其余的近千字主要是发展轨迹、存在问题及未来方向。之所以能够高度概括和凝练，得益于《当代中国的电子工业》（中国社会科学出版社，1987年6月第1版）书中的"电子专用设备工业"章，这一章是由笔者撰稿的。只有对所写的东西熟稔于胸，才能概括准确、浓缩到位。

亚运会电子工程近况巡礼

第11届亚运会即将于1990年9月22日在北京举行。还有不到半年的时间，亚运会电子工程进度如何，能否承担起信息保障作用，就这些读者普遍关心的问题，记者进行了实地采访，带来了一组最新的信息。

巨型彩屏扬国威

实在是巧合。我在郑州打电话给河南冶金厅，询问亚运会巨型显示屏的进度，对方说中原显示技术开发公司的同志大都到北京去搞安装了。千里迢迢而来，竟扑了个空。我不甘心，3月10日直闯冶金厅大楼五层，意外地见到了我要找的采访对象李超。

作为中原显示技术开发公司的总经理兼总设计师，李超竟然没有一间单独像样的办公室。他的窄小的房间里同时有4个人办公，有的正潜心翻阅资料，有的用中英文打字机打字，有的还在搞试验。屋内人来人往，进进出出，李超一边给香港挂长途，一边回答我的问题。我们的谈话在断断续续中进行，他却给我勾勒了一幅清晰的图景。

亚运会期间，北京工人体育场的观众，将有幸欣赏到南侧看台上一个由彩色电视屏、黑白记分屏、大型电子钟和大型铝合金折叠门组成的近10米高、40米长的巨型显示屏。这种大型显示装置，是高科技应用的产物，在一定程度上代表了一个国家在电子科学技术方面的水平，以及信息显示发展的先进程度。目前世界上只有日本、英国、瑞士少数发达国家可以制造。

在北京召开的第11届亚运会，需要有这样一套巨型显示系统。因为1984年洛杉矶奥运会，1986年汉城亚运会及1988年汉城奥运会，这种近百平方米的巨型彩色画面，曾清晰地映现出运动场上比赛的精彩镜头，令观众大饱眼福。可是，要委托国外公司制造，价格昂贵得令人瞠目。亚运会的决策者们决定将此重任交给中原显示技术开发公司。1989年2月17日，李超应召来京，同日，第11届亚运会常务副主席张百发，亲笔给河南省副省长胡笑云、刘源写信，希望省里全力支持李超。

中原显示技术开发公司是科工贸一体化的高科技公司，1988年8月才成立，由一伙平均年龄27岁的技术人员组成。公司年轻，人员年轻，他们能挑起这副重担吗？回答是肯定的。因为他们已走过的路是令人信服的。

从1976年李超在郑州由霓虹灯闪烁，萌生黑白大屏由一个个灯泡组成像素，到1978年将黑白大屏设计方案和《初步设计书》搞成，他经过反复论证，对每一个细节都做到了科学上立得住；1980年，他又转向对特大彩色电视屏幕的课题研究，攻克了理论上的道道难关，在攀登世界先进技术水平方面又迈上一个新台阶。

1984年底，有144个光点的0.36平方米彩屏小型试验成功，证实彩色特大电视屏幕理论上的正确。

1986年11月，有9600个光点的1/4彩屏（24平方米）中型试验，在郑州通过技术鉴定。

1988年12月3日，由31104个红、绿、蓝三色泛束发光管组成的北京先农坛体育场78平方米的大彩屏通过国家鉴定，国产化率达到95%以上。

第11届亚运会北京工人体育场的98.28平方米的大彩屏，将由39312个光点组成，国产化率在90%以上。

北京工人体育场的巨型显示系统的技术水平如何，为国人关注。李超十分自信地说："电子显示技术方面可以达到国外同类产品的先进水平。"他们在结构上采用了全金属的轻质结构，解决了基础载荷不足的问题；在系统电路上采用目前国际上最先进的数字处理技术，以及抗干扰传输技术；彩色巨型显示屏的量化等级采用目前世界上最高的256级，保证了显示画面的层次多，画面鲜艳、清晰；由于发光器件采用亮度CRT像素管（电子束管），屏面平均亮度达到2000cd/平方米以上。即使在白天阳光耀眼下，也能清楚地观看巨幅彩色电视画面。

大彩屏配有多个输入接口，在中央控制器和微机的控制与操作下，可实现现场实况转播、播放录像，进行特技与言行的制作的播放，显示动态和静止画面等功能，并根据需要可直接输入多种制式电视信号，以及播放卫星电视节目。

在系统中，还设计了多幅图像存储器和其他特技，可实现系统本身的多幅图像的任意存取，慢镜头解析及精彩镜头重放等功能，这一点是他们的创造，可使显示画面形式多变，更加丰富。

李超终于从忙碌中脱身，陪我上冶金厅六层楼顶的大工作间参观，工人们有条不紊，埋头工作，有的在安装黑白屏的灯泡并进行调试，有的在印刷线路板上焊接集成电路块，还有的在装配红、绿、蓝高亮度的发光管。望着工人们紧张忙碌的工作，李超深情地说："我们自 1989 年以来就一直加班加点全力奋战，现在有一些部件已运往北京，力争 1990 年 5 月份在北京工人体育场安装好这套巨型显示系统，为亚运会增光添彩。"

3 月 11 日是李超 39 岁生日，看来他无暇顾及啦，他和伙伴们还要进行最后的冲刺，等待北京工体巨型显示系统在亚运会扬国威时刻的到来。

高塔如云播盛况

早就听说位于北京西三环路边，玉渊潭西侧的中央电视发射塔，建成后高度居世界第三，为亚洲之冠。百闻不如一见，1990 年 2 月下旬去工地现场，发现塔体刚建到 245 米，就已经高耸入云，怪不得坐火车未到丰台，就能从车窗里看到发射塔的轮廓。

在中央电视塔筹建处，高级工程师王喜芝和李龙助理工程师接待了我。在参观过程中，他们详尽的介绍，使我对发射塔的全貌有了深入的了解。原来中央电视塔是搭上亚运会"班车"才倍加引人注目的。北京现有的电视发射塔是建于 1965 年的月坛公园铁塔，高 180 米，寿命 15 年，早就在超负荷、超寿命地工作。七八年前，北京就在酝酿建设一个新的电视发射塔，但因选址问题一直未定下来。直到 1987 年 1 月 10 日才在现址破土动工，由北京市第六建筑公司施工。赶上亚运会在北京举行，发射塔要派上大用处，于是便赶进度，时间紧、难度大、经验少，带来诸多想不到的困难。

中央电视塔的整个造型是宫灯式的，为金黄色，有浓郁的民族风格，从远处眺望，倒锥形塔楼犹如高悬在空中的一盏明灯。从塔基部分往上看，又极像天坛公园的祈年殿，这个新颖的造型是北京市领导从五六个设计方案中选定的。电视塔的总建筑面积为 5150 米，结构由塔座、塔身、塔楼、桅杆 4 部分组成。塔基的露天平台高 11.7 米，直径 70 米，大厅高 21.3 米，直径 49 米；塔身外圆内方，塔身最底部离地面 30 米，直径 26.5 米，塔身最高处的直径也有 12 米；塔楼离地面约 220 米高，直径有 32 米，里面是供 200 多人用餐的旋转厅，透过玻璃窗可以俯瞰北京城的美景。离地面 256.5—320 米处是两截方形混凝土桅杆，320—380 米处是两截钢桅杆，桅杆上装有米波和分米波天线，桅杆顶尖摆度 1.2 米左右。整个发射塔雄姿矗立，巍然壮观。

中央电视塔有 38 路微波，能传送 7 套电视节目和 8 套立体声调频广播。微波平台建在 197—207 米处，而调频机房则建在 238 米高的瞭望厅上方。亚运会期间，遍布北京市郊的 33 个体育场馆，都可以顺利地将微波信号转送到中央电视塔，然后通过光缆将信号转到彩电中心大楼中央控制室，除向国内播出，还供在国际转播中心的各国电视记者选用。中央电视塔建成后，不仅彻底解决了首都高楼林立给微波信号传送带来的困难，而且可以大大改善北京地区收看电视的质量。它的服务范围方圆 70—90 公里。这样，现有的由 3 个方向发射的几套电视节目都可转到中央电视塔上，向整个北京地区传送。此外，中央电视塔还具有消防、地震预测、旅游等综合利用的功能，将成为北京城的新景观。

中央电视塔预计 1990 年 5 月底土建工程结束。亚运会前夕，将完成外观装修，并能承担微波传送任务。到那时，380 多米高的中央电视塔将真正成为继加拿大多伦多电视发射塔（553 米）、苏联莫斯科电视发射塔（533 米）之后的世界第三高发射塔。

广播电视添风采

亚运会期间，33 个比赛场馆如果全部满座的话，每场最多也只能同时容纳 20 多万观众。国内外绝大多数关注亚运会的人，只能通过广播、电视收听和收看比赛的实况。因此，广播电视的服务质量如何，是开好亚运会的一个重要条件。

在亚运会广播电视工程指挥部，我见到了常务副总指挥高孚曾。尽管屋内有客人等他，他却如数家珍般地和我扯了几个小时，他对宣传亚运会电子工程的热忱接待，使我得以有了一大堆难得的素材。

亚运会广播电视分系统由中央电视台、中央人民广播电台、中国国际广播电台、中央新闻电影制片厂来承担任务。起初，组委会下达的任务是在 8 个场馆进行实况转播，其余场馆有选择地录像。这远远不能满足国内外广播电视机构的要求。因为，韩国在举办亚运会和奥运会时，24 个比赛项目全部能现场转播，光转播车就出动了 24 辆。我们资金有限，财力不足，广播电影电视部和工程指挥部决定全力以赴，开辟多种渠道，千方百计扩大规模，争取达到国际转播水平。为此，采取了这样几条应急措施：充分挖掘潜力，中央直属台内的设备尽量全拿出来使用，再自筹资金购进一些设备；转播车不够，发动地方省市 16 个有条件的电视台，从设备、人员方面支援中央台；结合新技术开发项目和原来的业务订货，争取国内外赞助。这几条多管齐下，还真是见成效。国内大协作自不必说，国外一些公司也以非常优惠的价格为我们提供了一些设备，实际上带有赞助性质。经过几方面努力，基本上能做到在 19 个场馆对田径、游泳、体操、足球、排球等大项的 1/4 决赛、半决赛、决赛进行实况转播，其他场馆用录音录像或新闻采录进行制作。亚洲及太平洋区域广播联盟对我们的努力表示满意。

为了搞好亚运会的电视转播，由中央电视发射塔、国际新闻广播电视交流中心大厦、中央电视台彩电中心组成电视转播中枢。中央电视发射塔正在奋力拼搏抢进度；国际新闻广播电视交流中心大厦有 4 万平方米，13 层高，现在还在进行紧张的土建工程。这一大厦建成后，将为外国广播电视记者提供后期加工制作的理想场所，里面 5000 平方米的大工作间有机房、设备、转播室、大彩屏等。各国广播电视记者不用到比赛现场，就能在这里选择与己有关的比赛内容，配上本国语言的声音信号，通过卫星线路传回本国播出。

目前，场馆内的实况转播用房、电视评论员位、摄像机位、微波机位等都已基本具备使用条件，联调联试也已于 3 月份开始。届时后期加工通过卫星可向国外输送 8—10 套电视节目，向国内转播 3 套电视节目。为适应这种要求，在人力、物力上尽了最大努力，争取能配备 23 辆转播车、数百台摄像机和录像机及其他设备。

电视转播是相当大的浩瀚复杂的系统工程，有大量的技术工作。但人们在普遍关注电视转播的同时，却往往冷落了广播。在中央人民广播电台亚运会工程办公室，田国英副主任告诉我，其实广播有电视比不了的优越性，如广播传递消息更及时、更迅捷，覆盖面更大，听众人数远远超过电视观众。为满足国内广大听众的要求，亚运会期间，广播设有亚运新闻、亚运专题节目、亚运赛场节目及现场实况转播，中央台体育节目也有所增加。有 13 个体育场馆可进行实况转播，4 部转播车通过无线调频发射机可把 4 个场馆比赛实况同时送出，有无线传送和有线传送两种声音。这样，中央人民广播电台就能像电视切换画面一样，向听众同时交叉播出 4 个场馆的比赛实况。广播的长处就是快，他们在亚运村新闻中心搞了个小电台，有制作间可进行合成加工；另外，凡是运动员破纪录的消息，不用录音制作加工，可随时直接插播，让听众及时听到好消息。

中央国际广播电台对外广播的任务也十分繁重。原计划只播出 4 套节目，但申请来华转播的就有 20 多个国家和地区，要求搞 11 套节目。亚运会办公室副主任张天石讲，他们的困难更大，人手少，语种多，节目制作任务重，为节省资金，转播车和录音车在国内改装，只进口关键部件。亚运会期间将用 38 种外语，5 种方言向全世界播送亚运会消息，开幕式除用英语、朝鲜语、日语、俄语实况转播外，还用广东话、潮州话、客家话方言播出，以满足广大华侨的要求。我们期待着一流的广播电视服务，能为亚运盛会的圆满召开增添风采。

计算中枢显神通

记得 1990 年初，《人民日报》曾在转述日本新闻媒介有关亚运会的报道中，谈到日本对亚运会使用大量中国软件不放心，认为其程序的数量和质量，以及比赛时能否尽快地将成绩等有关资料及时准确无误地公布出来，都有令人担心之处。

果真如此吗？

请看，我国体育界权威人士怎么说：何振梁在接见记者时，讲道北京亚运会至少有四个方面胜于汉城亚运会，其中一个方面就是亚运会的部分电器设备、电脑软件，经汉城专家鉴定，比上届使用的设备先进。

何振梁说的话是有根据的。在1990年2月16日的一次座谈会上，我听亚运会计算机工程指挥部办公室主任任华林讲过："韩国原想卖给我们软件，我们没有买，去年他们来北京，看了我们自己开发的软件后，说我们现在的水平超过了他们6年。"

在我的采访过程中，越来越感到，我国自行开发的第一套用于大型综合性运动会的电子信息系统，是值得骄傲和夸耀的。

遗憾的是，我几次相约，都未能见到计算机工程总设计师王继中教授。"他实在太忙啦！简直无法分身。"计算机工程副总指挥董春立接待我时讲的话，使我对他们争分夺秒的紧张工作有了新的认识。

整个计算机信息管理与服务网络系统，包括成绩公告信息处理、电子技术查询服务、事务信息管理系统、人员注册信息管理、监视与运行控制、辅助体育分析等8个子系统，这种庞大而神秘的系统，一般要5—7年才能搞成功，我国却用不到两年的时间搞出来，而且克服了许多难以想象的困难。

董春立向我介绍了计算机工程的概况："亚运会计算机中心设在对外经贸大学，在那里安装了2台美国IBM4381中型机和3台容错超小型机，在北京饭店贵宾楼也安装了1台主机，总共是6台主机。按照为竞赛服务、为新闻服务、为指挥服务的三大任务，配备有长城公司国产的微机近700台，仅对新闻开放的ES系统就有终端400台左右，28个比赛场馆都安有终端，8个子系统通过光纤电缆等通信线路联网，这种大规模计算机网络的设计和应用，在国内尚属首次。

最初承担此项重大任务的是以北京软件技术中心为主的一百单八将（108人），平均年龄30岁上下，冶金部、机电部15所、北京理工大学、北工大等单位参加的也是以年轻人为主体的技术队伍。这样一支年轻的队伍，有人说是"小马拉大车"。可是，他们在王继中教授的带领下，硬是把遇到的技术难点基本上都突破了。整个计算机系统，3月份已开始联网，4月下旬将在内部组织彩排。

我们自己搞的这套系统先进性到底如何？董春立说道："洛杉矶奥运会计算机系统是采用集中式管理，显示时间比较慢，汉城奥运会改进了一下，采用了集散式，给记者提供的还是集中式；而我们自己设计的这套系统不仅不比汉城奥运会的差，而且功能更全，使用操作更为简便，为记者提供的比赛非正式公告，部分项目不超过2分钟就能看到，正式公告在比赛结束后5—15分钟内，便可从终端机上得到完整的成绩资料，而且还能随时给记者提供各种资料查询。"

使我感兴趣的是，搞软件开发设计的同志，能千方百计为用户着想，提出"计算机要有体育意识"。比如，手球比赛按技术部要求是赛后录入，这样只能看到比赛的结果，而无法使记者了解整个比赛的进程：谁上场、谁下场、谁得分、谁失误、什么时间射的门、有什么技术动作等。要将这些资料统计下来，就得有一批人在赛场填表格，赛后再录入，耗费大量人力不说，还不准确。负责设计的同志主动提出可以搞动态的进程软件，这样就能准确、快速地把整个比赛进程描述下来，在体委竞赛部的积极配合下，反复实践，终于将这套软件搞成功了。

开发软件的难度还在于无规律可循，因为体育比赛动态变化是绝对的，规则也常修改，编排方式往往临时根据参加的队和人数的多少规定，有些是事先无法掌握的。因此，设计人员在一年多的时间里，主动增加体育灵感，从"计算机通"变成"体育通"。负责开发游泳软件的礼平，一头扎进去，对游泳比赛的规则和编排程序达到了了如指掌的程度，最后竟考了个国家二级裁判。

目前，28 个比赛项目的成绩处理子系统，已有 23 项参加过"热身赛"，经受住了考验。到亚运会比赛期间，这套神秘的"小灵通"，还真要大显一下神通呢！

通信光波连四方

如果将密布如麻的通信线路喻为人体中的毛细血管，那么通信在大型运动会中的举足轻重的作用就不言而喻。亚运会的通信工程包括电话通信、电传、传真通信、计算机数据传输、电视传输和移动通信等项目。由上述几部分组成的现代化通信网络，将保证亚运会期间的各项通信传输任务的圆满完成。

位于北郊亚运村的 491 电话局，装有 8000 门程控电话，1989 年 12 月 30 日联网开通，1990 年 2 月 21 日举行了隆重的开通仪式。这里已成为亚运会的重要通信枢纽，亚运会新闻中心的通信将通过这里进入北京国际、国内长途电话局。据了解，在 33 个比赛场馆、46 个运动员练习场地及亚运会组委会、主新闻中心（IBC）、运动员报名处、运动员住地等处，将安装 1735 部电话，其中北京市内 959 部，国际长途直拨 356 部、国内长途直拨 420 部。此外，还提供通信专线 75 条，电传机 64 台，文传机 137 台，图片传真机 23 台，彩色照片传真机 2 台。

1989 年 3 月，北京建成蜂房式公众移动电话系统后，极大地改善了移动通信落后的状况。亚运会期间，为解决比赛场地分散，人员流动大的问题，组委会将安排 100 部车载电话，290 部寻呼机，无线寻呼系统还将为外国来宾提供英语服务。通信服务不仅能保证畅通无阻，快捷方便，而且还有各种特殊服务。如记者要想迅速发稿，只要拿起热线电话，不用拨号，5 秒钟后就可向通讯社发回比赛新闻。

为了建立现代化通信网络，在传输手段上，构成了以 20 世纪 80 年代先进水平为主的光纤电缆系统。仅从北郊 491 局到北太平庄电话局、和平里电话局、国际电信大楼以及西郊通信卫星地球站到长话大楼、国际电信大楼和 11 个比赛场馆至北郊亚运会组委会、新闻中心的主干光缆线，就敷设了 135 公里。

光纤通信具有通信容量大、中继距离长、抗电磁干扰能力强等突出优点，所以在亚运会期间将大显身手。比如设在主要比赛场馆的 81 个评论员席，配备有电视、监视器和配音盒，各国评论员在现场边看边听边评述，通过电信部门的光缆传到长话大楼，再传到彩电中心，最后汇集到 IBC，经国际出口局传到世界各地。光缆传输在这里起到了"桥梁"的作用。此外，在 19 个场馆进行的电视实况转播，通过微波电路传到中央电视发射塔，然后再传到 IBC，进行编辑制作后，回传到彩电中心一楼的传送中心，电视信号通过光缆传到长话大楼，再送到通信卫星地球站。位于西郊上庄的卫星通信地球站，有 6 座昂首挺立的乳白色的巨型抛物天线，跟踪着不同方位的通信卫星，从这里可同时发射 8 套电视节目，以满足各国对电视转播的需要。主要场馆的比赛实况，经光缆传输，有 8 个频道的现场直播图像，可以在新闻中心的大型电视墙上同时出现，可见微波和光缆传输是现代化通信必不可少的手段。

目前，数据传输网络也已建立。33 个比赛场馆的 304 对数据线路已连通，计算机中心的两大数据库将与近 700 台数据终端联网，形成一个庞大的竞赛专用数据信息网络，在比赛结束 10 分钟左右，经裁判和仲裁确定的验收结果就会被输入这一网络，记者能从终端机查到比赛的成绩。国内公众数据网，以北京为出入口局，由北京、上海、广州 3 个节点机，覆盖沈阳、天津、西安、成都、深圳、武汉、南京等 7 个城市，分组交换网将与亚运会计算机联网，这些城市可随时获取亚运会比赛的最新消息。

承担亚运会通信工程任务的北京电信管理局，分兵把口，责任到人，克服困难，奋力拼搏，不到两年时间就使现代化的通信系统粗具规模。4 月 11 日，亚运会通信工程指挥部电讯工程处宋魁处长向记者介绍了通信工程的近况："现在，国内直拨电话、电传、传真、无线寻呼等服务的通信工程，已经开通试用；各种通信网络（线路、光缆、交换系统等）建设都已基本完成；场馆里的电讯设备正在进行最后的安装调试，整个通信工程可望 6 月底结束。"据说，这个最后完成的时间表还有可能提前。

亚运会电子信息服务系统，除了通信、计算机、广播电视，还包括计时计分和仲裁录像等，这是一项庞大的系统工程，一切都要按照实用、可靠、万无一失的要求去做。3 月底整个系统已进入总联调，6 月底技术"冻结"，7 月彩排运营，9 月开始试运行，可以说曙光就在前头，任何一个环节都不允许出现疏忽，我想他们一定能打个漂亮仗。因为这时我的耳畔回响起 1990 年 2 月第一次去电子工程指挥部采访时，总体部主任陈锋讲过的一句话："测试、测试、再测试！可靠、可靠、再可靠！"

《中国电子报》1990 年 4 月 6 日、4 月 10 日、4 月 13 日、4 月 17 日、4 月 20 日

◉**附记:**

1. 本文是系列报道,发表时分为 5 篇,现将 5 篇按顺序合成一篇,原副题作了主标题,原主标题作了文中的标题。

2. 北京中央电视塔建成时,高度居世界第三。后来,天津、上海建成的电视发射塔高度均超过了北京中央电视塔。

解析:《亚运会电子工程近况巡礼》与其说是概貌通讯,不如说是风貌通讯更恰当。1990 年 9 月 22 日至 10 月 7 日,第十一届亚运会在北京举办,这是中国首次承办的规模最大的国际综合运动会,引起国内外高度关注。笔者琢磨专业报纸怎样才能配合这次举世瞩目的体育盛事,于是想到了电子与体育联姻,决定写一组 "亚运会电子工程近况巡礼"。从 3 月中旬开始,接连一个多月的采访,陆续发表了《巨型彩屏扬国威》《高塔如云播盛况》《广播电视添风采》《计算中枢显神通》《通信光波连四方》。这 5 篇近况巡礼,让人们认识到现代化的体育盛会,电子技术和产品是不可或缺的。其中,《巨型彩屏扬国威——亚运会电子工程近况巡礼之一》,获得北京市亚运会优秀科技新闻奖二等奖第一名。

福建电子企业闯荡国际市场记

福建简称闽,有其悠久的历史渊源,秦朝时设闽中郡,五代时在福建立 "闽国",南宋时福建号称 "八闽"。现在的福建人,对这个 "闽" 字又有了新的解释,拿他们的话说,就是关在 "门" 内是条 "虫",打开门来便成龙。

这话不假。有例为证:改革开放前,福建电子工业主要在国内市场转悠,1978 年出口额仅有 86 万美元;改革开放后,福建电子工业大步闯进国际市场,1991 年出口额达到 2.78 亿美元,在全国出口创汇超过 1000 万美元的 47 家电子企业排名榜中,福建独占 6 家。目前,福建电子工业出口产值及出口额,仅次于广东居全国第二位。

方位的抉择

福建电子工业闯荡国际市场自有一番酸甜苦辣。我在采访中,凡是接触到的人,在观念上都比内地企业快半拍。起初,他们也不是心甘情愿去打国际市场,但市场经济的规律,使他们达成共识:"不搞出口,不搞外向型企业,就不能形成规模和批量，福建电子工业就没有出路。"搞出口，首先面临的就是产品结构调整问题。

福海电子精机有限公司的几位领导在跟我交谈中说，开始想打入国际市场时，就是选不准产品，他们过去生产仪器仪表，但这种低档货在国际市场没销路，后来生产收音机、收录机，出口难度也很大。在摸索中，他们感到完全搞技术密集型，比不过日本、韩国、新加坡等国家，完全搞劳动密集型，又比不过遍地开花的乡镇企业。成立合资企业后，他们根据国情，把产品目标定在既有一定技术含量，又有一定劳动密集的录音机机芯上。全球每年生产收录机2亿台，机芯市场很大，但又有一定技术难度。福海公司设备齐全、技术力量雄厚，改产机芯后如鱼得水，1991年出口机芯191万只，创汇587.8万美元，分别比1990年增长48.9%和41.6%，人均创汇0.78万美元。这个公司闯荡国际市场不到3年，现在92%的产量出口，他们的胃口很大，1992年要搞到500万只机芯，出口尝到了甜头，关键是选对了产品。

技术密集型和劳动密集型相结合的产品，是我们目前出口的优势。我国电子工业经过40年来的发展，具备了一定的规模和水平，尤其是经过"六五"和"七五"的技术改造后，电子企业的技术水平上了一个等级，再加上我国劳动力廉价，所以这类产品无论是性能和价格均有一定的竞争力。我在几个城市的采访中，看到福建电子企业出口的方向大都选得准，路子走得对。

闽影磁头有限公司的前身是福建电影机械厂，这个隶属于文化厅的企业，原来生产8.75毫米电影机。1986年后搞合资，转产生产录放机磁头，磁头的生产涉及机、光、电、磁等技术，难度大、要求高，但大部分又是手工操作，所以生产线上请的都是"外来妹"，成本低，管理费用下降到每只磁头只含0.04元，出口价格有竞争力，出口量逐年大幅度增加。1988年出口磁头36万只，创汇14.01万美元，1991年出口磁头达到1361.14万只，创汇437.17万美元，1992年出口创汇要登上500万美元的新台阶。目前，这个仍旧归口于文化厅的电子企业，出口的磁头已占到香港市场的1/6。

我在厦门宏泰发展有限公司，直观的感受就更深刻。这家独资公司，管理十分严格，生产线秩序井然，我看到一部电话机的生产，竟要经过100多个工人的手，但电话机本身又有相当高的技术含量，电脑控制、数字显示，等等。这家公司1991年创汇5000万美元，6年期间，固定资产增长了100倍。这应该说完全得益于出口产品的适销对路。

任何事物都是发展变化的。福建电子企业初闯国际市场，以技术密集型和劳动密集型相结合的产品探路取得了成功，他们开始由中低档向中高档发展，一些企业开始跃跃欲试，他们相信有一天，国际市场上会有技术密集型的高科技的福建电子产品亮相。

出口生命线

福建搞外向型经济，有着得天独厚的优势。他们有一条同世界紧密联系的纽带：福建有 800 万海外华侨、80 万港澳同胞、台湾居民 80% 祖籍福建。因此，福建吸引海外投资，靠乡情浓，"侨牌"热，这个优势别人比不了。但要闯国际市场，只认产品不认人。福建电子企业这几年出口出的"火"，他们是凭借一代又一代新产品才站稳脚跟的。

"没有新品，就没有生命"，"没有新品，就没有市场竞争能力"，"没有新品，企业就没有后劲"，诸如此类的观点，几乎每一个厂长、经理都挂在嘴边，并落实到行动中。据说，国际市场上每年有 60% 产品要更新换代，新产品市场到底有多大，一时很难说得清。这里，我把采访过的一些企业重视新品的做法，从不同侧面进行实录整合，也许会对即将准备打入国际市场的企业有所启迪。

福日公司针对年轻人跟时代潮流快的特点，给年轻的设计人员压担子，主要项目放手让年轻人搞。每年派到日本日立公司培训的有七八十人次，这样设计人员就能根据国际最新流行的款式设计福日的产品，他们每年能开发出二三十个电视机新机型，这也是福日出口长盛不衰的原因之一。

厦门华联电子有限公司把新品开发放在最重要的位置，新品研制所需的经费、设备、材料等，以最快速度批下来，中间环节少，扯皮少，这几年仅新产品研制费就投入了上百万元。因此，他们的元器件新产品投入市场要比国内同行早 2—3 年。

厦门宏发电声有限公司主要生产继电器，他们开发新品，目标是盯着国际 20 世纪 80—90 年代的新产品，跟上国际先进技术水平才能占有市场。1991 年新产品产值占公司总产值的 68%。现有 10 个品种获得美国 UL（黄卡）认证，690 系列还同时获得加拿大 CSA 认证。

福州福益电子有限公司搞新产品储备政策。他们视新品开发为企业的生命线，在新品开发中，采取软件移植的办法，瞄准国际技术标准，对市场作超前预测。每当一种产品供不应求，许多厂家一拥而上时，他们已着手组织另一轮主导产品的开发，薄膜介质电容器从 2 个品种增加到 11 个品种。开业 4 年来，新品为公司赢得了效益，出口量已占总销量的 90.4%，创汇总额 946 万美元。

福建光学仪器厂（8461 厂）建立了比较完备的科技信息情报网。他们以国内市场为导向，随时跟踪国内外光电产品的发展新动向，在新品开发中给科技人员设立新产品开发奖，充分调动科技人员的积极性和创造性，他们平均每年开发出十几项新产品。具有 20 世纪 80 年代先进水平的屋脊棱镜式双筒望远镜，远销美国、德国、荷兰等国家，并在西班牙巴塞罗那奥运会上出尽风光。

　　福建电子企业闯荡国际市场的做法，使他们感到外面的世界很精彩，外面的世界不会吃人，走出国门，才能开阔眼界，提高质量，形成规模，搞活企业。在采访结束时，福建省电子工业总公司薛金炼总经理作了精辟的总结："发展外向型经济，是福建省委于1986年作出的决定，这是个正确的战略方针，但当时打入国际市场很艰难，我们虽然缺乏经验，但态度十分坚决。厦华电子企业有限公司1985年12月开业，1986年就瞄准国际市场。几年来，厦华彩电出口始终名列全国第一。厦华、福日彩电的出口，带动了福建元器件的发展。走外向型经济的路子，经过反反复复的认识，得来的共识不易，这个方向一定要坚持。"

　　作为福建电子工业的最高领导，在对待不同所有制企业的看法上，薛金炼始终坚持不分所有制，只要办电子，一视同仁。所以这几年福建三资、乡镇电子企业发展很快，尤其是在打入国际市场方面，三资企业唱了主角。尽管在闯荡国际市场的征途上，还会有坎坎坷坷，风风雨雨，但国际市场这个大舞台很诱人，一定会有众多的电子企业踏上这个征途，中国电子产品在国际市场上"火"起来的日子咫尺可及。

《电子商报》1992年10月13日、10月20日

　　解析：1992年5月中下旬，笔者到福建省电子企业采访，当时想法是调研外向型经济的现状。到达福州市后，电子局薛总经理介绍了福建电子工业的情况，建议笔者在福州、泉州和厦门多去几个企业。由于没有到厦门的火车，薛总专门提供一辆交通工具。报社福建记者站记者余文净，全程陪同笔者采访，使采访得以顺利完成。回京后考虑如何发稿，按惯例去的十几个企业，肯定希望单独给他们发消息，这不是笔者此行的初衷。考虑再三笔者先发了一篇《八闽琐记》，然后决定再写一篇概貌通讯，介绍福建外向型经济的做法，让更多的企业受益"走出去"。于是有了《方位的抉择——福建电子企业闯荡国际市场记（上）》《出口生命线——福建电子企业闯荡国际市场记（下）》。本书将两篇合为一篇，原文副题作了主标题，原文主标题作了文中的小标题。

　　概貌通讯的开头很重要，因为是写一个省的情况，所以才有了现在的开头："福建简称闽，有其悠久的历史渊源，秦朝时设闽中郡，五代时在福建立'闽国'，南宋时福建号称'八闽'。现在的福建人，对这个'闽'字又有了新的解释，拿他们的话说，就是关在'门'内是条'虫'，打开门来便成龙。"然后，顺理成章是龙就要"走出去"，到国际市场去闯荡。

广西边贸采访札记

上篇：南疆在发出呼唤

从南宁驱车只需 4 个小时，就到了祖国南疆的门户——凭祥。乍到这个边陲小城，脑海里是一片空白。除了知道友谊关是兵家必争之地外，对凭祥一无所知。

晚上，原市人大主任李茂英同志为我们介绍凭祥概况后，顿觉豁朗，原来凭祥还是个极具边贸潜力的城市，这里已结束了长期守边御敌的历史，正在成为边贸前沿的黄金宝地。

优越的投资环境

凭祥 1957 年建市时，当时只有一个友谊公社，2.9 万人口。现在的凭祥市辖 4 个乡和 1 个街道办事处，人口 9 万多人，市区人口 2 万多人。1986 年前，工农业产值一直徘徊在 4000 万元左右。边境战争结束后，终于有了喘息的机会，开始安心搞经济建设，1992 年工农业产值达 7600 多万元。边贸活动开展才两三年，1992 年进出口总额就达 6.4 亿元。虽然起步晚，困难多，但自从 1992 年 6 月国务院批准凭祥市为对外开放城市后，全国各地一下子在凭祥设了 260 多个办事处，这么多单位涌入凭祥，是看中了这里的边贸生意会有大的发展。

的确，凭祥有别处不可比拟的优势。在 97 公里的边境线上，有 2 个国家一级口岸和 5 个主要国际通道，陆路和铁路口岸均能承担很大吞吐量，是理想的向东南亚出口的集散地。此外，这里有十分优惠的政策，诸如海关税低，一般在 10% 以下，经济开发区给特区政策；搞组装加工业，可享受保税区政策等。

目前，流动人口已占市区人口的一半。市政府正大力改善投资环境，已投资 3000 万元，解决供水问题；电力投资 1000 多万元，1993 年底前将 3 万伏线路全部改为 11 万伏线路；修筑公路时，路面宽度从 10 多米扩展到 30 多米；1992 年 3 月已交付使用 2000 门程控电话，1993 年底准备再交付 2000 门，并开设无线寻呼台，从凭祥到南宁铺设光缆。城区改造紧锣密鼓，边贸点建设更是不甘落后。

弄尧边民互市点

弄尧距友谊关咫尺之遥，抬头便可看见地势险要的金鸡山，离越南地界不到 20 分钟的路程。所谓边民互市点就是民间贸易圩场。我原以为这里是自由贸易的天堂，来后才知道在这里从事边贸活动，必须持有凭祥市居民身份证、对越经营证、工商执照、民间运输证，证件齐全才准许经商。进互市点，在二三百米狭窄的街上，布满了摊点和门面，以各类小商品、小百货居多，组装自行车算是大宗买卖。只有3家很小的门脸儿经营电子产品，其中一家摆着"面包式"双卡收录机、随身听、话筒、计算器、微型小吊扇等，唯一新潮一点的是珠江牌OK—899环绕声卡拉OK，和老板攀谈，他只淡淡地说："生意还可以。"

在另一家小门脸儿，一位挺憨厚的20多岁的小老板客气得多，他把我让进门面，让我坐在唯一的凳子上，显得很腼腆。我指着货架上的录音机、音箱、小彩灯、元器件等，问他卖得如何，他告诉我，零售赚不了什么钱，主要靠批发。越南人不大挑剔款式、质量，只要便宜就行，所以低档货多，整个弄尧竟没有看到卖电视机的。在内地，款式过时的收录机积压很多，可在这里，越南人肯花几百元人民币买走。

前景看好的浦寨

如果说弄尧只是个小打小闹的边民互市贸易点，那么正在建设中的浦寨，则是较为正规的集贸中心。浦寨距凭祥14公里，与越南文郎县接壤，离边界仅几十米，地势平坦，是亚洲最大的陆路通道，坐汽车40多分钟便可到越南的省会城市谅山，与河内的距离才180公里。

我们眼前看到的浦寨，挖土机伸出长臂在掘土，汽车穿梭般地往来，在平整的地带上，矗立着四排连绵的二层小楼，这是一期工程，占地500多亩，共有388间房屋招商，货栈、洽谈室齐全。港商之所以给一期工程投资5000多万元，就是看准了这里会成为对东南亚贸易的集散地。待二期工程完工后，一座占地1000多亩的国际贸易城将在浦寨崛起。同时，澳门商人计划投资6000多万元，在另一临近边界的地方——弄怀，建设一个集商贸、旅游、娱乐、度假于一体的不夜城。届时，商贾们将会纷至沓来。

陪同我们的市政府黄秘书说，凭祥作为南疆对外贸易的窗口，凭借得天独厚的投资氛围，1993年进出口额会突破8亿元，今后的发展步子会更快。有志于走向世界大市场的人们，你们仔细倾听，南疆正在向你们发出呼唤。

下篇：诱人的南陲明珠

告别凭祥，汽车穿过十万大山，我们来到地处北部湾金三角西南角的边境古城——东兴。据说东兴已有400多年的历史，清光绪十一年（1885年）就与越南开展了互市贸易。20世纪20年代曾有几十家商行，素有"小香港"之称。

东兴开发区工管委宣传部的林部长，从南宁支边到东兴才半年，就对东兴的情况了如指掌，通过他的介绍，使我们对陌生的东兴一下子变得熟悉起来。

区位优势、优惠政策诱人

东兴开发区辖东兴、江平两镇，整个开发区陆地边境线长 20 公里，海岸线长 50 公里，是唯一与越南水陆相接的国家一级口岸。东兴有极好的区位优势，十分适宜搞转口贸易。它背靠大西南，面向东南亚，毗邻广东、海南，靠近香港、澳门，从陆路、海路均可抵达越南的鸿基、海防、西贡等大中城市。为发挥东兴的海运网络优势，正计划将竹山港建成专用煤码头，京岛港建 1000—2000 吨码头泊位 10 个，成为对越南和东南亚贸易的主要码头。

除了区位优势，东兴还享有国家沿海、沿边开放城镇和经济合作区的优惠政策。如外商企业的所得税减按 20% 税率征收；内联企业的所得税按 24% 的税率征收；"八五"期间免征投资方的调节税；基础设施建设所需进口的机器、设备和其他物资，以及合理数量内的办公用品，免征进口关税和产品税（或增值税）；内联企业和外商投资企业在毗邻国家易货所得，允许自行销售，进口时减半征收关税和工商统一税等。

投资环境、边贸发展诱人

由于历史的原因，东兴停止建设达 10 年之久，但经过一年多的努力，投资环境日臻完善。投资 189 万元的中越友谊大桥修复工程，于 1993 年 1 月 15 日竣工；投资 900 万元的东兴旧车站装修配套工程，已完成大部分的工作量，新车站建筑面积 3600 平方米，投资 450 万元，已进入施工阶段；投资 7600 万元的东兴至防城二级公路正加紧施工，分段交付使用，全部工程 1994 年 6 月完成；通信第一期工程 1000 门程控电话已于 1992 年 6 月交付使用，第二期 2000 门数字程控光缆电话，投资 1044 万元的工程，计划 1993 年 10 月 1 日切割通话；投资 900 万元的 110kV 输变电前期工程已完成，1993 年国庆节通电；日供 4 万吨，投资 900 万元的自来水厂已全面施工，5 月底实现简易供水。此外，旧城区的改造，开发区的建设，配套设施等都在快马加鞭进行。

投资环境的改善，实现了"筑巢引凤"。1992 年底，在东兴注册登记的有全国 26 个省、直辖市、自治区及海外 8 个国家、地区的企业 500 多家，意向投资金额近 25 亿元，立项的投资金额近 14 亿元，经商的单位及个人多达 4000 多户。

边贸形势更是喜人。1989—1992 年，进出口成交额分别为 1.2 亿元、1.64 亿元、2.88 亿元、4.5 亿元，实现连续 4 年大幅度上升，1993 年计划超过 6 亿元。为改善边贸市场散、乱的状况，投资 230 万元维修了边贸点，在距越南芒街仅 50 米的地方，投资 1600 万元、占地 50 亩、建筑面积 2.4 万平方米的北仑河边贸市场于 1993 年 3 月 18 日开业，由于实行"两免一优"的让利招商政策，工商企业和工商个体户踊跃入市，边贸局长罗志杰参观后高兴地说："我们要把北仑河市场办成东南亚贸易、信息中心，使之成为国内外名、优、特产品荟萃的集散之所。"

丰姿屹立、远景规划诱人

在东兴走马观花，与在凭祥山区的感觉不一样。这里的街面热闹非凡，商店林立，物品丰富，真不愧素有"小香港"之称。东兴口岸，更是货来人往，万头攒动。百米宽的北仑河，铁驳船拥挤在一起，据说每天从这里入境的外国人及出境的中国人均在 1500 人左右。我在码头上仔细观察了一会儿，看到越南人买家电以"钻石"牌和"美的"牌电风扇居多，还有一户人家把刚买的 54 厘米彩电的包装箱拆掉，将电视机端放在船上，掩不住一船人的喜悦。据当地经销电子产品的老板讲，在东兴买家电的人，品位比西部山区边境高得多，低档货没有市场，彩电都要进口原装的。

隔河相望的越南芒街镇，已成为中越边界 21 个关口中最活跃的边贸互市市场，越南还要把芒街建设成自由贸易区。因此，东兴的发展速度更要加快。东兴开发区近期以"金融商贸区"为中心，逐步向外滚动发展；远期将形成以城区为主体的"带状组团型"空间结构，形成以商贸、旅游、加工业为主的大磁场，吸引天下商贾，使东兴这颗南陲明珠熠熠发光，更加璀璨。

《电子商报》1993 年 7 月 6 日、7 月 13 日

解析：采访札记是将采访中所见、所闻、所感摘要记录发表的一种新闻体裁。其主题针对性强，材料典型有说服力；写作方法不拘一格，可以记事、议论、抒情，也可以运用杂文笔法、散文笔法和政论笔法等。对于采访札记的归类，目前有不同的认识，有人认为这是边缘体裁，有人认为是杂交体裁，笔者认为还是在通讯范畴内。如果是写一个单位的，应算作是工作通讯类型，如果是写一个省的，还是算作概貌通讯为好。具体到《广西边贸采访札记》，笔者认为是一篇概貌通讯，但写法上与概貌通讯有所不同，札记体本身带着随笔的性质，所以，写作采访札记，也是意到笔随，自由灵活，不受约束。

1993 年 3 月中下旬，应《三月三》杂志社的邀请，笔者去广西参加中越边贸风情考察，从南宁出发先去了凭祥，后来穿过十万大山，又来到东兴。这两个边贸小城没有电子工业，边贸交易多是电子产品，很难用消息或通讯写作，用札记形式比较方便自由，于是作为广西之行的副产品，笔者撰写了《南疆在发出呼唤——广西边贸采访札记（上篇）》《诱人的南陲明珠——广西边贸采访札记（下篇）》。本书将上、下篇合为一篇，原文的副题作为了主标题，原文的主标题作了文中的小标题。

CFO 阶层的崛起

20 世纪末的并购狂潮，波澜壮阔，跌宕起伏，犹如一股强劲台风来临，将全球众多企业卷进并购旋涡。在这前所未有的并购风潮中，一批负责具体运作的 CEO（首席执行官）大出风头，并购成功使他们一夜之间名扬四海。但是，不久人们发现，在大放异彩的 CEO 身后，有一只看不见的手在左右着并购的成功和失败，他们是幕后英雄 CFO（首席财务官）。并购使 CFO 露出冰山的一角，让我们撩起笼罩在他们头上的面纱，透视一下 CFO 如何在全球悄然崛起。

应该说，CFO 的崛起，绝不是偶然。随着全球经济的发展，融资、上市、并购，成了企业生存壮大的命脉。传统意义上的财务主管远远不能胜任新的使命，于是 CFO 呼之欲出。

CFO 的闪光经历：IPO

对于那些还没有上市的公司来说，谋求股票上市是他们的最大心愿。因为股票作为一种有价证券，它的发行和流通对于资本的流动、重组和优化具有重要的作用。公司股票上市，最大的好处是增加了资金的来源，为企业进一步发展筹集到原来无法得到的资金。而且在经济不振、营业不利时，股本资金给予企业一层债务资本所起不到的保护作用。但是，股票上市是个极其复杂的过程，于是具有丰富 IPO（首次公开招股）经验的 CFO 就成为猎头公司追逐的热门对象。

加里·瓦伦苏勒堪称是高新技术企业中 CFO 群体的精英代表。他曾在好几家公司担任过 CFO，有着丰富的 IPO 经验。他曾于 1995 年为 TGV 软件公司、1984 年为电脑终端供应商 Wyse 技术公司的股票上市立下了汗马功劳。1996 年，加里·瓦伦苏勒加入大名鼎鼎的雅虎公司，被委任为公司的 CFO，上任两个月以后，他便运用自己娴熟的 IPO 经验，安排这家互联网公司公开上市。

像加里·瓦伦苏勒这种既有技术背景又有 IPO 方面专业知识的 CFO，是猎头公司重点关注的对象，每周都会接到来自猎头公司的电话，问他有没有兴趣到别的有计划 IPO 的公司任职。对于很多高技术新创公司来说，它们把公开上市的梦想寄托在 CFO 身上。据美国几家中介高级管理人士的猎头公司透露，如今的股市大牛市已经使 CFO 人才供不应求。

CFO 人才抢手，中介机构和猎头公司的生意顿时兴隆起来。如美国 Korn/Ferry 国际公司为软件和新兴技术企业寻找 CFO 的业务连年激增。Korn/Ferry 猎头公司在 1998 年为高新技术企业代理了 30 个 CFO 位置，超过了 1997 年的 20 个职位。无一例外，客户要求新的 CFO 必须有 IPO 经历。波士顿一家猎头公司 Christian&Timbers 的负责人塞思·小哈里斯毫不隐瞒地对外宣称："我们在寻找 CFO 的时候，简历上最闪光的一项就是以往有过 IPO 经验。"

IPO 经历已成为 CFO 的敲门砖。其实，只要有过一次操作 IPO 的经历，就足以成为 CFO 手上的金饭碗。琼·奈文斯在 1980 年时，曾是制作 CAD/CAM 软件的 Applicom 公司助理财务主管，1992 年她主持了一家视像会议企业 PictureTel 公司的上市计划，并处理过该公司的第二轮融资。凭着这些经历，去年秋季，她成为马萨诸塞州 Waltham 一家企业软件商 Arbotext 公司的 CFO，该公司正在安排上市。

施展才华的舞台：企业并购

CFO 运作 IPO 屡屡成功，声名大振，是这个群体迅速崛起的原因之一。此外，企业并购是他们施展才华的另一个舞台。现代企业兼并的方式不外乎这样几种：以现金购买资产的兼并；以现金购买股票的兼并；以股票购买资产的兼并；以股票交换股票的兼并等。由于并购极具风险，一般情况很少用现金交易，尤其是并购金额巨大的。因此，以股票交换股票的兼并形式便成为主流。这就要求公司的 CFO 具有十分精明的头脑，极其准确的计算和万无一失的判断。因为，并购成功与否表面上看是 CEO 拿大主意，但他们最后拍板的决定，是建立在 CFO 的报告基础上的。

发生在 1999 年底的英国沃达丰电信公司并购德国曼内斯曼公司案，之所以最终以失败结束，其中有多种因素，但沃达丰公司每股 240 欧元的并购报价，被曼内斯曼公司称为"敌意并购"，可能是失败的导火索。因为曼内斯曼公司本身每股股价还不到 150 欧元，"敌意并购"成立。真不知沃达丰公司的 CFO 是怎么想的，也许另有原因，板子不能打在他们身上。但由这起巨额并购案（金额为 1240 亿欧元，约合 1290 亿美元）的流产，可以看出 CFO 作用的举足轻重。

1999 年 5 月 7 日下午，德国戴姆勒—奔驰公司和美国克莱斯勒公司，在英国伦敦圆形剧场举行记者招待会，向新闻媒体正式宣布两家汽车公司合并成功。这两家公司采取的是通过股票互换来进行合并。谈判一波三折，极其艰难。值得引人注意的是戴姆勒—奔驰董事长于尔根·施伦普和克莱斯勒公司的董事长鲍勃·伊顿在最小范围的密谈中，各自只带一名亲密顾问，前者带的是负责策略的董事埃克哈德·科德斯，后者带的是公司的 CFO 加里·瓦拉德。可见美国公司对 CFO 的重视，而且在合并后加里·瓦拉德将掌管联合采购，之所以这样安排，是因为考虑到节约采购开支。对合并前和合并后财务的关心，是鲍勃·伊顿重用 CFO 加里·瓦拉德的主要原因。

可能是商业秘密的缘故，CFO 在并购的背后到底做了些什么，至今没人揭开其内幕。但 CFO 在企业里的重要作用是别人无可替代的，他们的骄人业绩也是功不可没的。如格雷格·马菲在微软公司任 CFO 期间，手下掌管着该公司 350 亿美元现金和战略资金，他曾参与微软的几项重大交易，如微软向 AT&T 投资 50 亿美元、微软公司与"纳克斯泰尔和罗杰斯"通讯公司的交易谈判，1997 年为史蒂夫·乔布斯牵线搭桥让微软向苹果公司投资 1.5 亿美元，支持微软与 WebTV、Hotmail 和 Comcast 的谈判等。他还领导过微软公司与 AT&T、纳克斯泰尔、亚洲全球通讯公司、康卡斯特公司、NTL 公司、联合动力公司和 Telewest 公司及其他公司的战略伙伴关系和投资。这些足以说明 CFO 在企业的地位和权力。

去留选择的标准：长远利益

CFO 作为一个阶层，正在成为热门人物，供不应求的局面使他们有了更大的选择，因此辞职、跳槽的事屡屡发生。当然，主动辞职、跳槽是为了赚更多的钱和谋求更高的职位。比如微软 CFO 格雷格·马菲于 1999 年 12 月 22 日递交辞职书，投奔总部设在温哥华的世界光纤公司（Worldwide Fiber），成为这家快速发展的新公司的 CEO。格雷格·马菲从 1983 年起就到微软公司工作，业绩不凡，但为了个人的高就也顾不得老东家的恩义。而琼·奈文斯在 1981 年 Applicon 被收购以后就离开了公司，她行使了在公司的股权，赚了"区区六位数"。1992 年她主持 Picture Tel 实现上市计划，又赚了"区区七位数"，以后又跳槽到新公司任 CFO。有些公司已发现了这个问题，如微软几位官员在跳槽后全部获得一大笔股票，从而激发公司考虑提供 Internet 追踪股票（Tracking Stock），以作为阻止人才外流的一种措施。

当然，CFO 群体中也有"安分守己"的一族，他们与频繁跳槽的一族最大的区别，就是更加务实。麦克尔·卡西是亚特兰大软件制造商 Manhattan Associates 的 CFO，他在 1992 年成功地参与了新创企业 IQ 软件公司的 IPO，去年 4 月又一手解决了 Manhattan Associates 的上市计划。但他还没有跳槽当 CEO 的野心，因为他觉得在高技术新创公司的 CFO，很少有机会当上 CEO。他认为自己做 CFO，看中的是"创造财富的刺激、风险和机会"。I2 技术公司的戴纳·卡雷自 1992 年安排公司上市后就一直没有离开，因为这家公司仍有非常大的市场，股价长期以来表现良好，要想赚更多的钱，千万不要轻举妄动。CFO 们一般能够获得公司在 IPO 之前计算的 1% 至 1.5% 的股份，在公司上市之后，这个份额足以使他们发上大财。但由于刚上市的公司股票很难停留在高位上，所以还是放长线，钓大鱼。"安分守己"的 CFO 们，务的是现实，想的是长远。

CFO 们并不都是幸运儿，有时辞职也很无奈。1999 年康柏公司总裁兼 CEO 埃克·菲弗尔及公司 CFO 厄尔·梅森同时宣布辞职，康柏兼并 DEC 后没有达到预期效果，股票止不住下跌，厄尔·梅森辞去 CFO 一职也在情理之中。1999 年

9月1日已申请破产保护的铱星公司宣布该公司的 CFO 莱欧·曼德拉已提交了辞职报告，上任只有 5 个月的莱欧·曼德拉在一份声明中表示："我此前接受 CFO 职位是为了帮助铱星公司进行庭外重组计划，由于现在这种可能不存在了，我就该卸任，让拥有改组经验的新管理队伍接替这个职位。"无奈之情溢于言表。

对于 CFO 们的辞职，并不会影响到公司的运转，因为接替者也都是不凡之辈。如铱星公司 CFO 辞职后，接替他任 CFO 的是富有经验的 Aivarei&Marsal 公司的主管经理大卫·吉伯通；1999 年 9 月 7 日，Amazon.com 公司宣布聘请 Delta 航空公司前副总裁兼 CEO 华伦·简森担任公司新任 CFO，此前他担任过 NBC 公司的 CFO 和通用电器公司几次收购和网上大型活动以及 MSNBC 的组建工作；2000 年 1 月 3 日从事软件开发的 Viasoft 公司向外界宣布，其 CFO 马克·斯古诺先生辞职，暂时接替他职务的是公司主席兼 CEO 斯蒂汶·怀曼先生。公司主席兼 CEO 和 CFO 于一身，权力可谓高度集中。

CFO 们像走马灯式的来来往往，演绎着一幕幕精彩的故事，他们很快便会从发源地美国出发，让全球都闪现着 CFO 忙碌的身影。

《财经界》2000 年第 2 期

解析：综述《CFO 阶层的崛起》的发表，与笔者撰写全球并购潮有关。在《俯瞰全球并购潮》见报以后，《财经界》的编辑曾向笔者约稿，《世界并购狂潮》发在该刊 2000 年第 1 期。由于在并购的过程中，CFO 的作用举足轻重，编辑热情地希望笔者写一写 CFO。笔者平时关注的范围较广，一直在积累 3C 的材料，所谓 3C 就是 CEO（首席执行官）、CFO（首席财务官）、CIO（首席信息官）。在西方发达国家高科技公司，3C 是公司运转的顶梁柱，公司的成败系于他们一身。《财经界》的编辑眼光独到，敏锐地发现并购潮表面上是 CEO 风光，实际上是 CFO 在操盘。笔者一直准备写 3C 启示录，既然有人约稿，便先写出《CFO 阶层的崛起》。笔者对于综述的写作，特别注重案例和细节，反对空对空的叙述。没有案例和细节的综述，不仅缺乏可读性，而且影响可信度。

面对 WTO 倾力打造中国技术品牌

题记： *通向地狱的道路是由那些只注重发展他们的技术而忽视树立品牌的公司铺成的。*

中国加入 WTO，为世人瞩目，因为它不仅会给国内各行各业带来不同程度的冲击，也必将对全球经济一体化产生深远的影响。

对于中国的高新技术产业，尤其是通信产业来说，当前面临的最严峻的考验，不是技术和标准，不是产品和市场，不是质量和价格，而是我们没有享誉国内外的技术品牌。

创建及打造中国的技术品牌，应该立即提到议事日程上来。因为即使我们的技术和产品与国外公司打成平手，甚至超过他们，但缺乏技术品牌的营造，我们就无法成为走向全球的跨国公司，更无法成为百年长寿公司。

一、技术品牌的特征与价值

技术品牌概念的提出始于 1991 年。英国伦敦的尼尔·斯图尔特，时任美国华盛顿柯克兰市的弗洛丝·约翰逊代理机构财务计划师。在一次讨论会上，当研究需要用某种东西来把自己和其他的代理机构区分开来时，尼尔·斯图尔特突然站了起来，说出了"创建技术品牌"这个词。有人形容技术与品牌的组合，类同于黑格尔将对立与统一组合一样有创意。

弗洛丝·约翰逊管理小组立即成立了技术品牌创建小组，并开始进行推广。技术品牌的提出看似十分偶然，其实却在必然之中。20 世纪 80 年代以来，集成电路技术、计算机技术、通信技术及航天技术发展迅猛，高科技公司已成为全球经济最亮丽的一道风景线。随着竞争的日趋激烈与残酷，在全球经济的大市场上，纵横驰骋、大显身手的是那些技术品牌响当当的公司；没有技术品牌的公司，虽然暂时也能生存，但终究难成大气候。

什么是技术品牌？技术品牌的特征是什么？目前还没有现成公认的定义，笔者认为要了解技术品牌的内涵，先要清楚什么是品牌。品牌的概念也是五花八门，现选择有代表性的开列如下：

· 品牌是公司和产品所具有的包括传递感觉和激发感情的企业文化形象。

· 品牌是一个企业综合实力的体现，也是一种企业文化和地域文化的体现。

· 品牌是多年来社会对产品的认同，也标志着企业有着良好的信誉度。

· 品牌还意味着不断地发展创新，不断地给消费者带来意想不到的惊喜与收获。

· 品牌是公司最重要的资产，也是重要的竞争优势和未来的利润来源。

· 品牌是物超所值、情有独钟的标志。

· 品牌是产品质量和可信度的承诺，是让消费者放心购买的担保。

· 品牌代表的是诚实、道德、价值和一种精神。

技术品牌除了具有以上品牌的特征外，还应有以下特征：拥有自主知识产权和专利；拥有科技含量高的核心技术；拥有现代化的管理机制和创新机制；公司具备规模化并在全球市场经营；产品有品质保证并在用户群中有一定的地位和影响。

此外，技术品牌与消费品牌的区别还是显而易见的。前者是商用产品，且是复杂的商用产品，后者是个人及家庭用产品，且是简单产品；前者有较短的产品生命周期，后者有较长的生命周期；前者为用户所期待的是全新产品，产品升级非常重要，后者为一般新产品或改进的产品；前者购买时需反复权衡比较、仔细研究，还需要有较多资金，后者购买行为比较冲动，且是快速消费，在超市货架上伸手就可以拿所需的品牌产品。不容忽视的是，高科技的 PC 产品、移动通信产品，已进入个人和家庭消费领域。

技术品牌的重要性不言而喻。企业的生存离不开产品，比产品更重要的是品牌。因为产品是可以仿造的，而经注册的品牌名称则不允许模仿。最有说服力的例子是 100 年以后，当初的厂房毁坏了、机器破损了、员工死亡了，但仍然具有生命力的是品牌。西门子、爱立信、诺基亚、摩托罗拉及北方电讯的百年成功历史，无不说明打造品牌的重要意义。

所谓品牌价值，就是一种产品或一个企业的识别标志给其带来的一种附加价值。品牌价值不仅仅是一种形象，它是一种力量，是一种内在的价值。公司的产品在市场上销量上升或是下降，在一定程度上说明品牌的价值。一般来说，良好的品牌价值可以使公司的净值、股票价格、用户的忠诚度和利润飙升。

21 世纪是技术品牌的天下。技术品牌价值连城，技术品牌主导市场，技术品牌用户青睐。2001 年 8 月 6 日出版的美国《商业周刊》，推出了全球 100 个最响亮的品牌，在世界最值钱的十大品牌中，属于信息产业的技术品牌占据了半壁河山，它们的排名与价值如下：第二微软、651 亿美元，第三 IBM、528 亿美元，第五诺基亚、350 亿美元，第六英特尔、347 亿美元，第十美国电报电话公司（AT&T）、228 亿美元。其中，排名第二的微软品牌价值直逼排在第一位的可口可乐的 689 亿美元，大有取而代之的趋势。此外，惠普、思科也排在 15—16 名。全球十大品牌中，除去通用和福特，纯粹的消费品牌只有可口可乐、迪士尼和麦当劳。技术品牌的价值是后来居上。

二、技术品牌的几大关系

打造技术品牌，需弄清与品牌密不可分的几对关系。切记，技术品牌不是孤立无援的，更不是高高在上的抽象概念。品牌的几对关系如下：

1. 品牌与产品的关系。任何一个成功的品牌都体现在产品上，但并不是每一种产品都是品牌。工厂制造出来的是产品，用户购买的是品牌，品牌所代表的是用户所体验的全部满足感。在高科技时代，已经进入品牌生命周期，开始结束产品生命周期。产品的寿命是有限的，品牌的生命是持久的。

公司的品牌与产品哪一个更重要呢？应该说提高公司的品牌知名度或是给产品做广告，两者都很重要。微软公司的一位公关经理做了最好的诠释："很明显，我们最大的品牌是'Microsoft'这个名字，这是我们最有价值的资产；其次是'Windows'，我们认为它也十分重要。"毫无疑问，良好的品牌既能为新产品销售撑起一把信用大伞，也能帮助新产品实现利润最大化。

2. 品牌与质量的关系。无论是对于公司品牌还是产品品牌来说，最重要的一个因素，是公司或产品的品质。

质量是品牌的基础。品牌的基本构建因素是高质量的产品，也就是说品牌代表着与其相适应的产品质量。我们平时常说，产品质量差会砸了牌子，就是这个道理。用户购买高科技产品，首先考虑的不是价格而是品牌，因为品牌代表着可靠的选择，反映了对品质的信任。如果产品质量差，根本就不要去打造技术品牌，否则花的是冤枉钱。

对于高科技产品来说，产品的高质量的一个关键因素是技术服务。技术服务很重要，它是用户选购你的产品时放心的保证。

3. 品牌与用户的关系。品牌不仅仅只属于企业，用户也是品牌不可缺少的一个组成部分。因为，用户是你的衣食父母、生命伴侣和孩子。长期稳定增长的市场份额，不是来自你更为优越的产品性能，或是更为低廉的价格，而是来源于老用户的忠诚和新用户的信任。品牌经久不衰的神秘魅力，就是对品牌的忠诚、投入、希望、信任以及忠贞不渝，换句话说，就是有众多热心忠诚的追随者。

要想让你的品牌成为用户头脑中的专有形象、情感理念和朋友的承诺，就要与用户经常保持交流，建立融洽的关系。微软为建立用户的满意度和忠诚度，每年将1亿美元用于消费服务上，换来的是只占消费群体不到20%的热心用户，决定着其40%—50%的销售额。

4. 品牌与广告的关系。广告是打造品牌的血液，品牌是广告的主要力量与目的之一。广告有助于建立对品牌的认识，加强顾客对产品质量的体验，从而使你能够要求更高的价格。

打造技术品牌的过程就是心理劝导及情感购买刺激相结合的过程。因此，技术产品的广告应以情感、以人为基础，而不是以技术因素为基础。好的广告不仅有利于打造品牌形象，而且能够创造价值，广告的投入与产品的获利之间的关系，不是 50%，不是 75%，而是 100%。

我们提倡少花钱办好事，甚至说不花钱办成事。品牌与广告的关系不是这样，打造品牌要舍得大手笔投入广告。1991 年，英特尔决定进行 "Intel Inside" 计划，这是科技领域最早的品牌运动之一，也是一次最昂贵的广告运动，在一年多的时间投放广告费 2.5 亿美元，这是我们连想都不敢想的事。现在来看，如果当初没有这种巨额投入，英特尔的产品怎能统领全球市场，又怎么会有今天的 347 亿美元的品牌价值。

5. 品牌与营销的关系。谈到营销，往往想到 4P 理论和 4C 理论，却忽略了综合营销信息的传播（IMC）。何谓 IMC？就是将计划好的营销信息通过最佳的媒体进行传播的一种战略结果。IMC 创建了适宜的营销与传播策略，策略组合的因素包括市场调查、计划、分析、品牌定义、广告、公共关系、直接营销、信息掌握和数据管理、产品展览会和促销渠道，售后事宜以及产品支持与服务。

有人把 IMC 比作是茫茫大海中灯塔上的航标，它能指引消费者识别公司的品牌和购买公司的产品；也有人说 IMC 就像是一个由营销和信息传播活动组成的战略性的、交叉控制的交响乐队，它能创造性地、持续地传递品牌信息，劝导消费者去购买并保持对公司品牌的忠诚。

6. 品牌与团队的关系。技术品牌的责任管理者是品牌经理。但打造技术品牌不仅仅是品牌经理的职能，它需要团队运作，即建立品牌团队。品牌团队需要公司全员介入，需要每一个部门参与。品牌团队管理机构的中心是塑造品牌使用户产生满意度。团队方式能使公司对市场和竞争变化做出快速的反应。更重要的是，品牌团队管理使每一个员工都能积极参与公司事务并乐于承担责任，而不是对公司事务不闻不问，认为与己无关。

IBM 公司采用品牌团队策略取得了巨大的成功。品牌团队不仅解决了公司各部门之间在工作上的某些不协调问题，还改变了千篇一律的经营理念，为用户提供适合他们各自特定需求的东西，对高度细分化的市场做出快速反应。

以上所述几大关系，不是孤立静止的，它们之间环环相扣、密不可分、缺一不可，重视并处理好几大关系，对打造技术品牌极为关键。

三、打造技术品牌的基本步骤

技术品牌的重要性恐怕容易得到认同，但在认识上却有两个误区，一个是我们现在的品牌就是技术品牌，一个是打造技术品牌不具备条件，为时尚远。

打造技术品牌不是一朝一夕、一蹴而就的事情。它需要坚持不懈、锲而不舍地做下去。如何打造技术品牌？打造技术品牌需要哪些程序呢？笔者认为打造技

术品牌需经过以下几个步骤:

1. 建立品牌经理制度。打造技术品牌,首先在公司决策层应统一认识,那就是公司要想持续、健康、快速发展;要想做大做强、进入世界 500 强;要想走向全球市场、成为百年长寿公司,从现在起就要把打造公司的技术品牌提到议事日程,作为一件刻不容缓的大事来抓。改变过去那种管技术的只想着开发、管营销的只看着市场、抓管理的只盯着制度落实。公司决策层和经营班子主要负责人,除了各司其职外,要把你工作的基本点统一到营造技术品牌上来,你的每一件工作都与品牌有关,因为打造技术品牌本身就是一项系统工程。

其次,对公司进行全员品牌教育,提高认识、转变观念、增强责任感,使每一个员工成为品牌团队的一员,而不是无关者。在此基础上,成立公司技术品牌管理小组,建立品牌经理制度,这是十分重要的一个环节。

品牌经理的作用毋庸置疑。因为它是品牌的拥护者、最终的保护者和发展者。品牌经理还是公司业务的建筑师,它不但对利润及损失负责,而且还应该对关于产品的每一样东西负责,从销售量到法律事务。品牌经理管理品牌就像是管理他自己的资产一样。

技术品牌经理的作用比生产经理或是市场营销经理更为重要。所以,技术品牌经理的综合素质要求很高,而且要有权威性。那么在公司里谁是最大的品牌经理呢?毫无疑问是首席执行官,即 CEO。CEO 是对公司自身负最终责任的人,担任最大的品牌经理是责无旁贷的。

2. 开展有目的性的调查研究。建立技术品牌的基础是调查研究,这是不能忽略的一步。纸上谈兵、主观臆断是十分有害的,我们头脑里想象的东西往往与市场现实有很大距离。

调查研究的对象是用户和市场,调查研究的主要内容包括谁是你的忠诚用户和潜在用户;他们确实需要些什么,如业务需要、情感需要、心理需要、精神需要、文化需要、价值需要,等等;了解用户购买你的产品过程及使用过程;了解用户如何理解你的品牌和竞争者的品牌;了解用户对你的产品技术功能、质量保证及竞争者同类产品的看法;了解潜在用户为何转向竞争者的品牌,等等。

总之,调查研究的所有问题归结为一句话,那就是了解用户、了解用户、再了解用户。调查研究就是要掌握用户头脑里想些什么,以帮助管理者通过用户的眼睛去了解品牌。

调查研究的形式有定性调查和定量调查两种。无论采用什么形式,所获得的信息都是帮助已存在的品牌呼吸、生存和发展的氧元素。

3. 准确地进行品牌定义。定位说明、品牌联想、节点图和品牌阶梯,是品牌定义中运用的 4 种工具,这 4 个部分通过品牌的名称、标识、商标、口号、产品广告中的主题句、特征及品牌外形和给人的感觉共同构造了品牌独有的个性及品牌的创造性形象。

建立品牌的目标是使它施展魅力，深入到用户的头脑与心中。实现这一目标的最有效方法是富有灵感的品牌定义，富有创造性并不断地在包装及广告中表达这一定义。在定义品牌的过程中，品牌定位和品牌联想起了十分重要的作用。

品牌定位说明是用一两句话来明确而简洁地解释你的产品（或公司）是如何区别你的竞争对手的。它以用户和利润为导向，保证了持续产品信息和最好产品信息的传送，阻止了你的竞争对手朝着有利于他们的方向定位你的产品。最成功的定位策略是据理说明并且通过调动个人价值和情感而激励用户购买你的产品。

品牌联想从广义而言，就是公众对你的品牌了解情况和在购买时的感觉。这种联想不仅仅是公司或产品的形象、利益或标志，其实质是看我们怎样去对我们所知道的公司或产品的有关情况进行排序。而且，这种排序是可变的，它可以增加或减少。我们把这种心理构造称为联想。说白了，品牌联想可以成为用户购买的触发器。

技术品牌的塑造是技术产品商标化的一个过程，除了以上几个基本步骤，还有发展品牌策略；创建并执行一体化营销交流计划；持续管理品牌；创建全球品牌，在国际市场实现"创造性转换"，使你的品牌得到全球用户的认可。微软通过品牌联想"容易"，英特尔通过品牌联想"升级"，在全球取得技术品牌的成功。

欧美发达国家对技术品牌的营造极其重视，他们甚至说："通向地狱的道路是由那些只注重发展他们的技术而忽视树立品牌的公司铺成的。"他们共同认识到，只有拔出技术品牌这把利剑，挥动技术品牌这面旗帜，才能拥有随之而来的全部利润，才能得以生存无忧，才能成为百年长寿公司。在我国，像 IT 行业中的联想、方正、长城，通信行业中的"巨大中华"、普天等企业，在打造中国技术品牌过程中做了大量工作，假以时日，中国技术品牌进入全球最响亮的 100 个品牌行列，绝不仅是梦想。

《中国通信》2002 年第 1 期

解析： 撰写《面对 WTO 倾力打造中国技术品牌》，缘起学习《创建技术品牌》一书。这本书的笔者是美国的查克·佩蒂斯，2000 年 5 月由上海人民出版社出版。该书通过对微软、惠普、英特尔等著名技术品牌的分析，提出了技术产品品牌创建的模式。笔者在深圳购买此书后爱不释手，从 2000 年 12 月下旬，到 2001 年 2 月上旬，不仅将这本书读了好几遍，而且写了 317 张卡片、5 万多字的笔记。之所以下如此大功夫，是因为中国即将加入世贸组织，我们还没有享誉世界的技术品牌，华为和中兴是国内高科技的佼佼者，不过创建时间太短且羽翼未丰还在历练中。2001 年 11 月，用 10 天时间，笔者从 5 万多字卡片笔记中，提炼写出 1.3 万余字的文章《塑造技术品牌断想录》。

2001 年 11 月中旬，我国加入 WTO 已经板上钉钉，《中国通信》编辑部的沈主任打电话向笔者约稿，希望写点关于"入世"后的文章。12 月初，笔者用两天时间写好《面对 WTO 倾力打造中国技术品牌》，12 月 7 日给编辑部发出邮件，12 月 11 日编辑部来电确定采用，发在《中国通信》2002 年 1 月第 51 期。机会永远是给有准备的人预留的。从读《创建技术品牌》做笔记，到发表《面对 WTO 倾力打造中国技术品牌》，整整有一年左右时间。只要是你认定的有价值的选题，不管时间长短总有用上的时候。打造中国技术品牌，与加入 WTO 有机契合，这是个新闻卖点。全文 6000 多字，着重阐述了 3 个问题：技术品牌的特征与价值，技术品牌的几大关系，打造技术品牌的基本步骤。在我们已经确定加入 WTO 之际，提出打造中国技术品牌，笔者应该是新闻界第一人。

"入世"给中国通信业带来什么

2001 年 12 月 11 日，中国被正式批准加入世界贸易组织，引起举世瞩目。历经 15 年艰苦卓绝的谈判，中国终于融入全球经济一体化的大家庭。西方发达国家以及全球著名跨国公司也都欢迎中国"入世"，认为不仅能带来双赢的局面，而且在全球经济陷入低谷、IT 业出现暂时衰退的困境下，中国庞大的市场成为唯一的投资安全岛，全球电信资本向中国市场挪移，也成为必然。

中国加入 WTO 以后，跨国公司加快本地化战略进程，中国通信业如何应对新的局面，本文上、下篇将解读这个行业关心的问题。

上篇——论跨国公司本地化及其影响

一、引言

面对加入 WTO，中国通信业及跨国公司都在干什么？有必要进行一次近距离的快速扫描。在中国"入世"前后的两三个月中，跨国公司的表现十分抢眼，他们旗帜鲜明地加紧调整其全球发展战略，重新进行战略布局，加快推进本地化战略，并作出种种举措，以期在中国这个投资最安全和最有发展潜力的大市场站稳脚跟，扩大发展。

中国通信界则显得相对平静。很多专家学者、企业家纷纷表态，认为中国信息产业是国内开放最早、最彻底的一个产业，早已与跨国公司频频过招，经受过残酷的市场竞争，领略过跨国公司的种种竞争策略。因此，中国"入世"对信息产业虽然有深远影响，但目前冲击不大，持乐观态度的人士为数不少。

但是，主观想象与客观现实往往有着极大的反差，美好的愿望在善变的市场竞争面前也往往显得软弱无力。"居安思危，防患未然"，"知己知彼，百战不殆"，才是永恒不变的真理。

本文分上、下篇，上篇主要描绘跨国公司在中国"入世"前后，全力推进本地化进程，在研发本地化、人才本地化、采购本地化、产品本地化当中，高擎起研发本地化及人才本地化大旗，以期在中国取得更大的市场份额，并立足于久远扎根。下篇针对跨国公司的影响及带来的挑战，给出中国通信业应如何采取针对性的措施，并力争在新的竞争中抢得先机而不是落得后手。

二、本地化紧锣密鼓

自20世纪80年代中后期开始，跨国公司纷纷抢滩中国电信市场。他们通过合资或独资形式，利用中国廉价的劳动力资源，进行产品本地化制造。摩托罗拉、诺基亚、爱立信、西门子、朗讯、北方电讯、阿尔卡特、IBM等欧美著名跨国公司无不如此。其中，上海贝尔及北京国际交换系统有限公司（BISC）生产的程控交换机有近1亿万线，占到中国市场的差不多2/3。摩托罗拉、诺基亚、爱立信在中国生产的手机数量之多，使中国成为世界首屈一指的手机大国。毫不夸张地说，中国成了跨国公司的大型加工厂，成为全球最大的IT产品生产制造基地。怪不得IBM亚洲区的一位副总裁曾说："如果东莞到深圳的高速公路塞车，全球将有70%的电脑产品缺货"，这句话再形象不过地说明我们加工厂的地位。

加工制造业的旺盛，并没有带来市场换技术的成功。结果是我们仍然没有核心技术。随着20世纪90年代中期"巨大中华"的崛起，我们夺回了程控交换机的主动权，局面才有所改观。但是，移动通信系统设备，尤其是GSM系统设备，又被跨国公司占了先机，抢走了90%以上的市场份额。教训是惨痛的，没有自己的核心技术，一切等于零。国内通信制造业在困境中拼搏，在2001年5月中国联通CDMA招标中，中兴通讯奋起抗衡，夺回了10省区110万线的订单。跨国公司不会无视中国民族通信产业的群体突破，他们也认识到仅靠加工制造在中国市场恐怕不会长久站住脚跟。于是乎从20世纪90年代中后期起，一些跨国公司逐渐在中国建立研究开发中心（R&D），并在中国加入WTO前后，掀起了一个跨国公司研发本地化的高潮。

——2001年10月23日，信息产业部部长吴基传与阿尔卡特董事长兼首席执行官谢瑞克，在北京签署了《上海贝尔公司中方部分股权转让阿尔卡特公司的备忘录》。这个备忘录的重要意义不仅是阿尔卡特以50%加1股的股权，使上海贝尔由中外合资企业改制为外商投资股份有限公司，更重要的是阿尔卡特承诺在上海建立国际先进水平的信息技术研究开发中心，这将是阿尔卡特全球六大研发中心之一，也是世界级的研发中心。在未来3年内，研发中心将拥有3500名研发工程师，是现在阿尔卡特中国公司、上海贝尔和上海阿尔卡特移动通信系统有限公司3家现有研发工程师的两倍以上；开发面向全球和本地市场具有独创性的核心技术，包括具有领先地位的下一代网络、无线通信、光通信和智能网等。阿尔卡特在沪建世界级的研发中心，将彻底使上海贝尔提升科技含量，改变以加工制造为主的局面。

——2001年11月22日，诺基亚网络和浙江省政府共同就诺基亚在杭州建立全球性研发中心一事签署备忘录，该研发中心预计在3年左右拥有500名员工，将致力于开发软件和面向诺基亚第三代移动网络的平台技术，并于2002年初开始运行。杭州研发中心将在诺基亚全球研发网络中扮演不可或缺的角色。

早在1998年1月，诺基亚就在北京诺基亚和平里工业园建成了一个研发中心，并与国内领先的科研机构开展合作，共同开发面向全球的最新技术和适合中国市场的产品和解决方案。

2001年12月20日，北京市市长刘淇与诺基亚集团董事长兼首席执行官约尔马·奥利拉签署了《星网（国际）工业园二期合作备忘录》，把目前工业园的占地面积扩大到100公顷，总投资超过100亿元人民币，吸引超过30家全球主要零部件供应商、服务供应商和研发机构，共同组建世界一流的高科技产业基地。

——2001年11月中旬，西门子移动通信协会董事罗萨·保利透露，西门子准备成为亚太市场第二大通信设备供应商，并投资2.5亿美元，在2003年前，对设在北京、上海和新加坡的研发中心进行扩建，加快新产品和新技术的研发进度，除第一阶段已设立的150个职位外，还将增加约320个新的职位。

——摩托罗拉是在华最成功的跨国企业，往往作出大手笔的举措。2001年11月7日至8日，摩托罗拉在北京召开全球董事会，议题之一就是近期要把北京建成摩托罗拉的全球研发基地之一。在与北京市长刘淇会见时，摩托罗拉董事长兼首席执行官克里斯托夫·高尔文承诺此事，并强调要把核心技术部分放在北京。截至2001年10月底前，摩托罗拉（中国）研究院在中国已有18个研发中心，1000多名科研人员，研发投资3亿多美元。在未来5年内，摩托罗拉计划在华再增加10亿美元的研发费用，累计达到13亿美元，研发人员5000人，位居外国公司之首。

2001年11月中旬，摩托罗拉与天津强芯半导体芯片设计有限公司合作成立天津首家半导体芯片研发机构，摩托罗拉将投入4000万元的技术和人才资源，共同开发微控制器（MCU）和系统芯片（SOC），打开了我国封闭多年的芯片设计领域。

2001 年 12 月 4 日，摩托罗拉与成都高新区投资有限公司在成都签约。摩托罗拉中国软件中心将在成都建立大型软件研发基地，这是摩托罗拉在中国建立的第 3 家软件基地。摩托罗拉承诺，将在 5 年内为基地投资 5 亿—6 亿元，10 年后投资过 10 亿元。这个占地约 2 万平方米的研发基地计划于 2002 年年初动工，研发人员将达 300 人。

——2001 年 12 月 12 日，爱立信亚太区总裁许世民、珠海市市长及中山大学校长达成共同建立珠海南方软件园的协议，这是爱立信在中国的第 5 个研发中心，致力于为合作伙伴提供符合中国国情的 2G、2.5G 和 3G 的应用测试环境。爱立信出设备和技术支持，中山大学出人，共同在多媒体信息服务、移动定位服务、移动电子商务、蓝牙技术、嵌入式软件以及 3G 领域共同进行研发。

此前的 11 月 9 日，爱立信总裁兼首席执行官柯德川在香港宣布了 2001—2005 年爱立信公司在中国的五年发展计划，将爱立信和其全球供应链在中国投入的高科技投资，从截至 2000 年 10 月 24 亿美元，提升到 51 亿美元，把在中国的研究和人力资源开发投资额从 2.9 亿美元，增加到 5.72 亿美元。

——2001 年 11 月上旬，惠普宣布在上海浦东金桥设立其在全球能级最高、规模最大的软件开发基地。

——2001 年 11 月下旬，微软公司宣布将 1998 年投资 8000 万美元设立在北京的中国研究院，提升为亚洲研究院，并扩大规模。微软董事长兼首席软件设计师比尔·盖茨评价说："微软中国研究院成立 3 年来，已经成为亚太地区最具活力的，世界一流的计算机基础研究机构。"同时，他还宣布上海的支持中心转变为微软全球工程策划中心，并新增 300 名员工，使该中心员工总数在两三年内达到 700 人。比尔·盖茨在上海出席 APEC 会议期间，亲自为该中心揭牌。

当然，谁也不能忽略朗讯科技的贝尔实验室在 1997 年进入北京和上海。贝尔实验室（中国）是除美国总部外最大的实验室，也是全球市场服务的研发基地。其一流的水准，是科技企业不可或缺的技术力量的核心。

在入世前后短短两个多月的时间里，跨国公司巨头紧锣密鼓纷纷在中国或建立或扩展其研发中心，绝不是心血来潮。为什么跨国公司巨头在这个时间进行科技大迁徙，应该说原因是多方面的，入世不过只是个最好的契机。笔者分析有这样几个因素：

首先，从时间来看，是个水到渠成的事。中国在 20 世纪 70 年代末开始改革开放，跨国公司便把中国看成是赚钱的一块沃土。80 年代，外来投资主要集中在劳动密集型行业；90 年代转向资本密集型工业；90 年代至 21 世纪初，技术密集型产业吸引了外资的眼球。如果把劳动密集型→资本密集型→技术密集型，作为跨国公司巨头在中国投资三部曲的话，那么前两部曲只是过门和前奏，真正的最强音是最后一部曲，这也是跨国公司要在中国市场站住脚跟必须迈出的关键一步。就连 2001 年 9 月联合国贸发会议在北京发布的《2001 世界投资报告》中也说："近些年来，越来越多的跨国公司到中国投资技术密集型产业，中国正成为跨国公司竞相追求的技术密集产业的投资场所。"

其次，从地域来看，中国日益增长的巨大的电信市场需求，是全球最后一块诱人的蛋糕。跨国公司是要赚钱的，可是自 2001 年以来，国际电信业和 IT 业出现了衰退和滑坡，不少著名跨国公司亏损得要靠大批裁人来降低成本。而中国电信市场的蓬勃发展，又不能不让他们怦然心动。但"制造大国"不可能成为"利润大国"，商战的游戏规则仍然是"标准为王"，制胜武器仍然是核心技术。请看一下跨国公司巨头的大老板是怎样说的：

——诺基亚总裁兼首席执行官约尔马·奥利拉说："对公司而言，将研发中心放在中国，不是一个是否能够受益的问题，而是成功之后受益多少的问题。"

——爱立信总裁兼首席执行官柯德川说："与全球经济比较，中国是最'舒服'的一个市场。爱立信要继续全力推进核心业务的发展，在中国实施全面的本地化，像过去一样在中国进行研发。"

——摩托罗拉董事长兼首席执行官克里斯托夫·高尔文说："入世后的中国是最没有风险的市场。"

长期在中国任职的摩托罗拉高级副总裁赖炳荣说："中国在 21 世纪将是最重大的消费市场，在中国发展，一定要把研发中心搬到中国来。"

在中国搞加工制造，劳动力低廉，肯定能赚钱；但如果关注的不是攫取眼前的利益，而是把跨国公司的未来与中国这个巨大的市场联系起来，那一定要把研发中心迁徙到中国来，在这一点上欧美的跨国公司巨头有着惊人一致的共识。

最后，增强竞争力的需要。近 10 年来，中国通信制造业得到了迅猛的发展，中兴、华为、大唐等公司在技术上敢于和跨国公司同台竞争甚至毫不逊色。跨国公司要增强竞争力，就需要把研发中心迁入中国，这样可以实现生产和开发一体化，缩短新产品的生产周期，大大降低生产成本。因为，研发本地化肯定会利用中国的人才资源，而中国的研发人才比起跨国公司本国的研发人员，肯定是物美价廉。

客观地说，跨国公司的研发本地化是一件好事，会带来双赢的局面。一方面跨国公司会长期稳定地在中国发展，得到自己所期望的利益；另一方面也有利于中国通信产业科技的进步，促进中国通信技术的发展。

三、招贤纳士争夺人才

经济的发展主要依靠技术进步，而技术进步又离不开人才的作用。我们已经进入了以知识经济为特征的新时代，当前国际经济间的竞争，核心是人才的竞争，特别是高素质科技人才的竞争。跨国企业推进研发本地化，肯定要以人才本地化跟进，瞄准中国的高科技人才，招贤纳士，据为己有。

韩国三星集团总裁说："我们在中国设立研究院，主要是因为中国目前拥有很多通信方面的人才，这是韩国所缺少的。"这位总裁说得十分露骨，也是内心的真实独白。跨国公司人才本地化主要是通过以下途径：

——通过在我国设立研发中心吸引中国高科技优秀人才。摩托罗拉在中国原有的 18 个研发中心有中方科研人员 800 名，在 2002 年研发中心增加到 21 个，中方科研人员也达到 1000 人。

IBM 中国研究中心拥有中方研究人员近 70 人，全部具有硕士以上学位。微软中国研究院约有 60 名中国研究人员，其中 20 名研究员有国外留学背景，另外 40 名则大部分是我国著名高校的博士生。朗讯公司在中国的贝尔实验室有中方科研人员 500 多人。

——为了公司管理工作适应中国国情，适应当地的经济、文化和法律环境，便于与中方层面沟通，极力招徕中国高素质管理人才进入跨国公司的管理层。如天津富士通有限公司 5 名董事中有两名中方人员；SEW 公司中，3 名副总经理全是中方人员；德国 SK 公司在中国成功运作两年后，除总经理外，外方高级管理人员全部撤走，所有中高级管理人员都由中国人担当；爱普生（中国）有限公司经理层以上的员工中，有 75% 以上是中国人，在 8 名总监中，也有 2 名是中国人。

IBM 中国公司从事销售与管理服务的员工有 2800 人，其中 2700 人是中方人员，外籍人员只有 100 人左右，从事制造的员工 8000 多人，仅有 10 名左右的外籍人员；IBM 在中国的分公司总经理，除上海外，全部由中国人担任。而摩托罗拉（天津）公司拥有的中国员工人数达 8000 多人；诺基亚在中国的 3500 名员工中，中国本地员工占了 90% 以上。

——为加快人才本地化进程，许多跨国企业在中国设立管理学院和培训中心。如摩托罗拉大学，每年都要挑选一批中国优秀大学生进行培训，培训的短期目标是使这些大学生成为中高级管理人才，长远目标是成为公司高级管理人才。摩托罗拉大学已培养出了 100 多名能代替外籍主管的中方高级管理人才。爱立信管理学院，每年都要从学院中选拔优秀学员充实到爱立信在中国的各个子公司中。

摩托罗拉在跨国公司中独具深远眼光，他们公开支持中国科教兴国战略，先后向北大、清华、南开等著名高校共捐款 10 次，累计捐款达 1100 万元，使 6600 名师生受益，表现了亲和力。同时还累计捐款 2100 多万元，在中国 20 个省、直辖市、自治区建立了 38 所希望小学，帮助了 1000 万名失学儿童，使中国学生从小就受到了跨国公司的文化熏陶，说不定在这些幼苗中有些会成为今后有用的人才，而摩托罗拉的亲和力种子也早晚会萌芽、成熟、结果。

在中国加入 WTO 以后，人才的争夺更加激烈。新华社 2001 年 11 月 20 日电讯中，就以《跨国公司人才战打响，名校大学生成为争抢对象》为题，报道了跨国公司对中国著名高校优秀人才战的争夺表现出愈演愈烈的态势，足以引起我们的重视。

跨国公司重视人才本地化，目的是出于尽快融入中国的市场经济大环境中，加快实现经济、管理、文化、法律、人文的融合。他们利用本地化的优秀员工队伍及管理层，更清楚中国的市场运作规律，更了解中国消费者的需求，使其公司得以扎根发展。当然这里面也出于成本的考虑，中国优秀人才既好用又省钱，何乐而不为。应该说跨国公司吸引中国高科技优秀人才除了其高薪诱惑人外，还有其良好的文化生态环境，能使人才的创造力才能得到展现和喷涌。要知道，贫瘠的土壤，恶劣的环境，束缚人的机制，只能扼杀人才的创造力。

中国"入世"，使跨国公司更加坚定不移地快速推进本地化进程，也使中国的企业感受到新的生存危机并在挑战中奋起。

下篇——面对挑战寻求应对措施

加入 WTO 以后，对中国通信业到底有多大影响，应采取何种对策，诸多报刊发表了很多业界专家、企业总裁的真知灼见。有的认为对我国通信业没有太大冲击，机遇大于挑战；有的认为影响显然会大一些，因为通信制造业是资金和技术密集型产业，不是我国的优势；有的认为近期没有什么直接影响，远期间接影响会凸显出来，真是仁者见仁，智者见智。但到底会带来什么样的影响，又应如何应对呢，却缺乏具体的描述，纸面上空洞的泛泛而谈较多。

让我们看一下 2001 年 11 月 13 日《经济日报》刊登的《2001·中国企业经营者问卷调查报告》，这个报告调查了京、沪、穗 322 家大型企业负责人，对 16 个行业"加入 WTO 对企业经营状态的影响"的看法，其中认为电子及通信制造业好转 35.8%、不变 58.7%、恶化 5.5%，恶化程度排在倒数第 3 位，仅次于纺织业和电力业。在调查不同行业受访企业管理者应对 WTO 的构想时，对制造业的应对措施排序为：扩大投资 47.4%、加大海外市场的投资与发展 45.9%、合资合作 38.5%、改变目标市场 30.4%。这个调查结果有一定的客观性，与笔者的分析较为吻合。

一、加大研发投入首当其冲

众所周知，以知识为基础的经济增长，需要依靠先进技术，而对科研的投入又是科技进步和创新的基础。工业发达国家为了保持在世界上的科技领先优势，无不重视研发的高投入。中国科学技术信息研究所梁战平所长在媒体上提供的数字，就足以说明这个问题：欧盟为了赶超美国，抢占世界高新技术的制高点，经合组织成员国的研发经费总额超过了 4500 亿美元，占国内生产总值（GDP）的 2.2%。其中诺基亚所在的芬兰研发投入已占该国 GDP 的 3%，日本第二个科技基本法规定，2001—2005 年，政府科技预算约 24 万亿日元，占 GDP 的 1%，与上个五年相比增加了 41%。研发费用占 GDP 的比重多少，通常是衡量一个国家科技竞争力高下的一项重要标准。目前发达国家研发费用占 GDP 比重大约保持在 2%—3%，而发展中国家大多在 1% 以下。

　　另据美国美林公司透露，2002—2003 年，美国和欧洲公司的信息技术投入又加大了力度，2002 年预算投入增加 3%，2003 年预算投入则增加 8%—9%。可以说，发达国家在研发投入上争先恐后，你追我赶，因为一旦落后就意味着淘汰出局。

　　有趣的是，不比不知道，一比吓一跳。科技部徐冠华部长在 2002 年 1 月上旬召开的全国科技工作会议上宣布：2002 年中国将启动 12 个重大科技项目，力争在多个重大领域抢占制高点，为此"十五"期间科技部的研发投入将超过 50 亿元，这是个可喜的信号。但这点投入简直是凤毛麟角。英特尔公司早在 1998 年的研发投入就是 42 亿美元。而日本松下公司每年的研发投入都维持在 50 亿美元左右，这种高投入才保证了松下有 120 项领先技术，以世界占有率第一为目标的 "The Top"（顶尖）商品有 100 件。欧美日的一些大型跨国公司超过松下这种大投入的也不在少数。一个国家的 50 亿元人民币投入与一个跨国公司的 50 亿美元投入，孰轻孰重，不言自明，还不要说 50 亿人民币是分 5 年投入，而 50 亿美元是年年如此。

　　当然，中国有自己的国情，因为是发展中国家，花钱的地方很多，尤其是改善基础建设需要巨额投入。其实，我们在诸如高速公路、地铁工程、机场建设、兴修水利、三峡工程、环境保护等方面的投资动辄就是几百亿、上千亿元，不可不谓大手笔，这些关乎国计民生的钱也该花，但为什么在科技研发上的投入却往往缺乏大手笔呢？既然科教兴国已成为中国的基本国策，中国不仅要成为经济大国，还要成为科技大国，我们在研发经费上，尤其是信息技术的研发经费就应该下大赌注，否则我们总要在欧、美、日的屁股后面"望尘莫及"。

　　此外，有志于振兴中国信息产业、向跨国公司迈进的企业，首先在战略发展上要把研发投入放到重要位置。据悉，国外的通信企业研发投入一般要占到销售额的 10%—16%，而我国很多企业研发投入只占销售额的 2%—6%。本来我们在规模上、技术上、管理上，就与人家有很大差距，轻视研发的投入只能自尝苦果。但是一些有远见卓识的通信制造企业，敢于在研发上投入，与跨国公司缩短差距。如中兴通讯几年前就在 CDMA 和 3G 研发上投入巨资，终于在 2001 年中国联通 CDMA 第一期招标中，与朗讯、摩托罗拉、爱立信等著名跨国公司同场竞技，取得了 10 省市、110 万线的骄人成绩，一举奠定了中国 CDMA 第一品牌的地位，这与他们坚持每年的研发经费都保持在占销售额的 10% 以上有很大关系。从实践来看，凡是坚持研发经费占销售额 10% 以上的公司，企业发展的步伐就大；反之，企业发展就较为缓慢。我国在 CDMA 与 3G 研发上赶上顶尖的跨国公司并有齐头并进之势，得益于大手笔的投入。

研发投入需要有战略眼光，需要跨越式地向前看。在这方面，爱立信给了我们有益的启示。他们总是提前 10 年预研下一代技术，20 世纪 80 年代开始 GSM 的研发，当时模拟移动通信刚刚开始使用；90 年代开始 3G 研发，当时 GSM 也刚开始用；现在当 3G 正在启动时，他们又已经着手 4G 的研发，预计 4G 的商用可能在 2010 年。怪不得爱立信全球总裁兼 CEO 柯德川自信地认为，将在 3G 市场中占据 WCDMA 市场中的 40% 份额，从 2000 年 12 月开始就能提供 3G 设备。这就告诉我们，研发的投入不能亦步亦趋，总跟在别人后面，而是要跨越式地在预研上抢先。

研发投入需要集中发展有自主知识产权的关键核心技术，并重视标准的制定和专利的申请。核心技术是核心竞争力的坚实基石，核心技术也是利润最大化的沃土，只要看一看在 CDMA 技术上美国高通的收入就是最好的证明。通信制造业不能像有些家电企业那样去搞 OEM，我们应该有点雄心壮志，在核心技术和标准上搞出点名堂。可喜的是，在国际电联收到的 10 种 3G 标准提案中，除了欧美日韩，中国的 TD-SCDMA 也占了一席之地。这里不得不强调一下专利的申请。据信息产业部曲维枝副部长透露，近 10 年来，电子信息产业平均每年获得 2000 多项科技成果和大量专利。但我国电子信息产业领域专利申请七成以上属于外国企业，这不知是专利本身少，还是专利意识淡薄。IBM 公司连续 9 年荣登美国专利榜首，2000 年最终专利数是 2886 件，2001 年初步专利数达到 3411 件；日本 NEC 在 2000 年最终专利数也超过了 2000 件，而三星电子、松下、索尼、东芝、富士通也都在 1000 件以上。如果我们一方面在研发上继续投入大量资金，另一方面却在专利申请上像小脚女人一样，吃亏的只能是自己，并且不要忘记能显示产业技术进步的发明专利必须到国际上申请。

加大研发的投资力度，仅靠企业自身是不行的。中国的通信企业还没有长大，普遍规模较小。如 2001 年 11 月被美国《福布斯》杂志评为 "全球最佳小公司" 的大唐电信，是以年销售额 2.87 亿美元入选的，这个数字不足摩托罗拉、爱立信、诺基亚年销售额的 1%，即使研发投入达到年销售额的 10% 以上，也才 3000 万美元，虽然手里有 TD-SCDMA 技术标准，但实力一时难以剧增。

因此，面对现状，还有两条路可走，一是国家在资金上扶持民族通信制造业，对有实力的企业，对看得准的项目，对具有自主知识产权的核心技术，采取资金注入，无偿或低息甚至贴息及免税；二是电信运营企业把其利润拿出一块投给国内通信制造业的合作伙伴。中国将在第十个五年计划（到 2005 年），投入 1510 亿美元搞通信基础设施建设，立志建成世界上最先进的通信网，能不能拿出 10%，即 151 亿美元给国内有希望成为跨国公司的几家通信企业去搞超前研发，这不是做得到或做不到的问题，而是观念的问题。否则，偌大的市场，只能眼睁睁地看着跨国公司吃肥肉，我们去喝汤。这绝对不是狭隘的民族主义，世界上任何一个国家，即使市场开放自由度很大的美国，也是千方百计要使自己的企业赚到钱，因为现在还不是大同世界。

最后强调的一点是，当今技术进步正在成为一种跨越国界的全球性力量，研发也呈现全球化的趋向，一个企业的能力是有限的。国内的通信制造企业应该携起手来，在一些研发项目上不要各自为政，重复投资，要学习国外一些跨国公司的做法，在研发上进行合作，实现资源共享，平台共享。研发环节的全球化使得原来分散在各个企业的研发优势得以优化重组，同时也降低了研发成本。企业之间联合研发、专利共享在国外是家常便饭。

二、人才争夺在于职业前景

现今，跨国公司与中国企业的竞争，焦点是人才的竞争。跨国公司在中国纷纷设立研发中心，需要大批优秀的科技人才加盟，其撒手锏便是高薪聘用，这不能不使暂时还没富裕起来的国内科技英才怦然心动。事实上，10 多年来，中国通信业的许多优秀人才已经流入摩托罗拉、爱立信、诺基亚、西门子等大型跨国公司，而下一个目标便是优秀的管理人才。这种人才的争夺，面对入世将更加激烈。这是令人不能忽视的势头。

应该说，经过多年努力，尊重知识、尊重人才在我国已蔚然成风，中央领导也极其重视人力资源建设。江泽民总书记在各种不同场合多次强调人才的价值，2001 年 5 月 15 日，在京召开的 APEC 人力资源能力建设高峰会议上，江泽民总书记又提出了加强人力资源能力建设的五点主张；9 月 19 日，国务院总理朱镕基在第六届世界华商大会"中国经济论坛"上发表演讲，深情呼唤海外华人来中国发展，"广揽天下贤才"；11 月 26 日，李岚清副总理要求科技界牢固树立"人力资源是第一资源"的思想，要大量起用年轻的优秀科技人才。党和国家领导人的身体力行，使全国上下形成了重视人才建设和人才使用的良好氛围。这种大环境下，面对人才争夺战，我们可以说做好了充分的准备。

在 2001 年，各省市区政府纷纷出台吸引人才、留住人才的政策。如北京市开通了人才引进"直通车"，首次放宽非北京籍大学生就业条件，并推出了《中关村科技园区高新技术企业股权奖励试点办法》。办法规定，市属国有高科技企业今后可以用股权奖励有突出贡献的科技人员及管理人员。上海市推出了引进创新人才的 5 项配套措施、为人才颁发"绿卡"制度。深圳市先后制定了《创新优秀人才引进制度》《关于引进国内人才来深工作的若干规定》及《深圳市办理人才居住证的若干规定》等措施。江苏省推出了"人才高峰计划"……各省市区各显神通，出台的政策对人才颇具吸引力，体现出对人才的尊重和渴望，这就为企业吸引人才解除了后顾之忧。

面对入世后人才争夺的挑战，企业的观念发生了很大转变，开始眼光向外招揽所需的人才。早在入世之前，方正、TCL、长城等公司就已经采用"空降兵"的形式，为企业挖来了不少来自外企的有丰富经验的各类人才。2001 年 11 月 25 日，联想、用友、同方等 9 家中关村企业，又集体向国际人才市场出击，宣布在全球范围内招聘 43 个高级职位，包括副总经理、高级软件设计师、人力资源总监等。2002 年 1 月 26 日，内地 70 多家企业首次赴香港招聘各类人才，使香港应聘人才始料不及的是，内地企业许诺的条件是前所未有的。据报载，中兴通讯香港公司的常务副总经理孟彪博士在接受采访时说："公司愿意以香港的薪金标准，聘请这次招聘的人才，但要求来的人能够把他们原有的国际工作经验带到中兴通讯。如果这些经验能够给公司带来效益的话，他很快得到的不止是一般薪酬待遇水平，还会得到比他带来的效益更多的财富。"这反映的不仅是求才若渴，更昭示出中国企业对国际化战略的重视。

眼睛向外招聘人才，应把目标对准海外华人和留学生。据统计，海外华人有 3000 多万人，其中具有中高级职称的高级技术人才有 10 多万人，在美华人、华侨 200 多万人，其中有 3 万多人被认为是美国一流的科学家、工程师，占美国一流人才的 1/4 强。改革开放以来，出国留学人数超过 30 万人，相当一大批还在国外学习工作。争取他们回国创业，一是有爱国热情，二是历史、文化一脉相承，能融入中国环境。为此，人事部、教育部、科技部、公安部、财政部五部门共同下发了《关于鼓励海外留学人员以多种形式为国服务的若干规定》，各省市也制定了相应规定，并建立了留学人员创业园。目前，我国几家顶尖的通信企业，已吸引了一些海外华人和留学生到公司或在海外研究所工作，但偏重于科技人才，而我们的企业管理更是薄弱环节。记得几年前采访一家大型通信公司老总时，他曾说中国通信制造企业，用技术人员搞管理，往往不成功；而专门管理人员又不懂技术，高科技企业的管理成了软肋。既懂技术又懂管理谈何容易。我们现在要定位在国际型管理人才上，这些人才具有多年的跨国集团工作背景，熟悉国际市场规则，并掌握着先进的企业运营、管理知识和经验。中国企业要成为跨国公司，必须引进这样的人才加盟。我国原来有几家前景看好的通信制造公司，踏步不前甚至后退，教训之一就是在管理层上没有上述的人才当家。

吸引人才的手段一靠待遇，二靠前景。待遇是基础，人往高处走，水往低处流是基本规律。在美国硅谷，IT 人才年薪平均 15 万美元左右，高者达三四十万美元。过去如果听到这个数字会吓我们一跳，现在国内的薪酬待遇已逐步与国际接轨，有些企业的人才待遇已与跨国公司持平甚至超过他们。因此，待遇已不是引进人才的死结。对于真正的优秀人才来说，待遇只是他们择业的一部分，他们最关心的是企业前景及个人生涯。人事部中国人事与科学研究院副院长、中国人事与人才科学研究所副所长王通讯总结了三条吸引人才、留住人才的对策：一靠感情留人，即尊重知识、尊重人才；二靠事业留人，让人才感受到有做事业的环境；三靠适当的待遇留人。通过期权、股权作为奖励措施已是公开的"秘密"。关键是要用职业生涯前景留住人才。比如微软是一个有四五万人的大型跨国公司，他们在管理方面有一个半年的机制，大的方向是给你设计一个目标，给一个思想，让你觉得自己在改变世界，同时给你一个机会。1995年以前到微软的人，到如今全部是百万富翁。还是前面提到的那位老总，1998年他曾对我说，公司管理层骨干和科技骨干，如果5年内股票不抛的话，5年后都会是百万富翁。这话如今基本应验。企业快速壮大，得益于给你一个美好的并能实现的职业设计生涯。

三、合资合作将成为发展主流

行业竞争一定是竞争加合作的关系。一般要走竞争—合作的良性循环道路，因为很多东西都是在竞争合作中产生的。作为跨国公司，虽然推行了本地化战略，但要在该地取得持久成功，需要所在国的合作伙伴支持。中国入世以后，合资、合作之风，比任何时候都刮得猛烈。在2002年1月下旬的一次WTO系列研讨会上，一位信息产业部副部长在分析行业新的格局变化时说：中国IT企业有上千家，但还没有主导型企业。面对入世后的竞争，一些实力较弱的企业很可能遭到淘汰，他预计未来中外合资的IT企业将占市场主导地位。通信制造业除了几家有实力、前景看好的公司，其他实力较弱、规模较小，又缺乏自主知识产权的核心技术的公司，也会是同样命运。为了印证这个分析判断正确，随手采撷了加入WTO前后的合资、合作事例，从中也许能看出其发展趋向：

——2001年8月9日，联想与西门子签署进军GPRS技术领域的战略协议，计划在上海以中国现有的2.5代通信技术为基础，生产第一批无线手持通信设备。

——2001年9月21日，大唐电信、中电东方通信研究中心有限公司与飞利浦半导体签署TD-SCDMA终端方面合作意向书，并宣布将以成立合资公司方式共同开发TD-SCDMA终端芯片。

——2001年9月22日，中国振华（集团）科技股份有限公司与日本京瓷株式会社在北京举行CDMA项目合资签字仪式，成立京瓷振华通信设备有限公司，主要从事CDMA手机和相关通信以及关联零部件的开发、生产、销售和售后服务。合资公司注册资金近1500万美元，京瓷出资70%，振华出资30%，投产后可实现年销售额 24 亿元人民币。

——2001 年 9 月 28 日报载,海信与日本日立公司合作生产 CDMA 手机。南方高科与韩国现代集团签署协议,每年联合生产双方联合品牌的手机 200 万部。

——2001 年 10 月 22 日,飞利浦与中国电子信息产业集团(CEC)签署最后协议,即把飞利浦手机业务外包给 CEC。

——2001 年 10 月 25 日,韩国电信(KT)株式会社与 CEC 旗下的中电通信举行合资签字仪式,成立合资工厂,计划年产 CDMA 手机 200 万部,同时在中国和韩国两个市场销售。

——2001 年 12 月 12 日,韩国三星电子株式会社与中国上海贝尔有限公司成立合资企业——上海贝尔三星移动通信公司,合资金额达 2900 万美元,三星占合资公司 49% 股份,上海贝尔占 51% 股份,主要从事 CDMA 移动通信系统的研发、生产和市场营销。此前,上海贝尔与三星电子已经成立了 CDMA 联合实验室,并在 5 月的中国联通第一期 CDMA 招标中,联手竞标夺得了 1.57 亿美元的合同。

——2002 年 1 月底,韩国三星与中科健合资的"三星—科健"复合品牌 CDMA 手机开始生产,科健 CDMA 手机将由合资企业三星科健移动通讯技术有限公司生产并直接面市。三星—科健合资一期工程年生产能力 300 万台 CDMA 手机,二期工程预计生产能力达到 1000 万台。

这里举的事例只是一部分,可以说挂一漏万。但也可窥探到跨国公司与国内企业的合资合作是一拍即合,优势互补,何乐而不为。当然,最引人注目的还是 2001 年 10 月 23 日阿尔卡特以 50% 加 1 股的股份,使上海贝尔阿尔卡特由原来的上海贝尔中外合资模式成为外商投资股份有限公司。另一个亮点是一些知名跨国公司如西门子、爱立信、飞利浦、德州仪器纷纷要求与大唐电信合作开发 TD-SCDMA 设备,中国企业让外国公司"苦恋"还是新鲜事。

跨国公司与中国企业合资合作,中国企业之间加强联合,是加入 WTO 以后的一股挡不住的潮流,也是产业融合的必然趋势,因为它毕竟加速推动了中国经济和科技的发展。老死不相往来,把民族化与全球化对立起来将成为历史。

《中国通信》2002 年第 2 期、第 3 期

●附记:

原文发表时分为上、下篇,现将上、下篇合并成一篇。

解析:2001 年 11 月 10 日,世界贸易组织(WTO)第四次部长级会议作出决定,接纳中国加入 WTO。它意味着历经 15 年的奋争与期待,中国终于昂首跨入 WTO 大门。2001 年 11 月 20 日,世贸组织总干事迈克尔·穆尔致函世贸组织

成员，宣布我国政府已于 2001 年 11 月 11 日接受《中国加入世贸组织议定书》，这个议定书将于 12 月 11 日生效，中国也将于同日正式成为世贸组织成员。2001 年 12 月 11 日我国正式加入世界贸易组织（WTO），成为其第 143 个成员。

中国加入 WTO 具有划时代的意义，也是改革开放以来的重大事件，引起国内外的广泛关注。《中国通信》编辑部沈主任约稿的胃口很大，他希望笔者写写我们加入 WTO 后，对国内的通信业有什么影响，应该怎样面对挑战与机遇。

2000 年 12 月起，笔者任中兴通讯市场中心宣传部高级顾问，对我国通信业的现状与问题较为关注，一直在搜集素材积累资料。在写完《面对 WTO 倾力打造中国技术品牌》以后，用两天时间写好《"入世"给中国通信业带来什么（上）——论跨国通信公司本地化及其影响》，发在《中国通信》2002 年 2 月第 52 期；2002 年 1 月下旬，写好《"入世"给中国通信业带来什么（下）——面对挑战寻求应对措施》，发在《中国通信》2002 年 3 月第 53 期，上下两篇稿子约 1.35 万字。上篇主要描述跨国公司在中国"入世"前后，全力推进本地化进程，在研发本地化、人才本地化、采购本地化、产品本地化当中，高擎起研发本地化及人才本地化大旗，以期在中国获得更大的市场份额，并立足于久远扎根。下篇针对跨国公司的影响及带来的挑战，给出中国通信业应如何在加大研发投入、人才争夺和合资合作方面采取针对性的措施，并力争在新的竞争中，抢得先机而不是落得后手。

无论是《面对 WTO 倾力打造中国技术品牌》，还是《"入世"给中国通信业带来什么（上、下）》，把它们强行划入综述或概貌通讯都不准确，严格地说是具有新闻性的探索论述文章。说它有新闻性，是与我国加入 WTO 密不可分，可以说几乎是零距离的接触；说它是探索文章，是因为我们刚刚"入世"，未来一切都可能发生，笔者没有先知先觉的本领，只能通过一个个实例，进行分析论证，纯属个人见解。但这些论述绝不是凭空臆想，而是有大量事实和案例来佐证。

事件通讯类原文与解析

一起耸人听闻的诬陷案

——刘铁良厂长遭诬陷的始末追踪纪实

1989 年 10 月 17 日。庄严的国徽，肃穆的会场。北京市中级人民法院院长纪树翰，当众宣判犯有诬陷罪的蔡钜虹有期徒刑 20 年，剥夺政治权利 5 年。法律的尊严不容亵渎，诬陷他人者反坐，轰动一时的刘铁良遭诬陷一案，终于大白于天下。长达两年多的案子虽然终结了，围绕这个案子所引申出来的教训却意味深远。为了不使这类事件重演，回溯刘铁良遭受诬陷过程中，前前后后出现的奇人怪事，也许会使我们从中触发出新的思考和警觉。

> 一个热气腾腾的上升企业遭到莫须有的审查，搞得企业疲于应付急剧下滑；一个致力于改革的企业家受到冷漠的待遇，吊在半空中骑虎难下，谁之过?!

富丽堂皇的北京站，古朴静穆的观象台，风格绮丽的东便门角楼，平坦开阔的建国门立交桥，构成首都城区东侧一隅的新景观。然而，坐落在这块三角地带里的北京无线电元件六厂（以下简称元件六厂）过去却鲜为人知。自打 1984 年 5 月刘铁良就任厂长后，这里就静悄悄地发生着变化。1984 年实现利润 168 万元，比 1983 年的 68.8 万元窜上一大截，1985 年实现利润 320 万元，1986 年实现利润 501 万元。刘铁良当厂长三年，工厂迈出了三大步。元件六厂从默默无闻中崛起，荣誉纷至沓来，企业捧回了各种标志先进的锦旗、奖状；刘铁良也获得北京市优秀厂长、北京市优秀共产党员的殊荣。

这时的元件六厂，领导班子团结，职工凝聚力强，企业正处在上升期。刘铁良也雄心勃勃，打算与上级部门再签一个利润递增包干的 4 年承包经营责任状，1990 年利润创 800 万元。承包方案已搞好，市经委也研究过。谁知元件六厂利润三年翻三番，总有那么一部分人犯疑心病，不相信这个事实。厂领导心胸坦荡荡，主动向上级部门打报告，请求派审计组来，以便堂堂正正做个结论，再接着承包。

岂不知，从1986年12月22日第一个审计组到厂，各种怪事迭出不穷。第一个审计组刚刚离厂，第二个审计组又进来了；第二个审计组撤走了，第三个审计组又派来了。审计来，审计去，始终不做结论。这种神秘的几进几出，使厂里舆论哗然，没问题好像也有了问题。眼看生产直往下滑，职工的心也快要散了。刘铁良更是心急如焚，只好给市领导写信反映情况。在有关部门的干预下，1987年8月24日，才迟迟公布了审计结果，元件六厂不但圆满地完成了承包的各项经济指标，还有不少超额。但是这一年企业的中心工作被审计代替了，当年的利润就掉到376万元。这是刘铁良和厂里其他领导当初打报告时没有想到的结果。

就在审计组进厂的同时，一封封署名"元件六厂部分群众""香港同胞韦震"的匿名信，相继出现在中央及市政府等有关机关的办公桌上，信中诬陷刘铁良被外商收买，接受外商5000美元的重金贿赂。于是，一批批调查组开进元件六厂，最多的时候厂里同时有7个调查组活动。调查组进厂伊始，就给刘铁良戴上了四个不准的紧箍：不准影响工作情绪；不准影响职工情绪；不准打乱生产秩序；不准影响经济效益。刘铁良作为大案要案里的"要犯"，被吊在半空中接受审查，却还要他继续抓好生产，真是滑稽透顶。这里不妨将当时的情景实录两组镜头：

长镜头：一天，刘铁良正在办公室召开领导班子会议，研究生产安排调度工作，调查组的同志推门而进。

"刘铁良，你出来！"口气盛气凌人。

刘铁良平静地反问："什么事？"

"找你谈话！"

"我正在开会，等一会儿就去。"

调查组的尊严受到冒犯，某人"叭"地一拍茶几："刘铁良，你知道你自己是什么人？"

"我是共产党员！"刘铁良仍然不卑不亢。

"不对，你是被告！"

刘铁良再也按捺不住，多少天来郁积在胸中的闷气终于喷发出来，他也把写字台一拍："我这个厂长还没被停职，就得抓工作；如果上级决定让我停职检查，我可以奉陪到底，随叫随到，现在我要开会，没时间和你们谈话。"

对方见刘铁良被激怒了，又来软的一套："党的政策是早交代比晚交代好，早'拿出'比晚'拿出'好！为了你的老婆孩子，也该主动……"

这样的日子比停职还难受，心灵上带着累累伤痕，又叫他怎么工作？！

短镜头：调查组的所作所为，使刘铁良无法正常工作，为此，他找到了上级有关领导请求支持。

"他搞他的，你干你的嘛!"这种平静冷漠的口吻，仿佛什么事也没发生过。

"可这么一折腾，厂子里全乱了。"刘铁良忧心忡忡。

"乱了? 要你这个厂长干什么?"刘铁良被噎得头都发蒙。

这位领导不耐烦地把手一挥："好了，我还有事，今天就谈到这里吧。"

避嫌乎? 官腔乎? 刘铁良是哑巴吃黄连，有苦说不出。

> 诬陷信满天飞竟能产生奇效，一路绿灯放行使的是何等手段;
> 偏听偏信不深入调查，新闻舆论助长了谁人志气，神圣的法律尊严
> 随意让人亵渎，岂能容?!

刘铁良是一位有政绩的厂长，为何会遭到别人诬陷? 这就要从蔡钜虹说起。蔡钜虹是元件六厂的技术员，出身在令人羡慕的革命家庭。1986 年，参加了厂里独石电容器生产线引进项目赴美实习团组。赴美期间，他给带队的一位副厂长出谋划策，私分外汇，并由他经手造了两本假账，隐瞒私分真相，订立攻守同盟。回国后，他因个人私事与那位副厂长反目，一怒之下，私分外汇的事就端了出来。他满以为那位副厂长被停职后，自己能坐上引进生产线验收负责人的交椅，谁知刘铁良任命了别人。想当官没捞到，他与别人合谋向外商收取 3%—5% 回扣的目的也变成了泡影，于是对刘铁良怀恨在心，萌生了邪念要把刘铁良搞下去。

1987 年 1 月至 3 月，引进的设备陆续到厂，初验发现个别设备是旧的，元件六厂会同有关单位，就外商违约行为进行了交涉，并于 5 月 5 日达成了换货、补货协议。看到时机已到，蔡钜虹便抓住旧设备大做文章，先后炮制出 16 封匿名信向中央和市有关部门邮寄，所揭发的问题均是凭空捏造的谎言:

"元件六厂花 380 万美元，买进一堆废铁，二手货……"

"刘铁良先后收了美商 5000 美元……"

"刘铁良受贿拿回扣，卑躬屈膝，一让再让，不提索赔……"

……

问题的耸人听闻程度足以构成引人注目的大案要案。更为卑劣的是，年仅 30 岁的蔡钜虹手段十分"老练"，竟通过各种关系，谋求到一些上级部门高层领导人的亲笔批示。果然这一手显灵，调查组一拨拨先后奉命进厂。

调查组尽管带着先入为主的观点进厂严查，但谎言终归成不了事实。蔡钜虹便又心生毒计，炮制了置刘铁良于死地的"铁证"，也就是那封署名"香港同胞韦震"的揭发信，以及信后附的《内务议定书》的影印件，里面有刘铁良与美

国大华股份有限公司董事长签的"秘密协议",即美商按合同设备总值的6%给元件六厂回扣16万元,并同意无偿保管,保证为元件六厂保守秘密。作为交换条件,元件六厂不再对美商所造成的设备误交等问题提出索赔。议定书的正文是铅字打印的,落款处刘铁良和美商董事长的签名是将报销单和合同书的签名剪下来,贴在《内务议定书》上,技术处理后,影印成件,这种以假乱真的"签名",将刘铁良再次推向深渊。

如果说蔡钜虹出于不可告人的野心诬陷刘铁良,有其缘由的话;那么,新闻舆论不调查不研究,竟与蔡钜虹前后呼应、异口同声,则令人费解,不可思议。

1987年12月,北京的一家大报首先刊登了一篇《一场引进设备引起的风波》的文章,这篇文章采访了蔡钜虹,说元件六厂花了317万美元引进的生产线,到货后发现有使用过的旧设备20多台,反映问题的工程师被连续降级、调动工作、扣发工资,而元件六厂的领导却至今不提索赔。

12月8日,首都多家报纸同时刊登了一条电讯:

《有人拿外商回扣,无人管国家损失》;

《对外商违约不要索赔损失370万》;

《市无线电元件六厂卑躬屈膝,一让再让》;

……

顿时,新闻媒介的传播作用发挥了其特有的功能,连香港报刊似乎也嗅到这则消息的重要程度,因而及时转载。

奇怪的是,刊登消息的报纸,无一去找元件六厂党委核实,更没人听听厂长刘铁良有何说法,却心甘情愿地喝了蔡钜虹的迷魂汤。12月6日,元件六厂党委、厂部、工会曾联合向新闻单位请求伸张正义,批驳这些报道严重失实的材料,但这种申诉被强大的舆论噪音淹没了。

更令人不解的是,1988年1月,一家报纸在《来信摘编》增刊上,又登出《北京无线电元件六厂引进设备中的幕后交易》的文章,并公布了那个伪造的《内务议定书》;随后不久,香港一家刊物又转载了此文,并配上"官商勾结,坑国害民","官官相护,狼狈为奸"的强势标题。

一时间,元件六厂的上空笼罩着阴云。新闻舆论背离了真实、公正的起码原则,严重破坏了工厂的声誉,注销合同者有之,传播谣言者有之,乘机闹事者有之,退避三舍者有之。好端端一个三优企业被搞得举步维艰,持续滑坡,1988年利润仅203万元,比1987年又下滑了一大截。

邪恶战胜不了正义。法网恢恢,疏而不漏,谁触犯了神圣不可侵犯的法律,谁就必将受到法律的惩罚。

1988年初春,上海的一个在押犯交代了一份材料,供认出蔡钜虹和北京市二轻总公司的一个干部曾通过他,向港商泄露过机密贸易文件。元件六厂接到市二轻总公司转来的材料，立刻马不停蹄到上海组织调查，调查的结果使他们解开了长期困扰的谜团。原来蔡钜虹向港商泄露机密贸易文件的目的，是企图通过他们建立一条"民间"引进渠道，顶替元件六厂的"官方"引进渠道，然后坐吃回扣。一个偶然的触发点，竟提供了破获卑鄙的"诬陷案"的钥匙。

1988 年 4 月 15 日，二轻总公司将泄密事件向北京市国家安全局反映后，第二天元件六厂的领导就受到市国家安全局的约见。然后，市国家安全局组织力量，立即进行侦破。很快查实，"元件六厂部分群众""香港同胞韦震"等匿名诬告信的内容均是蔡钜虹所为。蔡钜虹怕查证笔迹，指使曾因盗窃罪蹲了 5 年大牢的"铁哥们儿"樊淮秋替他抄写、复印、投寄。7 月 16 日，市国家安全局连夜拘捕了蔡钜虹、樊淮秋，并从蔡钜虹的家里起获了伪造的《内务议定书》等物证及 18 万只独石电容器半成品和大批进口设备的技术资料。在大量的确凿证据面前，蔡钜虹、樊淮秋供认不讳。害人者最终落得可鄙的下场。

这场骇人听闻的诬陷案，虽以蔡钜虹被判重刑而告终，但它造成的损失是不可估量的。

元件六厂在上升途中被拦腰一斩，大伤元气，1988 年的利润比 1986 年下跌近 300 万元；这里面虽有原材料涨价诸多因素的影响，但毋庸讳言，企业被折腾得不能维持正常的生产秩序才是主要原因。

刘铁良遭人诬陷，个人名誉和身心健康受到很大损害，家庭也跟着受了牵连。受新闻舆论的导向，全国各地不少来信辱骂他是"卖国贼""民族败类"；他到珠海去筹建分厂，却传出他从罗湖桥叛逃的"新闻"；他到哪去工作，都遇到狐疑的目光和"你什么时候出来的"的发问，因为早有人传说 1987 年 12 月 15 日要逮捕他；他女儿的单位，莫名其妙接到诬蔑她清白的匿名电话。更有甚者，有人到他家楼下寻衅闹事，他为了自身的安全不得不秘密搬家。

作为一个铁骨铮铮的共产党人，刘铁良对党的信念始终矢志不二，正是有这种信念的支撑，有党和人民群众做他的坚强后盾，无论他的处境多么艰难，个人遭受多大委屈，他从未有过动摇，从未想过放弃。他始终带领全厂职工，顶着压力，逆风而上，坚持深化企业内部改革，元件六厂于 1989 年又出现了新的转机。他也于 1989 年"五一"前夕，被评为北京市劳动模范。真金不怕火炼，经过这场磨难，刘铁良又挑起厂长和党委书记两副重担，开始筹划元件六厂新的征程。

《中国电子报》1989 年 11 月 17 日

"香花风波"实录记

河南是古代中国九州的中心，这里不仅是孕育中华文明的摇篮地，也是群雄逐鹿中原的古战场。不知是古代文明的遗风，还是现代文明的影响，1992年河南再一次成为新闻界关注的焦点。

李谷一诉汤生午及《声屏周报》名誉侵权案在南阳开庭，60多家新闻单位、100余名记者搅得南阳沸沸扬扬，轰动了全国。发生在古都安阳的"香花风波"，同样吸引了众多新闻单位的眼球，往来于安阳的记者似走马灯一般，"香花风波"酿就了一场新闻大战。

正义压倒邪恶是历史的必然。1992年12月8日，河南省电视台播出了专题片《"香花"沉浮记》，第二天中午又特意安排重播。一家省级电视台，接连两天播出长达半小时的《"香花"沉浮记》，旗帜鲜明地对诬告者公开谴责，这在全国恐怕还是少见。

旷日持久的"香花风波"，终于打破了改革者忧心忡忡，诬告者逍遥法外的反常现象。追溯事情的来龙去脉，无疑会引起我们深层次的思考。

改革者屡遭厄运

安阳黄河无线电厂，原是安阳县电业局劳动服务公司的下属企业，1985年前仅是一个由5名职工组成的家电维修门市部。1985年正式建厂，当年产值仅55万元、利润2.01万元，固定资产0.98万元。1988年1月，共产党员周新义投标承包了这家当时只有60人的小厂，周新义任厂长后，开发了"停电不用愁"交直流两用"香花"牌黑白电视机，企业得到了飞速发展。1988年，机械电子工业部给安阳黄河无线电厂颁发了电视机生产许可证，1989年产品创省优；1990年该厂荣获省二级先进企业；1991年又获省一级先进企业；1992年还被河南省机电厅授予开拓经营先进单位。

周新义厂长承包三年期间，企业产值、利润、固定资产分别比承包前增长了22倍、24倍和48倍。黄河无线电厂作为安阳县唯一的"立大功企业"，受到市委、市政府的表彰。《人民日报》以"香花怒放"为题，曾报道过这家异军突起的电子企业。

万万没有想到的是，正当周新义厂长准备签订第二轮承包协议，带领职工迈向新台阶的时候，却飞来一场横祸。

1990年12月24日16时30分左右，安阳县电业局局长×××等人来到厂里，并动用民警七八个人，采用突然袭击的办法，当众宣布免去周新义厂长职务，并任命了新的厂领导班子。这个任免不仅周新义事先不知道，关注该厂第二轮改革、几天前还研究部署工作的安阳县委、县政府领导也被蒙在了鼓里。

12月25日，工人们上班时发现工厂大门上了锁。周新义厂长被无辜免职的消息迅速传开，顿时引起轩然大波，全厂职工被激怒了，248名职工联合签名，集体到安阳县委、县政府请愿，他们写道："我们要自己的厂长，我们要自己的饭碗，我们要自己的香花名牌，我们要维护自己的合法权利。"

正常的生产秩序被打乱，好端端的一个企业处于瘫痪状态。安阳县委、县政府密切关注事态的发展，坚决支持企业的自主权。12月28日，县委、县政府召开黄河无线电厂全体职工大会，宣布撤销电业局的错误决定，恢复周新义厂长职务。职工们欢欣鼓舞，用燃放鞭炮欢迎自己的厂长重新主持工作。生产恢复后，职工们憋足了劲，连续两天创该厂建厂以来的日产、日销最高纪录。

一波未平，一波又起。厄运再次降临到周新义厂长的头上。12月30日中午，他突然失踪，厂里和家里都不知他的下落。直到下午4时，安阳市文峰区公安分局送来周新义的腰带和笔记本，才知道周新义以"教唆罪"被收容审查，第二天又改以"伤害罪"被刑事拘留，送进了看守所。

1991年1月3日，周新义被刑事拘留的第三天，文峰区公安分局即匆匆以"伤害罪"报请区检察院批准逮捕。检察院在调查中发现此案蹊跷，以伤害罪报批捕，连必不可少的法医鉴定都没有，到医院调查结果与公安部门提供的证明大相径庭。检察院认真执法，以伤害后果不明，事实不清，将此案驳回文峰区公安分局。

周新义被抓，在古都安阳引起了震动。市人大主任王同林挺身而出，严厉批评文峰区公安分局个别人不依法办事，轻率抓人的错误，并尖锐地指出："有的人整人整上了瘾，为整一个人非把一个好端端的企业整垮不可！"

1991年1月7日，周新义以莫须有罪名被收审拘留9天之后，才得以"取保候审"。县委、县政府再次宣布周新义仍为厂长，并令电业局副局长×××停职检查。一度停产的企业开始恢复元气，周新义准备集中精力把失去的损失尽快补回来。但是匿名信又告发周新义有经济问题，结果又引发了持续半年有余的审查，结论自然是告发的问题纯属子虚乌有，所谓经济犯罪不能成立。

"香花风波"使周新义厂长饱受人身和精神折磨，给他的心灵留下难以愈合的创伤；同时，企业为此也付出沉痛代价，造成产值3700万元，利润394万元的重大经济损失。

整人者施淫何为

周新义被无辜免职，原因何在？按安阳县电业局长的说法，主要原因是企业没效益、假大空，弄不好会把提供贷款担保的电业局一起鼓捣进去。一家中央级新闻单位，按电业局的口径，给中央领导送的《内部情况》上，也说黄河无线电厂亏损严重，债务累累。因此，电业局长还煞有介事地说"只要经济效益确实好，你就是不服从管理，我也不免你。我单收你房租也值得！"

果真如此吗？事实胜于雄辩。请看下面一组数字：黄河无线电厂1988年产值669.35万元、利润45.5万元、流动资金28.52万元；1990年产值为3307.53万元、利润125.70万元、流动资金55万元。据安阳市审计事务所对该厂的审计结果，周新义承包三年共实现利润253.65万元，利税360万元，并通过上交利润及管理费等，向电业局贡献效益上百万元，这样创利的企业在安阳县也属凤毛麟角。怪不得河南省电视台记者在电话采访电业局局长时，首先提出黄河厂是赢利企业，并不像他们说的是严重亏损企业，结果局长支吾半天也承认有点自相矛盾，那么，信口雌黄一定要搞周新义又是为什么呢？事情的起因，与周新义之父——原安阳市电业局党总支书记周根清疾恶如仇有关。

1990年3月，一封揭发县电业局人保科长×××利用职权，为其侄女办假户口、私自招工的群众来信，被送到周根清手里。周根清虽已过了离休年龄，但在任一天，仍坚持党性原则，他主持召开局总支会议，会上当面弄清了×××私自招工的事实，对她进行了严肃批评，随即组织调查。起初，杨××、晁××两位局长态度也很明确，当×××直接参与当地一起倒卖户口大案的事实被查出后，杨××、晁××二人态度急转直下，为×××出来说话。这样一来，杨××、晁××与周根清工作上的矛盾也公开化了。后来，周根清办了离休手续，杨××兼任党总支书记。"父债子还"，周新义终于在劫难逃。

另一个原因是，在安阳县委派考察组进驻电业局考察局领导班子时，21名中层干部联名，向考察组和县委组织部反映杨××和晁××包庇刘××的几个问题，杨××、晁××心怀不满。1990年9月，新的局领导班子宣布不久，杨××、晁××就公开把21名中层干部联名反映他们的问题定为"诬告"，将这件事定为"动乱"，接着21人中先后有10人被免职或调整工作。如免去电业局办公室主任华孟延，局党总支委员、集体企业办主任张庆祥，局调度室主任卫家齐等一批干部的职务。并将55岁的共产党员、有突出科技成果的老工程师卫家齐下放到马投涧乡电管站当农电工；将54岁的张庆祥下放到都里乡电管站当工人。周新义也是联名反映问题的干部之一，遭受诬陷打击毫不奇怪。除此之外，还有一些更深层次的原因，只能等待对诬告者立案审查，真相大白后才能揭晓。

"香花风波" 的启示

纵观 "香花风波" 的始末，可以看到这样一个事实：改革的潮流是不可阻挡的，安阳市、县各级领导是支持改革的。特别值得一提的是，安阳市人大主任王同林、安阳县县长杨六生置个人荣辱所不顾，自始至终支持周新义及黄河无线电厂的改革事业。1992 年 8 月，安阳县在表彰奖励税利大户时，还给周新义记功一次。省里的一些领导和部门也为改革者撑腰打气，当时的省长李长春亲自作过批示；河南省机电厅在 1992 年年初，评选周新义为省机电行业 1991 年度优秀厂长。中央办公厅亲自过问查办落实周新义被诬告的情况。这些领导和部门的支持，给了周新义斗争的勇气，也是他坚定信念的力量源泉。

新闻界也在舆论上为正义呼喊。《河南日报》在 1991 年 1 月，先后在一版显著位置发表了《一场值得深思的风波》和《支持干事的，惩处乱事的》报道，为周新义被免职鸣不平。《安阳日报》《安阳法制报》也发了很多文章，支持周新义的改革事业，谴责诬告者。此外，新华社河南分社主办的《河南内参》于 1991 年第 3—4 期连续发表了《"香花风波" 始末》（上）和《"香花风波" 始末》（下）；中央电视台于 1992 年 8 月 26 日午间新闻节目中，播发了周新义厂长冤案获平反的新闻；《经济参考报》于 1992 年 9 月 29 日发表《周新义厂长冤屈洗清》的消息。这些舆论对处在逆境中的周新义是极大地支持。

尤其是河南省电视台于 1992 年 12 月 8 日播放《"香花" 沉浮记》以后，省委书记李长春极为重视，要求在全省范围内开展大讨论，与落实《企业法》和落实《条例》联系起来，并指出，对违反法律的要追究法律责任。河南省委宣传部于 12 月 13 日发出通知，要求就《"香花" 沉浮记》在全省展开讨论；《河南日报》当天就组织文章在一版开展讨论，从 "香花事件" 中吸取教训，为改革者创造良好的环境，惩治诬告者。这种爱憎分明的立场和态度，是新闻界支持正义的体现，也是媒体的主流声音。

与此相反，在 "香花风波" 的过程中，某些新闻单位推波助澜，使改革者雪上加霜。如有的报纸发表《这样的人能当厂长吗?》《他真是 "明星企业家" 吗?》等文章，这些文章均是出自安阳县电业局某些人之手，是非颠倒，混淆黑白，造成很不好的社会影响。有的报纸记者撰文歪曲事实，批评支持周新义的安阳市、县领导。新闻报道离开了客观真实性，离开了党的基本路线，离开了新闻工作者的职业道德，不能不说是一种悲哀。

"香花风波" 最终是正义取得胜利。但令人百思不得其解的是，为什么×××等人不惜企业蒙受损失，非要把周新义整垮整倒？为什么公安机关知法犯法，以莫须有的罪名随意抓人？为什么搞伪证、诬告的人得不到及时惩处？为什么有些人把矛头指向支持周新义的安阳市、县领导？为什么一些新闻报刊违反职业道德、发表歪曲事实真相的报道？这些深层次的问题，有待"香花风波"彻底水落石出时方能给出说法。

《电子商报》1992 年 12 月 29 日

金凤电视机"爆炸"追踪记

近年来，我国电视机的生产步入佳境。广大消费者从迷信国外原装机到国产什么牌子的彩电都抢手，固然可以说这是消费心理取得平衡的标志，但毋庸讳言，我国电视机的质量，尤其是可靠性指标，已跨进国际水平的行列。但是，从1988 年开始，却不时传来所谓电视机"爆炸"的不祥之音，不仅令消费者惶惶然，而且电视机厂家也感到困惑。

1988 年，有几起投诉电视机"爆炸"案，电视机严重损坏，人员亦有不同程度的伤亡。经过调查，没有一起是因质量问题引起电视机显像管自爆，而是因房屋起火或炸药爆炸致使电视机显像管破碎。有的是人为爆炸，而偏偏要电视机当替罪羊，冤哉！

传统的春节是阖家团聚的喜庆日子。谁料想 1989 年 2 月 7 日晚，湖北襄阳县张湾镇散有德一家正在兴致勃勃观看电视剧《秦始皇》时，突然一声巨响，伴随着强烈的震动，房屋被震坏，南窗彻底摧毁、坍落，室内棚顶（预制板）与西墙结合处被震出裂缝，金凤牌 14 英寸黑白电视机显像管破碎，收录机、石英钟等物品被击毁，整个屋内狼藉不堪，到处是飞散物。更为不幸的是，屋内 6 人受伤，其中 4 人重伤，被送进了医院。

如此严重的爆炸，本应立即报案由公安部门侦破。但 2 月 9 日，一封"电视机爆炸，请速来人"的电报打到了抚顺市辽宁无线电八厂。厂里接到电报，一看十万火急，2 月 10 日就开会研究派人，2 月 13 日派出的第一批人就动身了。2月 19 日，第二批人也赶到了襄阳。

调查是符合程序的。在当地有关部门及散家家属的配合下，调查组进行了细致的调查；同时由机电部广播电视产品质检中心和电真空器件质检中心有关专家组成的技术专家组也进行了现场勘查、分析、鉴定。20 余天的工作，得出的结论是：电视机不是自爆，而是由于另一强爆炸源破坏造成。金凤电视机被昭雪了，但一些报纸、电视台在未明真相前，抢发"爆炸"新闻，也使企业蒙受了名誉上的损失，同时为调查此案，企业还花费了 3 万元资金。

3月11日，在辽宁无线电八厂赴襄阳调查爆炸事件汇报会上，机电部质量安全司的领导曾向与会同志介绍，国产电视机至今还未有一起因质量问题自爆的。其实，作为常识，不少人知道，显像管的玻壳抽真空密封后，其内外只有一个大气压的压差，显像管即使受到外力冲击或遇到温度骤变造成应力不平衡时，显像管破碎后的大部分玻璃碎片也只能散落到距电视机90厘米以内的地面上，坐在距电视机1.5米远的人，什么问题也不会发生。

吃一堑，长一智。随着家电的普及，我们不仅要继续宣传使用常识，而且也要多宣传有关家电的科普知识；此外，一旦发现意外事件，如不是家电本身问题，消费者要冷静、及时地向公安部门报案。

《中国电子报》1989年4月4日

解析：《一起耸人听闻的诬陷案——刘铁良厂长遭诬陷的始末追踪纪实》《"香花风波"实录记》《金凤电视机"爆炸"追踪记》3篇放在一起解析。

事件通讯是较为详细地报道现实生活中发生的典型的、有普遍教育作用的新闻事件的一种通讯体裁。事件通讯大体上分为三种，第一种是如实反映各种突发性事件具体过程的报道，第二种是揭露批评性体现舆论监督的报道，第三种是揭示事件真相和实质的报道。事件通讯主要以写事为主，力求揭示所发生事件的深刻意义。因为事件离不开相关的人，所以也要写好与事件有关的人物。事件通讯一般都比较翔实，全面地、客观地介绍事件的来龙去脉与发展过程，具体地、形象地描述其细节，即使是那些篇幅短小之作，也要求把事件叙述清楚，使读者对整个事件能够有比较完整清晰的印象。

《一起耸人听闻的诬陷案——刘铁良厂长遭诬陷的始末追踪纪实》及《"香花风波"实录记》，是揭露批评性体现舆论监督的报道，同时也揭示了事件的真相和实质。写批评性的事件通讯，必须做到事实准确，客观公正，所写问题经得起时间考验，与当下大环境主流相吻合。刘铁良厂长遭诬陷的起因，是因为几封告发他的匿名信，某些媒体也起了推波助澜的作用。刘铁良是北京市优秀厂长、北京市优秀共产党员，而且也是一位成功的企业家。在他"受难"遭诬陷的时候，笔者多次去北京无线电元件六厂采访，听取该厂党委和工会相关人员意见，也与刘铁良正面接触听取他的辩驳，在真相大白之前，一直在跟踪这起事件，前后有一两年时间，事情的动态和进展，都在笔者的掌握之中。直到诬陷他的人受到法律制裁，水落石出还刘铁良清白，事件真相可以公开见报时，笔者才动手写出《一起耸人听闻的诬陷案——刘铁良厂长遭诬陷的始末追踪纪实》，全文4800余字发在报纸的头版头条，驱邪扶正是笔者应有的良知。

写《"香花风波"实录记》时，笔者手里已经有了大量材料，《河南日报》《安阳日报》等报刊发了文章，新华社河南分社主办的《河南内参》有连续报道，河南省电视台做了专题报道，当时的河南省委书记李长春极为重视。由于没有直接第一手材料，没到现场采访当事人，不能下笔写批评报道，笔者坚持到安阳采访，才写出4000多字的《"香花风波"实录记》。后来，又应山东《职工益友》的约稿，写出《"香花风波"备忘录》，发在《职工益友》1993年2月第1期。

纵观刘铁良厂长遭诬陷的始末，以及"香花风波"的始末，笔者看到这样一个事实：改革的潮流是不可阻挡的，正义的事业是得到支持的……在笔者的新闻生涯中，写过这样两篇较长的事件通讯，为声张正义、驱邪扶正，支持改革，做了本分的工作，还是感到一丝自豪。

《金凤电视机"爆炸"追踪记》是一篇短小的事件通讯，全文只有1000多字，主要是还原真相，以正视听。

工作通讯类原文与解析

谁持彩练当空舞

——河南安阳彩色显像管玻壳有限公司纪事

风乍起　吹皱一池春水

安阳彩色显像管玻壳有限公司从立项筹建之日起，就一直处于舆论的旋涡之中，有人曾形象地把玻壳厂这段历程说成是"八年抗战，风风雨雨"，可谓一语中的。记者每年都要去玻壳厂实地采访，个中甜酸苦辣自然颇为关注。

记得，1991年11月21日，邹家华副总理、曾培炎副部长、李长春省长等一大批政府官员，前来参加玻壳厂的建成投产剪彩仪式，贵宾如云、气氛火爆，是何等的壮观。然而，有谁知道，在鼓乐喧天、气球腾空的时候，留给玻壳厂的并不都是彩色的梦。那时，李留恩总经理内心承受着几乎难以支撑的压力，因为喜庆的背后，暴露出了玻壳厂潜在的危机。

几乎令人难以置信的是，一年后，也就是1992年11月22日，玻壳厂奇迹般地提前38天完成当年省政府下达的经济承包指标，完成玻壳295万套，产值4.7亿元，实现销售收入3.85亿元，偿还境外银行贷款1.35亿元。这时的玻壳厂却异常平静。无论是悲，还是喜，无论是困难，还是成功，他们都已经习惯用平常心来对待，安玻人开始走向成熟。

一个新建的、大型的现代化电子企业，在前进的道路上，必然要有一个曲折的过程，这个过程是不可逾越的。前进中有曲折，在曲折中前进，这就是玻壳厂富有戏剧色彩的悲喜历程。

5·17点火成功，李鹏总理的视察，拉开了喜剧的帷幕。
血汗浇铸的玻壳工程终于提前运转，是充满希冀的开端。

事情比预想的还要顺利，整个玻壳工程完全按人的意志安排的时间表来操作。1990 年 5 月 17 日，锥炉点火成功；5 月 27 日，锥炉按时投料；6 月 1 日，流出玻璃液；6 月 5 日，一次性压出玻锥半成品。安玻人是幸运的，这项国家"七五"重点工程，始终牵挂着国家领导人的心。试压玻锥半成品成功的喜讯传出只有 5 天，李鹏总理就于 6 月 11 日风尘仆仆赶赴安阳视察。在玻壳厂，李鹏总理听取了汇报，参观了生产线，并亲笔题词："努力把安阳建成彩电玻壳生产基地。"这是对他们几年来用血汗浇铸工程的肯定。

1990 年 6 月 17 日，屏炉点火。点火以后，按预定计划升温、投料、滴料、成型，实现了一次点火试车成功。8 月中旬，流出屏半成品，打通了一条锥生产线，一次检验合格率平均 87% 以上。8 月 30 日，日本 NEG 公司副社长中山俊夫现场察看后认为："安阳玻壳如此顺利，不仅远超过我们在苏联、东德和捷克等国家搞的不少玻壳项目，就是在 NEG 也属少见。"

安玻人有权利为他们取得的成绩感到欣喜和自豪，他们艰苦的付出终于赢得了回报。从 1988 年 10 月 18 日破土动工，到锥炉和屏炉先后点火，工程进度比中日合同期提前了 3 个月。矗立在厂区的 13 万平方米的漂亮建筑群，使得人们不得不对河南泥瓦匠刮目相看。虽然，不少人说建筑艺术为立体的交响乐，但是它的完成毕竟是力的象征。

现代电子技术代表着当今高科技的潮流，点火只是玻壳生产的前奏曲，并不预示着玻壳从此会像兵马俑一样源源不断地奔流出来。安玻人是尊重科学规律的，点火试产不久，他们就于 1990 年 7 月 24 日进行中日合同生产考核，长达半年之久的严格考核在 1991 年 2 月 3 日结束。这期间完成了 14 英寸、18 英寸、21 英寸 FS 3 个品种 12 个部分的考核验收任务，生产玻锥 114 万只、玻屏 61 万只。前途是光明的，试生产成功使安玻人信心倍增。1991 年 4 月 22 日，在北京中日双方签订了分段式合同交接验收书。热火朝天的奋战场面，使安玻人对公司的未来充满着憧憬和希冀。

高潮过去是低谷，既在意料之外又在预料之中。有形的或无形的压力，反而为企业置于死地而后生提供催化剂。

事情来得十分突然。谁也没有想到，谁也说不清是纯属偶然还是巧合，就在中日双方合同交接验收书顺利签字后的两天，即 1991 年 4 月 24 日，玻壳厂一下子陷入了困顿之中，从此跌入低谷。

问题出在玻屏的条纹干涉上，北京松下公司提出的这个问题像个顽症困扰着安玻人。平心而论，玻壳厂对质量认证工作是重视的，下手也比较早。从 1990 年 10 月 6 日开始，先后在 4400 厂、上海永新公司和北京松下公司几家生产彩管的单位进行认证，从小批量开始，然后中批量、大批量使用。1991 年 3 月 11 日通过日本松下认证，4月6日通过美国UL认证。也许前期的认证一帆风顺了，安玻人思想准备不足，当条纹干涉问题出现后，认证实际上已无法进行下去。5月起，屏、锥成型和锥后加工几乎处于停产状态。

形势是严峻的。为了解决条纹干涉问题，安玻人不惜工本，购买日本的火山灰和橡胶滚筒，引进NEG强力抛光设备，能想到的办法都采用了，但是条纹干涉问题十分棘手，在短期内无望解决。祸不单行，8月好不容易重新开始认证，又接连出现"尾引"和"爆缩"等问题，认证工作再一次迟缓下来。马拉松式的长达一年之久的认证，把玻壳厂拖进欲活无路、欲死不能的泥潭之中。一时间，安阳市成了玻壳的天下，大量21英寸FS玻壳积压在库，成品资金占用高达1亿多元。

如果说条纹干涉纯属技术难题，靠攻关可以解决的话，那么，接踵而来的企业内部和外部暴露出来的问题，就更加复杂得多。譬如，玻壳开始是按中日合同标准认证，但用户不买账，人家要求你安阳的玻壳，要同日本进口的玻壳，同品味、同价格、同质量才行，批次超标不要。细想，用户的苛求是有道理的，不这样挑剔，中国的玻壳质量就不会超过外国货。

金融界更是咄咄逼人，他们呼吁，安玻公司不按时偿还国际银团的贷款，将会影响我国对外开放的形象及河南省的信誉，这种压力再大也得承受，纵使你有一千条理由，外国人不会把钱投进无底洞。外边压得安玻人喘不过气来，而内部更是困难重重。工艺设备先天不足，玻壳不良品率居高不下，磕碰划问题严重，再加上新人新厂，从顺境急转直下到逆境，心理脆弱，人心躁动，士气不振。到1992年2月初，全厂最低的一天才生产48枚玻壳。安玻人过春节，人人心头蒙着一块抹不掉的阴影。玻壳厂面临着一种从来没有过的巨大压力。李留恩总经理首当其冲处在舆论的中心，他站在风口浪尖上，别无选择，退缩就是懦夫，退缩就意味着失败。他虽然不是能够顷刻间使企业转危为安的神人，但他却有一股生来不服输的倔强劲和脚踏实地的科学态度，他相信靠安玻人自己的力量，一定会苦尽甘来。

物极必反，李留恩破釜沉舟，背水一战，先从企业内部开刀，从五件小事抓起，严格管理是现代化大生产的必然。

凡事都有个极限。喜剧往往是悲剧的开端，悲剧则可能是喜剧的前奏。玻壳厂沉到谷底，自然要反弹，向顶峰挺进。千头万绪，从何入手？李留恩凭他多年领导企业的经验，果断地先抓人的行为规范。现代化大生产，没有行为规范，就没有章法。但是，要改掉一些人养成的懒散积习，谈何容易？不动真格的不行，没有铁的手腕不成，怕得罪人就不配当领导。他决心从严治厂，从抓"吸烟、迟到、脱（睡）岗、早退、不按规定穿工作服"这五件小事做起，制定严格的厂规厂纪，谁违反就坚决处理谁，培养一支过得硬的职工队伍，铁的纪律是前提条件。

采访中，光是听到 1992 年发生的一些事例，就给人留下刻骨铭心的印象。

事例1：2月下旬，李留恩总经理在厂门口发现一个青工吹完上班号（有点准军事化的味道）才进厂，"双推进"检查人员让他登记一下迟到，小伙子撒腿就跑。李留恩责令追回，因其态度不好，这个青工当场被宣布解聘，一小时内打印出处理意见。这件事在全厂震动很大，大家感到总经理说到做到，这是动真格的头一个信号。

事例2：玻壳生产对环境要求十分严格，规定厂内不准吸烟。3月10日前发现一次罚款50元，3月20日前发现一次罚款100元，3月20日以后，如发现吸烟一次，罚款500元或解聘。3月24日，一检验工跑到休息间吸烟，被发现后毫不客气，照章办事，当场罚款500元。处罚看起来不轻，但有言在先，厂规不光是给人看的。

事例3：有些干部怕得罪人，当老好人，厂规厂纪规定向上株连三级。一次，公司纪律检查人员在锥加工区域发现夜班留下的5个烟头，除责令车间领导严加追查外，给AB两个班长和工段长各罚款100元，车间领导各罚款50元，并要求写出书面检查，公司通报批评。领导不负责任，倒霉的是你自己。

事例4：在厂规厂纪面前人人平等。一位车间主任，在下班号未吹响前两分钟，就离岗向厂门口走去，被总经理发现，除重罚60元外，还责令检查并通报。仅1992年上半年，就处罚违纪中层干部26人次，群众怎能不服气。发现违纪，不讲以往功过，电工房一青工，一贯表现很好，有一次偶然迟到，照样进行了处罚。

小事不小。处罚是手段，目的是教育。1992年3月，对违纪的81名员工，辞退12人，经济处罚69人，到当年10月止，已辞退、解聘违纪员工六七十人。抓与不抓大不一样，真抓与假抓更不一样。自李留恩总经理动了真格的，企业面貌发生了根本变化。记者在采访时曾亲眼目睹，早晨上班号响过，厂门口静悄悄、空荡荡，偌大厂区看不见一个闲人走动；到车间一看，每个人都在岗位上开始工作，没有聊天侃山的，没有闲逛串岗的，没有吞云吐雾的，窗明几净，给人一种紧张、繁忙的印象，真有一种现代化大生产的味道。

转换企业经营机制，必须伴随与传统观念的决裂。人事、
用工、分配制度的改革，成为职工价值观倾斜的启动器。

在1991年玻壳厂生产经营出现困难的时候，李留恩总经理就及时指出，面对严峻局面，没有灵丹妙药，迅速扭转生产经营不利的关键，唯有实现思想观念的三个转变：即由过去基本建设和国有企业的思想方法转变到中外合资企业的轨道上来；由过去以计划为主的经济观念转变到以市场为导向的商品经济观念上来；由过去依靠上级转变到向内使劲、依靠自己的思想上来。实践证明，观念不转变，经营机制就无法转变。

与旧的传统观念决裂，按新的机制运行，必然伴随着阵痛，甚至会有碰撞，但天大的困难，在行动上不能走样变形。这是李留恩总经理在实行一系列改革措施中的不变信条。

做法 1：按合资机制运行，就得贯彻精简、高效、合理的原则。首先从上层动手术，将总经理和副总经理，从一正十副，精简到一正两副；56 个生产管理部门缩减到 34 个，516 名职能人员减少到 378 名，下来的近 1/3 干部，经培训后大多充实到生产第一线。干部一律实行聘任制，能上能下。1991 年对不能适应工作的 8 名中层干部进行了撤换，将关键车间的两名懂技术、会管理的干部提拔为经理助理。

打破工人和干部界限的传统概念。根据"能位相应"的原则，干部可以到操作岗位上，工人也可以到管理岗位上。1991 年，有 4 名工人提拔为公司的中层领导，38 名工人聘用到管理岗位，156 名国家干部在工人岗位上。

做法 2：实行全员劳动合同制。1992 年 2 月 18 日进行动员，2 月 23 日全公司层层签完劳动合同，铁饭碗被打破，再没有人留恋过去。加上总经理实行一岗一薪、岗变薪变，住房、奖金、提干均向第一线倾斜，职工中尤其是青年知识分子的价值观发生了很大变化。有些单位，年轻人愿当白领，专往科室跑；这里的大学生，愿在车间当蓝领。共产党员牛尚水，1987 年从郑州纺织工学院毕业，先在屏成型当班长，后公司筹备团委将他调去，干了一年，总觉得不如在第一线能发挥作用，于是又心甘情愿回生产线当操作工。清华大学毕业的研究生宋向军，学的是电焊专业，留在生产车间搞维修工作；研究生赵文明，在屏成型当班长、工段长。全公司 416 名大专以上文化程度的职工，有 187 名在生产一线担任技术骨干和班组长、工段长。这些人感到一线有展现自己才华的舞台，能实现自己的人生价值，因而为能做个蓝领感到自豪，以致在科室工作的人员都有点心理偏差，而总经理"重兵上前线"的初衷至今不改。

> 管理进步和技术进步，是两个滚动的轮子，两个轮子一起转，企业才能走上良性循环的坦途，二者缺一不可。

作为一个新建企业，玻壳厂成立之初，管理还是一张白纸，照搬照抄别人的经验，既便捷又省事，但不一定适合企业的实际情况。李留恩决定走自己的路，他在实践中摸索，终于总结出一套七字管理法，这就是转、严、硬、控、稳、精、新。这七个字形成等边三角形，围着"转"字，互为终结，形成一个闭环。转就是"头"，一边是管理进步：严、硬、控；一边是技术进步：稳、精、新。李留恩曾形象地比喻说，转好像是人的"头"，管理进步和技术进步是人的两条腿。

七字法中的每一个字，内涵都很丰富，下面还有若干具体的条条。转是七字法中的灵魂，转（转变观念、转换机制）的首要任务是把思想转到市场经济上来，树立大市场、大流通的观念。严（严格劳动纪律、严格工艺纪律、一切从严要求、以法治厂）、硬（思想作风过硬、各项经济指标硬化）是为了达到控（人、机、料、法、环及各项管理都处在受控状态）。稳（稳定工艺、稳定质量、稳定供给、稳定队伍）、精（各种数据、参数、报表、技术等都要精益求精）要落到新（应用新技术、新工艺、新材料，开发新产品，走出新路子）字上。

玻壳厂走出低谷，管理进步是动因，技术进步是支撑。这两年来，他们自力更生，破除迷信，走消化、吸收、创新之路，在技术上取得一个又一个突破。

定位块不研磨、锥内外倒角不研磨、开发成功 21 英寸锥、屏取得双压成功，使玻壳厂突破"技术关""质量关""销售关"。锥内外倒角不研磨一项技术，就提高良品率 15%。当时国内外彩电 21 英寸成为主流，再生产 14 英寸、18 英寸玻壳只能造成新的积压。于是，领导班子大胆决策，提出用双压机试压 21 英寸玻壳。这项工作难度很大，日本专家认为双压机只能压 14 英寸、18 英寸玻壳，压 21 英寸玻壳还没有先例。安玻人不信邪，不畏难，对所有成型设备和工艺条件进行试验、调试，得出 3000 多个数据，制定新的工艺方案，终于在 1992 年 8 月 13 日下午 5 时，一举取得双压 21 英寸玻屏成功。双压机日产量是单压机的一倍，这样无形中等于没花钱多了一条 21 英寸屏生产线，每月新增产值上千万元，同时 21 英寸玻壳也敲开了市场的大门。

上靠领导、下靠职工，才能产生合力。关心、爱护员工，
多投入一分，相应的员工会多产出十分的奉献。

在生产管理中，调动人的积极性是第一位的工作。玻壳厂在严格管理、以法治厂的同时，对员工注入了更多的爱，动人的事例有口皆碑。青年职工李顺成，经常闹头痛，经医院检查是脑瘤，住进安阳肿瘤医院治疗。小伙子病情重，马永智副总经理几次在床前亲自给他一勺勺地喂药，同房的病人起先还误以为小李也是厂里的领导。李留恩总经理每天工作得很晚，一个月中抽出 5 个晚上去探视小李，并请北京和武汉的专家、教授为他会诊。一个青工，上班不久得到领导如此关心，令病人家属十分感动。

厂里的严大夫退休后回蚌埠，患了眼疾。公司领导得知后，马上派人去蚌埠探望，并决定找最好的医院诊治。正在北京开会的李碧副总经理，听说严大夫已住进北京同仁医院治疗，不顾会议紧张劳累，立刻去医院看望，严大夫没想到远离家乡，还能感受到亲人的温暖。

为了解员工的冷暖，做员工的知心人，厂里还制定了四个必访、四个必谈的制度。即员工住院、长期病假必访，女职工休产假必访，家庭有婚丧事、发生意外事必访，家中发生矛盾出现特殊困难必访；员工提出入团、入党申请必谈，发现职工情绪低落必谈，员工违纪终止合同必谈，员工受奖励或处罚必谈。各个部门经常在下班后开展恳谈活动，恳谈费由公司按月发给各部门。话是开心的钥匙，心情舒畅，工作才有劲头。

玻壳厂在前进的道路上，无论是暂时出现阴云，还是阳光普照，中央及部、省各级领导始终牵挂着玻壳厂，经常给予他们具体的指导，细致的关怀，这是安玻人的精神支柱。

继李鹏总理视察安玻公司后，江泽民总书记于1991年2月5日来到安玻公司视察，对在建设引进和点火试产中取得的成绩给予高度评价。邹家华副总理在安玻公司出现困难的时候，于1991年6月22日和8月12日，先后做过两次指示，给以支持和帮助，1991年11月21日他又亲赴安阳，就安玻公司的管理、生产、质量、归属、任务、目标一一做了重要指示。当安玻公司局面改观后，他又给予鼓励，于1992年11月14日在安玻公司给他的情况反映上批示："很高兴看到这个反映，七字方针总结得也很好，希望再接再厉，把安玻公司办成第一流的企业。"

李长春省长把安玻公司当作金娃娃一样，倾注了自己的心血。1991年7月26日，李长春在主持省长办公会议时，对玻壳生产、销售等工作提出六点意见，特别强调"要严格要求，大胆管理，敢于照章办事，该批评的要批评，该处罚的要处罚，该除名的要除名。对干部要实行聘任制。"由此可见，省长对搞好安玻公司的决心有多大。1991年11月21日，公司剪彩投产期间，面临着新的困难，李留恩总经理压力很大，当他和联络员崔瑀来到李省长的房间里，李省长亲手削了一个苹果，递到李留恩手上，这一细微动作胜过千言万语，李留恩窝在心里的气顿时消了半截。1992年4月1日和4月12日，听说安玻公司形势好转，李长春省长又两次批示，"严字当头，松松垮垮搞不好现代化大生产，用实践证明河南是能够管理好现代化大企业的""我从几个渠道听说安阳玻壳近来有变化，望一鼓作气进入全国先进行列"。从这一系列批示，可以看出李省长对安玻寄予的深情和厚望。

机电部曾培炎副部长把安玻作为自己的工作联络点，他时刻关注着那里的每一个变化，并几次亲赴安阳检查、指导工作。对电子工业这样大的工程，建在安阳本来就有过各种议论，当试产遇到问题时，自然有些同志担心。曾培炎副部长在公司投产剪彩仪式上，铿锵有力地说："你们有能力建设好这个企业，也一定能够管理好这个企业", 他的支持, 增强了安玻人的信心。河南省计经委、机电厅的领导多次到安玻公司现场办公, 帮助他们解决一些具体问题。领导的支持和帮助, 是安玻公司不可多得的财富, 也是他们冲出低谷踏上坦途的动力。

1992 年 2 月, 安玻公司加大改革力度, 狠抓严格管理后, 3 月份第一次实现按合资企业计算的盈亏平衡点, 产量比 2 月份提高 114%, 实现工业总产值 4375 万元, 是 1—2 月总和的 105%, 销售收入 3814 万元。这是冲出低谷的第一线曙光。3 月份以后, 技术进步又见成效, 9 月份创出最佳成绩, 溶配、锥、屏成型和锥、屏加工等主要工序连超设计纲领, 实现销售收入达 4283 万元, 10 月份又上新台阶, 销售收入 4854 万元, 企业开始盈利, 并有了还贷能力, 11 月 22 日终于提前 38 天完成全年任务。

安玻人跨出了迈向明天的第一步。他们的路还很长, 前进的征途上还会有曲折, 但安玻人经过阵痛后, 开始成熟了, 眼光放远了, 他们的目标是达到 NEG 水平。为此, 李留恩总经理和他的一班人, 正在运筹帷幄, 充分利用其独有的技术、运输、燃料及原材料、能源、模具开发等方面的优势, 优化一期、增容扩建, 上 25 英寸和 29 英寸大屏幕彩电玻壳, "八五"期间力争达到 1000 万套 (折合 18 英寸) 玻壳的生产能力, 初步形成规模经济。蓝图是宏伟的, 安玻人用自己的双手, 誓将蓝图变成现实。

《电子商报》1992 年 12 月 15 日、12 月 22 日

◉ **附记:**

本文发表时分上、下篇, 现将上、下篇合为一篇。

来自中原的报告

——安阳彩色显像管玻壳工程实录

奔腾不羁的黄河, 宛如昂首的长龙, 从西向东横穿中原, 使这块古老的大地成为龙的故乡和摇篮。提起这里的名城古都, 洛阳、开封早已名闻遐迩, 然而说到安阳, 过去似乎只是考古学家才注视的热点, 随着殷墟的发掘, 甲骨文的出世, 人们才重新认识到"洹水安阳名不虚, 三千年前是帝都"的历史价值。

正当人们捡起被遗忘的历史, 在殷墟遗址流连忘返的时候, 现代化的气浪同时也在扑向这座历史悠久的帝都。时下, 在安阳人的心中, 彩色显像管的玻壳

热，并不亚于对古文化的寻觅。当我驱车前往山河大道的时候，我才发觉自己已经陷入玻壳热中，我的视角自然也就开始进行现场实录扫描。

被人们誉为"马路市长"的王同林二度出山，又成为"玻壳书记"。他要在自己酷爱的事业中，画上一个圆满的句号。

在山河大道西侧的玻壳工地，安阳市委副书记、安阳彩色显像管玻壳工程建设指挥长王同林，随手从地下捡起一块钢渣，指着工地一条 500 米长的主干道说："因马路是冬季施工，三七回土要冻，所以水泥路面下铺的是 30 厘米厚的钢渣路基，又便宜又结实。"没想到我们的谈话是从马路、钢渣开始的。

整个厂区建设还未正式开工，先修马路将来还不是在路面上开"拉锁"？似乎早已料到我会提出这样的问题，王同林指着前面不远处的路面说："凡是管道通过的地方，我们都采用活动路面，到时把这些 25 厘米厚的水泥方墩拿起来就行。"望着眼前这位身材高大的指挥长，我不禁想起人们习惯叫他"马路市长"。那还是他当安阳市常务副市长的时候，曾大刀阔斧在市内修了几条像模像样的大马路，当时说什么的都有，有的说花钱修马路不合时宜，有的说修的路太宽是浪费，不知是贬，还是褒，"马路市长"的名字不胫而走。反正现在的安阳老百姓提起此事，都认为是王同林的一大政绩。

市政归市政，工厂未正式基建先修永久性马路，自有王同林的想法。20 世纪 50 年代中期，王同林在建设洛阳拖拉机厂时，亲眼目睹过雨季泥泞的临时土路上，陷进了一辆辆运输卡车，使施工进度不得不时时停下。至今，苏联专家在现场耸耸肩，摊开双手表示无可奈何的镜头，还在他的脑际萦纡。基建工程再也不能循规蹈矩，王同林决心将他 30 多年积累的丰富经验，在玻壳工程上亲手绘制一幅新的蓝图。

展现在我面前的 600 多亩面积的工地，方方正正，一马平川；四条水泥马路在阳光的照射下，犹如镶嵌在黄土地上的玉带；成品库等几座库房的水泥钢筋立柱已林立在大地上；铁路专用线的钢轨已横卧到厂区的尽头；三台打桩机正在有节奏地发出"咚、咚"的打桩声，整个工地是一派秩序井然、有条不紊的文明施工景象。

王同林深情地对我说："1987 年 11 月这里还是荒草过膝的原始耕田，仅 3 个多月就完成了通水、通电、通路、平整土地的三通一平工作。永久马路代替临时马路；永久上水代替临时上水；永久电力设备代替临时电源；永久仓库代替临时仓库；永久宿舍代替临时工棚……"

我算了一笔账：不到 100 天，埋设 2700 多米自来水管道，建 5 个配电室，修 2000 多米水泥马路，铺设 3.7 公里铁路专用线，其意义绝不仅仅是为 1988 年

5月31日正式开工做好超前期准备，节约一大笔临时性工程的费用，更主要的是在施工方法、施工程序上打破常规，积累了以改革统揽全局的经验。

戴着黄色安全帽的马永智副总经理说："还未宣布开工，已经搞成这种局面，是要冒风险的。"我相信他的话，因为他是基建方面的行家，曾任过安阳市城建总公司总经理。

身为指挥长的王同林，甘冒风险不仅仅是要在这块处女地上搞试验田，强烈的事业心、责任感在困扰着他，他曾经语调激昂地说过："一旦正式开工我们就不过星期天，不过国庆节、元旦、春节，工程一天也不能再拖啦！"是的，由于种种因素影响，已经拖了3年多了，再也拖不起了。后来，当我坐在蔡建德总会计师的面前，看着他用袖珍计算器算出玻壳工程全额贷款6亿多元，如果算到正式投产之日，每天仅利息就得付10多万元时，我更加理解王同林那忧心如焚的心情。

年过六旬的王同林本人也不能再等啦！3年前他因年龄过杠杠，从常务副市长、玻壳工程指挥长的位置上被一刀切下来，挂上了市人大副主任的头衔，何况他还是市钓鱼协会的主席，原本可以过几天清闲日子，但是他的手却很少摸鱼竿，因为他的心里头无时无刻不在想着玻壳这个项目。当组织再次需要他时，他二话没说，星夜兼程赶到洛阳面见省长。1987年8月，他又出山重新挑起指挥长的重任，当上了名副其实的"玻壳书记"。面对组织的信任、人民的重托，如果工程延误在自己的手里，怎么对得起河南和安阳的父老乡亲，怎么对得起全国持币待购彩电的消费者。不用扬鞭自奋蹄，"玻壳书记"的紧迫感逼得玻壳厂的上上下下骑上了虎背。

一个堪称雷达般的精确，一个发挥调节器的功能；两位老同志，火样事业心，玻壳工程需要他们全部的热和光。

与安阳玻壳有限公司副总经理兼总工程师杨评见面时，他还有两个多小时就要乘车去南京。一接触到谈判问题，他的思路又回到了在谈判桌上的"马拉松"似的岁月。"玻壳工程对外引进谈判是从1985年3月开始的，1987年1月26日签字。面对三家外商，我们始终坚持高起点、等距离、以我为主的方针，以及实事求是，从实际出发的精神，为领导决策提供可靠的资料和数据。"

杨评的话十分严谨。其实我早已了解到谈判的艰巨性，绝没有说得这么轻松。为了引进价格合理又先进实用的新技术，他们进行了两次实地考察，现场设备认证，以便心中有底，货比三家，择优成交。谈判最紧张的阶段，为了及时与领导取得联系，杨评在20来天里，竟从北京到安阳风风火火往返38次之多。为了维护国家利益，他们没有疏漏过一个细节，就连结算方式也采用的是以美元结算。这位曾搞过多年雷达设计制造的专家，心细得就像雷达那样不放过捕捉任何一个疑点。杨道深副总经理向我讲述了这样一件事：

1986 年 8 月的一天早晨，某家外商突然要立即进行谈判，杨评他们毫无思想准备。外商报价一下子降了 100 多万美元，引起杨评警觉。他在仔细研究后，发现外商耍了花招，降价的同时把技术水平也降了下来。杨评严肃地向对方指出，降价不能降水平，这是没有合作诚意，弄得外商一时下不了台。

开车的时间就要到了，杨评提起行装又匆匆上路了。望着年已 58 岁的杨总背影，我仿佛看到了他那颗献身科学的赤子之心。正是由于有了这颗赤子之心，整个谈判班子尽管遇到了各种阻力、压力，但始终以我为主，坚持自己的方案和意见，最后谈成不仅价钱合理，而且引进的设备具有 20 世纪 80 年代国际先进水平。

我在两年多前，就曾听到过有关在安阳建设玻壳厂是否合适的种种议论，再加上这个项目一度步履维艰，进度缓慢，更是传言四起、众说纷纭。到底在安阳建厂利弊如何？我心中始终是谜团困扰。

在安阳遇到了河南省机械电子厅电子办大项目建设组组长崔瑀同志，他是玻壳项目最早也是最热心的筹建组织者之一。我刚提出心中的困惑，他就滔滔不绝谈了起来：“玻壳项目建在安阳，不是哪个首长钦定的，是 1984 年在北京西苑宾馆，由 14 个单位竞标时中的标。在安阳建玻壳厂，首先是安阳市委、市政府重视，市领导始终把这个项目当作独苗苗那样重视，给予一切方便条件；其次，安阳有着得天独厚的自然条件，如离中原油田只有 100 公里的距离，1985 年王同林当常务副市长时，就投资把天然气管道从濮阳铺设到安阳玻壳厂附近；林县、淇县有丰富的石英砂矿藏，焦作有生产纯碱的化工厂，可以说玻壳所需的原材料基本上可以在方圆一二百公里内解决，这对保证生产、降低成本至关重要。”

“当然，人们在认识上也有个过程。投资几个亿，划算不划算，万一砸了怎么办？有些人也可能在心里掂量得多一些。从长远看，以这个项目为契机，电子工业很可能成为安阳市的支柱产业，也会影响到河南省产业结构的变化。因此，原电子工业部领导、省市领导始终是支持派。程省长到河南后，不到 4 个月就在玻壳厂开了两次现场办公会，把这个项目看作是在全国人民面前树立河南人形象的工程项目。”

眼前这个和善的老人已年过花甲，自打参加革命以来，40 多年不知调动过多少岗位，职务不知有过多少次升降，但从不争名逐利，党叫干啥就干啥。按他的资历、级别，如果离休，在家里既可享享清福，工资还可以多拿几十元钱。但为了上马玻壳这个项目，他风里来雨里去，常年奔波在外，把老伴撇在郑州。照他的说法，他要在玻壳这个项目中，甘当“螺丝母”，只进不退；甘当“调节器”，协调好方方面面的关系，尽一个电子战线老战士的责任。

作为总经理，他想得很远，时时给自己发出危机感；为此，他牢牢把握住长期行为这条红线，并贯穿在行动之中。

李留恩总经理是个大忙人。我们的谈话只好安排在晚上。尽管他的行踪事先并没有通知别人，但长途电话还是追到了我住宾馆的房间里。我只好见缝插针，先把最感兴趣的有关劳动组合的问题提了出来。

"今天下班后，我们在干部会上宣布了劳动组合的结果，250来人中有28人没有被组合进来。这些人中情况各有不同，要实事求是，区别对待。基建时期最容易吃大锅饭，我们现在搞劳动组合、以岗定人、层层聘任，就是要把竞争机制引进来，实现工作的满负荷。"

以满负荷为标准进行定编，是减少管理层次，提高工作效率的有力措施。当李留恩还在安阳自行车二厂当厂长时，他就最早提出来搞劳动组合，张榜招聘，结果只用两个月就奇迹般地把一个亏损近10年的企业扭亏为盈，并发现培养了一批脱颖而出的人才。他从此尝到了鼓励竞争的甜头。

在与李留恩的谈话中，给我印象最深的，就是他反反复复强调，办好企业一定要树立长期行为的观点。尤其像玻壳工程这样技术密集、投资密集的现代化工厂，短期行为会贻害无穷。光用钱堆起个工厂很容易，但真正管理好一个企业却很难，从现在起就要警惕各种矛盾不要被掩盖起来。他时时给自己发出危机感，玻壳工程要过五关（生存关、引进关、建筑安装关、国内设备配套关、人才培训关），他现在最关注的是最后两关，尤其是人才培训。公司已投资110万元，定向培养了150名大学生，还要继续下大本钱，送员工到对口工厂定岗培训，然后选拔优秀骨干去国外培训。到1990年开工投产，一面出产品，一面出人才。作为自学成才的企业家，他的这一套想法确有切肤之痛。

李留恩这几年也尝遍了酸甜苦辣。他最苦恼的是在两种机制的运转碰撞中，那些无法解脱的困惑。正值48岁的他，几年跑下来，竟跑出了个冠心病。同为河南老乡的"七品芝麻官"，敢撂下挑子回家卖红薯；可身为共产党员的李留恩，却不得不挑起担子往前走。好在他的前头还有王同林这棵大树为他遮风挡雨。

采访结束前，李留恩操着浓重的河南口音说："玻壳工程有个大致的时间表，预计1988年5月31日举行正式开工典礼；力争当年完成基建任务的70%—80%；1989年进行设备安装；1990年投产，保证实现年产460万套彩色显像管玻壳的目标。"

我相信他的话。因为安阳玻壳工程，有王同林这样视事业为生命的承包人，又有李留恩、杨评、崔瑀等一批与玻壳共命运的各级干部和职工，工程如期完成投产，并不是可望而不可即的。到那时安阳这座昔日的帝都，与三千年前的殷墟遥相呼应的，将是一座矗立在中原大地上的、新兴的现代化的电子城。

《中国电子报》1988 年 5 月 27 日

古老的地方正变得年轻

这个地方很古老。

商王朝十七世、三十一王、约六百年的统治，这里就经过八代、十二王、二百七十三年。

这个地方很强盛。

武丁征服了西北方的劲敌土方、吉方、鬼方和苟方；"披彼殷武，奋战荆楚"，商王朝的疆土从中原扩展到了长江以南。然而，在以后的近三千年的时间，这个地方几乎被人遗忘了。

1899 年，这个地方发现了刻在龟腹甲和牛肩胛骨上的卜辞，甲骨文的出土，让这个地方的名气又大震起来。从此，殷墟遗址成了古老黄河文明的见证。九十年后，在电视文化风靡全球的时候，这里又以有全国最大的彩色显像管玻壳基地而引起国内外的瞩目。

这个地方在中国的版图上叫安阳。我们这里讲述的不是盘庚、武丁的传说故事，而是安阳彩色显像管玻壳工程建设者们的改革心曲。

夺标，陈金炳抛出撒手锏

开篇之前，我们先来看两个有趣的数字。据国家统计局抽样调查，1988 年我国每百户农民拥有彩色电视机 2.8 台；据日本大藏省统计，在彩色电视机普及率达到 100% 的日本，1988 年上半年进口彩色电视机达到 249.126 万台。两个强烈反差的数字，说明同样一个问题，彩色电视机在国内、国外两个大市场上，都有着广阔的前景。我国年装配 1000 万台以上彩电毫无问题，可是我们缺彩管，更缺与彩管配套的玻壳。

时间推移到 1987 年，安阳彩色显像管玻壳工程，要面向全国招标。玻壳工程是"七五"期间的大项目，总投资近 7 亿元，规模为年产彩管玻壳 460 万套，厂区建筑面积 11.64 万平方米，有近两个中国历史博物馆大。这个工程对加速我国彩电国产化，改变河南的产业结构具有重要意义。

欲夺标者大有人在。哪一个建筑大王不想跃跃欲试？要知道人一辈子能赶上几个这样"风光"的大工程。河南省建设总公司副总经理陈金炳，夺标的心劲比谁都高。眼皮底下的活，要是让别人抢去，简直是河南建筑业的耻辱。"这种现代化的工程，河南的泥巴匠干得了吗？"这来自四面八方的疑问，直刺得陈金炳焦躁不安。他真想站出来大喊一声："谁说我们不行！"但他清楚，在标书面前，漂亮的口号不顶用，要拿出过硬的撒手锏，才能击败竞争对手。

陈金炳是具有夺标实力的。他对建筑业的认识和热爱可以追溯到少年时期。1949年和1954年，他的家乡湖北黄梅县，曾遭受过两次长江决口的暴虐，凶猛的洪水顷刻间将成千上万间房屋夷为平地的惨状，给他的心灵留下难以愈合的烙印；而重建家园时，房屋在人们心目中的重要地位，则使他印象更为清晰。他立志学建筑，为人民造福。1962年高中毕业，他如愿以偿，考上了清华大学土木建筑系工业及民用建筑专业。这位穿着草鞋上北京的穷孩子，六年后毕业离京时仍是赤贫如洗，全部家当装在一个纸箱子里。然而，他又是富有的，知识为他插上了奋飞的翅膀。从此，他转战湖北、河南、上海、天津，参加过湖北化纤厂、上海金山石化总厂、郑州自行车赛车场等重点工程的建设，当过泥瓦匠、技术员、施工队长、工程处副主任，1983年11月调任河南省五建公司任副总经理，两年之后，又就任河南省建总公司副总经理。他喝长江水长大，在黄河边扎下了根。

陈金炳是一步一个脚印，伴着砖瓦灰沙石走过来的。在摸爬滚打中，他搞成了不少革新项目，出席过天津建委系统科技双先会；20世纪80年代初，他就推行过经济承包经营责任制，搞联产联责计分颁奖，实行劳动组合，尽管有人告状，但他的改革措施却得到承认；在重庆全国第二届经理学习班上，他考了全国施工企业施工管理的第一名，他的论文《论建筑工程质量、工期、成本三者之间的关系》，提出了合理工时、经济质量的新概念。

在议标的日子里，陈金炳经常把自己关在屋子里，一个人伏在桌子上苦思冥想，夺标方案、领导班子组合、施工队伍的选择，一连串的问题，都需要拟出最佳方案。线条清晰之后，他又去找公司的同事们论证。夺标的条件在他心里酝酿成熟了，他提着酒闯进了河南省建五公司副总经理王合令的家。

"老同学，又有什么喜事来临？"王合令见陈金炳喜盈盈拎着酒，哼着家乡的黄梅小调进来，准知道有好事。

"你猜猜看？"陈金炳晃了晃手中的酒瓶。

"我呀，不用猜，从你的眼睛里可以看出来，一准是夺标的事。"

"我什么也瞒不过你呀！"陈金炳把酒瓶子往桌子上一蹾，两人开怀大笑。

王合令和陈金炳是清华时的同班同学，在学校时就投脾气，又一起在省五建公司干过。同学加同事，两个人是知根知底。

"谈谈你的撒手锏是什么？"

"概算不突破，质量夺银牌，工期 31 个月保 33 个月。"

陈金炳的话刚出口，王合令就抢前一步攥住他的那双厚实的大手："老同学，干！"

此时此刻，可以说只有王合令最能理解他的这三个夺标条件是多么的不易实现，其他的竞争对手不愿冒这种风险。

谁都知道，这些年建筑材料调价、工期的拖拉，工程造价投资成了无底洞。"决算超预算，预算超概算，扯皮没个完"，简直是家常便饭。概算不突破，意味着要以概算代决算，一次包死，超支不补，天有不测风云，干建筑这一行的谁心甘情愿去担风险。陈金炳不是冒险家，更不是蛮干家。他心里比谁都清楚，这种以概算代决算的办法，省建公司必须对分包施工单位把全厂施工任务切块总承包；分包公司对下属工程处、厂承包；工程处、厂对下属施工队承包；施工队对工人班组承包；把工期、质量、造价捆在一起具体落实到人，执行奖罚。这种层层承包，把所有的人都圈在一个大网络里，如同一条腿上的蚂蚱，跑不了你，也跑不了我。实报实销的大锅饭不灵了，浪费了要赔，质量不好要返工，工期拖了要受罚。那么只好风险共担，工期质量共保。

如果把这种建安总承包称作是改革一点也不为过。在工程建设上，建设单位总想建筑面积大一点，建筑标准高一点、好一点；施工单位总想建筑标准低一点、建筑造型简单点、造价低一点；甲、乙方往往是一年工程三年算不完的账，扯不完的皮，打不完的官司。这回老皇历不行了，一切以概算为准，以满足生产工艺需要为原则。总承包人就像铁面无私的法官，随意增加建筑面积、提高标准，通不过；生产工艺需要增加的不增加也不行。其实，这一套也并非是陈金炳个人的创举，使他放心的是，总揽全局的玻壳工程指挥长王同林，是这次总承包的设计师，他积三十多年的经验，要在玻壳这块试验田上，结建安工程改革之果。

因此，陈金炳抛出撒手锏，夺标犹如囊中取物，志在必得。

1987 年 8 月 27 日，河南省省长在玻壳工程现场办公会上，肯定了建安总承包方案，陈金炳深深地舒了一口气，而安阳市委副书记、玻壳工程指挥长王同林却轻松地笑了。

拼搏进取，打破常规寻捷径

河南省建总公司夺标成功，陈金炳并未感到丝毫轻松。他心如明镜一般，他们战胜夺标对手第一冶金建筑公司、六冶等十多个建筑大王，除了有三个撒手锏，还有省建五公司在平顶山锦纶帘子布厂等三项工程上，连夺三块国家优质银牌的信誉，当然更深一层的是河南施工队伍便于指挥、便于管理。然而，他没忘记日本人在议标时对他们抱的不信任感，持怀疑态度的更是为数不少，他把这一切都咽在肚子里，憋着一口气，也要干出个样来。

1987 年 12 月 25 日，以省建五公司预制厂为首的先遣队，进驻位于山河大道旁的玻壳厂工地。迎接他们的是一场罕见的大雪，鹅毛般的雪片飞舞而至，将六百亩荒原大地覆盖得严严实实。年轻的工人们动手堆起一个个雪人，戏称白雪姑娘在相伴他们搭棚起伙。小伙子们玩是玩，干起活来可真没命。雪地泥泞，机器运不进来用人推肩抬；搅拌机无水，从几里外用架子车拉水；工程技术人员在雪地里测量数据，手冻得又红又肿，用嘴哈出热气来吹，两手相互搓搓接着再干。河南的建筑工人是可爱的，可爱的是他们这种不怕苦的精神。

巧妇难为无米之炊。施工队伍拉开大干的架势，但施工图纸、施工材料却还无影无踪。要不是承包，你什么时候来图纸，我什么时候干，耽误了工期是你们的事，与施工单位何干？可陈金炳他们打的是一场争气仗，而不是赌气仗。耽误了工期，一天就是十几万，不是你损失我损失，而是国家受损失。

公司领导当机立断，派总工程师张文忠火速进京，找到设计单位催图纸，没出来图纸，也要了解结构示意图，画出草图赶回去做底胎、模具的施工准备，另外派有经验的技术人员赶快列出常用的材料清单，供设计单位参考，他们认可后就派人采购。好一个张文忠，搭乘火车连夜进京，谁知设计单位不买他们这种喧宾夺主的做法，"哪见过这种施工队伍，怎么指挥起设计单位来了？"张文忠这位 50 年代的大学生，竟耍起小孩脾气，来了个软磨硬泡，你不答应我不走。真诚终于换来了理解，待张文忠请示领导，立下了"出了问题由施工队伍承担"的保证后，总算拿到施工草图和被认可的材料清单。在茫茫夜色中，火车驶离了北京站，老张精疲力竭地躺在车厢里甜甜地睡着了。他这一趟没有白来，这一争一抢使原定工期整整提前了一个月。

打破常规，说起来容易做起来难。玻壳工程指挥长王同林在施工初期，大胆地提出了"四个永久"代替"四个临时"的改革措施，也就是以永久的水泥道路代替临时道路；以永久的上水工程代替临时水管；以永久仓库代替临时工棚仓库；以永久单身宿舍楼代替建筑工人临时工棚。王同林的提议是个新鲜干法，没有经验可循，尤其是上来就修永久水泥道路，很多人认为是天方夜谭，将来挖电缆管道沟，还不是再把道路破坏得遍体鳞伤？尽管王同林提出在道路交叉处安活动预制水泥墩，施工单位还是有人怕突破概算。没有被人理解是痛苦的，王同林的建议是经过深思熟虑的，这项措施可节约 277 万元临建工程费，还可文明施工，缩短工期，何乐而不为呢?！众人的眼睛盯着陈金炳，他是建安工程的总承包人，有权拍板采纳或否决。王同林指挥长已近花甲之年，可他的思维比年轻人还要活跃。陈金炳计算出这项改革措施的社会效益远远大于他们施工队所付出的代价和牺牲，就二话没说，积极组织实施，"四个永久"代替"四个临时"成了玻壳工程的创举。

一号主厂房是玻壳厂的主体工程，建筑面积50419平方米，光是桩基就需3965根，最大的桩基24米长，比六层楼还要高，这在河南建筑史上也是极为少见的。这么大的桩基在日本通常采用200吨的油压机来压。而在我国建筑行业中此类设备不多，况且油压机体积太大、移动不便、速度太慢、缸体还容易漏油。因此，一开始就否决了向西安地质勘察院借油压机的方案。

智慧往往在困难中启发人们。省建五公司驻工地总工程师余家铭提出一个大胆的设想，用打桩机代替油压机，速度快，施工又方便。王合令组织工程技术人员开现场诸葛亮会，人们七嘴八舌，众说纷纭。科学的规律是不能违背的，否则将自吞苦果。打桩看起来是粗活，其实它的精度要求蛮高的，10多吨重的打桩机打下来，沉降值不得超过5毫米，这可不是随便说着玩的。王合令和余家铭决定先做打桩试验和拔桩试验，要通过试验得出的科学数据再决定方案的取舍。按常规，试验工作要由设计院出面组织，施工单位参加，偏偏碰上设计院负责该项工作的同志远在日本参加设计联络会。等待吗？顺情顺理，但工期却不能等。王合令和余家铭决定自己组织力量，承担起全部试验工作。

打桩机有节奏的"咚、咚"声震动着人们的神经，万一不行不是更耽误事吗？揪心的试验，共进行了四组38根100多次，历时一个多月，沉降值一直保持在3毫米之内，完全符合工艺要求。打桩机的"咚、咚"声歇息了，余家铭的心却还"咚、咚"地剧烈跳动，此刻，他还未完全从试验时的那种紧张状态中解脱出来。为了抢时间、争速度，余家铭提出集中三台打桩机，从早5点到晚7点，连续作战，人歇机器不歇。这简直是玩命，可干事业就得玩命，建筑工地不是养尊处优的地方。这么一玩命，他们仅用173天就全部完成打桩任务，比国家定额工期483天，整整提前了300余天。整个工程打桩4593根，总进尺67462米，混凝土用去10793.93立方米，总重量26984.8吨。也许这些数字很枯燥，但它浸透了多少人的汗水，灌注了多少人的理想，恐怕是无法用数字来计算的。

一号主厂房跨度30米的钢屋架，成了横在建设者们面前的拦路虎。他们走访了陕西彩色显像管总厂，其结论是只能委托铁道部桥梁结构厂加工，每吨加工费就要800元，仅此一项开支就是3000万元，况且加工后还无法运输。路是人走出来的，本领是练出来的，王合令和余家铭商量，干脆将钢屋架任务交给公司机电工程处，把他们逼上虎背，并不见得是坏事。

机电工程处的技术人员和工人们这回被派上大用场，一个个心沉甸甸的，暗暗憋着一口气，干就要干出个样来不可。大型角钢调直，震得工人们虎口生疼，胳膊麻木，一天干下来，臂酸腰疼，但没有一个喊累的；电焊工在烈日下戴着面罩焊接，汗水顺着工作服直往下流，飞溅的焊花钻到脖子里灼痛难忍，但没有一个叫苦的。一个月后，30 米跨度的钢屋架，如同庞然大物矗立在工地上，等待国内外专家鉴定，结论是质量为优等品，为国家节约了 1700 多万元。

1988 年 12 月，吊装工程全面铺开，5 台起重机像 5 个巨人威风凛凛屹立在工地上，5 条巨臂同时伸展起落，立体交叉、平行流水，场面壮观、气势雄伟，一号主厂房吊架结顶一次成功。1988 年 12 月 27 日下午 3 时，122 个林立的厂房钢铁屋架已显露出玻壳厂未来的雄姿。耽误的时间被抢了回来，提前两个月零四天完成了总网络计划。河南的施工力量，令那些怀疑、不信任者刮目相看。日本有名的 NEG 公司董事长孝桥先生闻讯赶来，望着工地神速的进展，百感交集地说："真是两个没有想到，没有想到河南的工程进展得这么快，没有想到河南施工的质量这么好。"日本土建专家曾居修在工地走了一圈，感慨地说："工程进展之快使我吃惊！质量之好使我吃惊！"两个"没有想到"，两个"使我吃惊"，是河南施工队伍凭自己的志气争得来的，这里面到底含有多少辛酸苦辣甜，没有亲临现场的人，是无论如何也体验不到的。

群英竞技，方显工人阶级本色

工人阶级是顶天立地的硬汉子，是共和国的坚强支撑。建筑业的职工更不一般，他们常年在室外作业，风餐露宿，付出的辛劳和汗水最多。当一幢幢高楼大厦从他们手中建起时，他们又默默地开挖新的地基，大楼上没有刻下他们任何一个人的名字，他们发挥的是群体效应。在玻壳工地上，感人的事、动人的歌，说不尽、唱不完。我们这里只能采撷一小部分献给读者。

兵马未动，粮草先行。施工准备阶段，在材料清单上，L200×125×16 的大型角钢还没有着落，如果不能如期采购并将这批材料运到工地，整个工程进度就要往后拖。陈金炳为此事眉头紧锁，忧心忡忡。1988 年 9 月 28 日上午 10 时 30 分确定用料规格，陈金炳在 10 分钟后就将省建总公司的贾树焰、省建五公司的段国光叫到跟前，下了死命令："此料是我们施工的关键，无论如何，一定要把角钢搞到手，10 月 15 日前运到工地。"

贾、段二人知道已没有退路，大型角钢是冷门货，独有鞍钢生产，就是长三头六臂也不敢打包票运来。但他们知道此刻从陈金炳嘴里蹦出来的话字字千钧重。军令如山，两人哪敢怠慢，办完手续，抬起手腕一看，表针无情地指到了 11 时 30 分。他们来不及回家，连换洗衣服、洗漱牙具都没来得及拿，就一溜小跑出发，在安阳火车站，好不容易登上长沙至北京的二次特快，北京站中转不出站就向关外进发。

国庆前夕，东北的气温已骤然转冷。鞍山夜间的气温只有 4 摄氏度左右，当地人已穿上毛衣、绒衣。而这两位安阳"特使"穿着短袖衬衫，夜 11 点出站，冷得上下牙打架，但心里好像着了火似的，不去找旅店，先直奔工厂福利区厂长家。"咚咚"的敲门声惊醒了刚进入梦乡的厂长，厂长嘟囔着起来开门，没想到门外是两个满脸风尘的"不速之客"，于是没好气地问："你们是要吃饭，还是要钱花？"贾、段二人顾不得厂长的脸色，堵住门口说明原委，苦苦求援。五尺高的汉子为了公事，低声下气怪可怜的，好心的厂长动了恻隐之心，被他们的敬业精神感动了，他的南柯一梦早已醒来。接连几天，这位厂长带他们东奔西跑，到处联系，使角钢按期运到工地。看到贾、段二人回来累得筋疲力尽的样子，陈金炳的心头涌上一股热辣辣的味道，直哽在喉头。

春节，是老百姓阖家团圆的日子。说句心里话，在有的人眼里，你就是多给几倍的工资，他也不愿意来加班。为了往前赶进度，陈金炳、张文忠和王合令硬是狠了狠心肠，决定1988年春节期间预制厂不放假。职工们乍一听这消息，头皮都发麻，要知道从进入工地还没休过一个星期天。

五公司预制厂的吴老转，40多岁喜得贵子，小宝贝一岁多了还没见过爸爸的模样，吴老转的心能不想念孩子吗？他就是在梦里也盼着和孩子见面。

曹友成都是27岁的人啦，为了工程建设，婚期一拖再拖，他的未婚妻24岁农村姑娘年纪大了还不过门，背地里嚼舌头的什么人都有。小曹春节不能回家，姑娘知道后暗地里只好向小曹的父母使性子。小曹的父母，发来一封封信，催他务必回家。父母的催逼，未婚妻的盼望，小曹的心里真不是滋味。还有的职工家在江浙一带，路途遥远；有的上有卧床不起的老人；有的下有娇妻幼子；一个个家庭都等着亲人回家办年货，过团圆年。

职工的心思都装在领导的心上。五公司党委书记高文台发动党团员了解职工的思想脉络，针对性地找一些同志重点谈心。心沟通了，职工们纷纷给家里写信，做家里人的工作。

大年三十晚上，一些职工仍然思亲心切，有的坐在床上，双手捧着亲人的照片，默默流泪。高文台和预制厂的领导，提壶举杯，一个帐篷、一个帐篷给工人敬酒，感谢大家对工作的支持，这回大伙流下的是滚滚感激的热泪。

我们的工人是可敬可爱的，他们的眼睛盯住的并不都是钱，理解比金钱更重要，领导身先士卒，他们都看在眼里，记在心头。在节日期间，预制厂预制基桩的日产量由15根提高到42根，创下了河南建筑史上的新纪录。是远方亲人的祝福，还是理解温暖心头，力量的源泉来自何方，谁能说出准确的答案？

在玻壳工程的建设中，那些普普通通的劳动者，在平凡的岗位上都有闪光的火花迸溅，透过这一束束耀眼的火花，可以看到那纯洁的心灵是何等高贵。机械工岳桂枝是个有孩子的母亲，丈夫因意外车祸事故住院近两年了，父母双亲都患疾病，对一个女同志来说，这么多的不幸落在她一个人身上，可想而知负担是多么沉重，生活是多么艰难。但她是生活的强者，始终把工作放在第一位，节日坚守岗位，每天提前上班做好准备工作，晚上顶着星星回家，常常是一脸汗水，满身泥浆，从未见她皱眉叫苦，多么好的同志，把她称作平凡而又伟大的女性是当之无愧的。

七公司三处党委副书记郭循武，在 1988 年里，不到半个月就有四位亲人接连病故，这是多么沉重的打击。家里多次催他回去看望和料理后事，可他心系亲人，身离不开玻壳建设工程，巨大的悲痛强忍住了，硬是咬牙没请一天假。有人不理解，甚至说他"不孝"，你猜老郭怎么说："自古忠孝难以两全，为了党的事业和国家的荣誉，就算背上个'不孝'也值得。"不可思议吗？其实没有什么想不通的，共产党人，尤其是党的干部，是人民的公仆，他们从来在公与私的矛盾中，毫不犹豫地将砝码放在天平的"公"字一边。要说感情，这也是感情，是对党、对国家、对人民、对事业的忠贞不渝的感情。

玻壳工程是个练兵场，各路人马在这里比武较量；玻壳工程又是个大熔炉，是块铁投进去就能炼成钢。针对青年特点，他们开展"我为重点工程献青春"等活动，鼓励青年献身四化，钻研技术，发挥突击队和主力军的作用。一批批人才如雨后春笋般成长起来。五公司机电处的郑贵宾原来是个管道工，在一号主厂房钢屋架制作中，由于工作量大，电焊工少，领导临时决定抽他去搞电焊。他一不发怵，二不蛮干，而是伴着弧光苦练过硬技术，飞溅的焊花记录着他的成长过程。在 L200×125×16 的大型角钢的拼焊中，规定每人每天焊 6 根，而他忍受着盛夏酷暑的熬煎，争分夺秒加班加点，日拼焊达 12 根，最多时日焊 14 根，超过定额一倍多，创造了本工种的最好水平。这位共青团的优秀干部，用青春和辛劳，摘取了安阳市"七五夺星"活动奖章。

也许有些性急的读者会发问，玻壳工程的建设者们，这么拼死拼活地干，难道只是为国家争光，为河南争气吗？这是不是又在鼓吹"精神万能"论？精神和物质向来是相辅相成的，"金钱万能"和"精神万能"都是绝对化、一点论的产物。但一个人、一个队伍、一个国家没有精神，没有志气，那就首先什么也谈不上。玻壳工程没有乱发钞票，奖金也不是无底洞。在利益分配上，他们也尝试着进行了新的改革，这里不妨透露个秘密，他们的招数是实行分阶段效益分成。

钱要花在刀刃上。按照中日合同工期为准，工期提前一个月完成，规定一个每日奖励额度；提前两个月完成，从第二个月起，日奖励额度增长 50%。开工以来，施工单位按完成分阶段的目标和要求，预先提一部分钱，按提前完成网络计划奖给职工；最终任务没有提前，由建筑单位企业自行消化。应该说，这么干建筑单位是承担了一定的风险，要不还叫什么改革。可大家伙干得好、有贡献，奖金就会提前兑现。如果采取最后完工验收，一次性提奖，可望而不可及，望洋兴叹，钱再多也发挥不了作用。这种激励效应的配套改革，收到了意想不到的成功。

又一个隆冬季节到来。1989 年的岁末，安阳彩管玻壳工程已粗具规模，现代化的厂房和配套设施都已拔地而起，基本建成，建设者们已进入最后的冲刺阶段。

1990 年 6 月 17 日点火投产的目标，已近在眼前，彩管玻壳的诞生，将使安阳这个古老的地方变得更年轻。

写于 1989 年岁末

《作品与争鸣》1990 年第 2 期

◉ **附记：**

此文是与王润民联合采访，由作者执笔定稿，发表时共同署名。

解析：《谁持彩练当空舞——河南安阳彩色显像管玻壳有限公司纪事》《来自中原的报告——安阳彩色显像管玻壳工程实录》《古老的地方正变得年轻》3 篇放在一起进行解析。

笔者把河南安阳当作固定采访点，源于那里要建彩管玻壳基地，为此成立了安阳彩色显像管玻壳有限公司。在一片争议声中，1988 年开始进行土建。笔者采访时打夯机正在作业，站在平整后的土地上，听着打夯机的"咚咚"声，想到一个新的高科技企业将要诞生，作为见证人多少有些兴奋紧张。这样的喜讯应该传递出去，于是写出《来自中原的报告——安阳彩色显像管玻壳工程实录》。这篇 4600 余字的通讯，用 4 个人物串起了安玻工程，很难界定是人物通讯还是工作通讯，目的是增强人们对安玻工程的信心。从此以后，笔者每年都要跑几趟安阳，亲眼看见安玻工程的进度，感受那里日新月异的变化。河南泥瓦匠的建设速度以及建筑质量让人叹服。笔者在席棚工地食堂用过餐，和建筑工人们打成一片，亲眼看到在一块平整的土地上，他们用双手建成一座现代化工厂。怀着激情和对工人阶级的钦佩，笔者写出长篇通讯《古老的地方正变得年轻》。为工人阶级画像，为工人阶级讴歌，始终是笔者义不容辞的任务。

固定的采访点，就是一座富矿。几年下来，笔者与安玻公司结下友谊，交下很多信得过的朋友。他们的喜怒哀乐，也是笔者的喜怒哀乐；他们的酸甜苦辣，也是笔者的酸甜苦辣。多年采访下来，积累了几公斤材料，可以写成一本书，但是笔者只写了《谁持彩练当空舞——河南安阳彩色显像管玻壳有限公司纪事》。这篇 7800 余字的工作通讯，其立意是：通过一个现代化的高科技大型新建企业走过的悲喜历程，揭示事物发展的必然性、艰难性和曲折性，同时用案例推出安玻公司的管理经验，对新建现代化电子企业有着借鉴作用。由于通讯篇幅较长，1992 年 12 月发表时，分为上下篇两次见报。笔者用了 5 年时间，跟踪报道安玻工程，虽然写过不少报道，但最为满意这篇作品，因为它是倾注多年心血，用心得体会经验凝聚成的。1995 年 10 月，笔者出版的第一本新闻通讯评论集，书名用的就是《谁持彩练当空舞》，可见笔者对这篇作品的厚爱。

特别值得欣慰的是，安阳彩管玻壳有限公司的管理经验，1994 年获得国家管理创新成果一等奖，李留恩总经理于 1994 年获得第五届全国优秀企业家金球奖，1995 年被评为全国劳动模范。到这个时候，固定采访点结束了使命。

"北极星" 朗照大连湾
——大连显像管厂手记

> 运用新式武器，必然会带来军队内部组织和管理的变化。
> ——马克思

刚进入 20 世纪 90 年代第一春，大连显像管厂便吉星高照，双喜临门。先是在国家命名的首批 45 个一级企业中榜上有名，接着 4 月 7 日在北京人民大会堂，刘金堂厂长又获得第三届全国优秀企业家"金球奖"，20 名"金球奖"得主中，电子行业唯有他遴选进获奖者行列。

大显人以奇迹般的成功，证明获此殊荣是当之无愧的。

奇迹就在他们脚下

追溯过去也许更能说明现在。1975 年，大连显像管厂便在市西北郊的革镇堡"落户"，贷款 1700 万元，筹建显像管生产线。起步可谓不晚。然而 8 年过去了，附近采石场那隆隆的炮声并没有给他们带来胜利的喜悦。300 余名职工过着"游击"式的日子，压根儿连显像管的影儿也没见着。而蒿草却在厂区繁衍生长着，茂盛得竟窜进厂房，光顾这里的只有叽叽喳喳满天飞的麻雀。

1983 年底，刘金堂临危受命。当这位第 5 任厂长离开大连市电子局时，他明白即使前面是荆棘丛生的险路，自己也得闯过去。因为 3000 个日日月月都流逝掉了，他没有退路。

1984 年，国家重新确定大显厂为"六五"期间机电行业 550 项重点工程之一。他们盼来了希望和转机。从此，大显人重新开始自己梦寐以久的追求。

1985 年，大显投资 4290 万元，从日本东芝公司引进了具有 80 年代初期世界先进水平的全套黑白显像管制造技术和一条黑白显像管流水生产线及 3 条辅助流水生产线，11个月后全线竣工。

1986年4月，引进线全部工程通过验收并正式投产，开工4天后，产量便超出规定的设计能力。

奇迹在大显人的脚下延伸：

——投产17个月，大显厂在国家10项经济技术指标考核中，7项达到特级标准，3项达到一级标准，在全国电子行业中率先通过国家一级企业的预评，首批晋升为国家二级企业。

——投产20个月，大显厂的44厘米"北极星"牌黑白显像管11项经济技术指标，在全国同行业评比中，均居领先地位，产品质量相当于日本"东芝"水平，有些指标甚至超过了"东芝"产品。

——投产以来，企业始终保持了利润每年递增1000万元的高效益，投产45个月，即到1989年底，该厂实现的利润，等于已赚回了3个同等规模的工厂。

工业战线讲究硬邦邦的数字说话。企业的兴衰，奋斗者的成败，似乎都与那起伏变化的数字有关。但当经济形势出现波动时，人们却往往回避那带有苦涩味道的数字。

过去也许有过闪光的岁月，但不值得总是炫耀。那么现今的大显厂，面临着经济困扰，干得又是如何呢？

1989年实现利润5680.4万元，人均利润43106.86元，分别比上一年增长38.3%和31%以上，全员劳动生产率84338元，这些指标远远超过国家一级企业的平均水平；万元产值综合能耗仅0.65吨标准煤，低于国家标准。

1990年第一季度，实现利税总额1826.8万元，人均利润11808.60元，同比分别增长17%和11.1%。

前一段时间，当经济领域"滑坡""低谷""疲软"之声如雷贯耳的时候，大显厂却别有洞天，他们在高起点中继续保持上升势头，其奥秘何在？

"全控管理法"的功效

大显厂之所以能在同行业中起到"领头雁"的作用，除了有像刘金堂这样的好带头人和一支素质好的职工队伍外，关键还在于他们创造出了既能适应现代化大生产作业，又独具中国特色的管理模式——"全控管理法"。1988年5月，大显厂向社会推出"全控管理法"后，新闻记者"跟踪追击"，一时间，"全控管理法"的经验成了电台、报刊竞相宣传的热点。为探个虚实，我决定先去几个车间转转，看看到底有些什么新鲜感受。

我先来到显像管车间，流水线上工作紧张又有序。偌大的车间没有一个人闲逛、聊天。据陪我的工作人员介绍，上班时间如老是脱岗串岗，班长就有权辞退工人。这个厂曾有一个 20 岁出头的女孩子，培训上岗后，工作时间东溜西串，责任心不强，经批评不改，班长便把她退还给车间。这下给天真的姑娘震动很大，后来在车间干杂活再也不偷懒，车间主任找到班长商量能不能让她返岗，班长同意试用 3 个月。女孩返岗后简直像脱胎换骨一样，成了生产中的骨干。对那些屡教不改的，也不动恻隐之心，曾有 29 人被开除和除名，严格要求，一视同仁，那些责任心差、作风疲沓的干部，也先后被罢免 6 名。

显像管车间的管理也堪称一流。车间管理网络、甲、乙、丙、丁班质量管理图、显像管质量保证体系、质量完成情况曲线图、能源管理网络、设备管理网络等，使整个车间处于一个严密的系统控制之中。这里不仅对产品全过程和诸生产要素纵横控制，更主要的是以全员自我控制为核心。每个职工都要为零而奋斗：安全第一，事故为零！提高产品质量，不良品为零！降低成本，浪费为零！严守交货期，拖延为零！化灾为零！零的突破是不允许出现的。

转了几个车间，得到的印象是一切离不开一个"严"字。有一位加拿大客商参观后曾感叹地说："在你们这里，我好像是置身在日本的工厂里！"其实，这里除了严格管理与外国有相同之处，还有许多外国所没有的东西。在电子枪车间，他们为共建团结友爱集体，大家"约法三章"："多说鼓励话不说泄气话，亲切问候互相鼓励；真诚相待畅所欲言，一人有难大家帮助；创建和谐工作环境。"这种新型人际关系是他们凝聚力的源泉。企业在解决职工后顾之忧方面所做的努力更令人羡慕，仅从每天用 10 多辆大客车接送职工上下班这一点来看，足见工人的主人地位。

见到刘金堂厂长，我谈了参观后的感受，并问起他创造"全控管理法"的起由。他意味深长地说："这些年许多企业引进了外国设备，但设计能力达不到，效益差得更多，为什么同样的设备我们不如人家，我们体会主要还是管理跟不上。现代化的技术和设备，用手工作坊式的方法去管理，犹如用'鞭子赶汽车'，所以我们才借鉴日本现场管理法并结合企业实际创造出'全控管理法'。"他看到我还要发问，又补充道："你想想，我们厂 1400 来人，有正式工、合同工、临时工、集体工、协作工 5 种用工制度，不严格靠标准、靠规范、靠制度管理，怎么指挥？"

"全控管理法"除了对人的控制管理，还有对设备、产品、资金、劳动"绩效"等方面进行控制管理。为什么非要对一切控制不可呢？刘金堂厂长打了一个形象的比喻："这就好比橡皮筋，太紧了，要绷断；太松了，没弹性；要测出最佳弹力，就得进行控制。光控制住不行，还得进行创新，这样才能发挥出理想功效。"这富有哲理性的话语，使我不禁想到大显厂奇迹般的变化和腾飞的奥秘，不正是"全控管理法"发挥了神奇的功效吗？！

《中国电子报》1990 年 5 月 8 日

解析：《"北极星"朗照大连湾——大连显像管厂手记》写作前后充满了戏剧性。1988年7月8日至10日，笔者在大连参加企业文化研讨会，这个研讨会由大连工人报社10余家单位主办，到会的有50多家企业的负责人。会议结束后有多家企业邀请笔者前去采访。7月11日，笔者先去大连电视机厂参观，本来下午要去大连显像管厂，由于一路堵车只好返回宾馆。晚上就要飞回北京，谁知由于天气原因，航班被取消了，在大连又多滞留一天。

第二天上午，笔者给大连显像管厂办打电话，提出前去参观采访。很快厂里派车来接，报社大连记者站的记者一起随同。在厂里参观了几个车间，重点是显像管车间，以及电子枪车间，一方面感受车间生产线现场氛围，一方面了解"全控管理法"的实际情况。本来计划采访刘金堂厂长，刘厂长在市里来不及回来。因为晚上还要飞北京，厂里把笔者送回市内，路过该厂销售门市部时，意外遇到刘厂长，真是踏破铁鞋无觅处，得来全不费工夫。刘厂长实在太忙，要立即去饭店，和东芝公司铃木先生共进晚餐。所以请笔者一起前去，采访是在晚宴席间完成的。笔者提前离席赶往机场，这回虽然飞机晚点，但终于顺利起飞了。

回到北京后笔者没有马上动笔，觉得还缺少些什么。1990年春天，大连显像管厂在国家首批命名的一级企业中榜上有名，这对电子企业来说绝对是一种殊荣；接着4月7日在北京人民大会堂，刘金堂厂长又获得第三届全国优秀企业家"金球奖"。20名"金球奖"得主中，电子行业唯有他遴选进获奖者行列。这时写作契机终于来了，4月下旬笔者动笔完成《"北极星"朗照大连湾——大连显像管厂手记》。这篇工作通讯虽然不到3000字，但经历了如此多的巧合和戏剧性。文中"现代化的技术和设备，用手工作坊式的方法去管理，犹如用'鞭子赶汽车'"，"这就好比橡皮筋，太紧了，要绷断；太松了，没弹性；要测出最佳弹力，就得进行控制。光控制住不行，还得进行创新，这样才能发挥出理想功效"。这些都是席间采访刘厂长时他说的原话。

采访需要锲而不舍，有时也需要运气；发表契机需要等待，有时也需要运气，好在笔者新闻生涯中，运气始终站在自己一边。

拓 荒 启 示 录
——全国电子产品定货展销中心纪事

开 篇

河北省会石家庄。繁华的解放路中段，商业群错落有致。全国电子产品定货展销中心（以下简称全电中心）的大楼造型独特，它的每一个横断面都像是一根根桅杆挂起了风帆。全电中心毗邻河北大厦和解放路百货商场，与它遥相对望的一面玻璃墙是五交化大楼；在这四大商场的周围，点缀着无数个兼卖家电的中小商店。

站在全电中心的门前，回味着几进几出这四大商场所目睹的家电销售大战，陡然间想起了郑州的"亚细亚"。全电中心所处地理位置和竞争态势与"亚细亚"商场是何其相似。所不同的是，"亚细亚"商场在郑州一鸣惊人，全电中心则是在电子行业崭露头角。

1991 年 10 月 24 日，全电中心就要满 5 岁了！5 岁，孩童还在学步。但全电中心的创业者们，从拓荒开始，留下了清晰足迹：5 年，销售额逾 5 个亿；5 年，销售出 50 余万台电子产品；5 年，实现利润 2000 万元；5 年，他们从一无所有到还清贷款赚回了一个全电中心大楼。

上 篇

我的采访是从倒三角开始。这是张战国总经理的建议，正好与我此行的想法不谋而合。所以，我把焦距首先对准那些年轻的十佳售货员。

镜头 1：1991 年元旦，一位老奶奶带着小孙女来买"昆仑"彩电。电视机二部的高伟，给老人开箱挑了一台，机子没任何毛病。可老人坚持再开箱挑选。小高耐心地给老人做工作，老人却火气越来越大，以至用力推搡小高。老人推一下，小高退一步，直到没地可退，小高才和气地问："您老人家推完了吧？"看到小伙子这么好的脾气，脸上始终笑眯眯的，老人的气顿时消了一半。小高走上前去对老人说："您买回去，要有问题，7 天之内我给您换，今儿下班我把机子给您送到家调好，您看行吗？"老人"扑哧"抿嘴笑了，气全消了。

镜头2：振头村的一个农民，买完电视机回家途中，不慎将电视机摔在地上，机壳摔成了4块，电路板断裂，损伤严重。这位顾客抱着一线希望，风风火火返回全电中心，请求帮助。按理说责任全在顾客，维修师傅也束手无策。电视机一部的袁拥军却把这事揽下，主动与厂家联系，终于把电视机修好如初，顾客感动地送来表扬信和牌匾。

镜头3：一次，一位外国顾客光顾家电一部，他在柜台前徘徊了一会儿，拿出小字典看起来。宋莉华主动上前用英语打招呼："先生，我能帮助您吗？"这位友人怎么也想不到眼前这个年轻的姑娘会英语，便揣起字典，高兴地用英语交谈起来。原来他想买一个称心的喷气熨斗，慕名来到全电中心。小宋向他推荐的红心牌喷气熨斗，他十分满意，连说"OK！"

在我接触过的其他十佳售货员中，像曹宏伟、刘莉、白建涛、刘玉红等，几乎每个人都有一串优质服务的小故事。他们都是高中毕业生，不少人在继续上夜大，这些年轻人朝气蓬勃，求知欲强，是全电中心最有希望的一代。

1988年，石家庄市13家商场评比服务质量，全电中心当时倒数第一。

1990年，他们捧回了市消费者协会授予的"消费者信得过单位"的牌匾。不到两年时间，全电中心的服务质量发生了巨变，奥秘何在？

"双服务"办公室主任董凤珍向我介绍道：全电中心的服务已形成一套完整的规范，如"三声"服务，即来有迎声，问有答声，走有送声；顾客退换商品时有"三个为主"，即可退可不退、以退为主；可换可不换、以换为主；责任不清时、以我为主；还有岗前"五必须"、岗内"五不准"、岗后"五坚持""五不出售"，等等。这一套制度伴以"双服务百分计奖"考核，与每一个人的利益挂钩；每年还利用业余时间办几期售货员培训班，闭卷考试。

在展销大厅的总服务台，我见到了张战国总经理。全电中心领导轮流在这里上岗。我向他提起1991年3月，在全国电子工业销售会议期间，他曾对我讲过的话："靠价格竞争不是路子，要靠优质服务赢得顾客"。他接过话茬说："搞优质服务绝不是权宜之计，我们领导班子有一个共识，就是服务好坏是关系到我们生存发展的长远大计。说顾客是上帝，有点看不见、摸不着，说顾客是我们的亲属、亲人，大家都能找到感觉。我们要求售货员做到与顾客不是钱与物的交换，而是心与情的交流。因此，才提出'宁可全电中心吃亏，不能让顾客受损'。"

如同一层窗户纸，奥秘捅破啦！

1991年7月初，全电中心发出"致省会人民公开信"，实行开门评店，增设总服务台和礼仪小姐，发放"顾客意见卡"，免费送货上门，电话预约上门维修，并在大楼上悬挂出"请君扶我上马，万众祝我腾飞"的大条幅，他们这一整套市场渗透战略，在石家庄市引起轰动效应。

中 篇

进入全电中心的展销大厅，就像置身于电子产品的大千世界。8300 多平方米的营业面积，摆放着两万多种国内外的名优电子产品，精心布置的音像世界、电视世界、彩灯世界等，五光十色、五彩缤纷，令人眼花缭乱、目不暇接。我随着熙熙攘攘的人流，寻觅着这里的经营诀窍。

全电中心最独具特色的是电视机的经营。五交化大楼用电视机组成一面墙，他们却花样翻新，围起了立体的电视城。过去电视机由第一业务部经营，现在划分为四个部门经营，每个部门按地区和品种划分自己的"势力范围"，都有名牌产品打头。如电视机一部有"金星""凯歌""飞跃""赣新""黄山"等；电视机二部有"牡丹""昆仑""长城""环宇""菊花"等；电视机三部有"黄河""海燕""如意""天鹅"等；"熊猫"专柜则是清一色的"熊猫"牌产品。四个部都有承包指标，又都经营电视机，会不会产生内耗呢？在电视机三部，我遇到最佳部门经理朱奎，这个细高身材的年轻人正在给顾客开箱，他停下手解开了我的疑团："我们四个部各有各的货源基地和不同的进货渠道，互相不交叉，不会打乱仗。至于内部竞争嘛，售货员当然要极力推荐自己经营的名牌产品，但谁也不去贬低别的部门的产品，这是起码的职业道德，更不要说关起门来都是自家人。"

"至于竞争的压力，我看有压力比没压力好。"朱奎说完又忙着去抬电视机。这个年轻部门经理的话是富有代表性的。原来一个部门经销电视机，月销售收入 300 万元就相当不错，高峰时也就 500 万元；现在四个部门互相较着劲地比着干，月销售收入最高达到 1100 万元。

在"熊猫"专柜，我遇到市级销售标兵、最佳部门经理封纪民，这个最早与熊猫电子集团打交道的经理，似乎对"熊猫"格外有感情。他如数家珍般地说出一串数字：1990 年全电中心销售"熊猫"产品收入 6338.27 万元，在"熊猫"十大销售站中名列榜首；1990 年全电中心销售彩电 25240 台，占石家庄市彩电销售量的 50%，其中"熊猫"彩电销出 13383 台。

谈到工贸结合的好处，封纪民更是深有感触："市场疲软，企业产品积压不好销时，我们主动派车去拉货促销，为企业排忧解难；市场启动产品紧俏时，企业货源再紧也先想着我们。这种患难与共的感情，不仅熊猫电子集团，就是其他企业也都与全电中心有深交。"怪不得全电中心的名优产品琳琅满目，货源丰富，原来他们与企业的关系是如此紧密。

全电中心的领导把他们划小经营核算单位的做法喻为"原子裂变"。1990年，他们的业务经营部门由几个裂变到 30 多个，商品经营逐渐走向专业化、系列化、配套化、名优化。现在，在展销大厅的四层营业面积中，就分布着 10 个经销消费类电子产品的部门，12 个经销投资类电子产品的部门。"裂变"后，部门虽然多了，但精力集中，管理简化，避免了重复经营，而竞争机制的引入，又促使经济效益的提高。

一楼大厅的家电一、二、三部，分别经营厨房类电器、电冰箱、洗衣机和电风扇等。1990 年，家电部是亏损户，1991 年截至到 8 月底，这三个部就赢利 40 万元。虽然，他们经营的产品旺季过于集中，淡季较长，但每个人都千方百计为自己的承包指标努力工作着。其实，这就是"裂变"要达到的目的。在三楼灯具部，最佳部门经理韩晓光告诉我："灯具部 1989 年成立时，有人怀疑卖'烂灯泡'的能赚什么钱，可我们当年就实现利润 7.8 万元；1990 年我们的利润指标是 10 万元，实际完成 19.8 万元；1991 年形势更好，指标虽然高于去年，到 8 月底，已超额完成 30.8%。说实话，灯具易碎、易坏，包装又脏，纯利较低，不靠大家的积极性怎么行呢？"当我步出展销大厅，站在黑板报前，我的心头又有一种异样的感觉。黑板上清楚地写着各个部门截至 8 月底完成利润指标的情况，其中 12 个提前完成年计划的部门中，经营投资类电子产品的部门占有一半以上，对于全电中心来说，这是个可喜的兆头。

下　篇

在全电中心短促的采访中，我的笔下展现的都是零零碎碎的表象。而与张战国总经理及其他几位副总经理的交谈中，我才感受到更深层次的东西。全电中心 1985 年 10 月 24 日破土动工，一年后负债经营，直至发展到今天的规模，他们走过的路，能为我们留下什么样的启示呢？

启示 1：艰苦创业的精神，团结统一的意志。全电中心筹建时，仅有电子部销售局投的 200 万元资金，可征 45 亩地就得 1000 万元，上哪儿去筹措资金？当时国家正压缩基建投资，下马很容易，大家散伙各奔东西。但他们就是不信邪。"别人能做到的，我们一定能做到，别人做不到的，我们创造条件也要做到。"事在人为，凭着这股创业精神，他们克服了阻力和障碍，硬是感动了各级领导，筹到资金，如期动工。

全电中心展销大楼连同辅助设施共 19000 平方米，10 个月就完工，这样的速度在石家庄市是空前的。除了建筑工人的功劳，也凝聚着他们日日夜夜义务劳动的心血。1990 年石家庄人均收入 1800 元，全电中心人均收入只有 1400 元，收入不高，干劲不减，为什么？他们说，我们现在仍在创业阶段，不能丢了艰苦奋斗的精神。

创业精神可贵，还要有统一意志。他们在筹建初期，就十分重视企业文化建设，大家集思广益，提出"团结统一的意志，坚定不移的信念，艰苦创业的精神，坚忍不拔的毅力，进取求实的作风，信誉至上的宗旨，活的局面，铁的纪律。"50个字的企业精神，并把它谱成《电子中心之歌》。全电中心"棒打不散"的凝聚力，还来自领导班子的稳定和团结，大家不论年龄高低，资历深浅，都全力配合总经理和党委书记的工作。

启示2：注重以人为本，发挥群体智慧。全电中心的人员来自四面八方，每个人都有均等的机会在全电中心这个大舞台上充分表现自己、认识自己、完善自己。只要有真本事、懂经营、会管理、作风正，不论是干部、工人，只要敢于承担并保证完成10万元以上的利润指标，都有资格出任部门经理，一批人才脱颖而出。全电中心领导对部门经理大胆使用，敢于放权，使他们有用人权、裁人权、进货权、削价权、奖金分配权、业务活动经费的使用权等。

别看有那么多的权，部门经理一点也不敢怠慢。他们起早贪黑，逛商场、问价格、探消息，调查市场变化，决定应变措施，因为如何经营，要由他们自己做主，干得不好，就要免职。谁也没有"铁交椅"，连总经理也是聘任制。

在全电中心，每个人都有用武之地，大家觉得企业有前途，个人有奔头。年轻的姑娘、小伙子，年终评上十佳售货员，政治上有荣誉，工资还可享受部门副经理待遇。整体经济效益和个人收入挂钩，超额完成利润指标，论功行赏，谁的心里都有一本"明账"，干好干坏不一样。

启示3：坚持开放式经营，完善多功能服务。全电中心的"立体式综合经营战略"，即技贸结合、工贸结合、内外贸结合、电子与非电子结合，搞得有声有色，卓有成效，他们为电子工业自销体系蹚出了一条成功之路。技贸结合由技术开发部、系统工程部牵头，已与全国40多家大专院校和科研机制建立了协作关系，"汽车黑匣子"的推广前景十分乐观。工贸结合有与熊猫电子集团合作的经验，正在推而广之。内外贸结合已与苏联的索契市成立了"中苏友谊实业开发公司"，并正与东欧国家接触。电子与非电子结合道路广阔，电子产品经销，已形成家用电器、熊猫产品、影视器材、灯具、广播器材、元器件、仪器仪表、机电产品八大支柱；企业家大厦、"重庆味苑酒楼""匈牙利烤鸡"、北京"全聚德烤鸭"分店以及舞厅、经营服装、鞋帽等物品的商场，吃穿住用玩，设施一应俱全。

5年过去了，全电中心的创业者们，没有忘记拓荒时的艰难，他们正在扬起风帆，规划着明天——26层的企业家大厦二期工程。人们企盼着他们的成功，更企盼全国每一个大城市都矗立起一座电子销售大厦。

《电子商报》1991年10月15日

解析：《拓荒启示录——全国电子产品定货展销中心纪事》的写作，让笔者想到一个采访深度问题。有些记者到基层采访，一般是向接待部门要材料，然后见一下单位领导提几个问题。采访有没有深度，直接关系稿子质量。因为你到企业去采访，连车间门都没进过，连生产线什么样也没见过，产品是怎样生产出来的都不知道，企业管理是怎样搞的更不了解，怎么可能写出关于这个企业的深度报道呢？即使那些没有直接产品的公司，也应该到下面部门走走，看一看，听一听，掌握第一手材料。俗话说"眼见为实，耳听为虚"，连亲身感受都没有，根本就谈不上稿子有深度。笔者到基层采访，愿意接触更多的人，看更多的东西，以弥补自己的不足。

采访全国电子产品定货展销中心时，张战国总经理先不介绍情况，而是让笔者去下面找部门经理、售货员谈，到商店各处转转，看看有什么问题，这就是笔者说的倒三角采访。笔者在各个部门、各个柜台整整转了两天，脑子里的材料装得满满的。最后采访张战国总经理，他详尽讲述了推行改革措施的想法和做法，联系到笔者所看到的一切新气象，脑子里的材料一下子鲜活起来。1991年国庆节休假期间。用两天时间，一气呵成写出《拓荒启示录——全国电子产品定货展销中心纪事》。这篇5000余字的工作通讯，在结构上用开篇、上篇、中篇、下篇，上篇中的案例用3个"镜头"映照，下篇中的总结用3个"启示"观照。后来碰到一些新闻界的同行，他们问：新闻还可以这样写？笔者对每一篇稿件，喜欢采取不同的形式和结构，不习惯循规蹈矩，陈陈相因。

跨越"转化"的金桥

——京粤电脑中心科技成果商品化探幽

"一项科研成果的转化速度，决定了这项科研成果的生命力"，这是通过实践总结出来的至理名言。

在广东京粤电脑中心采访，谢太俭总裁及他的助手和下属，不约而同向我讲述了这样一段历史：

1982年，GF20/11A 汉字微机开始立题，当时要搞中文电脑还是比较早的，属于世界性大课题。

1983年，GF20/11A 汉字微机被列为国家"六五"攻关项目。

1984年，中国科学院在北京为 GF20/11A 召开定型鉴定，国人为之雀跃，一阵欢腾，一阵热浪，订单纷至沓来。尔后该机参加全国首届微机展览会，荣获一等奖，后又获中国科学院科技成果一等奖，广东省科技成果一等奖；并以中国第一台中文电脑的身份，参加日本筑波国际科技博览会，为国家赢得了荣誉，参观者反响强烈，日本皇太子看后也给予赞赏。这个"一代天骄"的GF20/11A汉字微机，还作为党的十三大选举系统用机，在北京人民大会堂使用。

1985年初，京粤电脑中心成立，开始把GF20/11A汉字微机作为第一个拳头产品推向市场。但就在京粤人准备大干一场的时候，IBM等国外微机像洪水般拥进我国市场。在汹涌澎湃的外国微机面前，GF20/11A没有足够的抗衡能力，面对600多份订单，只生产了200余台就不得不"光荣退役"了。

怪不得京粤人在市场面前手足无措。要知道GF20/11从立题到科研样机出来用了两年时间，又用了一年才生产出样机，到进入市场4年过去了，最宝贵的时间丧失了，最宝贵的市场丢掉了。

市场法则是无情的。京粤人痛定思痛，悟出了道理：科研成果的先进性是有时间性的，所以科研成果的转化速度是科研成果的生命力。抓住机遇，就会取得效益；失去机会，就会前功尽弃。

历史已成为过去。京粤人走过了十三载的创业历程，先后研制开发了近200个项目的科研课题，一大批列为国内领先项目，其中两项被认定为国际领先，国内首创。税务软件、财务软件、商业MIS、终端机、税控机、POS、ECR等系列产品和一个个新系列集成，以及棉籽饲料蛋白及其生产技术都进入商品化进程，有些开始向产业化进军。

一项科研成果的研制开发和产品转化，一般要经历技术研究出成果，中间试验出成品，技术扩散出商品三个阶段。因此，科研成果真正做到商品化的比率相当低，20世纪90年代初期，有资料统计大约为5%左右。这几年方方面面重视加快科研成果转化速度，但也只达到6%—8%。仍有很多成果鉴定后束之高阁，转化不成生产力，成为没有使用价值的"半成品"。即使有顶天的技术，立地的市场，也不见得能转化成功。

如果把科研成果到商品以至形成产业的过程中的"转化"喻为桥梁的话，那么成功的"转化"就应该是座金桥。在这个从量变到质变的过程中，转化的速度是至关重要的。然而一个反映着人与人之间的劳动、衔接、融合的过程，就形成了一种转化方式，这个体现人们劳动过程关系的转化方式，本身又是丰富多彩的，它影响着转化速度。因此，不同科研成果或相同科研成果，在不同条件下的转化，就有着不同的内涵。

京粤人十几年来，用心血和汗水总结出来多种多样的转化方式，大大提高了他们的科研成果转化速度，使京粤持续不断发展，增强自身软硬实力。在京粤采访期间，深深感到行之有效的四种转化方式富有生命力和典型意义。

一、研产叠接法

搞科研和搞生产，以往情况是由不同的两部分人组织和实施，甚至是两个不同单位的人。因此，科研成果出来以后，在科研生产两部分人交接过程中，接手科研成果的生产人员，又要从一个"新零点"起步。为解决科研生产"两张皮"的问题，京粤人研究出"叠接法"，即在科研项目达到样机阶段时，就让部分生产人员投入到科研中去，预先掌握该项目的技术要领和细节；当科研成果出来后，从事该项目的部分技术人员又紧跟着投入到生产中去，随时解决和处理生产中遇到的各种问题。

这就使科研人员和生产人员有一个"叠接部"，不再是"两张皮"相脱离，克服了科研生产交接过程中的关卡和扯皮现象，使科研成果在最短的时间里商品化、产业化。由于采用"叠接法"，科研成果出来后仅一两个月，大批过硬产品就投放市场。

例如，京粤 CGT—901 高档中英文/图形终端，在研制过程中，生产人员、工艺人员、质量人员就进入课题组开始跟踪，考虑成果转化过程中可能出现的问题；成果出来后，课题组的科技人员又蹲到生产基地，参加中试，现场处理问题。结果半年时间这项成果就过渡到批量生产。

在京粤税控收款机攻关前，中心领导跟课题组签订协议时，就清清楚楚写上这样一条款项：即课题组人员有责任在成果鉴定后，负责对小批量生产过程提出工艺标准，协助生产部门做好配套件准备，整个生产过程工艺要衔接好。谢太俭甚至下命令，在税控收款机中试没完成 2000 台前，课题组人员不能撤出来，要和生产人员融合在一起。税控收款机于 1998 年 3 月 8 日通过国家级鉴定，两个月后完成中试，进入批量生产试点推广应用阶段，并有望实现产业化。像这种达到国际先进水平的高科技产品，其转化速度之快在国内是罕见的。

二、全程直通法

京粤人为解决生产与市场"两张皮"的问题，还摸索出一种"直通法"。即科研人员研究开发出成果后，不仅参加中试，而且一直跟踪到生产、销售及售后服务，并根据用户的反映，改进开发新产品，条件成熟者组建专业公司，全面推动成果的推广应用。因此，这里的科技人员不仅是"研发工程师"，而且是"推广工程师"和"服务工程师"。

如京粤 BGC—928 收款机开发成功后，科研人员一直跟到市场，倾听用户反映，掌握大量第一手材料。而后，根据用户需求意见，又相继开发出 BGC—938、BGC—968、BGC—988 等系列收款机，成为国家重点推广机型。

三、成果共享法

京粤人利用自身计算机技术的优势，和用户共同立项，共同研制开发，共同推广，共享成果。他们与江西省税务部门共同立项研制的"基层税务所计算机管理系统"，仅用一年多时间就开发成功，并通过了江西省科委的鉴定。这项成果既是京粤的，也是江西省税务局的，大家共同拥有，很短时间内就在江西省基层税务所和其他省份推广应用，取得了良好的社会效益和经济效益。

四、转受协让法

这项方法是京粤总裁谢太俭大"人才网络"思想的体现。一家企业，科技实力再雄厚，终归是有限的。在一些较大的科研项目中，把部分别人已有而自己没有的成果，通过协商转让的方式，融入或把自己独有的成果传授出去，以缩短科研过程中所需的时间和周折，顺利达到预期的效果。

如他们与生产棉区合作生产棉籽饲料过程中，首先是为对方培训技术，派技术人员为对方安装设备、调试运行和投产后技术服务。这项成果已转让到全国17个点。而他们接受北京、广东一些大学的科研成果时，却又是主动派人去大学学习，使科研成果很快投入生产、投放市场。

京粤在科研成果转化过程中积累的这些做法，无疑为高科技企业和研究开发部门提供了宝贵的经验。我们的科研人员和开发部门，要从根本上转变观念，再也不要把科研成果研制成功作为终点，在市场经济条件下，科研成果只有实现商品化→产业化→推向市场→形成效益，才算到达目的地。

《通信产业报》1998 年 7 月 15 日

竞攀摩天岭

——京粤 0621 工程攻关记

有人把税比作人体内流动的血液，没有血液，生命就不复存在。同理，没有税收，国家机器就不能运转，社会主义就无法发展。

我国每年财政收入的 90% 以上来自税收，由于征收管理手段落后，以及公民纳税意识薄弱，偷漏税问题屡见不鲜，国家每年税收损失 1000 亿元以上。触目惊心的现实，引起政府领导人的高度重视，也给科技人员提出了一个课题，这就是如何用科学手段解决好税收。

历史的重任，责无旁贷落在了广东京粤电脑中心青年科技工作者的肩上。

攻关序幕已经拉开

1995 年 6 月 21 日，广州。

在当年京粤电脑中心研制我国第一代汉字微机的简朴楼房里，总裁谢太俭正在传达全国第二次科技大会精神，科教兴国的战略思想撩得科技人员热血沸腾。在无数双眼睛的注视下，谢太俭突然提高了嗓门儿，用激昂的声音宣布：“总部决定，集中优势兵力，实施‘0621’工程，主攻税控技术，研制有中国特色的税控收款机。”

京粤人记住了这个难忘的日子，“0621”工程正式拉开了序幕。其实，“0621”工程绝不是研制一台税控收款机那么简单。谢太俭给攻关课题组下达任务时，说得很清楚，“0621”工程，就是要创新一个先进、高效、安全可靠、实用价廉的应用系统。

创新是一个民族的灵魂，没有创新，就没有真正属于我们自己的高科技。京粤的领导把目光盯在创新上。尽管他们知道在攻关路上，会遇到无数的拦路虎，但还是把自己推到绝境，留后路不是京粤人的风格。

京粤主管技术的副总裁黄万民，义不容辞地挑起了“0621”课题组负责人的重担。这位毕业于华南师大的硕士，自 1988 年来到京粤后，科研硕果累累，被誉为京粤的“科技雄鹰”。课题组 20 多个人，大都是中青年才干。谢太俭一声令下，当即他们就与外界隔绝，24 小时工作生活在总部大楼五层。

条件是艰苦的，工作还好办，吃住在办公室一两天也行，但长期住下去还真不是滋味。结婚的，没有结婚的，正在谈恋爱的，统统都不能回家了，一切外界联系暂停。这些可爱的科技人员，关起门来“两耳不闻窗外事，一心只顾攻难关”。每天都要工作到晚上 12 时，囫囵睡几个小时，爬起来抓紧再干，有时为了解决一个难点，还经常熬个通宵。

当我采访黄万民，问他为什么要采取封闭式攻关时，他平静地说：“任务十万火急，我们要抢在时间前面，容不得半点拖延，再说攻关阶段还涉及技术保密问题。”

经过点拨，我才释然，京粤科技人员自找苦吃，以苦为乐，用实际行动证明了他们一心为国的崇高境界。这和传说的武林高手闭关不同，他们闭关是为了攻克科技难关，与个人没“半毛钱”的关系。功夫不负苦心人，他们这次攻关只用了十几天时间，就顺利完成了税控开票机软硬件的改进工作，解决了过去存在的技术缺陷，保证了税控开票机在 10 月份投入使用。

谱写一曲难忘的歌

如果说改进税控开票机技术缺陷只是一场前哨战的话，那么研制税控收款机才是真正啃硬骨头的攻坚战。一切从零开始，税控收款机的前期攻关，涉及很多关键技术，涉及系统的安全保密问题，涉及开发软硬件问题，难点一个接着一个出现，问题一个接着一个解决。

比如税控硬件资源，怎样做到既要固化，又能方便维修；用硬盘很方便，但用硬盘不安全；解决安全就要用电子盘，并寻求特殊的介质做存储器。再比如黑匣子问题，它的主要功能是准确存储税务数据，只允许添加数据，不允许删改数据；同时又要考虑今后黑匣子要放到税务部门处理，每台机器要与每个企业对应，于是采取新的介质，加了保密数据芯片。

数不清的技术问题都迫不及待等着解决。在攻关的日日夜夜里，京粤科技人员谱写了一曲曲令人难忘的歌：

税控 ECR Ⅰ 型机的研制者何工和他的几个助手，在研制的关键时刻，一头扎进实验室，3 个多月闭门攻关，难题一个又一个迎刃而解。

税控 ECR Ⅱ 型机的开发工程师小邓，一进课题组就忘掉了尘世间的一切，以致热恋中的女友先是提出"抗议"，随后竟与他并肩作战共同攻关。有的同志患胃病、支气管炎，根本没时间去医院看病，到单位医务室拿点药顶住，片刻也不愿离开岗位。

攻关组的成员大都是爱蹦爱跳的年轻人，他们自从接受任务后，就一直工作在开发室，连续几个月"与世隔绝"，国庆、元旦、春节假期，也与他们无缘。大年三十春节联欢晚会的荧屏节目，就是他们自己显示器上的千万条指令。有的家长前来看望孩子，看到孩子埋头在电脑前，无暇顾及与他们说话，心疼地叹口气，一声不响抱着一大堆衣服去洗衣间了。他们说："孩子能在这里干出一番事业，我们家长绝不拖他们的后腿。"

税控收款机成功与否，决定于技术是否有所创新，而创新的关键又在于芯片技术和软件技术，这是自主知识产权的前提。创新当然要立足自力更生，在全球一体化的当今，他们也不能闭门造车，寻求国际合作不失为捷径。

税控收款机高集成度专用主板——BGC9612，是税控 POS 的关键部件，犹如人的心脏一样重要。京粤提出总体设计思想和技术要求，与世界著名的芯片制造商英特尔（INTEL）公司合作开发。1996 年 5 月，第一块主板出来，但发现存在很多问题。7 月，主持研制主板的黄万民高级工程师与熊健工程师，便飞赴美国与英特尔的同行一起改进调试。

在大洋彼岸的凤凰城，年轻的黄万民与熊健，每天在英特尔实验室工作十几个小时，寻找问题症结，通过调试解决。他们与美国同行携手，终于做出第二块主板，检测下来还有问题，又提出第三块主板改进方案。在美国短短十来天里，只能在实验室见到他们的身影。美方安排游览市容的日程，他们因工作繁忙婉言谢绝，单位安排他们在美国三藩市逗留的日程，也被他们主动取消。从机场→实验室→机场一条笔直的线路，完成了这两位年轻工程师第一次赴美的行程。

凯旋曲在北京奏响

1997 年元月初，京粤电脑中心与英特尔公司在北京联合召开新闻发布会，宣布税控收款机主板——BGC9612 研制成功并举行公开演示。这块 POS 主板，技术完善，集成度高，采用 Intel386EX 嵌入 CPU，如去除税控部分资源，还可作为普通商用 POS 主板使用，且使用寿命比一般通用主板长得多。主板上还采用了特殊设计的实时时钟电路和税务数据存储器，以确保税务数据的真实、安全、可靠，而且外设接口丰富，软件开发升级也方便。

与 BGC9612 主板同时研制成功的，还有税务数据存储器（黑匣子）电路模块。京粤在 BGC9612 主板的基础上，还进行了二次开发，成功研制出一种高质量、技术先进、多功能的税控 POS-BGCPOC108。

当我问到 BGC9612 主板的归属权时，黄万民副总裁坦诚地回答道："技术算中国的，知识产权由京粤与英特尔共同拥有，而生产所有权归京粤独家占有。"这就是说，京粤的科技工作者倾注一年心血，终于换来了属于自己的成果。

从 1996 年 1 月，国家计委将"京粤税控收款机研制与开发"列为国家重点攻关项目起，便紧锣密鼓进入倒计时阶段，京粤人快马加鞭提前将近一年完成了攻关任务。

1998 年 3 月 8 日上午，在北京一家富丽堂皇的酒店大厅里，当时的国家计委科学技术司、电子工业部计算机与信息化推进司、国家税务总局信息中心和广东省计委、广东省科委联合主持了京粤《税控收款机的研制与开发》成果鉴定会。面对专家的提问、质疑，课题开发人员从容应对，用图片、数据、语言——给予准确而满意的答辩，随后进行现场技术检测，操作人员在十多台电脑的键盘上，像弹钢琴那样输入各种指令，那熟练的指法，犹如在弹奏"京粤税控收款机凯旋曲"。瞬间各种数据打印在白纸条上，专家们仔细审阅后，脸上浮现出满意和赞赏的笑容。当我国著名的计算机专家杨芙清教授，代表包括三位院士在内的 11 人鉴定委员会，宣布一致同意项目成果通过鉴定时，京粤的科技工作者们，再也抑制不住内心的喜悦，激动之情难以言表。

京粤完成了三种机型的研制，开发了相应的软件，实现了税控收款机与商业信息管理的接口，实现与税务局申报纳税的衔接。研制的三种税控收款机系统，总体方案合理，结构模块化，可扩充性好，软件功能适应性强，具有税控功能，技术上达到国内领先水平，其中 BGCPOS108SK 达到同类产品的国际先进水平。值得特别提及的是，税控收款机享有国家保护的 9 个专利和 5 个版权，其中 3 项专利属发明创新，使京粤在国际和国内领域中抢占了制高点。

京粤总裁谢太俭感慨地把"0612"攻关行动，比喻为"竞攀摩天岭"。京粤人在抢占了技术制高点之后，没有躺在成绩簿上，创新的脚步继续向前，万众一心开始新的起点，新的长征，新的攀登。

《中华工商时报》1998 年 7 月 17 日

解析：《跨越"转化"的金桥——京粤电脑中心科技成果商品化探幽》《竞攀摩天岭——京粤 0621 工程攻关记》2 篇放在一起解析。

这两篇工作通讯是笔者 1998 年 6 月在广东京粤电脑中心采访的成果。这次应约广州之行，是利用业余时间。因为是税务万里行的任务，但采访对象是电子企业，公私兼顾，完全对口。此行采访收获很大，也是一次学习的历程。对科研攻关的艰难程度，有了直面的接触和感受，内心由衷地敬佩科研工作者。这次采访写了七八篇新闻，有消息、通讯、专访等多种体裁。笔者特别关注的是科研成果转化问题，京粤电脑中心有成熟的经验，全部写在了《跨越"转化"的金桥——京粤电脑中心科技成果商品化探幽》一文中。作品开头就直击主题"一项科研成果的转化速度，决定了这项科研成果的生命力"，这是通过实践总结出来的至理名言。同时在文中翔实介绍了研产叠接法、全程直通法、成果共享法和转受协让法，肯定这些行之有效的转化方式富有生命力和典型意义。结束语恳切地呼吁："我们的科研人员和开发部门，要从根本上转变观念，再也不要把科研成果研制成功作为终点，在市场经济条件下，科研成果只有实现商品化→产业化→推向市场→形成效益，才算到达目的地。因为我们的科研成果，大多是研制成功之时，也就是寿终正寝之日。不重视科研成果的商品化，难以实现成果的产业化，没有产业化，哪来的经济效益?!"笔者是因为切肤之痛，才如此重视科研成果的转化问题。

《竞攀摩天岭——京粤 0621 工程攻关记》全方位描绘了研制有中国特色的税控收款机的艰难过程。实施"0621"工程，主攻的是税控技术。京粤总裁谢太俭感慨地把"0621"攻关行动，比喻为"竞攀摩天岭"，可见攻关难度之大。这篇工作通讯全文 3500 字，用 3 个小标题"攻关序幕已经拉开""谱写一曲难忘的歌""凯旋曲在北京"，把全文串联了起来。

巨龙昂首东方

题记：一个国家没有自己的大型交换机，就等于没有自己的军队。

1998 年 3 月 31 日—4 月 3 日。澳门。

在草长莺飞、春意盎然的季节，尤里卡计划亚洲国际会议在这里如期举行。

创建于 1985 年的尤里卡计划，首次在亚洲举行国际会议，引起方方面面的高度重视。尤里卡计划主席马丁先生、中国科学技术部部长朱丽兰教授、葡萄牙科学技术部部长贾比利教授、澳门总督韦立奇将军等要人亲自莅临会议。

作为中国企业界的唯一代表，中国巨龙通信设备有限责任公司董事长、国家数字交换系统工程技术研究中心主任邬江兴教授，应邀在会上就"中国信息产业和巨龙公司的发展"做了重要发言。他学者的风度、严谨的思路、精确的论道、真诚的愿望，激起全场阵阵热烈的掌声。

澳门总督韦立奇将军禁不住竖起大拇指，对着邬江兴说："巨龙公司是一条了不起的巨龙！"

好一条了不起的巨龙！成立仅仅 3 年的巨龙公司，便昂首东方，走出国门。其耀眼的业绩，引起世人的瞩目。

引进可以推动加快发展，也逼迫我们自主创新。面对"七国八制"，04 机破土而出，为国人带来一缕清风。

回顾往往是最好的前瞻。当 1978 年召开党的十一届三中全会，刚刚扬起改革开放的风帆时，我们痛苦地发现，中国与世界又拉开了新的距离，我们的科技，我们的工业，整体上被先进发达国家远远甩在后面。作为国民经济命脉和血液的通信产业，落后得不仅拖了发展的后腿，而且差点儿失去了追赶的信心。

通信成了严重制约国民经济发展的瓶颈产业。审时度势，国家作出了适度超前的战略部署。高起点发展电信事业，其捷径就是引进。1981 年福建省邮电管理局下决心引进了日本富士通的 F-150，这也成为我国第一部局用万门数字程控交换机。

自力更生还是大胆引进，现在回想起来，也许是不成问题的问题。再往上溯源，清朝时的大北公司，就在上海滩开通了中国第一个磁石式电话交换机。时距贝尔先生发明的第一部电话才仅仅 6 年。那才是我们引进的开端。

自 1981 年起，比利时贝尔的 S1240、法国阿尔卡特的 S1240 和 E10、德国西门子的 EWSD、日本 NEC 的 NAES-61、富士通的 F-150、加拿大北方电讯的 DMS 系列、瑞典爱立信的 AXE-10、美国 AT&T 的 5ESS 等便接连涌入中国。1984 年 1 月，比利时贝尔公司在上海与我国合资的第一家通信企业——上海贝尔电话设备制造有限公司，开始生产 S1240 局用数字程控交换机。

一时间，我国数字程控交换机的市场，成了"七国八制"的天下。一些人惊叹，我国电信的发展创造了前所未有的速度；一些人愤然，我国的民族通信工业被逼入绝境。

惊叹也好，愤然也罢，大家都眼睁睁地看到一个现实，引进固然需要，但如果一个国家没有自己的大型交换机，就等于没有自己的军队。这绝不是危言耸听，只能说作为国家的神经系统，通信网是太重要，太重要了！

有识之士奋笔疾书，向中央领导陈述利害关系；有关方面组织力量，千方百计积极寻求应对之策。舆论可以敲响警钟，但我们需要的是行动，是实实在在的行动；我们需要的是卧薪尝胆的精神，是自强自立的精神。没有行动，没有精神，中华民族何以生生不息?! 一个崇尚空谈的民族，是不能自立于世界民族之林的。

时间老人定格在 1991 年 12 月。解放军总参信息工程学院邬江兴教授和他的战友们，给我国通信界石破天惊的欣喜，他们研制的我国第一台大型数字程控交换机 HJD04（以下简称 04 机），通过了邮电部组织的国家级技术鉴定。专家们严格的测试数据证实：04 机最大容量已经达到 6.4 万门，话务处理能力（忙时最大呼叫）超过号称世界最先进的美国 5 号机的数倍。

中原大地，人杰地灵。滔滔不息的黄河千百年来哺育了多少英雄儿女。邬江兴及其战友研制成功 04 机的故事风靡大江南北，祖国为之骄傲，国人扬眉吐气。虽然，美国早在 1965 年就开通了世界第一台模拟程控交换机；法国也在 1970 年开通了世界第一台数字程控交换机，与他们相比，我们晚了整整 20 年，但终归是中国自己的东西，是响当当的中华牌！

04 机为科技成果产业化提供了一个范本，值得推广效仿。
后续技术开发一浪高过一浪，更令业界欣喜。

科技成果产业化往往比科技成果本身还要重要。一个科技工作者最大的悲哀，莫过于其成果鉴定之时，就是寿终正寝之日。何时才能商品化？往往遥遥无期，令人翘首企盼。04 机是幸运的，中国电信大发展的沃土，为它的茁壮成长提供了条件。1995 年 3 月 2 日注册成立的巨龙通信设备有限责任公司，与 04 机相得益彰，共存共荣，为民族通信产业插上了腾飞的翅膀。

作为拥有总资产 121 亿元的国有大型通信高技术产业集团，巨龙公司的实力是毋庸置疑的。它由国家数字交换系统工程技术研究中心、中国邮电工业总公司和 8 家生产企业共同投资组成，雄厚的科研力量，优越的生产条件，健全的销售网络，令同行羡慕不已。

巨龙公司的主导产品 HJD04 数字程控交换机，是我国拥有自主知识产权的第一种大型局用数字程控交换设备，1994 年 11—12 月，分别获得邮电部科技进步一等奖、电子部中国电子科技十大成果奖；1996 年 1 月，又获国家科学技术进步一等奖。04 机在巨龙公司迅速实现产业化，是有目共睹的事实。

截至 1998 年 4 月，04 机已生产销售超过 1400 万线，用户遍及全国的 29 个省、市、自治区以及军队和铁路等专用网，网上运行总量占我国城乡电话网总容量的 12% 以上。04 机 1991 年底通过国家技术鉴定，6 年时间取得如此令人瞩目的成绩，这在国际通信产业中也是罕见的。

04 产业的迅速崛起，打破了国外交换机对中国市场的垄断，平抑了市场价格，带动了我国民族交换机产业的群体突破，04 机功不可没，巨龙功不可没。

在巨龙成功的背后，我们首先想到的是其技术的领先。创新是一个民族的灵魂，因循守旧、故步自封，与创新格格不入。04 机是成功的，但邬江兴及研发人员并没有躺在 04 机上睡大觉，他们始终保持着清醒的头脑，成功只属于昨天，告别鲜花和美酒，前头是永无止境的攀登。

于是，他们又创造出一个又一个第一：

第一个提出"逐级分布式"体系结构；

第一个提出"分布式复制 T"交换网络，突破了交换机忙时处理的瓶颈；

第一个开发成功中国七号信令系统并取得入网证；

第一个开通国产实用化 ISDN 交换机系统，提出链表指针式管道流水线分组交换结构；

第一个开通符合中国标准的大容量高级智能系统；

第一个开发成功具有 PSTN 和 ISTN 功能的 V5.2 接口及相关接入网设备。

在 1998 年 6 月下旬上海举行的第七届中国国际电子通信展览会上，巨龙又推出新的技术成果——"2000 系列产品"，包括 GDT2000-ACN 宽带接入系统、GDC/GS2000 分布式移动通信系统等主要产品。GDC/GS2000 突破了传统交换控制组织模式，同时具有集中管理控制功能。而 GDT2000—ACN 则有效克服了传统 SDH/PDH 的技术缺陷，接入带宽有效利用率数倍于传统的 SDH 系统。

巨龙公司之所以能确保交换技术在国内通信领域始终处于领先地位，得益于它完善的科研体系。公司形成了市场支持、产品工程化开发和高技术研究三级纵深部署的科研层次，构成了公司技术开发中心、各生产企业的工程开发分中心、公司市场支持三级梯次配备的开发机构。公司拥有各类工程技术人员 6000 余人，仅本部就有 300 多名科研开发人员，其中具有教授、高工等高级职务和博士后、博士、硕士学历的科研人员占到 85%，且平均年龄才 32 岁。这样一支高层次、高素质、年轻化的科研开发队伍，云集在以国家数字交换系统工程技术研究中心为核心建立的巨龙开发中心里，如鱼得水，如虎添翼，为 04 机产业的发展提供了强有力的技术支撑和发展后劲。

市场犹如一匹野马，谁能驾驭它，谁就能掌握规律；市场又犹如战场，唯有战略和策略对头，才能夺取胜利。

市场是无情的。在某种程度上驾驭市场比搞科研还难。难就难在它变幻无常令人捉摸不定。04 机能有 1400 万线在网上运行，确实不容易。面对外国公司的品牌优势，面对他们成熟的技术、成熟的工艺、成熟的产品，我们或许还有欠缺的地方，更何况国内程控交换机企业群体崛起，纷纷角逐市场，咄咄逼人的竞争格局，让任何人都不敢掉以轻心。市场上贻误战机，弄不好会满盘皆输。

巨龙公司对市场是高度重视的。在最近采访公司总裁李彩儒时，更加印证了这个看法。李彩儒总裁把市场开发与技术开发相提并论，她认为这两个开发如同公司的两个拳头一样重要。今年公司在体制上、机构上、人员配备上，整个倾斜于市场，包括对市场机构的建立。

为了加大市场开发力度，公司成立了 9 个事业部，即北京、东北、华北、西北、中原、华东、华南、西南事业部及系统贸易部。这 9 个事业部实际上就是独立核算的经济实体，是公司真正意义上的一线，也是公司的利润中心。因此，在人员上配备精兵强将；在管理上公司和事业部签订目标责任制，进行综合考核；并配以激励、竞争机制，有奖有罚，一切与效益挂钩。市场不相信眼泪，谁有优势，谁就能占有市场。

李彩儒总裁还告诉了我一件闻所未闻的事，有 7 个副总裁在公司里没有办公室，他们的办公室都设在所分管的 7 个市场区域。市场在哪里，指挥部就设在哪里，指挥员就出现在哪里。这真好像战争时期的前敌指挥部一样。从这里可以体味到市场如战场的意思，这才是市场经济条件下的营销。

在推进市场开发方面，事业部制还有两个鲜明特点。一个是公司经营范围的拓展扩大，9 个事业部中，有 7 个是以市场地域划分的。北京事业部实际上是专网事业部。而设立系统贸易部是为了寻求新的增长点，开辟更多的新业务，进行设备配套或开发新的经营项目，作为市场的一种新的突破。这种细化的专业分工，也许更适合邬江兴董事长所强调的今后对市场要精耕细作，改变过去粗放的、广种薄收的市场方式。

另一个特点是三网一体化。营销网、维护网、信息网，形成一体，互相协作，对外一体化是个整体。现在的通信市场，已不是单纯卖"机"的时代，而是卖"网"的时代。如果不能为用户提供一个系统解决方案，就无法稳固地占有市场。在网络推销方面，巨龙公司已摸索出一套成功的经验。

1997 年 7 月和 10 月，巨龙公司先后在甘肃天水和浙江海宁召开组网工程现场会，通过组网示范和现场演示，充分展示了巨龙公司新技术集成的综合网络优势，使用户看到、听到、摸到 04 机发展的立体效果。HJD04 升 D 技术、区域网主/子站技术、集中维护网管技术、Centrex 技术（立即收费系统）、ISDN 技术及 V5.2 接入网技术、数字有线电视传输系统和 RSU 环境监测系统等新技术和新业务的综合演示，令观摩者耳目一新，大开眼界。示范是最好的服务，也是巩固已有市场，拓展新的市场的最佳途径。巨龙公司突破传统营销模式，将示范点的经验推而广之。

在巨龙公司搭建的市场平台上，国际化经营早就拉开了序幕，04 机已在俄罗斯扎下了根。同时在亚洲的越南、孟加拉、缅甸、尼泊尔、拉美的古巴、巴西、哥伦比亚，非洲的埃及、南非等国家和地区的市场开拓也取得了突破性的进展。

企业只有不断腾越，才能持续勇攀高峰。"双加"工程和资产重组，将使巨龙公司实现组建以来的首次大飞越。

企业家的短视有时会葬送前途似锦的事业。那种只顾眼前，不顾未来的企业，往往会昙花一现，变作明日黄花。一个大型的高科技产业集团，如何才能保持良好的发展势头？企业必须时时居安思危，不为眼前蝇头小利而窃喜，不为暂时成绩而陶醉，企业的一切着眼点要放在快速、稳健、可持续发展上。在巨龙公司采访，接触到的各个层面的人，谈得最多的是公司未来发展，而这个前景不是虚幻的描述，而是扎扎实实的、一步一个脚印的工作。

巨龙公司在 1998 年要跃上一个新台阶，靠的是"双加"工程和资产重组。所谓"双加"，指的是"加大投资力度，加快建设速度"，这是国家在基本建设方面的一项重大战略，也是对民族产业的有力支持。在"双加"工程中，政府选择了 56 个国家级跟踪项目，电子行业一共有 3 个，巨龙公司就占了 2 个，一个是 PCB 电路板生产线技术改造项目；另一个是开发中心（郑州）技术改造项目。凡是列入"双加"工程的项目，国家在配套资金、配套政策、税收等方面给予特别的优惠。由此可见国家对巨龙公司的重视和扶持。

国家对民族产业如此鼎力支持，巨龙公司更是把"双加"工程当作自己的希望工程，看作公司寻求新发展，迈向辉煌的第一步。公司不仅拿到股东大会和董事会上研究，为此还成立了"双加"工程部，具体负责工程的组织实施。

PCB 板生产线是巨龙公司的生产基地，是自己设计、具有国际先进水平的生产线，引进了当代世界最先进的元器件检测、表面贴装、在线测试等设备和仪器，年产 04 机 PCB 板可达 30 万块（相当于 300 万线交换机的生产能力），整机中试产品 100 万线。

就记者关心的生产线管理及人员结构问题，"双加"工程部孙义浩总经理介绍说，生产基地整个生产全过程将采用计算机联网监控，按 ISO 9002 国际标准规范产品质量。人员构成 90% 是大专以上毕业生，其中本科生占 2/3 多，而研究生也有 10%，可以说生产一线是高素质人才荟萃。谈到工程进度，孙义浩说坐落在京城亚运村附近、建筑面积达 10000 平方米的工程已接近尾声，1998 年 8 月底设备调试完毕，当年要出产品、出成果。届时这条大规模批量生产的高精度、柔性组合生产线，将为巨龙公司 8 个生产厂提供统一的 PCB 板，使 04 机的质量再上一个台阶，同时也为 04 系列产品的后续纵深开发提供保证。

开发中心（郑州）技术改造项目，也将引进世界上最先进的电子系统设计自动化等软件工具和关键设备、仪器，新建的科研开发大楼 5000 平方米，工程将在近期竣工验收。这项技改增强了开发中心对交换机整机、关键件及软件的设计开发能力，从而使巨龙开发中心成为我国设备最精良、设施最完备、技术开发能力最强大的数字交换技术研究机构。

如果说"双加"工程胜利在望的话，那么资产重组则是巨龙公司迫在眉睫的大事。

巨龙公司从松散加工到紧密联合有一个渐进过程。可以说，统一市场、集中经营的战略是成功的。这就是巨龙公司在国家和用户面前代表整个 04 产业，在各生产企业原行政关系隶属不变、资产不合并的情况下，统一制定产业发展中的中长期规划和年度产品计划；统一向国家争取产业发展计划；统一组织专用器件、部件的生产和采供；统一进行技术开发、技术改造、技术宣传；统一产品商标、市场开发和产品销售；统一质量管理；统一服务标准和服务体系；统一进行 04 机的软件版本管理及升级等。毫不夸张地说，统一市场、集中经营的战略，使巨龙公司从分散的联合步入规范化运行的新里程。唯有统一才能平天下，唯有统一才能面对竞争形成合力。

但是，巨龙公司在发展过程中，也深切体会到，仅以技术为纽带，没有资产为纽带，公司的发展就会受到束缚，不扩张资本就无法促进产品的快速扩张，不改制一艘艘快艇就无法变成航空母舰。资产重组、转制上市，是巨龙公司 1998 年重中之重的任务，他们正在紧锣密鼓地加紧进行。今年 5 月下旬召开的研讨会舆论效果不错。如果下半年转制上市成功，会有更多的资金支撑，加上规范运营机制，巨龙公司完全可以实现一次新的腾越，高擎民族通信产业大旗一往无前。

邬江兴所寻求的，是如何最大限度地发挥员工的创造性，这就使巨龙公司完全有可能成为科教兴国的缩影。

没见到邬江兴董事长之前，总以为这位 04 机的主要研制者，一定是个儒雅木讷、满嘴通信术语的学者。1998 年 5 月下旬的一天，与他在北京西郊宾馆畅谈 90 分钟后，才惊讶地发现邬江兴不仅是名副其实的教授、博士生导师、国家级有突出贡献的专家，而且还是一位实业家、理论家。他浑身洋溢着青春活力，雄辩的口才加上哲理的思辨，像磁石一样将人吸住。原封不动、不加修饰地采撷邬江兴对一些问题的独特见解，尽管是不连贯的只言片语，但那迸溅的思想火花，也许更有助于人们加深对巨龙公司的理解：

巨龙公司的凝聚力是什么？我认为公司的凝聚力就在于能充分体现每个员工自身的价值，这个价值不完全是用金钱来衡量的。人总有一种创造的欲望，公司要给员工创造一个发挥他才能、体现他社会存在的机会。

公司发展的内在动力是什么？我认为公司发展的内在动力是如何把全体员工的金点子、银点子、铜点子变成实实在在的可操作，能在市场中体现它的价值的物质，这是公司永不衰落最重要的因素。

公司发展中最可怕的是什么？第一，在我看来是在一种沉闷的气氛中，在一种无形的束缚中，按照某种框框进行机械式的工作。其中最重要的因素是自我的思想束缚，最可怕的是自己陷入了思维的惯性中去。第二，公司最可怕的东西是缺乏一种思想，无论在技术思想，商业思想，在经营理念，经营方式，管理方式方面，都缺乏思想……

缺乏思想是很危险的。我的思想方法关键包括四条主线：一、对已有事物的认同程度。换句话说，你怎么认识已经成为现实的东西。越是绝大多数人认同的时候，你越要想，它合理在什么地方，要更多地想，它的不合理的地方，对大家都认为正确的、经验的东西，用批判的眼光，正确评价事物的正负，任何正面的东西也一定有它的负面。二、观察问题的角度是不是多样化，所谓换位思维，换位思维的思路越宽，你决定这个事物的正确程度越高，你的考虑要站在不同的角度，这是换位思维的多样性。三、你对你的错误的认识。四、你对你的成绩的认识。

有些问题在市场上找不到解决办法的时候，在哲学书上，在人物传记上，在报告文学上，在科学论著上会找到答案，显式答案没有，隐式答案随手拈来。但往往人们对隐式的问题不够直截了当，特别是科学方法论的第二点：他山之石，可以攻玉。就是说，总结别人的经验，特别是总结他经验的狭隘性，发现在更大范围内他的经验是个错误，或在不远的将来是个错误。我过去的成绩也许是我明天的错误或是我正在发生的错误。

巨龙公司现在需要思想，需要懂得商业和各方面知识的思想家。如果缺钱、缺人、缺技术，最缺的是点子。20世纪末商业最重要的特点，点子就是金钱，点子就是我们的事业。

邬江兴的思想火花远远不止这些。但它的核心十分明确清晰，那就是如何最大限度地调动发挥每个员工的积极性和创造性，这是巨龙公司持续、健康发展的最根本要素所在。他苦苦思索，努力探寻这样一种新的机制，并寄希望于公司资产重组后能显露出端倪。

在采访中，邬江兴曾提出"什么是拥抱下一个世纪的动力？"还未等我思考，他就斩钉截铁地说："人。有创造力的人！"接着他又补充道："人世间最大财富是有创造能力的人。"

夜幕低垂，大雨瓢泼。走出西郊宾馆，我的耳畔仍久久回荡着邬江兴铿然自信的话语。巨龙公司是幸运的，有这样的带头人，2000年进入世界通信工业50强的目标，不会是遥远的未来。

背景资料

巨龙大事记

● 1991年12月，我国第一台大型局用数字程控交换系统 HJD04 机研制成功，通过了邮电部组织的国家级技术鉴定。

● 1994年6月2日，国家科委、电子部、邮电部联合向国务院上报了《关于加大对国产大型程控交换机产业扶持力度的请示》，提出了组建04产业集团的若干原则。

● 1994年6—11月，江泽民、李鹏、朱镕基、李岚清、邹家华等党和国家领导人对04机问题作出若干重要批示，批准了根据两部一委报告提出的集团组建有关问题。

● 1994年10月9日，04机在朝鲜顺利开通，实现了国产大型局用数字程控交换机出口"零"的突破。

● 1994年12月，巨龙公司召开了第一届董事会第一次会议，通过了公司章程等注册文件，确定了巨龙公司实行五个统一的运行模式。

- 1995 年 3 月 2 日，巨龙通信设备有限责任公司在北京正式注册成立。
- 1995 年 6 月，国家经贸委将巨龙公司列入 512 家国家重点扶持企业。
- 1996 年 1 月，HJD04 机荣获国家科学技术进步一等奖。
- 1996 年 1 月，巨龙公司研制的我国第一套实用化的 HJD04—ISDN 综合业务数字网系统在北京开通运行。
- 1996 年 11 月 2 日，巨龙公司召开 '96 第三次董事会，中国邮电工业总公司正式成为巨龙公司的股东；确定了"统一市场、集中经营"的发展战略，巨龙公司进入了规范化发展的新里程。
- 1996 年 12 月 19 日，HJD04D 型数字程控交换机正式获得俄罗斯通信部颁发的俄电信入网证，成为中国唯一获得国外入网许可的国产交换机型。
- 1997 年 1 月，被列入国家 56 项"双加"工程项目的 04 机专用电路板生产线项目和开发中心技术改造项目正式启动。
- 1997 年 3 月，巨龙公司研制的我国第一台大容量高级智能网系统 HJD04-CIN，在北京开通运行，同年 12 月通过了国家技术鉴定。
- 1997 年 4 月，在国内第一个开发成功并开通运行 V5.2 接口及其相关接入网设备，在石家庄的试验点通过电信总局验收，被邮电部批准为优秀机型。
- 1997 年 12 月 22 日，由巨龙公司提供的 HJD04 数字程控交换系统在中国驻俄罗斯大使馆开通运行。
- 至 1997 年底，巨龙公司共使用买方信贷达 4 亿元。
- 1998 年 1 月，巨龙公司召开了 '98 第一次董事会暨股东大会，确立了资产重组、转制上市的发展方向。
- 1998 年 1 月，俄罗斯电信代表团访问了巨龙公司，并与巨龙公司签订了全面合作协议。2 月，李鹏总理访俄期间，中俄混委会将巨龙公司与俄罗斯的电信合作项目列入了中俄两国政府间合作协议。
- 1998 年 3 月，巨龙公司正式导入企业识别系统（CIS）。
- 1998 年 3 月，邬江兴董事长出席尤里卡计划亚洲国际会议，并作为中国企业界唯一代表在会上做重要发言。
- 截至 1998 年 4 月，HJD04 系列交换机累计销售 1400 万线。

《通信产业报》1998 年 7 月 29 日

解析：《巨龙昂首东方》是"振兴民族通信产业专题系列报道"的打头作品。1998 年，我国民族通信产业得到蓬勃发展，出现群体突破的可喜局面，4 家领先企业"巨大中华"形成气候，笔者时任《通信产业报》总编辑，在 1998 年下半年策划了"振兴民族通信产业专题系列报道"，目的是为民族产业鼓与呼，以引起全社会的关注。当时计划发表 8 篇长篇工作通讯，并决定文章一律不用副题，主标题要把企业的简称镶嵌进去。按照笔者提出的要求，见报的 8 篇通讯标题分别是：《巨龙昂首东方》《大唐初展雄风》《中兴鹏程万里》《华为擎起希望》《东方巨鹰展翅》《金鹏振羽高飞》《南方别有天地》《华光再度辉煌》，这 8 个标题，前两个字是公司简称，后 4 个字充满寓意。这组系列报道标题就比较提气，发表以后在行业内外引起较大反响。

巨龙公司研制成功自主开发的大型局用程控交换机（04 机），"昂首东方"给中国人长了志气。大唐公司起步稍晚，但自主研发能力很强，确实已"初展雄风"，而且大唐的名字，让人很容易联想到古代的盛唐时期。中兴有中国兴旺的明喻，因为中兴通讯落户深圳，深圳又简称"鹏城"，故用"鹏程万里"，寓意深刻，也就是说中兴通讯前程远大，"鹏程"与"鹏城"又是谐音，间接说明深圳是极有发展前景的。华为公司是民营企业，发展速度最快，规模扩展也最快，在民族通信产业的振兴中，与中兴通讯一起走在最前面，故用"擎起希望"，实至名归。

笔者从不当甩手掌柜的，既是策划者，也是执行者，身体力行是笔者的风格。《巨龙昂首东方》的撰写由笔者独立担纲，先后多次去巨龙公司采访，与董事长和总经理深入交谈。这篇将近 9000 字的通讯，笔者是在冷静中怀着激情，为民族通信产业的崛起，倾尽全力振臂疾呼高歌。开篇前的"题记"为全文定了调："一个国家没有自己的大型交换机，就等于没有自己的军队。"在文中又一次强调："引进固然需要，但如果一个国家没有自己的大型交换机，就等于没有自己的军队。这绝不是危言耸听……"这篇工作通讯重点是讴歌我国拥有自主知识产权的第一种大型局用 HJD04 数字程控交换机，同时也包含了足够多读者未知的信息量。20 年过去了，领头雁华为飞得越来越高，超出了笔者当时的预估；中兴通讯虽然受到一些挫折，但还是紧跟华为没有趴下没有掉队；遗憾的是被笔者寄予厚望的巨龙，由于机制体制等诸多因素，渐渐远离了人们的视线，这是笔者不愿看到又不得不接受的现实。

方 寸 之 间 铸 辉 煌

——邮票印制局企业精神透视

第一次去邮票印制局采访，只有短短半天时间，给我留下印象最深的是：拔地而起的乳白色壮观的综合业务新楼、精致先进的现代化印制设备、赏心悦目的56个民族服饰小版张邮票。但是，我总觉得在这些外在的发展变化背后，一定会有某种说不清的内在精神在起着支撑作用，而这正是我感兴趣并想探寻的东西。

再次去邮票印制局，我将视点对准企业文化，更准确地说是通过所接触的上上下下的干部职工，去极力透视企业文化的内核——企业精神，而我理解凝聚力和向心力，积极性和创造性，则是企业精神的魂灵所在。一个国家没有精神会亡国，一个民族没有精神会消失，一个企业没有精神会垮掉。诚然，我们反对精神万能论，因为它让我们年轻的共和国饱尝过苦头；但是一味宣扬物质万能论，同样也不可取，否认精神的作用会受到惩罚。欣喜的是，我看到邮票印制局的企业精神正在发扬光大，职工的精神风貌日益昂扬向上，纵观局里多年的改革发展历程，企业精神已成为推动其持续前进的原动力。

> 邮票印制局企业精神的缘起，既是历史的总结，又是现实的需要，不要小觑它的十四字箴言，既简单又深奥，既易懂又难做；可一旦制定便成为广大干部职工共同遵循的行动纲领、工作准则和奋斗目标。

邮票印制局的企业精神归结为十四个字："团结敬业创一流，优质高效保安全。"这十四个字的企业精神，源于1994年建局时提出，时任邮电部副部长的刘平源欣然润笔题词。也许有人说，这算什么企业精神，十四个字不过是一句口号，放之四海而皆准，任何企业都适用。此话不假，我在采访之初，也曾有过这种念头，甚至动摇想放弃这个题目。但随着采访的深入，才感到这十四个字，看起来平平淡淡，却贯穿着一条主线，它凝聚着邮票印制局的历史、现实和未来。

邮票印制局的前身是北京邮票厂，建于1959年9月25日，系中国和捷克斯洛伐克两国合作的产物。这座共和国唯一的邮票厂，印制的邮资票品之多，恐怕能载入世界吉尼斯大全。1994年1月，北京邮票厂和集邮总公司的一部分合并，正式成立邮票印制局，承担邮电部下达的邮票设计、印制、运输三大任务。

回溯历史，在邮票印制局成立之前，北京邮票厂的领导班子，像走马灯似的不断轮换，长至两三年，短至几个月，谁来也没有筹划过长远打算。群众形容干部："各吹各的号，各唱各的调"，职工想的也是："我干活，你给钱"，动辄就到部里告状。那时候，企业的突出问题，就是四个字："一盘散沙"。

邮票印制局成立，局厂合一后，难道仅仅是名称的变更？七百多名职工在冷眼静观，新的领导班子是承袭历史走老路，还是锐意改变现状创出新路？七百多名职工还在热切企盼，新的领导班子能否带领他们，振翅腾飞铸造辉煌?! 摆在局长陈文骐、党委书记石振平面前的，是历史的重任，是时代的考验。他们深知，小小邮票是国家的名片，邮票质量的优劣，关系到邮票事业的兴衰发展。尽管市场经济大潮涤荡着各行各业，邮票印制局还是计划经济模式，计划由部里下达，发行由部里管理，邮票印制是特殊行业，传统似乎制约着一切。

沿袭老路，省心省力，没有风险。但为官一任，守土有责，绝不能辜负上级的信任和职工的期望。企业治理必须找到症结，所以先从治"散"开始。党政班子一条心，上下达成了共识：邮票印制局要想改革发展，团结是最重要的因素，团结是基础，团结是根本，唯有团结搞好了，干部职工增强了向心力和凝聚力，才谈得上工作敬业，才能创出一流佳绩。这层辩证关系看起来只用"团结敬业创一流"七个字简简单单的概括，可其深邃的内涵做起来，就不是一朝一夕的事啦！

"优质高效保安全"七个字，是针对邮票的特性，以及局里的现状制定的。小小邮票无小事，方寸之间有政治。邮票印制质量差，即刻产生不好的社会效果，轻则会群众出来骂娘，重则会惊动中央领导。邮票印制不能足量，邮商就会哄抬邮票价格，邮市爆炒、秩序混乱，就会干扰邮票事业的健康发展。"保安全"三个字具有多层含义：厂房安全、车间安全、设备安全、人身安全等都十分重要，邮票的安全则是重中之重。作为有价证券，邮票的丢失等同于银行的人民币被窃；尤其是变体票、残票、废票，流失到社会不仅价值连城，而且造成十分恶劣的社会影响。邮票印制工序多，管理易出现漏洞，犯罪分子便有空可钻，邮票的安全防不胜防，着实是件令人头痛的事。

由此看来，"团结敬业创一流，优质高效保安全"的企业精神，在邮票印制局里绝不仅仅是一句口号，绝不是摆样子给上级领导看的，它是邮票印制局七百多干部职工的行动纲领、工作准则、奋斗目标。在5年多的时间里，全局从干部到职工，脚踏实地把企业精神落实到每一个车间科室，落实到每一道工序，落实到每一个人的心坎上，落实到每一张邮票的设计印制上。

企业精神不是做表面文章，也不是可有可无的东西，企业精神在某种程度上，是企业文化有形和无形的结合体；企业精

神只有化作干部职工的自觉行动，才能真正锤炼出一支冲得上、打得赢的特别能战斗的团队。

如果单纯讲企业精神，容易给人看不见、摸不着的感觉。邮票印制局的企业精神，却是实打实的，内容丰富多彩，事例层出不穷，最能说明问题的是，他们是一支爱岗敬业、能征善战、敢打硬仗，勇于攻坚的队伍。不妨举例为证：

例证1：1994年底，由于多种原因，九五《生肖》邮票及《中华全国集邮联合会四大》小型张，未能完成定额任务，没有满足社会需求。邮电部领导和邮政总局领导下达指令，限定邮票印制局在12月25日前，必须印好并发出《生肖》邮票5000万枚，《中华全国集邮联合会四大》小型张1700万枚。

俗话说"军令如山倒"，上级的指令在他们看来就是军令。面对时间紧、任务重、要求高的严峻考验，局党委召开干部职工动员会，提出元旦停止公休，一切工作为生产让路。局领导班子认识到，这是建局以来的第一个战役，不仅仅是为了体面地完成上级交给的任务，也是落实企业精神、锻炼队伍、鼓舞士气的难得机会。领导身先士卒，深入现场办公，及时处理问题；处室车间干部跟班作业，统一调度指挥；党政机关部门人员，统统来到生产第一线，为加班加点的职工送水、送饭、送温暖；生产第一线的职工，不计报酬、不讲条件、领导指哪儿打哪儿。检票车间共产党员刘彩梅，骑车上班路上被人挂倒，摔掉了一颗门牙，简单处置后就赶去上班，可谓轻伤不下火线。全局总动员，人人齐上阵，心往一处使，干劲冲云天。邮票印制局成立的第一年，第一个战役打了漂亮仗，任务完成上下都很满意。这得益于企业精神的发扬光大，"团结"二字深入人心，一盘散沙变为拧成一股绳，看来"人心齐，泰山移"，是千真万确的道理。

例证2：印制香港回归祖国的纪念邮票，绝不是简单的一场拼人力、抢时间的战斗，就技术水平要求之高而言，这是一场现代化的立体战役。困难和问题接踵而来，蛮干拼命干不行，24小时连轴转不行，高度的敬业精神和开启智慧，才是解决问题的钥匙。

第一只拦路虎是薄于毫厘的14克背胶。香港邮局只备清水不备胶水，也没有糨糊等东西。要确保用清水也能把邮票粘结实，需要与国际接轨的14克背胶。为此，从1996年七八月开始，江南造纸厂历尽千辛万苦，付出了很大代价，才在香港邮票专用纸上涂上了14克背胶，这只是百米冲刺刚到中途，香港要的是邮票，而不是邮票纸，要再把14克背胶纸印成邮票，几乎和把14克背胶涂到专用纸上一样困难。这在共和国的邮票史上，也是尚未尝试过的事情。由于背胶用量大，纸张正反两面温湿度敏感程度也随之差异变得增大。尤其在我国北方冬春时节这种最不利的气候条件下，服服帖帖地通过印刷、打孔和连续打码等各道工序，真可谓是一场前所未有的挑战。

　　困难来四面八方，大多迎刃而解。车间空调有问题，多年来解决不了，设备科这回彻查原因，请大学的高人前来，在天花板上给空调系统动了"外科手术"，车间的温湿度控制能力大大改善。荷叶边、起褶子等问题，技术处与车间、造纸厂共同会诊，找出根源彻底解决问题。比起这些困难来，真正最难的是印刷，最辛苦的是开机器的工人。要让这种14克背胶纸，从飞达一张张顺利地进入机器，再一张张老老实实地收到纸台上，唯一的办法只有用双手，把纸一沓一沓揉开一遍。不但要揉开，还要根据纸的不同情况，揉得恰到好处，揉得有一点不"舒服"，机器照样开不起来。操作师傅不嫌麻烦，自找苦吃，耐心加恒心，终于驯服了这难崴的14克背胶纸。

　　例证3：磷光又是一只拦路虎。1996年9月，香港方面发来一份电传："我们（指香港方面）坚持以能够达到所规定的磷光要求，作为获得承印我方邮票资格的先决条件。"这口吻像是最后通牒似的，压得大家伙儿心里沉甸甸的。因为在此前他们尝试了几种磷光墨，但几次送样到香港都被否决。问题发生在两方面：一是紫外光照射后发光亮度不够；二是印刷痕迹大。亮度要够了，其不良视觉效果，又让人难以接受。压力就是动力，香港回归祖国，邮票由祖国印制天经地义，就是有天大困难，也不能临阵退缩。经过一次次的试验，一番番地周折，终于找到了质量和价格均是世界最高的合适的油墨。油墨找到后，又为确定合理的印刷工艺，一遍一遍伤透了脑筋。到底是用胶印还是凹印？是用干印还是湿印？是采用树脂版好还是用尼龙板好？是应该后印还是先印？难题在争论不休中解开，难题在反复试验中解决。最后做到了磷光条码印绝不次于任何当时所能见到的，包括以往香港邮票上的磷光条码水平。在邮票印制局职工手中，一只只拦路虎，变成了一只只乖乖虎。

　　全套6枚加一枚小型张的香港回归祖国纪念邮票，从设计到印制中的故事能装满几箩筐，上述只不过是其中的小小插曲。如此的精益求精，如此的讲究质量，怪不得香港邮政经理林兆先生称："这套邮票的印制，达到了世界级的水平，我对双方的合作，以及产品的质量，感到非常的满意。"这恐怕确是发自肺腑的赞誉。

　　例证4：1998年夏季，我国长江、嫩江、松花江流域，发生了百年不遇的特大洪水，国家邮政局在8月12日决定，于9月10日发行一套"抗洪赈灾"邮票，将邮票收入全额无偿交给国家，支援抗洪救灾。8月13日，邮票印制局召开印制"抗洪赈灾"邮票动员大会。国家邮政总局刘立清局长到会讲话，在动员鼓舞士气同时，提出了进一步的要求。邮票印制局党委书记石振平代表党政班子作战前动员，为了真实记录当时的气氛，这里不妨摘录几段石振平的讲话："我们要把印好'抗洪赈灾'邮票，作为当前的头等大事，打破常规特事特办，只准完成任务，不准讨价还价；只准提前，不准延误；只准印好，不准印坏。"

这几个"只准""不准",可不是说着玩的,是要动真格的,一旦出了什么问题,处理起来绝不含糊。结果如何呢?仅用12天时间,就保质保量完成了"抗洪赈灾"邮票的全部设计、印制、检验、发运任务,收回3000多万元捐助给灾区。毫不夸张地说,这是一场空前绝后的速决战,创下了共和国邮票发行史上的新纪录。请问,一支纪律涣散的队伍,能创下这种奇迹吗?!请问,一支技艺不精的队伍,能完成得了任务吗?!邮票纸印制局的职工特别能战斗,这是无数事实证明了的。

> 一个团结拼搏的集体,是由无数个体组成的;就每个职工而言,它是一束束火花,单束火花能耀眼明亮,集束起来必然能铸造辉煌;我们任何时候都不能忽视个体的潜能,这是团队精神底蕴之所在。

倡导企业精神,弘扬企业精神,是为了以企业精神为纽带,增强广大职工的向心力和凝聚力,在调动积极性的基础上,进一步激发出创造性,真正以主人翁责任感干好工作、完成任务。加班加点、废寝忘食、埋头苦干、任劳任怨、不怕脏累、不计报酬,需要有很高的思想境界;开动脑筋、启动智慧、解放思想、敢想敢干、勇于创新、大胆变革,更是令人钦佩值得赞扬。在邮票纸印制局的广大职工身上,无私奉献的火花闪耀亮眼,我们不妨将镜头的焦距,对准那些普普通通的工人,虽然这是些不连贯的、没有剪辑过的镜头,并未刻意的加工处理,原汁原味更加真实可信。

镜头1:邮票印制车间唯发机打孔器的保全工刘厚玲,工作兢兢业业,踏实肯干,心细手巧,眼里有活。为香港特区承担的第一套邮票在胶印工段生产,有一台海德堡印刷机也要印磷光油墨,但需要安装检查质量使用的紫外灯,可是操作工苦于没有灯架干着急。刘厚玲看在眼里,记在心上,很快加工好紫外灯支架,解了操作工的燃眉之急。可贵的是刘厚玲从来不分分内分外,凡是对全局有利的事,他都会抢着去干。拖车坏了,他主动去修;打孔机平台需要外加工垫板,他接过活按尺寸悄悄做好;七色机因渗水而无法使用的纸卷,经他通过刮刨修理又重新得到使用。平凡的人做平凡的事,只有主人才会这么干。

镜头2:女工王美霞本职工作是负责车间安全保卫、电梯运行和邮票复数。按理说,这是个特别烦琐、毫不起眼的工作,很难做出耀眼的成绩来。但只要是金子,放到哪里都会发光。王美霞日复一日地对车间的电源、水管、门窗、报警器、防火器材等设备,进行全天候不间断的检查,防患于未然,绝不敢粗心大意。对邮资票品管理制度,她严格履行着职责,对出入车间的人员,六亲不认,不徇私情,不管是谁,都要严格检查后,方可出入。干的是得罪人的活,却杜绝了邮资票品的丢失。对于车间交给的其他任务，她总是随叫随到，积极主动，认真负责。王美霞爱岗敬业、以厂为家的主人翁精神，得到全局上下一致赞扬。1999年春，邮票印制局授予她"爱岗如家好职工"的称号，成为大家学习的好榜样。

镜头3：邮票印制局保安全的重要内容之一，就是邮资票品的安全存放。虽然有各项安全管理制度，但由于邮票的价值不菲，总会有人跳出来铤而走险。遇到邮票被盗，是睁一眼闭一眼，甚至沆瀣一气，还是挺身而出，大胆检举揭发，这不仅是个人品德素质的体现，也是对企业精神和企业文化，是否深入人心的具体考验。1999年3月，印刷三车间完成班长赵兰英，盗窃尚未加工完的连版邮票。车间女工李艳华发现后立即举报，经过公安机关缜密侦查，发现赵兰英以前也曾盗窃数版的连版邮票，犯罪分子终于受到法律的严惩。一个集体出现蛀虫并不可怕，可怕的是旁边的人事不关己，高高挂起，麻木不仁，视而不见。李艳华出以公心，坚决维护企业和国家利益，不仅作出榜样弘扬了正气，也为企业精神增添了光彩。"敢于同违法犯罪行为做斗争好职工"的称号，对她来说是当之无愧的。

镜头4：完成车间检票三班12位姐妹，平均年龄三十五六岁，都是有孩子的妈妈，这个年龄段的女工家庭负担重，上有老，下有小，操心的事很多。她们12人姐妹一心，公字当头，被誉为车间的"突击队"，是全局有名的先进班组。1995年被授予巾帼建功英雄先进集体；1996年又被评为先进班组，全班检票2000多万张，占整个车间任务的40%以上；1997年被评为全国先进女职工集体。这些姐妹为了突击完成任务，经常超负荷运转。一次接受新定额任务时，有近两个月起早贪黑，以车间为家，回家时"孩子都不认识妈妈了"。更为可贵的是，她们掌握新技术也是超常规的。连续打码的进口设备，一般操作需要学习3个月，她们只听厂家代理商上了一堂课，3小时后就上阵了，不懂操作要领，拿着英文说明书，查看《英汉词典》，一点一点地抠，一步一步地试，这些不懂英文的女工，靠着认真好学的精神，不耻下问、虚心求教，终于使新机器运转起来，抢回了宝贵的时间。

这些普普通通的人，做出的平平凡凡的事，既不惊天，也不动地，也许有些人觉得不以为然，但是在市场经济大潮中，欠缺的就是这种无私奉献的精神，就是这种当家做主的主人翁精神。如果说这种精神像是一束火花的话，在邮票印制局的每一个科室、每一个车间、每一个班组、每一个角落，随时随地都会有一束一束的火花在迸溅、在闪耀。这些职工头上没有耀眼光环，手里没有美丽鲜花，胸前没有记功奖章。可就是这些默默无闻的人，在为祖国飞速发展添砖加瓦，他们才真正是共和国的脊梁，他们才真正是可敬可爱的人！

在邮票印制局企业精神落到实处，就是激发出广大职工的向心力和凝聚力，调动出广大职工的积极性和创造性。空喊口号就能创造财富，那不过是破灭了的神话；又叫马儿向前跑，又让马儿不吃草，马儿空着肚皮，怎么能持续奔跑？邮票印制局的领导，怎么能不懂这个道理。各级领导、各级组织，大力弘扬企业文化，时刻把职工需求放在心上。

职工住房是迫切要解决的问题。1998 年建起了 22000 平方米的新宿舍楼，234 户职工喜气洋洋拿到钥匙住进了新房，470 多户职工不同程度一次性解决了住房，基本满足了全局职工的住房问题，这在京城的国有企业里恐怕是不曾多见的。

职工不是干活的机器，他们需要丰富多彩的业余生活，需要文化休闲陶冶情操。局领导在这方面舍得花钱，1999 年春节，建好了 600 多平方米的多功能厅，光置办像样的音响系统就花了 80 多万元；投资 26 万元建起了篮球、排球、羽毛球为一体的多功能球场；建好了新图书馆、健身房，职工教育学习室得到了改善……工会组织起篮球队、足球队、乒乓球队、合唱队、读书会、交谊舞比赛、卡拉 OK 比赛、围棋比赛、读书知识竞赛……

职工的生活丰富多彩，职工的心扉明亮敞开，职工的收入成倍增长，职工的面貌大为改观，这仅仅是一个小小的侧面，愉悦的心情，高尚的境界，美好的愿景，最终化作了无穷的力量。我孜孜不倦寻觅的企业精神，在这里总算是找到了些许答案，而这正是那些困境中的一些国有企业所缺少的东西，也是在市场经济大潮中不应抛弃的东西。

1999 年 6 月

解析：《方寸之间铸辉煌——邮票印制局企业精神透视》也是应邀之作。1999 年 5 月，邮票印制局陈文骐局长邀请十几位作家，到邮票印制局参观座谈，让大家从参观座谈中自领选题，计划出一本宣传他们局的书。笔者当时最感兴趣的是企业文化，因为这一直是笔者关注的课题，所以就确定这个选题。阅读了一些有关资料，结合参观的一些感受，笔者觉得内容不够丰满充实，尤其是缺乏细节和案例。于是给陈文骐打电话，让他再安排一次采访。笔者与陈文骐相识有二三十年，他很快安排好时间。笔者再次去邮票印制局，按照采访提纲，采访了一些当事人，与局领导也交换了看法。笔者 5 月底动笔，6 月上旬写好近 7000 字，交给他们局里很快审核通过。文中重点是诠释邮票印制局的企业精神，因为企业精神是企业文化的内核。文中开篇就亮出笔者的观点："而我理解凝聚力和向心力，积极性和创造性，则是企业精神的魂灵所在。一个国家没有精神会亡国，一个民族没有精神会消失，一个企业没有精神会垮掉。诚然，我们反对精神万能论，因为它让我们年轻的共和国饱尝过苦头；但是一味宣扬物质万能论，同样也不可取，否认精神的作用会受到惩罚。"文中第二部分用了 4 个例证，第三部分用了4个镜头，都是通过透视事和人，证明"邮票印制局的企业精神正在发扬光大，职工的精神风貌日益昂扬向上，纵观局里多年的改革发展历程，企业精神已成为推动其持续前进的原动力"。他们的这些做法有借鉴推广价值。

2000年5月，笔者提前退休到深圳，到新创刊的《世界电子商报》任常务副社长兼总编辑。在深圳工作了5年半，与陈文骐失去了联系，回京后也没联系上。书到底出没出版，稿件的下落如何，笔者一概不知，反正是没拿过他们一分钱的报酬。笔者后半生的新闻生涯，主要是报道电子信息产业，同时笔触也涉猎过建筑行业、医疗行业、税务行业等多个领域。笔者工作单位和邮票印制局，同属于工业和信息化部，邮票印制局的企业文化，值得让更多的企业知晓，于是把这篇工作通讯收入本书。

不 倒 的 巨 人

在群星闪烁的NBA赛场，科比·布莱恩特的神奇令人匪夷所思；小巨人姚明为东方擎起一片天，也是一道亮丽的风景。但使国人揪心的是，在凶悍强壮的对手严防之下，小巨人一次次跌倒又站起。半导体行业的巨人英特尔是幸运的，他的主要竞争对手AMD（美国先进微电子器件公司）暂时还不足以让他倒下。孤独求败，谁与争锋，只要自己不打败自己，巨人仍然是巨人。

39岁的英特尔一柱擎天，有人欢喜有人愁。探究巨人不倒的原因，对半导体行业不无裨益和启迪。

一

2007年3月26日，对中国半导体行业来说是个难忘的日子。世界第一芯片制造商英特尔公司，在华宣布将在大连投资25亿美元，建设一个生产300毫米（12英寸）晶圆的全资工厂。这个全称为英特尔半导体（大连）有限公司集成电路芯片生产线建设项目（英特尔Fab 68号厂），位于大连经济开发区双D港，占地16.3万平方米，采用90纳米技术生产电脑中央处理器（CPU）芯片组，月产芯片达5.2万片，预计2010年上半年投产。

大连建厂新闻甫一发布，就引起国内外传媒高度关注，新浪网"科技时代"还开辟了《英特尔大连建厂》专题系列。这也难怪，因为新闻本身就有很多的第一：大连厂是英特尔15年来第一次在全新的地点兴建晶圆厂；大连厂是英特尔在亚洲的第一个晶圆厂；25 亿美元是高科技企业投资中国有史以来的最大投资额，也是迄今为止中国引进的最大单笔外商投资之一，并使英特尔成为在中国投资最大的跨国公司之一；12 英寸、90 纳米，这也已经达到了英特尔目前生产工艺的较高水平；把芯片前端制造的世界主流技术和制造工艺带进中国，填补了我国的技术空白……

对于英特尔选择在中国建立晶圆厂，尤其是把厂址选择在海滨城市大连，各种报道包括"博客"都在探索其内在原因，各种版本的"内幕""传言"众说纷纭。有的说中国的经济发展热点已经悄悄向环渤海地区转移，有的说体现了英特尔对中国政府振兴东北老工业基地区域发展战略的支持，有的说英特尔暗战 AMD 欲抢回在中国失去的腹地，有的说英特尔可以完善产业链，缩短自身产品同终端电子产品的距离，等等。这些说法不无道理。

但英特尔之所以选择在中国建立晶圆厂，根本的原因、最直接目的就是降低成本，保守估计 10 年内可节省 10 亿美元。在商言商，世上没有免费的午餐。企业的一切决策和部署，都围绕着直接或间接赢利，谈起孔方兄不必羞涩。据报道，英特尔的 CPU 全球市场份额，2006 年已从 84% 下滑到 74%，作为半导体行业的翘楚，10 个百分点不是小数目，更何况中国早已成为仅次于美国的全球第二大 PC 市场（2006 年市场出货量约 2250 万台）。因此，英特尔在中国建立晶圆厂，是寻求巨人不倒的良策，是巩固霸主地位的妙着。

二

对于英特尔在 CPU 市场的垄断地位，有些人深恶痛绝，甚至称其为"一个恐怖的垄断者形象"。但是当英特尔在 1968 年 7 月 18 日创建时，谁能想象到他会成为一个巨人呢?! 罗伯特·诺伊斯和戈登·摩尔各出资 24.5 万美元，风险资本家阿瑟·罗克出资 1 万美元并募集了 250 万美元，公司就正式成立运转了。

时间是这样的巧合，又是这样的同步，此后的命运却大不相同。也是在 1968 年，我国开始筹建第一个集成电路专业化生产厂——北京东光电工厂（八七八厂），直到 1976 年才由国家投资 4900 万元，建成 5000 平方米的净化厂房，单项引进一条"拼盘生产线"，1979 年正式投产。此时的英特尔已首次进入《财富》杂志的 500 强，位居 486 位。这里不是探讨教训，因为当 1959 年世界上第一块硅集成电路诞生时，我国也在 20 世纪 60 年代初起步研究集成电路，并在 1965 年由河北半导体研究所定型了第一块集成电路（DTL 门电路）。起步不晚，却步履蹒跚，这里不是总结我们的得失，而是探究巨人的崛起之路。

创新是高技术产业永不衰竭的灵魂。英特尔成为巨人的撒手锏就是技术创新和产品创新。英特尔从成立之日起，就源源不断地推出技术领先的新产品，引导半导体行业与其同步发展。翻开英特尔编年史大事记，每一年都有若干项新产品问世的记录。近年来英特尔的新产品在业界早已耳熟能详，这里不再赘述。我们不妨撷取容易被人忘怀的前三年纪录：

——英特尔成立的第二年，也就是说 1969 年，发布了第一款产品 3010 Schottky 双极随机存储器（RAM）和世界上首款金属氧化物半导体（MOS）静态随机存储器（staticRAM）1101；

——1970 年发布 1103 动态随机存储器（DRAM）；

——1971 年发布世界上可擦写编程只读存储器（EPROM）和世界上第一款 4 位微处理器 4004……

英特尔工程师霍夫发明的这款 4004 微处理器，虽然只有 45 条指令，虽然每秒只能执行 5 万条指令，虽然只有 2300 个晶体管，虽然它的晶体管集成度，远不及 1993 年推出的 Pentium（奔腾）处理器（集成了 310 万个晶体管）、1997 年推出的 Pentium II 处理器（集成了 750 万个晶体管）、1999 年推出的 Pentium III 处理器（集成了 900 万个晶体管）、2000 年推出的 Pentium4 处理器（集成了 4200 万个晶体管），与 2006 年推出的全新架构的酷睿 2 双核（集成晶体管的数量已经超过 2.91 亿个）更不能同日而语。但 4004 改变世界的里程碑意义却永载史册。

不管你是嫉妒还是仇视巨人，但你不能忽视他的现实存在，不能忽视他对人类科技进步所做出的巨大贡献。自主创新技术谈何容易，自主创新产品谈何容易，我们目前缺乏的就是这些东西。

三

要保障技术创新和产品创新持续领先，首要的是有大手笔的研发投入和一流的技术人才。国际上顶尖的高新技术企业，每年研发投入都占销售收入的 10% 以上；而作为知识密集、技术密集、投资密集的芯片业，研发投入则要占销售收入的 15% 以上。

英特尔每年研发投入都在 40 亿美元以上，始终高于行业的标准。2004 年是 48 亿美元，2006 年高达 59 亿美元，占销售收入的 17% 以上。排名全球最有价值的 100 个品牌二、三位的微软、IBM，每年的研发投入也都在 50 亿美元以上。高额研发投入保证了持续创新的主动权，成就了其全球科技领先者的地位。我国只有华为和中兴通讯少数几家企业，研发投入占销售收入的 10% 以上，其余的大都在 5% 以下。研发投入的差距，决定了技术的领先与滞后。

人才更是英特尔的制胜法宝。公司创建初期，只有一支 12 名工程师的核心队伍，而今英特尔实验室（Intel Lab）在全球拥有 7000 多名研究人员，更甭说其高层有懂技术的天才。在美国，80% 的优秀人才聚集在企业，我国这个比例只有 30%，这巨大的落差从另一个侧面反映了问题。

英特尔得天独厚的利器是它的摩尔定律，它是导引半导体产业前进的经验法则。摩尔定律的诞生，有其偶然性，但偶然性蕴含在必然性之中。这里不得不回顾一下它诞生的过程。

前面提到戈登·摩尔是英特尔创始人之一。1965 年时，他已成为公司的名誉董事长。4 月的一天，他在为电子学杂志 35 周年特刊写一篇探讨未来半导体趋势的文章时，因为要制作一张记忆体性能成长趋势线的图表，便开始整理1959—1965 年的半导体技术数据，结果发现一个极为特殊的关联：下一代芯片的晶体管集成度每 18 个月就会提高一倍，性能也随之提高一倍，而价格下降50%，产品的生命周期短暂到 2.53 年。较长的投资回收期和较短的技术更新期，对有志于从事半导体运营的企业，提出了更高的甚至苛刻的要求。令摩尔本人也始料未及的是，摩尔定律不仅成为英特尔持续发展的指南，它还以不可抗拒的自然力量，统治了硅谷乃至计算机行业整整 30 多年。

尽管英特尔有摩尔定律护身，有持续不断的技术创新和产品创新，但这并不能保证企业百年金身不倒。产品生命周期必然会走过投入期、成长期、成熟期、衰退期，百年之后产品、技术、设备、厂房都会消失，存在的唯有品牌。可喜的是，英特尔在 20 多岁时，就意识到要成为不倒的巨人，就要尽早从产品生命周期，进入品牌生命周期。

四

1991 年 5 月，在一次法庭裁决中，"386" 成为普通的命名，英特尔再也不能阻止其他公司使用它作为一个产品的名称。此时的英特尔遇到了前所未有的危机和挑战，他不得不寻找一个强调自己产品而不是他的竞争对手产品的方法。

从 1991 年到 1992 年下半年，英特尔耗费 2.5 亿美元开展了 "Intel Inside" 品牌计划。这是高科技产业领域最早的品牌计划之一，也是一个半导体公司所发动的最昂贵的广告活动。当然，钱并不是全来自英特尔的腰包，一半以上的费用出自合作伙伴。"Intel Inside" 标志排除 Intel 产品的仿冒者，其产品主题是升级能力，它所传递的信息是：个人电脑中装有 Intel 处理器，就意味着第一流技术，并且能够帮助客户保护自己的电脑投资。虽然，2006 年英特尔停止使用 "Intel Inside" 口号，开始启动新的品牌推广策略，"Intel Inside" 的贡献却是有历史意义的。

毋庸讳言，"Intel Inside" 品牌全球化计划取得空前的成功。在 2001 年 8 月6 日出版的美国《商业周刊》全球最有价值的 100 个品牌排行榜中，英特尔排在第 6 位，价值为 347 亿美元，在高科技企业中，仅次于微软、IBM 和诺基亚。在2004 年 8 月 2 日出版的《商业周刊》全球最有价值的 100 个品牌排行榜中，英特尔的品牌价值降到 335 亿美元，排名却上升到第 5 位，原来第 5 位的诺基亚则降到第 8 位。当年，罗伯特·诺伊斯和戈登·摩尔离开仙童半导体，投资创建诺伊斯—摩尔公司后，仅支付 1.5 万美元从 INTLECO 公司买到"INTEL"名字的使用权，并更名为英特尔公司时，他们做梦也不会想到 30 多年后，"INTEL"的价值竟从 1.5 万美元升值到 300 多亿美元。

五

一个高新技术企业的成功，技术、产品、品牌缺一不可。但市场是变化莫测、风云诡谲、起伏跌宕、危机四伏的。不具备抗风险能力，不具备抗干扰能力，不具备应变能力，不具备"自救"和"他救"能力，企业总会在劫难逃，遇到飓风覆舟更不稀奇。英特尔这个半导体界的巨人，在前进的征途中，也遇到过一次次难关，却一次次化险为夷：

——1982 年，全球半导体产业不景气。为了帮助英特尔渡过难关，IBM 以 2.5 亿美元收购了英特尔 12% 的股份，而后又以 1 亿多美元追加收购了 5% 股份；1987 年，随着产业环境的好转，IBM 又出售了这些股份。这样的合作伙伴才是真正的患难与共，这也成为"他救"的典型案例。

——2006 年一季度，英特尔利润下滑 38%，股价下降 22%。面对利润的滑坡，为保持灵活高效的机制，当年 9 月 6 日，英特尔果断宣布未来一年内裁员 10500 人，这项措施最终可减少 30 亿美元的运营开支。企业增加效益最便捷的办法，就是压缩开支、降低成本，而裁员会起到立竿见影的效果，这也正应了"铁打的营盘流水的兵"这句话。

——2006 年 4 月 27 日，英特尔宣布，将整合 20 世纪 90 年代末多元化策略中那些不赢利的业务，并决定退出通信市场，这样一来公司可节约 10 亿美元的开支。专注于做最擅长的一件事，比什么都揽在手里好，这就是攥紧拳头比伸开五指好的道理。

——AMD 成立于 1969 年，只比英特尔晚一年，这个兄弟却从此生活在大哥的阴影之下，两个公司的口水战断断续续打了 30 多年。自 2005 年以来，AMD 大举进攻，显露出咄咄逼人之势。面对 AMD 宣布对华转让 X86 芯片技术，双核产品的提前发力，市场份额的上升，合作伙伴的转向，英特尔于 2006 年 5 月，对双内核奔腾 D 处理器、双内核奔腾 4 处理器等大幅降价 50%，逼迫 AMD 只能选择还击。价格战是两败俱伤的下策，却能有效地杀伤竞争对手。

毛泽东在批驳唯武器论时，曾说过人是决定胜负的因素。巨人之所以成为巨人，归根结底还缘于英特尔有三个天才的当家人。被誉为"硅谷市长"的罗伯特·诺伊斯，是集成电路的发明人，1979 年从美国总统卡特手中接过国家科学勋章，1983 年入主全美发明者名人堂，1987 年美国总统里根又亲自给他颁发全国技术勋章；戈登·摩尔是 IT 界第一定律——摩尔定律的发明者，1990 年美国总统乔治·布什（老布什）授予他全国技术勋章；戈登·格罗夫的贡献是在英特尔 24 岁时，也就是 1992 年，使其成为世界第一大集成电路供应商，2002 年乔治·W. 布什（小布什）授予他总统自由勋章。一个企业的初始期和成长期，集合了这么几位出类拔萃的掌门人，不成为巨人才奇怪呢?!

真正的巨人是不会故步自封、因循守旧的；他只会苦练内功、勇往直前；这样的巨人不惧怕挑战，也不会轻易倒下，除非他有一天病入膏肓，寿终正寝。

《电子元器件资讯》2007 年 5 月第 1 期

解析：《不倒的巨人》这篇工作通讯，发表在《电子元器件资讯》创刊号。2007 年 3 月，笔者来到《电子元器件资讯》编辑部。编辑部里大都是新人，对元器件行业不大熟悉，而杂志 5 月即将创刊，执行主编老蔡邀请笔者过来帮忙。作为昔日的同事和朋友，笔者义不容辞。

在《电子元器件资讯》杂志，笔者又重新关注起电子信息产业，尤其是元器件方面的信息。2007 年 3 月 26 日看到一则消息，美国英特尔公司宣布将在大连投资 25 亿美元，建设一个生产 300 毫米（12 英寸）晶圆的全资工厂。笔者觉得这是个重磅新闻，对中国集成电路发展是件好事。同时也勾起笔者的思索，英特尔公司和我国八七八厂（国营东光电工厂），几乎同步都在 1968 年创建，为什么三四十年后，英特尔成为世界第一芯片制造商，而八七八厂偃旗息鼓无声无息呢？两相比较脑子里蹦出标题《不倒的巨人》，然后收集资料，采访英特尔公司，主要是探寻他们成功的秘诀。经过全方位的梳理英特尔公司历史，发现他们长盛不衰的根本原因，是因为持续不断的技术创新和产品创新。《不倒的巨人》围绕技术创新和产品创新这条主线，用大量事实佐证：创新是高新技术产业永不衰竭的灵魂，技术创新和产品创新，也是打造技术品牌的不二法门。而这正是我们高新技术产业的软肋，有些企业虽然也明白这个道理，但受制于各种各样因素裹步不前。因此，英特尔成功的经验，对我们还是有推动作用的。

笔者对八七八厂并不陌生，曾经因工作关系经常联系，也有很多朋友在该厂工作，所以只是开头提了几句。八七八厂的陨落，不是一个厂的问题，体制机制问题、资金投入问题、创新能力问题、人才结构问题等等，不是一个企业能说了算的。

走近七一八

　　题记：电子元件是电子设备的基本单元，它的发展速度和水平，在一定程度上决定着信息产业的发展速度和水平。

　　一个人历经半个世纪的风雨磨砺，会变得更加稳重成熟，经验老到，进入事业的鼎盛期；一个企业经过半个世纪的潮起潮落，又会是怎样的一种状况呢？

　　走近七一八，去触摸他50年来脉搏的跳动；走近七一八，去追逐他50年来走过的足迹；走近七一八，去聆听他50年来历史的声音；走近七一八，去寻觅50年来心中不解的答案……

　　七一八是新中国电子元件的发源地，七一八是新中国电子元件的奠基石；所以，记者带着酒仙桥电子城情结，在七一八即将50周岁的时刻，走进熟悉又陌生的七一八。

掀开尘封的历史　解开心中的疑团

　　走近七一八，首先触摸到的是他的历史进程。回溯到一穷二白的旧中国，那时中华大地没有一家专业元件厂。中华人民共和国成立伊始，百废待兴，国家就把建设无线电元器件工业提到优先发展的日程。

　　1950年10月末至11月初，在北京召开的"全国电信工业会议"上，就提出了发展电子管工业，逐步走零件专业化生产道路，筹建电子管厂和零件厂的动议。1951年，中国人民解放军总参谋部根据电信会议的建议，决定建立北京电子管厂和北京无线电零件厂。1951年10月29日，军委通讯兵部主任王诤根据总参的决定，就两厂的建设问题向周恩来总理提出书面请示。

　　周恩来当日即批示陈云、薄一波、李富春、聂荣臻、杨立三："同意设立两厂方针，具体设计和布置，待苏联综合设计组来中国后即与他们计议此事，看是否包括在他们的设计任务之内。同时请中财委亦告沙千里、林海云等同志，将此两厂设计与装配任务亦包含在他们贸易谈判任务之内，如苏联对无线电零件厂不能承担，亦可至东德一谈"。

　　1952年8月，国营北京无线电零件厂（又名国营102厂，这是第一代厂名，这个厂名鲜为人知，未公布于社会）筹备组成立，罗沛霖、秦亦山为102厂筹备组的正、副组长，直属第一机械工业部电讯工业局领导。1953 年 5 月，筹备组划归第二机械工业部十局领导，改名为国营华北无线电器材联合厂（第一厂名七一八厂）筹备组。1954 年 5 月，国家批准建厂初步设计，同年 9 月以后，德意志民主共和国（以下简称民主德国）驻厂专家进厂开始厂区土建，1956 年 5 月，开始设备试运转和投入产品试制，1957 年 10 月 5 日工厂建成开工投产。

这段看似平淡无奇的历史，虽然过去了 50 多年，但还是为后人留下了很多有益的启示：

启示 1：前瞻性和高起点的完美结合。在共和国建立之初，国家就把建设现代化的电子管厂和无线电零件厂提到日程表上，对电子工业发展给予了高度重视，不能不说是有战略眼光的。"一五"期间，电子工业投资 55500 万元，列入重点建设项目的有 11 个（实际完成 9 个），七一八建设总投资 11429 万元（实际投资 14639 万元），七一八占去了总投资的 1/5 还要多，可见国家对"基础先行"、元件优先的重视程度。就是放在今天，也堪称是大手笔。

启示 2：高效率和高质量的完美结合。尤其表现在周恩来的身上。总理日理万机，每天有多少工作等着他去处理，竟能在接到王诤报告的当天，就作出具体、细致及可操作性的批示，可谓是工作高效的楷模。一个占地 50 万平方米、建筑面积 15 万平方米，具有德国包豪斯风格的现代化厂区，还要安装调试 2860 台设备，从土建开始到产品试制才不到两年时间，速度之快是空前的。不要忘记这是在中华人民共和国成立初期的艰苦条件下。

启示 3：原则性和灵活性的完美结合。原来心中一直不解：为什么由民主德国援建的七一八，竟列入苏联援建的 156 项重点工程？现在揭开这段尘封已久的历史，才知道当时总理曾有"如苏联对无线电零件厂不能承担，亦可至东德一谈"的批示。王诤当时就建设北京无线电零件厂事宜，组织了与苏联和民主德国的洽谈，结果由于民主德国援建时间可提前一年投产，建厂估价又低于苏联，生产品种也稍宽，权衡利弊后，决定这个项目由民主德国帮助设计和建设，并列入苏联援建我国的 156 项重点建设项目中。足见总理批示价值之所在。

开工初期显辉煌　"七年之痒"尽分拆

对中国元件发展史来说，1957 年 10 月 5 日是个难忘的日子。这一天，国营华北无线电器材联合厂彩旗飘扬，嘉宾如云，正在举行隆重的开工典礼。国务院副总理、国家经济委员会主任薄一波为工厂剪彩并发表讲话，他勉励全厂职工乘胜前进，为发展祖国电子工业贡献力量。民主德国副总理厄斯纳、第二机械工业部部长赵尔陆、副部长钟夫翔等数百名中外来宾莅临祝贺。

开工初期的七一八，实行的是联合厂、区厂、车间三级管理，联合厂下设 5

个区厂，25 个基本车间，18 个辅助生产车间、工段；联合厂下设 32 个职能科室，区厂下设 14—16 个业务室。1958 年各区厂改成相应的分厂，第十一研究所划归联合厂。1960 年厂、所再次分开，从此第十一研究所一直归属部里直接领导。

七一八是新中国建设的第一个大型现代化元件厂，他的开工生产标志着中国终于有了自己的电子元件工业。那时从上到下洋溢着激情，技术人员有了用武的天地，生产工人把自己当成企业的主人，管理人员拼命地学习新的知识；毫不夸张地说，大家做到了心无旁骛，一心一意搞生产，集中精力上台阶。记者作为那个时代的亲历者，回溯七一八半个世纪的风雨历程，应该说开工前后的 3 年多时间，是人气最旺盛的时期，也是成绩最辉煌的时期，有 N 个值得可圈可点的地方，有事实为证：

事实 1：根据中德双方协议，德方仅向中方提供一套工艺装备，远远不能满足生产需要。四〇区厂的职工勇挑重担，在消化德方图纸资料的基础上，大胆投入设计试制，到 1957 年 9 月共设计制造模具 1851 副，标准模架 2842 副，工夹具 2455 项，不仅保证了开工生产的需要，还接受了其他单位的订货。

事实 2：开工生产后，碰到的第一个拦路虎就是改标问题。当时国内无线电整机几乎都是苏联标准，为了和整机配套，必须把产品的德国标准改为苏联标准。在苏联专家的帮助下，经过全厂职工的努力，在开工生产阶段已完成了 80% 的改标任务。虽然有些产品改标难度较大，但到 1959 年底，所有产品都转为苏标。

事实 3：开工典礼后，工厂立即就进入快速运转轨道。当年短短两个多月时间，就生产出无线电元件 694 万余件，磁性零件 41 万件，硒整流片 2891 平方米。到 1960 年，累计生产无线电元件 26580.5 万件，产品品种发展到 203 项，实现利润 20511.3 万元。两年多时间里，远远把年工业总产值 5600 万元、年产量 2987 万件的设计能力抛在了后面；实现的利润也大大超过了国家的投资；职工人数也由初期的 6510 人，增加到 11811 人。

事实 4：1958 年 9 月，以杨方珠为首的半导体研制小组，克服了重重困难自制设备，拉出了纯度达 99.99% 的硅单晶，1959 年投入批量生产，并开始试制硅整流器。1960 年硅单晶产量达 63.14 公斤，小功率硅整流器 25400 只，中功率硅整流器 2450 只，使七一八成为我国半导体材料、半导体器件最早投入工业生产的厂家之一。

事实 5：1958 年，工厂成立了"8014"小组，开始从事人造水晶的研制。1959 年，在直径 50 毫米的高压釜内，成功地长出了人造水晶并投入批量生产。人造水晶的研制成功，为我国压电晶体器件的生产，开辟了新的材料来源。

事实 6：1958 年，王思奇领导的"914"小组，研制成功导弹积分仪，仅

1960 年就向国家提供 20 台，为国防科研做出了贡献。

事实 7：当年技术革新活动也是如火如荼，出人才、出成果更是遍地开花：马炳文为首研制成功电磁振动送料斗；四分厂盖文升发明的钻头；三分厂谷文荣改革成功瓷棒倒角机；二分厂王怀臣研制成功回形引线自动加工机等都闻名厂内外。碳膜电阻器、低功率管形电容器、云母电容器等生产设备，在单机自动化和联动化改革方面，也积累了宝贵经验。

到 1964 年，七一八生产的"友谊"牌元件产量，已占全国总产量的 1/4，军品的 1/2，进入开工以来的鼎盛期；连同 1954 年苏联援建的七一五厂（成都宏明无线电器材厂，1958 年建成投产），两个厂撑起了全国元件市场的半壁江山，为中国元件工业的发展奠定了坚实的基础，使中国电子元件在品种、质量、技术水平和生产能力等方面发生了根本性的变化。

那时的七一八联合厂成为北京市一张对外的名片，是外宾甚至是外国元首的参观之地；国家领导人刘少奇、朱德、邓小平、彭真、李富春、陈毅、杨尚昆等都到过这里调研。

人的婚姻有"七年之痒"一说，巧合的是七一八也赶上了"七年之痒"。

1963 年 2 月 8 日，第四机械工业部成立，七一八划归四机部直属领导。当时对电子企业的管理倾向于专业化和中小型化，认为这种方向便于加强企业经营管理，有利于产品技术的发展，有利于提高产品质量，有利于降低成本，有利于提高劳动生产率，也有利于加快企业技术改造。同年 11 月 4 日，七一八厂党委召开会议，传达了四机部党组关于改组七一八体制的意向。1964 年初，以王曙副部长为首的工作组进驻七一八厂主持改组工作。

1964 年 4 月 1 日，根据四机部《四元字 1035 号》和《四计字 1354 号》两个文件，七一八联合厂的建制被撤销，成立了具有独立法人资格的六厂一库一处：原一分厂定名为七九七厂（国营北京第一无线电器材厂）；二分厂延续用七一八厂名（国营北京第二无线电器材厂）；三分厂定名为七九八厂（国营北京第三无线电器材厂）；四分厂定名为七〇六厂（国营北京无线电工具设备厂）；五分厂定名为七五一厂（国营北京大山子动力厂）；七分厂定名为七〇七厂（国营晨星无线电器材厂）；原物资系统成立北京储运库（代号为八〇二库）；原生活福利、文教消防系统设为京东第一管理处。七一八联合厂在开工投产 7 年之后，终于结束了自己的历史使命。

联合解体有起伏　陷入低谷再重生

从庞大的七一八联合厂，瞬间变成自立门户的六厂一库一处，说没经历过"阵痛"是不现实的。犹如一个大家庭，分家后有的会过得有滋有味，有的会举步维艰。但在计划经济体制下，分拆后六个厂日子过得还都不错，尤以七九八更加红火。这时的七一八从一家之主，变成了与其他五个厂平起平坐的兄弟。唯一剩下的财富就是管理家底比其他五个厂厚实，还有就是看家本领更加炉火纯青。

七一八看家的本领就是技术和质量。源源不断的新品开发，持之以恒的技术改造，精益求精的产品质量，一直是七一八的生存线和生命线，这也是"友谊"牌元件始终受客户青睐，尤其是受军工青睐的根本原因。

——分拆后的头3年，七一八加快了新品开发速度。1964年研制成功并投入生产的新品有：CBMJ型密封精密聚苯乙烯电容器、CB14、CB15型精密聚苯乙烯电容器、RYS型水冷金属氧化膜电阻器；1964年固体电介质钽电容器试制成功并投入生产；1966年RJ1、RJ2小型精密金属膜电阻器试制成功并投入批量生产。这些新品的投产把工厂产品向高稳定、高精密和小型化方向推进了一大步。

——技术改造瞄准自动化并获得重要突破。20世纪60年代中期，七一八碳膜电阻器的生产采用的是径向引线，产品生产技术落后，很难达到一级标准，用户也反映不方便使用，同时手工操作多、劳动强度大、产量低、成本高，成为阻碍产品质量提高的瓶颈。副总工程师郭以述在参观莱比锡博览会时受到启发，经与厂长兼总工程师陈克恭反复研究，提出了把径向引线改为轴向引线的设想。在四机部的支持下，1964年7月13日，由七一八、七〇六、七〇九组成RTX八分之一瓦轴向碳膜电阻器自动生产线联合试制小组。一年之后，第一代样机运抵七一八进行试车；1966年上半年完成了第二代样机设计，正当安排下半年投产制造时，联合试制小组被"文革"浪潮冲垮。1967—1968年，又由七一八、七〇六、七〇〇通力协作完成了第二代、第三代样机制造，设备性能逐步稳定，产量、质量迅速提高。1968年底，八分之一瓦轴向碳膜电阻器自动生产线正式投产，使电阻器的生产技术达到了国内先进水平。

——无论企业经历了多少次体制的变动，七一八的产品质量和可靠性始终是让用户放心的。仅在20世纪70年代末期到80年代中后期，不到10年的时间里，就获得国家、部级优质产品奖21项，其中CJ40型金属化纸介电容器，1979年获国家银质奖；RTX型碳膜电阻器，1980年获国家银质奖；RT14型碳膜电阻器，1985年获国家金质奖；RJ14、RJ15型金属膜电阻器，1985年获国家银质奖。

始料不及的是，在市场经济大潮的涤荡下，从1991年开始，七一八出现了分拆后的第一次危机，有人用"三光"（人、财、物全光了）形容当时的窘境，人心涣散，市场萎缩，效益滑坡；到1993年底，企业跌入低谷，危机四伏，中国第一个现代化元件厂被推到了崩溃的边缘。1994年杨茂华厂长上任后，大力倡导"自立求变同心 实干高质更强"的企业文化，先从体制机制上开刀，变无序管理的分厂制为责权利明确的模拟公司制，齐心协力搞生产，经营跟着市场走；到2000年前后，七一八在体制机制上又进行了深层次的改革，搭上了职工持股会的末班车，由七一八控股或参股成立了五个有限责任公司，使开始走出低谷的七一八，又一次抓住了重新起飞的机遇。

2000年12月，根据北京市电子工业主管部门的决定，成立了由七〇〇、七〇六、七〇七、七一八、七九七、七九八六个厂组成的"北京七星华电科技集团有限责任公司"。七一八，这个开创中国元件发展史的第一厂，这个曾叱咤风云、为国家做出过重大贡献的企业，在改革深入发展的进程中，他的名称不再继续单独使用了，但他的事业还在继续。

50年过去了，七一八经历过的一些问题，留给我们什么样的思考呢？

思考1：主管部门的频繁变动，不利于企业的自主发展。50年来，七一八经历的上级主管部门有：第一机械工业部电讯工业局→第二机械工业部十局→第四机械工业部→北京市国防二办→北京市电子仪表局→电子工业部→北京市电子办→北京电子控股有限责任公司等。企业主管部门的频繁更迭，对企业的发展很难有长期行为，一会儿"下放"，一会儿"上调"，到企业真正需要有人管的时候，却得不到应有的支持。反过来看，20世纪80年代中期，华为和中兴通讯在深圳创业，几乎是在无上级主管（当然政府在政策等方面给予了很大支持，政府管理主要体现在为企业服务上）的情况下，两个企业现在的年销售收入接近900亿元，而且60%来自国际市场。这难道不值得我们深思吗？！

思考2：走专业化和中小型化之路，国外电子企业有成功的范例。我们管理现代化大企业，没有现成的经验，没有前车的借鉴，所以1964年七一八联合厂分拆成六个厂，可能是根据当时的国情决定的，无可厚非。但从国际上成功的高科技公司来看，走的是多品种做大做强之路。我们喜欢做文字游戏，说"中小型化"好时，是"船小好掉头"，说"联合做大"好时，又是"航空母舰经得起风浪"。其实，不论做小做大，只要做好做成功就行。七一五没有分拆，做得并不差；1965年7月，七七四曾分拆为七七四、七七五、七〇〇，不久七七五又合并到七七四。分分合合，受损的是企业。

分拆前七一八联合厂的产品齐全，应有尽有，各种电容器、电阻器、电位器、硒整流器、高频瓷零件、瓷介电容器、云母电容器、磁性瓷、浇铸恒磁合金、浇结恒磁合金、电表、话筒、扬声器、可变电容器、塑胶零件、标准金属零件等，还有工模具制造和设备修理，以及热电站、煤气站、给水站、氢氧站等动力系统等，真有东方不亮西方亮之势。但分拆后的七一八，产品主要以电容器、电阻器、电位器和硒整流器为主，如薄膜电容器、钽电解电容器、电解电容器、碳膜电阻器、金属膜电阻器、氧化膜电阻器、光敏电阻器、大功率电阻器、碳膜电位器、微型器件、电阻合金粉材料等。分拆后的七一八，当时职工人数只剩下1446人，建筑面积只剩下2.7万平方米。产品线一下子缩小了很多，专业化了中小型化了，但风险系数也大了；家大业大的家长成了小兄弟，又站在重新创业的起跑线上。用伤筋动骨来形容一点也不为过。

思考3：现在一谈到企业在20世纪90年代的衰微，都喜欢把"市场经济"当成障眼法，好像"市场经济"是天然"杀手"。毋庸置疑，很多老企业确实没有迈过"市场经济"这道坎，但我们也看到有些企业漂亮地跨越过"市场经济"的台阶。一些企业特别是电子企业，在市场经济面前没有重续辉煌，原因是多方面的，有体制和机制方面问题，有技术老化缺乏创新问题，有产品没能及时换代问题，有资金匮乏技改无力问题，有管理不善管理缺位问题、有人才流失人才断档问题等。既有外因也有内因。有人还说那时候传统电子工业的退化，是不可避免的历史衰微，与整个工人阶级精神地位的普遍失落有关，一如考古地层所呈现的年代学上的魅力，挽歌之后是晨曲。笔者相伴中国电子工业差不多将近50年，如何看待酒仙桥电子城的兴衰，以亲历者的眼光，说一句掏心窝子的话：人，唯有人，才是改变历史进程的关键之所在；人，唯有人，才是企业成功和衰落的关键之所在。

特别鸣谢：此稿选题策划、资料收集及采访过程中，得到了中国电子元件协会电阻电位器分会副秘书长、原七一八办公室主任蒋满泉同志的大力支持和真诚帮助。

《电子元器件资讯》2007年7月第3期

解析：撰写《走近七一八》，因为恰逢该厂成立50周年。笔者之所以策划这个选题，因为七一八厂是中国元件发展史上第一万人大厂，曾经叱咤风云为国家作出过重大贡献，而50年后七一八这个名称已成过去式。笔者虽然对七一八厂很熟悉，但还是采访了原相识的杨厂长，与他深入探讨工厂的历史，听他诉说后来遇到的困难；也找了相熟的办公室原主任，他为笔者提供了七一八大事记和十分珍贵的老照片：薄一波副总理在七一八厂开工典礼上剪彩、邓小平总书记参观七一八厂、朱德委员长参观七一八厂与工人在一起等。

文章标题起先是《七一八之痛》，七一八厂老同志不认可，才改成《走近七一八》。这篇文章从策划、采访到完稿，用时一个多月，开篇就点明笔者的意图"七一八是新中国电子元件的发源地，七一八是新中国电子元件的奠基石；所以，记者带着酒仙桥电子城情结，在七一八即将50周岁的时刻，走进熟悉又陌生的七一八"。全文7000余字分为三大部分，第一部分用了3个启示，第二部分是7个事实（案例），第三部分是3个思考。第三部分是全文的重心，思考3是重心中的重心。这篇工作通讯发表后，在酒仙桥电子城引起较大反响，也引起《北京日报》的关注，后来他们也组织力量报道七一八厂50周年。

《电子元器件资讯》2007年3月总第003期，编辑部在卷首语"开卷有益"中这样诠释《走近七一八》："中国从什么时候开始有了专业电子元件厂？建设专业元件厂对新中国电子工业发展有什么意义？中国第一个元件厂的发展又经历了怎样的故事？本期专题《走近七一八》回顾了一个成立50年的电子元件老厂的兴衰起伏的沧桑历史，剖析了其与时代脉搏共同跳动的一个个真实事件，其中也融入了笔者对企业内部管理和外部环境的思考。在酒仙桥'七九八艺术村'蜚声国内外的今天，我们读这段历史，有疑问，有顿悟；有遗憾，有感慨；有启迪，有思考，也会从中发现企业成功与失败的一些因由。"

三 星 品 牌 之 痒

题记：通向地狱的道路是由那些只注重发展他们的技术，而忽视树立品牌的公司铺成的。

上 篇

一个高科技企业，要成为百年老店，最重要的法宝是什么？人才、标准、技术、产品、管理等，都是至关重要的利器；但是，价值连城的却是品牌。人才是能够流失和死亡的，虽然可以不断招聘培训；产品是能够仿制淘汰的，虽然可以不断更新换代；技术是能够过时老化的，虽然可以不断持续创新；唯有品牌最具长久的生命力，它能够存活一百年甚至几百年。

品牌是什么？品牌是传递感觉和激发感情的企业文化形象；品牌是多年来社会对企业综合实力和产品信誉度的认同；品牌是公司最重要的资产，也是重要的竞争优势和未来的利润来源；品牌是产品质量和可信度的承诺，是让用户放心购买的担保。

世界上著名的跨国公司，无一不注重打造品牌。但铸造一个全球驰名品牌绝非一日之功，西门子、爱立信都有百年以上的历史；美国的 IBM、摩托罗拉、惠普的历史也分别有 93 年、79 年、68 年；欧美发达国家的公司尚且如此，亚洲后起的高科技企业更是难上加难。但唯一的例外是韩国三星电子株式会社（以下简称三星电子）。成立于 1969 年的三星电子，以十年磨一剑的韧劲，发动全球营销攻势，强力重塑品牌形象，一步跨越了西方几十年走过的路，成为近年来全球品牌价值提升速度最快的公司。

品牌价值快速直线增长

积极地提升品牌价值，是三星快速发展的主要动力之一。且先看看三星电子品牌价值近年快速增长的趋势，以及在美国《商业周刊》评出的全球 100 家知名品牌排行榜名次上的变化：

2000 年为 52 亿美元（1999 年为 32 亿美元），位列 43 位，品牌增长率为 62.5%；2001 年为 63.7 亿美元，位列 42 位；品牌增长率为 22.5%；2002 年为 83.1 亿美元，名列 34 位，品牌增长率为 30.5%；2003 年为 108 亿美元，名列 25 位，品牌增长率为 30%；2004 年为 125.53 亿美元，名列 21 位，品牌增长率为 16.2%；2005 年为 149 亿美元，名列 20 位，品牌增长率为 18.7%，首次超过了多年的劲敌——索尼（108 亿美元，第 28 位）；2006 年为 161.69 亿美元，名列 20 位，品牌增长率为 8.5%，在技术领域最有价值的品牌中，名次排在微软、IBM、英特尔、诺基亚、惠普、思科之后；2007 年为 168.53 亿美元，名列 21 位，品牌增长率为 4.2%。三星电子的品牌价值在过去 7 年里增长了 224%，这种快速增长趋势，简直无可匹敌。

再看看三星电子近些年实现总销售额的情况：2000 年为 207 亿美元，2002 年为 342 亿美元，2004 年为 550 亿美元（占韩国当年 GDP 的近 8%），2005 年为 567 亿美元（净收入为 75 亿美元）；2006 年为 634 亿美元（净收入为 85 亿美元）；在世界财富 500 强企业评选中，三星电子 2005 年位居全球排名 39 位；2006 年全球排名跃升到 27 位。2006 年 4 月 21 日股市收盘时，三星电子股票市值突破 1201 亿美元，超过英特尔同日 1121 亿美元市值，跃居全球半导体业首位，成为世界最大的半导体制造商。而在 2000 年，英特尔的市值是三星电子的 8 倍。

三星电子是如何迅速提升其品牌价值的？它的成功秘诀在哪里？它的品牌战略的具体细节是什么？它又是如何给自己的品牌赋予独特个性的？中国企业又能从中得到哪些启示呢？对于诸如此类的问题，记者将从铸造知名品牌的角度，以翔实的资料，分上下两篇揭开其品牌价值快速提升之奥秘。

品牌定位也走过弯路

一个知名品牌的打造过程，不是一帆风顺的，都有过曲折甚至走弯路的经历，三星电子也不例外。成立于 1969 年的三星电子，1972 年开始生产黑白电视机；在 20 世纪 80 年代，开始向全球市场提供大量的电视机、录像机和微波炉。在 80 年代末至 90 年代初，他们一味追求扩大产品线，快速生产出大量的微波炉等产品，运往美国市场销售，结果供过于求，货物大量积压，然后又不得不折价出售，结果降低了自己的品牌声誉，在美国消费者心目中，留下二流甚至三流品牌的印象。由于三星电子早期业务主要以生产廉价产品为主，因此，在西方人的眼中，他们曾经是代表着"低价位，低质量、仿制品"的二三流公司。

无独有偶，三星电子在中国也是如此。整个 90 年代，包罗万象的消费类电子产品，几乎铺满神州大地，不仅这些业务相继出现巨大亏损，在中国消费者的心目中，三星电子也成为廉价产品的代名词。

这个时期，三星电子品牌战略采取的是"以量取胜"，走的是低端路线，主要竞争力就是低于竞争对手的生产成本，《财富》杂志报道指出，他们在品牌上犯了大错。

当时，除了在韩国本土，三星在全球的品牌知名度并不高，因为他们的产品主要销售给 OEM 厂商而非消费者。哈佛商学院的案例研究表明，那时三星电子品牌在全球范围内十分分散，商标与产品形象也不一致；营销预算多由产品经理控制，他们更倾向于进行价格促销等"线下推广"（Line extension）方式来实现短期的销售目标，而不是以建立品牌为目的的长期"线上推广"（Online promotion）手段。

与此同时，三星电子混乱的品牌宣传也导致其知名度偏低，产品竞争力偏弱。在 20 世纪 90 年代早期，三星电子在品牌宣传上曾选择了 55 家广告代理商，这一做法的直接后果就是造成公司缺乏一个统一、鲜明而积极正面的品牌形象。三星电子的知名度难于提升，企业缺乏核心竞争力，难以吸引广大消费者的眼球，进而造成大量产品滞销；而公司为了把产品卖出去又不得不采取甩卖处理，这样就使他们陷入于一个难于摆脱的恶性循环之中。此时，重塑三星品牌已迫在眉睫。

三星电子革命性的变化开始于 1997 年。伴随 1997 年到 1998 年的亚洲金融危机的到来，三星电子也进入最困难时期，公司负债 170 多亿美元，处于破产的边缘，企业因无法进行有效的运作而陷入低谷之中。为了生存和发展，他们开始了大刀阔斧的结构调整。两年间，公司整顿了包括小型家电及无线寻呼等在内共 34 项产业、52 个品种；其次，剥离了 52 家低附加值服务及物流部门；另外，积极出售多种资产，其中包括向惠普公司出售所持韩国惠普公司 45% 的股份等。同时，整顿国外 52 家长期亏损公司、裁掉 40% 的员工。三星电子本着"选择并且集中力量突破的理论"开始应对危机局面，并确定了一个方向：大胆而果断地撤销局限型及非主打型的产业。

惨痛的教训，使公司意识到，没有强大的品牌是三星电子发展的致命弱点。为了改变形象，提升自己的品牌价值，建立高档的品牌形象，李健熙会长提出要把其三流形象提升到一流，决定重塑三星品牌，推行品牌增值战略，全力打造一个全球知名品牌。于是，重塑品牌之路在曲折中扬帆起航。

从品牌定位到品牌联想

重塑品牌的目标是使它施展魅力，深入用户的头脑与心中。实现这一目标的最有效方法是富有灵感的品牌定义，并富有创造性不断地在包装及广告中表达这一定义。在定义品牌的过程中，品牌定位和品牌联想起了十分重要的作用。最成功的品牌定位是据理说明并且通过调动个人价值和情感，而激励用户购买你的产品。品牌联想从广义而言，就是公众对你的品牌了解情况和在购买时的感觉。说白了，品牌联想可以成为用户购买的触发器。

三星电子重塑品牌的第一步，就是重新定位品牌——要做一个国际性的代表高品质需求的品牌；建立更能令人信服的差异点——创建品牌识别，使品牌更加符合现代潮流，更加符合现代用户的心理，或者更具有现代品牌的个性。在1997年9月，三星电子确立了品牌定位的三个月后，拿出了一整套实施方案；新的三星品牌战略为：坚决施行TOP—DOWN（自上而下）方式，坚定地走高端路线，基本放弃低端市场，强力打造全球超级品牌。

首先决定实行单一品牌组合战略，选定品牌名称："三星"，果断下马了一些销售火爆的低端产品，放弃多个子品牌，诸如Plano、Tantus、Wiseview等；其次，赋予品牌"数字技术的领先者、高价值和时尚"的内涵，定位于高价、利润丰厚的高端市场，实行差别化定价策略，把目标群体定位于追逐潮流、具有时尚意识的职业人士和年轻的一代；再次从建立以顾客为本的品牌资产的理论框架出发，围绕营销计划组合4P——产品、定价、营销渠道、沟通（传播），以一套全新的营销理念执行重塑品牌计划，进入新市场，赢得新顾客，从而改善构成品牌联想的力度、赞誉度和独特性。

打造品牌本身是一项系统工程，成立品牌管理小组，建立品牌经理制度，是其中重要的一个环节。品牌经理的作用毋庸置疑。因为它是品牌的拥护者、最终的保护者和发展者。品牌经理还是公司业务的建筑师，它不但对利润及损失负责，而且还应该对了解关于产品的每一样东西负责，从销售量到法律事务。品牌经理管理品牌，就像是管理他自己的资产一样。

三星电子在重塑品牌过程中，深知品牌管理小组及品牌经理制度的重要性。他们在组织和体制上同时进行改革和调整，集团设立了"品牌委员会"来负责管理三星品牌，规定除三星之外，海外各分公司没有集团的允许不得擅自使用"三星"品牌，如有特殊情况，则必须取得集团"品牌委员会"同意后才能使用。集团选择"品牌委员会"而不是由其他的人来管理品牌，是因为"品牌委员会"可以为公司制定识别定位，确保该定位得到有效的沟通，并且可以解决企业不同业务之间的合作问题，从而达到在重塑品牌的活动中使合作与协调更为有效。这在重塑品牌过程中是十分重要的一步，因为一个强势品牌首先要有一个品牌识别，三星电子用"品牌委员会"这个组织来给予保证。

为了在组织上更完备、更好地施行品牌重塑的营销计划，在1999年，三星电子设立了担任品牌管理的"全球营销室"，负责重塑品牌的全套营销计划的执行，并聘请了经验丰富毕业于哈佛大学的金炳国，担当公司全球营销部执行副总裁来负责品牌管理的重任。与此同时，完善了品牌经理、品牌资产经理、系列品牌经理、全球品牌经理、品牌先锋制度。在组织制度上为重塑品牌形象做了强有力的保障。

　　1999 年，三星首次推出了自己的全球品牌战略，用来作为促进公司商业领域发展的平台。2005 年三星将全球品牌定位由 "Digital Samsung" 转为 "Pre-mium Samsung"。通过三星对外公布的资料显示，"Premium Sam-sung" 有两层含义：一是强调三星电子产品品质的优异；二是凸显选择三星产品对消费者生活品质带来的提升以及由此而产生的自豪感。自信进取、崇尚品牌、享受荣誉是三星电子消费群体的核心特质，这也与积极向上、拼搏进取的奥运精神非常吻合。正因为如此，三星通过赞助奥运会在品牌推广上取得了空前的成功。

广告是打造品牌的助推器

　　一个品牌打造的过程，就是心理劝导及情感购买刺激相结合的过程，它离不开广告的宣传。可以这么说：广告是打造品牌的助推器，品牌是广告的主要力量与目的之一。广告有助于建立对品牌的认识，加强顾客对产品质量的体验，从而使厂商能够要求更高的价格。好的广告不仅有利于打造品牌形象，而且能够创造价值。

　　三星电子在重塑品牌形象过程中，对广告宣传也重新进行了整合。为了改变以前宣传上的混乱局面，首先统一了品牌传媒机构，以增强品牌印象：把原来的全球 55 家广告代理公司整合为一，与美国 Interpublic Group 广告公司进行合作。就连广告标题也加以统合，真正展开了品牌的广告策略，为所有宣传途径中所使用的商标和产品宣传，制定全球统一标准，从信纸、产品包装到广告牌。这使得三星电子的品牌形象得到了简化和统一，并使得广告外观给人的感受更加一致。使用统一的广告代理机构，也帮助三星电子逐渐剥离分散管理注意力和耗用公司资源的子品牌。

　　统一品牌策略使得三星电子品牌形象逐步变得清晰起来，原来广告中使用的 20 多种不同的广告语，改成一句围绕 "数字世界欢迎您"（"Samsung Digital：Everyone's invited"）这一品牌核心语，所有电视和平面广告的主题都紧紧围绕着品牌的提升。同时，不断加强公司处在技术前沿地位的公众认知度，以及如何帮助消费者享受丰富多彩的数字生活。

　　为进一步提升三星电子的品牌地位，大力宣传公司产品，使三星品牌进入世界顶级品牌行列，2001 年，三星电子以美国为中心发起了一场 "数字世界，人人分享" 的广告运动。此次全球范围内整合广告运动，范围涉及 30 个国家，广告花费达到 4 亿美元（远远超过英特尔在 1991 年进行的 "Intel Inside" 品牌运动投放 2.5 亿美元广告费打造品牌的先河），比最困难时投入的 3.2 亿美元增长了 25%。事实上，三星电子在市场营销上共投入 20 亿美元。这个数字和公司的研发投入基本差不多。这次广告运动花费的巨额广告费是物有所值，它改善了三星电子在以美国为首的西方发达国家消费者心目中档次低、大陆货的品牌印象，其品牌价值在一年之内提升了 10 亿美元，成为当年全球品牌价值提升最快中的第二名。三星电子借机乘胜追击，在 2002 年继续发动了新一轮的更大规模的以"数字体验"为主题的广告攻势，使其在全球的品牌价值从上一年的 43 位跃升到 34 位。

三星电子产品线很长，是一家集半导体、通信、计算机产品和消费类电子产品于一体的大型企业，公司拥有五个主要的业务单元：数字设备业务、数字媒体业务、液晶显示器业务、半导体业务和电信网络业务。

作为半导体、通信以及数字集成技术的全球领先厂商，三星电子是 DRAM 和 SRAM 半导体、TFT-LCD（薄膜晶体管液晶显示屏）、显示器、CDMA 移动电话和录像机产品的全球最大生产厂商。但是，他的众多产品并不能都去完成营造品牌的任务。

真正起到打造品牌重任的是消费类产品。三星电子 CEO 尹钟龙曾经坦言，对于赢利能力相对较弱的电子消费类产品，公司指望靠它们"击中最普通的消费者，让三星的名字为大众所熟知"。在三星电子的产品组合里，电视机、DVD、MP3 播放器和手机等产品担负起品牌推广的重任。但这些产品并不都挣钱。2004 年，一些消费类产品反而给企业带来了一些亏损。真正挑起养家糊口重担的是电子元器件产品，其中，闪存芯片和 LCD 显示器这两个产品，在 2004 年就为公司带来了 100 亿美元的营业利润。为此，公司计划在未来 7 年时间里，投资 330 亿美元并增加雇用 14000 名员工，进一步扩张其在电子元器件业的领地。

这里不得不重提三星电子的决策正确。早在 20 世纪 90 年代中期，公司就下了一次明智的也是极具远见的赌注，即把芯片赚来的钱投到无线通信中，并在 1994 年推出了自己的手机，到了 2007 年二季度，三星电子的手机销售已经超越摩托罗拉，成为全球第二大手机厂商，并雄心勃勃意欲超越诺基亚，争当全球手机老大。元器件赚来的钱补贴到冲锋陷阵的消费类产品，反过来，消费类产品打造的强大品牌价值，又将有力地推动核心元器件的销售，这就是生产线长的优势。谈到这一点，尹钟龙非常推崇英特尔的做法，"他们花大价钱在电脑上贴上'Intel Inside'的标签，而不是直接推广 Intel 的品牌"。

产品是打造品牌的基石

任何一个成功的品牌都体现在产品上，但并不是每一种产品都是品牌。在高科技时代，产品生命周期已经结束，开始进入品牌生命周期。产品的寿命是有限的，品牌的生命是持久的。产品与品牌是这样一种互动关系：产品质量是品牌的基础，品牌的基本构建因素是高质量的产品，也就是说品牌代表着与其相适应的产品质量。用户购买高科技产品，首先考虑的不是价格而是品牌，因为品牌代表着可靠的选择，反映了对品质的信任。应该说提高品牌知名度是给产品做广告，良好的品牌既能为新产品销售撑起一把信用大伞，也能帮助新产品实现利润最大化。

支撑一个强大的品牌，需要不断地进行产品创新，以维持品牌的形象，保持品牌的活力，使之经久不衰，从而为用户建立积极的品牌联想。所以，三星电子非常重视技术创新，这也是他们快速发展的原动力。为了保持技术持续创新和领先，公司在研发经费投入上始终保持在占销售额的10%左右。2003年的研发费用为29亿美元，约占营业收入的8%，2004年这一比例上升到9%；在2005年11月宣布的一项研究与开发五年计划中，他们进一步大幅度增加研发投入，五年计划投入450亿美元，平均每年投入研发经费高达90亿美元，这在全球顶尖的IT产业跨国公司中，都是屈指可数的。

与此同时，三星电子始终如一地保持研发人员的高比例。2003年研发人员达到2.7万人，占员工总数的40.5%。2005年至2010年的5年内，还要增加3万多名研究人员。在新产品研发和推出速度方面，从2004年开始，三星电子一种产品从概念到成品，推出时间平均仅需5个月，而在7年前需要14个月。

大手笔的研发投入必然带来产品创新方面的丰硕成果：1996年，在世界首家开发出1GIGA S-DRAM；1997年，在世界首家开发出30英寸TFT-LCD；1998年，首次推出1G SDRAM，世界上第一台数码电视开发成功，世界上第一个1GB的闪存芯片开发成功；1999年，世界上第一台IMT-2000笔记本电脑、系统和中央半导体芯片开发成功，表式移动电话、TV移动电话和无线互联网移动电话开发成功；2000年，对外宣布突破0.1micron极限技术，世界上第一种288M RDRAM开发成功，摄影移动电话开发成功；2001年，开发出全球最大的40英寸TFT-LCD；2002年，世界上第一种1G NAND闪存开发成功；2003年，行业中第一个最薄的9.8mm笔记本电脑亮相；2004年，推出世界上最大的63英寸PDP（等离子）电视机；2005年，推出全球最大可弯曲彩色液晶面板……

凭借众多的创新产品，三星电子已经成为"高品质"的代名词。同时，公司也擅长用出人意料的"WOW"产品来刺激消费者的视网膜，世界上最大的等离子电视机（102英寸），最大的液晶电视机（82英寸）和最强的拍照手机（700万像素）等相继问世，在2006年CeBIT上，公司甚至推出了一款内存8GB的手机。

一流的品牌需要优质的产品提供保证，三星电子领导人很早就认识到了这一点，在1992年，李健熙会长提出"新经营"思想，企业开始从重视外在的"重量思考"转为重视品质和性能的"重质思考"。在这个理念的指导下，他们狠抓产品的质量关。以三星手机为例，为了打造高质量的品牌，曾有过著名的"手机事件"——三星一把火烧毁了 15 万部不合格的手机。为了打造过硬的产品，抢占摩托罗拉的市场，三星手机进行了各种恶劣环境下的严格测试，并将产品命名为"Anycall"，意思为在任何地方任何时间都能通话的手机。

三星电子正是通过持续的技术创新，源源不断地推出新产品，从而最终确立了自身在数码电子上引领世界潮流的高档品牌形象。

下 篇

如果说广告是打造品牌的助推器，产品是打造品牌的基石，那么营销就是传递品牌的"声音"，打造品牌的航标。在以消费者为本的品牌资产模型中，营销不仅能创造性地、持续地传递品牌信息，指引消费者识别公司的品牌和购买公司的产品；而且可以通过建立品牌意识在消费者的头脑中产生强大、有力和独特的品牌联想，从而积累品牌资产，这对提升品牌价值是非常重要的。

三星电子品牌快速飙升的秘密何在？《商业周刊》把其总结为：一个营销攻势遍及全球的大品牌，再加上密集推出时髦手机，使其所有产品的销售均大幅提高。由此可见营销在塑造品牌过程中举足轻重的作用。

三星电子在执行品牌重塑计划时，是如何构建新的营销模式呢？营销与品牌又是一种什么样的关系呢？这里将从多层次、多角度再次探索其品牌战略成功之奥秘。

设计创新是提升品牌的差异点

一个强势的品牌不仅需要一流的产品，需要产品持续创新，需要高可靠的质量；而且还要更加符合现代潮流，符合现代用户心理，具有现代品牌的个性。这就需要在产品设计上，从消费者体验的角度出发，以其独特性来吸引消费者的眼球。因为，在科学无国界的年代，产品技术越来越难分伯仲，消费者通过产品满足美学、心理学方面的需求日趋增高，设计将成为全球消费的热点和趋势。三星电子除了继续保持在数码领域有领先的技术和快速的产品，还特别重视以产品的时尚、独特设计为差异点，以维持品牌的提升速度。

早在 1996 年，李健熙会长就在新年致辞中表示，"21 世纪的企业经营中，胜败最大的关键，就在于设计方面软件竞争力"。为此他宣布 1996 年是三星电子的"设计革命年"。为了在设计方面有质的飞跃，公司下大本钱进行投资，花在设计部门的经费，自 2000 年以来，一直以每年 20%—30% 的速度增长。并且公司设有专门研究消费心理和流行时尚的部门，根据研究结果在外形和功能上不断创新。

——在 1996 年，李健熙提出设计师必须突破国门限制，培养全球视野和眼光，这样才能设计出适应国际市场需求的高端产品。为此，李健熙派出了一个17人的代表团前往美国巴沙狄那艺术中心设计学院参观学习，筹划创建三星设计学院。他们邀请美国知名设计顾问戈登·布鲁斯（Gordon Bruce）和艺术中心设计学院美术包装和电子传媒系主任詹姆斯·米赫（James Miho）访问韩国，并成功征得两位设计大师同意，担任三星创新设计实验室（IDS）的领军人。为了培养设计创新，三星还特意请来了IBM的设计神童汤姆·哈蒂为三星的设计师们开阔思路。

——为了确保源源不断的创作源泉，三星广聚人才，到2004年，三星在全球6个设计中心的设计师，已倍增到470名。为了密切跟踪最重要的几个市场的走势，公司在伦敦、洛杉矶、旧金山和东京设立了全球设计工作室，2004年又在上海新增了一个设计工作室。

——三星电子的巨额投资取得了回报。到2004年，他们已经成就了设计"创新之王"的神话：在过去7年间，三星共获得了18个IDSA奖项（由美国工业设计协会和《商业周刊》颁发的工业设计界奥斯卡奖）、26个IF奖（德国汉诺威工业设计论坛颁发）、27个G-Mark奖（由日本工业设计促进组织颁发的优秀设计奖）。

三星电子在各系列产品的设计中，努力体现出卓越的审美观和价值观，其"人性化"的设计理念，"个性化"的外观设计，赋予产品的"时尚"精神，淋漓尽致地体现在产品中：

——在液晶显示器的外观和轻薄程度上不遗余力地进行创新，几乎要把显示器变成书房中的艺术品来设计。

——人性化设计理念在40英寸以上平板电视上得到充分体现，专门设计开发的全自动可调式壁挂架，为观众创造出更加舒适自然的观看环境；它可以使大屏幕的电视自由地拉伸、旋转和倾斜，使观众能够以任意位置自由舒适地观看，尽情享受高品质的生活。

——在手机的工业设计、功能配置方面更是煞费苦心：设计了第一个珍珠白手机，第一个挂在脖子上的手机和第一个增加人体生理节律的手机；在设计具有拍照功能手机时，不仅在机身侧面加设拍照快捷键，而且还首创180°翻盖双旋功能。

——在笔记本电脑上深层次地发掘具有人文视角的多彩外观，为用户带来视觉的美感、心灵的愉悦。2007年7月，三星电子一口气推出三款时尚花色外观，分别为"韵律黑、和弦白、炫曲红"。三色组合更是凝聚了极强的爆发力，色彩差异跨度之大形成了强大的冲击力。

三星电子设计的产品所体现出来的科技、时尚、前卫、年轻、流行的特点，使其作为数字先锋的品牌形象，在消费者心目中得到了持续加强和提升。

渠道嬗变是提升品牌的联想点

"得渠道者得天下"，可见渠道对一个公司产品的重要影响。这是因为渠道成员对顾客有着近距离的最可视、最直接的影响，渠道成员储存和出售产品的行为，完全能够加强或削弱品牌资产。著名品牌管理大师 David A. Aaker 认为品牌的渠道策略，可以对品牌资产和最终的销售成功产生深刻的影响。成功的设计和管理品牌的营销渠道，可以建立品牌意识，提高品牌联想的力度、有力性和独特性，从而使品牌增加价值。

三星电子在重塑品牌计划的过程中，明确了基本放弃低端市场，定位在中高端市场，建立高贵品牌的形象，新的品牌定位在行动计划中得到了坚决执行。出于对品牌战略强有力的承诺，三星电子忍痛作出了艰难的决定：首先调整了品牌营销渠道，放弃主要零售商沃尔玛公司和 Kmart。当初在力推低端电子产品时，在沃尔玛等连锁店销售是个不错的选择，因为这些地方是以低价格作为"号召力"的，在这些连锁超市消费的客户也更看重产品的价格，而不是产品的质量。

现在走高端路线，高档的产品就应该放在高档的地方出售，沃尔玛这些地方不利于高端品牌的定位，三星市场总监埃里克·金指出："这一转化以及我们大张旗鼓地进军高端市场的战略是三星品牌迅速改善的主要原因。将产品摆在面向大众市场的折扣店里（如沃尔玛）对三星建立高雅形象的努力会造成不利影响。"调整低端品牌营销渠道为高端，把 DVD 播放器、电视、电脑产品等转移至 Best Buy、Sears、Circuit City 等迎合高层次消费者的专卖店——因为这些商店看重的是产品的质量和品牌。与此同时，制定高价格的定价策略，建立高价位高品质的积极联想，为三星电子品牌产生了积极、正面的品牌联想——高价格一定是高质量。这对于提升三星的品牌形象发挥了重要作用，增加了三星的品牌价值，使三星在消费者中的品牌联想从"低价格"转变为"高品质"，从而在三星品牌资产建设中建立了良好的品牌联想。良好的品牌联想反过来可以加强品牌意识，提升品牌价值。

三星电子总是在前进中寻找变化，在变化中寻求发展。在渠道策略上体现的也是创新中求变的策略，逐步形成了"适时而动，适势而动"的渠道策略。这种变化可以从三星电子在中国的渠道策略中看出：自 2001 年 8 月以自有品牌打入中国市场，渠道策略曾经一变再变。在涉入中国市场之初，三星电子实行的是独家总代理的渠道策略，这种渠道策略为打开市场奠定了稳定的基础，但是其"来一个收一个"的吸收伙伴模式，让三星对渠道的管理频添难度。

于是，在 2002 年，三星电子采用了"封闭式"渠道管理。2004 年，为了更好地适应市场的发展，三星开始了渠道扁平化进程：在中国全面推行分公司制，将渠道细化为大批发商、零售联盟、区域联盟、行业大客户部和连锁大卖场五大类，并针对不同类型的渠道提供点到点的支持。这样推动原有渠道商进行角色转变，把原来的渠道代理商转变为渠道战略联盟伙伴，在保证渠道商最大利益的前提下，实现渠道商与三星的共同发展，从而使得三星增强了对市场的把握力度，提高了自己的竞争力，提升了品牌价值。

速度经营是提升品牌的突破点

提到三星电子的速度经营，立刻就浮现出个广为人知的尹钟龙的"生鱼片理论"：其意思是说，当你第一天抓到高档鱼，在一流的日本餐馆里能卖个好价钱；如果等到第二天再卖，就只能以一半的价格卖给二流餐馆；到第三天，你就只能卖到四分之一的价格。如此下去，就变成了"干鱼片"。因此，在把热销产品推入市场之前，就要先将产品变成"生鱼片"，这样才能售上高价。三星内部人认为，"生鱼片理论"是从三流品牌发展为一流品牌的独门经验。这个秘诀的核心在于，尹钟龙深信生于忧患的三星电子要想避免死于安乐，一定要在保持高度危机意识的同时，实行"速度经营"，快速飞奔。

在执行层面，基于战略的"速度经营"被细化为营销策略的"四先原则"，即：发现先机、率先获得技术标准、产品抢先投放市场、在全球市场占据领先地位。三星电子的"速度经营"还有一个秘密武器——制造环节的"黑匣子"。从一个梦幻的概念产品，到迅速批量上市的尖端产品，中间必须有同样先进的生产系统作为支撑。三星电子在生产制造环节部署了一个"黑匣子"，里面藏有其生产技术和流程中的秘籍。

这个"黑匣子"就是由三星电子的执行副总裁 Ji Oh Song 统率的三星机电制造中心，其作用是为三星的半导体、手机和其他电子产品的生产提供先进的整体解决方案。为迎接必然到来的无人操作生产时代，三星机电中心在工厂设计、组装、检测和智能机器人等核心技术上花了大量功夫，目的是要为三星建立起客户导向的生产流程和价值导向的生产管理模式。先进的制造技术"催生了极大的生产力"，同时为公司塑造了长远的竞争优势。根据制造生产状况合理地配置研发活动对于迅速抢占市场先机是非常重要的。

除了构筑进入壁垒，三星电子也通过战略联盟实现"速度经营"。三星电子的"生鱼片理论"，落实到产品层面就是打时间差，即推出新品要比竞争对手快。以笔记本电脑为例，三星 X10 曾经是全球范围内第一个推出迅驰 CPU 的轻薄笔记本电脑，其他竞争性的产品在三个月以后才推出来，这个时候，X10 已经火了一段时间了。

事件营销是提升品牌的引爆点

传统的营销策略是搞营销推动，因此品牌努力的重点是营销、广告上的投入，这就需要非常多的资源和时间。在数字时代，三星电子将重点放在极端：即那些对品牌有非凡影响力的关键点上。比如高端人群、高端品牌，从而实现品牌的低成本、高增长。因此，三星电子全球营销部就采取了非常聪明的做法，这就是"有所区别"和与众不同的战略，放弃常规的营销推动策略，采取了品牌引爆点策略。

三星电子在品牌策略上的"有所区别"，来自几方面的完美配合：第一是"有所区别"的战略，即成为数字时代的领导者；第二是拥有和竞争对手"有所区别"的产品，而且要拥有"数一数二"的地位；第三是"有所区别"的品牌营销，不仅在组织架构上有所创新，也在品牌战略、战术上进行创新，更适合数字时代"速度经营"的宗旨；第四是把看上去"冷性的"品牌，变成为"暖性的"品牌。

"与众不同"策略也是棋高一招：相对于其他消费电子厂商，三星电子不喜欢用明星代言，而是喜欢事件营销。不管是奥运营销，还是电影营销；不管把广告投向何种传播介质：平面媒体、电视还是网络；也不管采取何种形式：赞助、展会、支持慈善还是娱乐合作；三星的营销策略的中心始终离不开事件，尤其是具有强烈现场感的事件，以此制造品牌冲击波。

凡是让消费者能和数字世界联系起来的事件，三星电子无不用其极致。2005年年中，三星电子投入巨资，与华纳兄弟制片公司就《黑客帝国》的商业特权达成了史无前例的全球合作关系。三星电子的影片推广宣传权不仅包括定于5月份和11月份上映的《黑客帝国》第二部和第三部，还包括收录了9个科幻电影短篇揭示即将来临的《黑客帝国》的DVD和录像带，同时，三星电子还是《黑客帝国》计算机游戏的全球官方通信合作伙伴。

在《黑客帝国：重装上阵》影片中所使用的Matrix Phone（SPH-N270）是三星为影片度身定做的手机。在《黑客帝国》影片走红后，三星电子及时推出黑客手机，这款手机迅速吸引了《黑客帝国》的热情观众——一群追逐潮流，具有时尚意识的职业人士和年青一代，并且迅速推广到了52个国家，使得三星电子树立了"最酷""最时尚"的品牌形象，并获得了很好的经济效益。三星品牌价值节节攀高，在2003年达到108亿美元，位置上升为全球第25位。

三星在整合营销传播方面做得很成功，借助了娱乐这个具有全球影响力的时尚工具，在短时间内将三星电子强大的数码科技实力，及时传递到全球的消费者心中，并将三星数码的科技融入人们的生活。

2005年6月，三星电子在全球范围内掀起新一轮的市场推广攻势，目的在于展示三星的创新产品在人们的生活、工作以及娱乐等不同领域的影响。新的推广活动将以"Imagine（想象）"为关键词，描述并凸显三星产品在人们生活中发生的有趣故事。每个广告都将引导消费者想象在三星设计和技术创新的火花中，如何使生活更加有趣、刺激，并更富有创造性。

这次的"Imagine"活动将重点突出三星电子包括移动电话、平板电视、移动媒体播放器以及其他产品在内的广阔产品线。"Imagine"活动将首先出现在电视时段，之后扩展到平面媒体广告、户外空间展示、互联网以及其他成熟市场渠道。三星将在本次活动的初始阶段，利用每个国家的电视节目进行几周的试播，从而调查观众的反应和在不同市场的广告效果。"Imagine"活动在2005年夏季全面展开，到年底在50多个国家与观众见面，并取得了空前的成功。

奥运营销是提升品牌的制高点

谁都知道体育营销对提升品牌的重要性，但做起来并不容易。根据一项调查表明，在那些购买奥运资源的企业中，有2/3没有达到理想的效果。业内权威营销专家以三星电子为例提出自己的见解：在实施体育营销项目的过程中，三星电子不是单纯借助事件本身，而是把企业文化贯穿到整个事件始终，善于发现、借助与品牌特质契合度高的内容与形式传递企业诉求，从而达到事半功倍的效果。借体育造势是重要的，但不能空造势，在付出高额赞助费用之后，如何快速推出在业界领先的产品，特别是适合目标销售地的产品，三星电子的做法是非常值得中国企业学习和借鉴的。

如三星电子成为北京奥运会的全球合作伙伴之后，不失时机地在中国市场推出了新概念的三星银离子洗衣机，并且依靠银离子洗衣机不断攻占高端市场。同时在全自动洗衣机上设计出了钢化玻璃透明窗，在滚筒洗衣机上实现了无缝设计，并且开发了适合中国人使用的程序；针对中国消费者越来越注重环保的需求，开发出的洗衣机，通过最先进的电解银片产生银离子水流来达到杀菌抑菌的效果，同时对人体无任何伤害。

在三星电子的体育营销战略里，奥运营销是整合的最核心所在。这其中既包括参与体育营销最高策略的国际奥委会TOP计划，赞助世界杯足球赛等全球性单项赛会，也包括赞助亚运会等地区性体育活动——1986年汉城亚运会、1988年汉城奥运会、1990年北京亚运会、1994年广岛亚运会、1998年曼谷亚运会；1998年长野冬季奥运会（全球合作伙伴）、2000年悉尼奥运会（全球合作伙伴）、2002年盐湖城冬季奥运会（全球合作伙伴）、2002年釜山亚运会、2004年雅典奥运会、2006年都灵冬季奥运会、2008年北京奥运会等。2007年4月24日，三星会长李健熙和三星电子CEO尹钟龙在北京钓鱼台国宾馆，与国际奥林匹克委员会又签订了新的赞助合同，将赞助奥运会到2016年。

三星电子通过赞助奥运会、亚运会等国际重大体育赛事开展体育营销等活动，使得三星的品牌与公众的距离进一步缩小，大大增强了三星电子品牌的好感度和亲和力，品牌价值得到了大幅的提升。

成功地实施奥运营销战略，让人们一看到奥运的五环标志就能联想到三星电子品牌，使得品牌获得了快速而显著的提升。根据一次调查显示，雅典奥运会后，三星品牌以下指标有了显著提高：好感度提升了 7%，第一提及知名度（Top Of Mind）提升了 6%，未提示知名度提升了 5%，购买欲提升了 5%。三星电子为奥运会投入 4000 万美元，品牌价值却每年增长 20 亿美元，是投入的 50 倍。

借助奥运火炬传递这个平台传播品牌，需要企业品牌和奥运精神有很高的契合度。三星电子深谙准确定位、切合品牌内涵的赞助之道。这一点从 2006 年都灵冬奥会火炬手的选拔中可以看到——奥运火炬在三星电子选拔的火炬手之间传递，巡回于意大利的 567 个城市，三星的品牌被意大利的大街小巷所铭记。在 2004 年雅典奥运会火炬接力上，三星电子选拔火炬接力手穿越了 27 个国家的 34 个城市。这一点可以说是给正在积极准备靠 2008 北京奥运会"一战成名"的企业上了一课。

2007 年 4 月 26 日，北京奥组委宣布，与奥运会移动通信终端全球合作伙伴（TOP）三星电子正式签约，使其第三次成为奥运火炬接力的全球合作伙伴。

三星电子通过赞助奥运火炬接力活动，在品牌提升方面取得了非常良好的效果：三星电子的品牌展现于全世界的各个角落，大大提升了品牌价值。火炬接力赞助正与无线奥运工程（WOW，Wireless Olympic Works）、三星高科技展示中心一起成为极具代表性的三星电子奥运市场营销手段。

在品牌重塑过程中，三星电子品牌前锋全球营销部的作用不可抹杀。同时，全球营销部的使命也在发生着变化。2005 年 9 月，三星电子启动二次品牌大改造活动，更换品牌标识、更新主题颜色，沿用多年的"三星数字世界欢迎您"被新口号"The world in your hand"所取代，在拥有广泛的知名度之后，三星电子希望自己拥有更多的品牌内涵。

三星电子品牌价值快速攀升的成功秘诀可以这样概括：

首先，在于其领导人在公司危机时刻，及时地选择了品牌重塑的战略布局，清晰地重新进行品牌定位；

其次，在组织上进行调整以适应重塑计划，设立"品牌委员会"来保证定位的沟通和合作，设立"全球营销室"来策划营销沟通方案，以执行品牌重塑计划；

最后，在数码领域内投以重金，创建快速技术创新、不断地推出新产品和独特、时尚的产品设计的品牌识别，最终使得三星成功地树立了"时尚、高档、技术领先，e 化"的新的品牌形象，使得三星电子的品牌价值在品牌重塑过程中迅速提升。

当前，三星电子正在全球范围实施顶级品牌战略，相应地出台了全球的市场战略目标。2005 年 11 月，在三星电子纽约全球路演上，三星电子副会长兼首席执行官尹钟龙对媒体宣布，在 2010 年之前成为产品质量和数量都能位列世界三甲的电子公司之一，还将把三星电子全球领先的主导产品数量从当前的 8 个提升至超过 20 个，同时，也使公司销售额比 2004 年增加一倍，达到 1150 亿美元。

　　　　　　　《电子元器件资讯》2007 年 10 月、11 月第 6—7 期

◉ **附记：**

　　原文发表时分上、下篇，现将上、下篇合在一起。

　　解析：策划并撰写《三星品牌之痒》（上、下篇），还是源于笔者对技术品牌念念不忘。笔者在 2002 年 1 月发表《面对 WTO 倾力打造中国技术品牌》后，一直寻求在国内找一个成功的范例进行剖析。笔者认为国内高新技术产业中，华为和中兴通讯是最顶尖的，他们已经成功地打入国际市场，但是还没有成为全球知名技术品牌。2007 年间，有家公关公司在为三星电子搞个活动，相熟的老总找笔者进行策划。笔者在写策划书的过程中，阅读了大量三星的资料，三星品牌成功的案例，引起笔者浓厚的兴趣。三星电子起点没有我们一些企业高，历史没有我们一些企业长，条件也并不比我们好多少，但他们只用 10 年左右时间，打造出全球知名技术品牌。笔者遂下决心剖析他们的品牌之路，于是就有了《三星品牌之痒》（上、下篇），上篇写了将近 10 天，下篇用时 4 天，上、下篇约 1.5 万字，是笔者所有新闻作品中最长的一篇，由此可见笔者对技术品牌的重视程度。

　　这篇工作通讯的"题记"从另一个侧面把品牌提到一个新的高度："通向地狱的道路是由那些只注重发展他们的技术，而忽视树立品牌的公司铺成的。"上篇由"品牌价值快速直线增长""品牌定位也走过弯路""从品牌定位到品牌联想""广告是打造品牌的助推器""产品是打造品牌的基石"等 5 部分构成；下篇由"设计创新是提升品牌的差异点""渠道嬗变是提升品牌的联想点""速度经营是提升品牌的突破点""事件营销是提升品牌的引爆点""奥运营销是提升品牌的制高点" 5 部分构成，这 10 个方面涵盖了三星电子的成功之路。

　　《电子元器件资讯》2007 年 10 月总第 6 期，编辑部在卷首语"技术品牌的魅力"中这样诠释《三星品牌之痒》（上篇）："本期特别报道栏目，我们编发了《三星品牌之痒》（上篇）的文章。文章以鲜明的观点和翔实的资料，为读者描画了三星电子在品牌定位和品牌联想、品牌战略和策略、品牌与研发、品牌与产品、品牌与广告等方面的做法。同处亚洲的韩国三星电子，其文化与我国的企业有很多相似之处，其历史比我们好多企业还短，在营造品牌的过程中，他们也走过弯路，但他们只用了不到 10 年时间，从一个只在韩国本土有点名气的公司，打造成全球知名品牌，创造了一个品牌奇迹，其做法值得我国企业学习和借鉴，从中我们也可以领略品牌无限的魅力。下期计划刊登的《三星品牌之痒》（下篇），则从品牌与营销的角度，全方位阐述营销在打造品牌过程中不可替代的作用。"

人物通讯类原文与解析

拉开走向世界的帷幕

——记中国环宇电子联合公司总经理郎宝祥

世界上的事情很怪，有时一个默默无闻的人物，突然间成了家喻户晓的名人，而他所在的城市也有了光彩。

退回10年，有谁知道石家庄的马胜利？随着改革大潮的冲击，马胜利蓦地成了全国瞩目的新闻人物。自古燕赵多豪杰，20世纪80年代的石家庄，鼓荡雄风的企业家何止一个马胜利。

1986年底，正在崛起中的环宇电子联合公司，一时间名扬泰晤士河畔的伦敦，它的决策人物——总经理郎宝祥的名字也开始响亮了起来。

但是，在人们的心目中，郎宝祥的名字起初还笼罩着一层模模糊糊的光圈。因为有关他的流言太多了，众口铄金，真假难辨。这些年，一张贴八分钱邮票的告状信，就能折腾你一阵子，轻者叫你大伤元气，重者叫你"中箭下马"，郎宝祥也无法逃脱这种厄运。

1987年9月中旬，我到石家庄后，就听说郎宝祥的问题刚刚做了实事求是的结论。此时此刻，我真想听听郎宝祥有何感想，不巧得很，他于前一天已飞往伦敦去主持英国环宇分公司的董事会。老郎到底是个什么样的人物？随着我采访的深入，疑团、困惑逐渐消失了。一个开拓型的企业家形象，越来越清晰地影印在我的脑际。我也越来越理解为什么人们异口同声地说："没有老郎就没有环宇的今天。"甚至连他的反对者也不否定这点。

> 改革带来了阵痛，冲破藩篱需要付出代价。搞择优配套，大胆引进，虽然遭到了非议，但石家庄电视机厂却从此走出了低谷。

郎宝祥的助手说过一句相当精辟、贴切的话："老郎是个不按常规办事的人"。话说得极普通，却包含着深邃的内涵。急遽变革的时代不就是要打破束缚我们前进的一切常规吗？难道我们还要原地踏步一万年？而打破常规，又是何其难啊！

1980年5月，郎宝祥来到石家庄电视机厂当厂长。面对工厂已发不出工资的困境，他在寻思如何收拾这个烂摊子。纪律松弛，人心浮动，管理混乱，质量低劣，真是问题如麻。而首要的是先解决几百口人吃饭的问题。郎宝祥决定从产品质量开刀，打开市场销路，唤起职工的自信心。无疑这是一条正确的路，然而从此他却卷进了旋涡。

问题十分清楚，电视机质量低劣的原因在于元器件质量差，而元器件质量差的关键是只能就地配套。由于小生产的观念，作坊式的眼光，各地区对地方工业实行了保护措施。郎宝祥决心冲破地区封锁的藩篱，摆脱旧体制的羁绊，在全国范围内择优配套，谁的质量好用谁的。他组织人对原来160多家有合同的元器件厂进行筛选，最后剩下55家，其余的一律退掉合同。

一下子打掉100多家元器件厂的饭碗，郎宝祥惹起众怒，谴责声四起，有关部门也批评他"胳膊肘往外拐"，一时间郎宝祥成了"破坏河北电子工业"的罪人。其实真有点冤枉，他不是那种吃里扒外的人，你看他签订合同的原则："价格相同取质量，质量相同取优价，优价相同先河北"。这有什么错？可打破了常规，你就得准备付出代价。天大的压力郎宝祥顶住了，他豁出去被撤职也得干，不淘汰那些不合格的配件，才对不起河北父老乡亲，保护落后算得什么社会主义！

经过择优配套，电视机每台成本降低了70元，平均无故障工作时间突破了当时国家规定的1000小时，结果当年扭亏为盈，实现利润6.1万元。在今天看来，6.1万元又算得了什么，可是从这微乎其微的利润中，职工们已隐约预感到，如果他们的厂长照这个样子干下去，结束电视机厂10年徘徊的局面指日可待。

初战告捷，郎宝祥并不感到满足。他心里明白，就凭着厂里这点家底，电视机厂要发展是根本不可能的。1981年4月，郎宝祥率先作出引进国外先进技术的决策，顿时舆论哗然。又是一场风波，他的头上又多了一顶"打击民族工业"的大帽子。老郎认定，"拿来主义"是技术进步的一条捷径，自己没有错，斯大林在20世纪30年代初不是也主张引进美国的先进技术吗？在关键时刻，省经委的领导出面支持了郎宝祥。有了强大的后盾，老郎他们才得以先后引进了东芝黑白电视机技术和日立彩电技术。几条生产线开工后，这下子他们厂如虎添翼，产量直线上升，利润成倍增长，一年的时间，实现利润由6.1万元增加到718万元。石家庄电视机厂已站到了起跑线上。

谁知天有不测风云，正当石家庄电视机厂展翅腾飞之际，市场上黑白电视机出现了滞销，大城市已趋于饱和状态。1982年8月，厂里库存积压黑白电视机达到4.5万台，银行停止贷款，工厂又一次面临着危机。

有压力并不都是坏事。人的生存欲望逼着你绝路逢生。1982年9月，老郎亲自带队，从厂里抽调了78名干部、工程技术人员和工人，组成小分队，到河北省内8个地区、21个县、74个村，对25000多户农民进行了社会调查，掌握了农村市场的需求信息。而后，派出100多人组成的环宇技术服务队，一辆辆满载环宇电视机的大篷车队，浩浩荡荡开进农村。短短几年时间，他们在河北省内共建电视文明村1300多个，环宇在燕赵大地叫响了。

石家庄电视机厂走出低谷后，郎宝祥又在运筹帷幄。在新旧体制的摩擦、碰撞中，他在寻找施展鸿鹄之志的新天地。

环宇冲出亚洲，进入伦敦市场，仅仅是拉开走向世界的帷幕。而要在国际市场这个大舞台上立足，则要实现跨国公司的蓝图。

改革的滚滚洪流，波澜壮阔，一泻千里。在广袤的中华大地上，横向联合的冲击波，正在撼动着中国旧经济格局的骨架，跨部门、跨地区的企业集团应运而生。

横向联合正中老郎的下怀。"环宇"要发展壮大，要成为中国的"日立"集团，仅靠石家庄电视机厂的弹丸之地和千八百人，简直是白日做梦。不搞集约化大生产，电子工业就无出路。

1984年8月14日，以石家庄电视机厂为龙头，由38个企事业单位组成的中国环宇电子联合公司宣告成立，郎宝祥就任董事长兼总经理。在石家庄市，能够挂"中国"字样的联合公司，独此一家。公司成立伊始，郎宝祥就响当当地提出了"超前、拼搏、唯实、采蜜、突破"的环宇精神，实现以第一流的产品打入国际市场的大目标。

干成一项事业，有时候机遇相当重要。问题在于你能不能抓住机遇，并把握住机遇，而且要为你所用。1986年春，英国垂特林克公司总经理万斯先生来华，在我国几大城市进行考察。环宇公司外事部的同志捕捉到这个信息，立刻传递给郎宝祥。老郎眼睛一亮，机遇来了，一定要拽住这家伦敦电视机销售公司。他立即下令发电传，请万斯先生来石家庄。

石家庄，在中国工业布局的版图上，并不是电子行业的皇冠。万斯先生的日程表上，自然没有这一站。出于英国人讲礼貌的传统，他以即将回国和经费不足，客气地予以回绝。外事部的同志把情况如实通报给老郎。谁知，郎宝祥又犯了认准了的事绝不回头的老毛病。

"你再给万斯先生发电传，路费由我们出，生意做不成，交个朋友嘛！"

也许是老郎的盛情和豪爽感动了万斯先生。1986 年 4 月中旬，正当春暖花开的时候，万斯先生一行来到了石家庄电视机厂。完全出乎他的意料，这里不仅有花园式的厂区、壮观的彩电大楼，而且有先进的彩电流水线和严格的全面质量管理。参观考察后，万斯先生不无感慨地说："我们在这里看到的是现代化的工厂、现代化的生产线、现代化的管理。"本来万斯先生在我国考察后已不准备订货，但石家庄之行改变了他的主意。他主动与我方正式签订了进口 2200 台 14 英寸环宇彩电的合同。

回到英国后，万斯先生把抽样带回的两台环宇彩电作了严格测试，其性能完全符合英国 BS 标准。环宇公司趁热打铁，又发去 9 台样机，经过拆箱检验，也是台台合格。万斯先生终于发现与郎宝祥这样讲信誉、重友情的中国人打交道是件快事。3 个月后，他两次飞临石家庄，又续签了 27800 台环宇彩电合同。

1986 年 8 月 20 日，第一批 1100 台环宇彩电漂洋过海，运抵英国，用户又抽验了 20 台，结果令人十分满意。在伦敦繁华大街的商店里，客商把环宇彩电与日本、德国、荷兰、意大利等国的名牌产品陈列在一个橱窗里，并特意在每一台环宇彩电上挂上一朵小红花，以表示最受欢迎的产品。不到 10 天，第一批环宇彩电就销售一空。到年底，首批出口的 10000 台彩电都如期发运完毕。

插足欧洲，站稳脚跟，扩大影响的目的初步达到了。当年，大英帝国用鸦片和洋枪打开了清政府闭关锁国的大门；今天，我们的现代化电子产品涌进伦敦市场，这是多么富有戏剧性的对比！

环宇冲出亚洲，并没使郎宝祥陶醉。他清醒地认识到，我们要全力进军日元升值后出现空隙的国际市场，靠独家企业不行，必须形成一个强有力的拳头。于是，1986 年 8 月，有 13 个省市、43 个企业参加的环宇出口企业集团成立了。人们不得不佩服老郎的魄力和远见。因为不到一年时间，就有五大洲几十个国家与环宇洽谈生意，电视机总需求量相当可观。从 1986 年下半年到 1987 年上半年已签出口合同来看，前景充满了希望。

向英国出口电视机，要受欧洲共同体和英国政府分配额的限制。尽管万斯先生很友好，为进口我们的环宇彩电做了大量的疏通工作，但毕竟手续烦琐，成交额也有限。这点郎宝祥心里有数。于是，他的脑海里开始设计跨国公司的蓝图。第一步先在英国合资办厂，以国外的环宇分厂为基地，构筑走向世界的桥头堡。大胆的设想伴随着高效率的行动，1987 年 6 月 3 日，环宇公司与垂特林克有限公司达成在英国合资兴办"英国环宇电子有限公司"的协议，按照协议规定，我方任董事长。一切都是快节奏的，预计半年内就能开工投产。电视机行业在国外合资办厂，环宇是第一家。老郎迈出这具有决定意义的第一步，使他那跨国公司的蓝图已不再是遥远的梦想。

只有平等互利、同舟共济，企业集团才会有凝聚力和向心力。实力雄厚的"联合舰队"，才能在商品经济的海洋里经受风暴的洗礼。

环宇公司成立前，石家庄电视机厂只不过是一个年产 8 万台电视机的中小规模的工厂，职工只有 1000 余名。而三年后它们已发展成为包括科研、生产、内销、外贸、金融等 118 个企业，横跨 15 个省市，由紧密型、半紧密型、松散型三个层次组成的企业集团。其中仅紧密型的 21 个企业，就有 1.2 亿元的固定资产，年整机生产能力近 100 万台，1987 年的计划产值预计 4.6 亿元。为什么有的企业集团联合后徒有其名，貌合神离；环宇公司却兴旺发达，伙伴众多，这确实是个令人感兴趣的问题。

环宇公司不是厂办公司，而是公司办厂；不是只站在龙头厂的立场考虑问题，而是从全局考虑问题；龙头厂和联营厂之间不是众星捧月，更不是大鱼吃小鱼，而是真正的平等互利，同舟共济。老郎的这些指导思想是经过深思熟虑的。要不，还叫什么社会主义的企业集团？

最为突出的是郎宝祥不嫌弃穷伙伴，他对公司内的"第三世界"倾注的心血最多。

例如辛集电子工厂，国家曾投资 250 万元，但这个厂管理不善，勉强维持生产一年，却瘫痪了六年。厂房设备闲置，厂区杂草丛生，280 多名职工只剩下 26 人。长期靠国家财政补贴过日子，成了辛集市的一大包袱。这样一个濒临破产的企业，郎宝祥不但接纳它加入联合体，而且决心靠公司的实力救活它。从哪儿动手术？老郎他们先将这个厂的所有权和经营权分离，企业所有权归属辛集市政府，经营权属于环宇公司。第二步公司派去领导干部和生产骨干对这个厂进行整顿。接着公司转让生产技术，把石家庄电视机厂的一条黑白电视机生产线迁到辛集。同时公司在材料供应、产品销售方面帮助疏通渠道，解决了工厂的吃饭问题以后，公司又准备帮助工厂引进石英晶体生产线，搞起红外遥控技术。这样一来，辛集电子工厂终于摆脱困境，踏上起飞之路。1987 年这个厂将实现利润 20 万元，并成了公司的一个新技术开发基地。

吸收亏损企业加入联合体，然后扶持其上马，岂止一个辛集电子工厂。郎宝祥这样做的目的绝不仅仅是为了扶贫，而是为了着眼于扩大集团的整体实力。请看，环宇公司成立三年，经济实力增长了 12 倍，产值增长了 11 倍，1987 年预计完成产值约占河北省电子工业年计划产值的 60% 以上。还有什么比数字更能说明问题的呢？环宇公司以集团的雄厚实力，推动加快了企业的"裂变"和"聚变"；反过来，企业的发展又壮大了公司的实力。

在商品经济的海洋里，单个企业驾着小舢板，一遇惊涛骇浪，随时随地会出现覆舟的危险；而庞大的"联合舰队"就能经得起十二级风暴的洗礼。由郎宝祥掌舵的环宇公司不就是这样的"联合舰队"吗?! 他们已由起初的单一生产电视机向多品种、多功能、多种经营方向发展。现在，除了电视机，他们还能生产收音机、录音机、电饭锅、卫星地面站等，环宇系列产品正在充实我国活跃的市场。近年内环宇公司的产值将达到 10 亿元以上，到那时，环宇公司将在我国电子企业集团中发挥更大的作用。

> 站在改革的突破口，需要勇气和胆量，还要准备经受千难万击。但生活在今天的改革者，有 10 亿人民同行，毕竟是时代的幸运儿。

环宇公司几年来的发展，并不是一帆风顺的。郎宝祥每前进一步，都遇到了来自方方面面的干扰。有明的，有暗的，有来自上面的，有来自下面的……要改革，要前进，就得排除干扰，冲破阻力。你限制，我突破；你阻碍，我跨越，如果没有这么点勇气，还算得什么改革家。可是，如果减少点摩擦，少一些干扰，我们的事业不是能够发展得更快一些吗? 作为企业家，郎宝祥在改革中的超前意识和他对全局战略的谋划，往往开始并不被人们所理解。有些人有抵触对立情绪，也不足为怪。如果老郎耐心做点疏导工作，也不至于影响和谐的气氛。但是，郎宝祥有时只想一个劲地往前冲，对周围的一切不管不顾，忽视了复杂的人际关系，从而不得不付出代价。

于是，告状信到处飞，说什么的都有。一时间，满城风雨，把郎宝祥送上了"被告席"。1985 年春，省里有关部门派工作组进驻石家庄电视机厂，对郎宝祥进行调查。一个个问题接踵而来，他完全处于被动的局面。

老郎的助手们心里有谱。他们熟悉老郎的秉性，虽然人们送给他一个"郎大胆"的绰号，但出格的事他不会干。他每每提出一个新点子，都不是凭空杜撰出来的，只不过是把中央有关改革的方针提前具体化而已。因此，他们对老郎鼎力相助，环宇的运行机构一刻也没停止过运转。其实，何止助手们信任他，省市主要领导也多次关照过他。1987 年派出的省市联合考察组对他进行全面考察后，充分肯定了他在改革中的成绩，并给予较高的评价。坦诚地说，我们党和政府的领导干部，绝大多数人是为开拓进取的改革家开绿灯的，而且他们中间也不乏身体力行者。

组织的关怀和广大职工的拥护，始终像一股热流温暖着老郎的心。这位"二七"老工人的后代，11 岁当童工，16 岁参加革命，17 岁入党，积 40 多年的革命经验，他从内心深处感到没有党指路，他就是迷路人；没有党的支持，他就会寸步难行；环宇事业不是郎宝祥个人的事业，而是党的事业的一部分呀。如果改革失败了，郎宝祥倒下来，只是个人做点牺牲罢了，而为此使党的事业垮下来，那还算得上什么用特殊材料做成的共产党人。铁骨铮铮的郎宝祥，始终以惊人的毅力迎接着一切挑战。同时，他以冷静、缜密的思考，审视着自己在改革过程中曾出现的失误。

老郎境遇不佳的日子里，画家范曾特地送给他一幅钟馗打鬼图。据说这幅画酷似当年吴道子的手笔。当然，老郎不会相信什么钟馗的神像。但每当他抬头凝视着钟馗打鬼图上的那两句题字"天地有正气，何惧鬼与魅"时，他就好似平添了一股力量。得道多助，失道寡助。20世纪80年代的改革者，有党做坚强后盾，有10亿人民同行，比起历史上那些变革败北者，简直可以说是时代的幸运儿。

金秋的10月，老郎已从大洋彼岸的伦敦飞回祖国。当我再次去采访他时，对于过去，他谈的很少。但一谈起全世界都在瞩目的党的第十三次全国代表大会的召开，他不免激动起来，他深信这具有里程碑意义的大会，将给改革带来更美好的前景。而他还要在改革开放的大舞台上，继续充当一名号手，让共和国那威武雄壮的时代旋律，永远响彻"环宇"。

《中国电子报》1987年11月1日

解析：人物通讯是用来展示先进事迹与典型形象的一种新闻体裁，是报刊、广播、电视上最为常见的通讯形式之一，也是通讯中最为引人注目的一种文体。顾名思义，人物通讯主要是以写"人"为主，人物的品德行为、性格特征、言谈举止、精神面貌、思想境界等，都是人物通讯的主要内容。人物通讯不能离开写人的思想。光写事迹，不写思想，人物是呆滞的；写了思想，人才有了灵魂，才能有感染他人的力量。光写人，不写事，也不成。人离不开事，事离不开人。在人物通讯中，事和人是不能截然分开的，人与事要有机地融为一体，你中有我，我中有你，人物始终是事件的魂魄，事件是人物活动的舞台。

《拉开走向世界的帷幕——记中国环宇电子联合公司总经理郎宝祥》是奉命之作。王任重副委员长有批示给电子部，电子部让报社派人采访，笔者时任副刊部副主任，奉社长之命赴石家庄采访。因为涉及有争议的人物和事件，笔者没去厂里安排的省委招待所住宿，而是找了个房费一天只有几元钱的小旅馆。郎宝祥原是石家庄电视机厂厂长，这时已任中国环宇电子联合公司总经理，因为争议较大，对他的调查并未结束，他的头上还套着不少帽子。笔者极为谨慎小心，在5天的时间里，找了郎宝祥的副手谈，找了厂办的人谈，找了一些职工座谈，又去找了反对他的人谈，也找他的上级领导谈，并到我认识的人家里核实。由于采访深入，情况摸得透彻，基本还原事实真相。返回北京后，笔者才找刚回国的郎宝祥谈。

9 月底和 10 月初，笔者在北戴河创作之家疗养，差不多用了一周时间，写完初稿《冲破藩篱天地宽》。回京后用了 3 天改好二稿，从 9000 多字压成 7000 字；此后又三稿、四稿，最后定稿 6600 字，题目也改为《拉开走向世界的帷幕》。1987 年 11 月 1 日在《中国电子报》头版见报，11 月 16 日中央人民广播电台转播。一时间郎宝祥的改革经验得到肯定，他也成为改革大潮中的新闻人物，1988 年 3 月出席第七届全国人民代表大会，李鹏总理 6 月在石家庄接见了郎宝祥，并欣然题词"努力办好环宇集团"。1996 年在一次通信中，郎宝祥写道："知我者，凤山也。"笔者对这篇稿子比较满意之处，就是坚定不移地站在改革者一边，义无反顾地为改革者发声，笔者在文章里多处议论犀利，带着饱满的热情讴歌改革大业。

一位普通女工的心怀

——记全国"三八"红旗手秦淑雅

> 如不燃烧，必将熄灭——这就是规律。生命之火万岁！
>
> ——奥斯特洛夫斯基

她是一位普通女工，一个极其平凡的人。一米五的个头，瘦弱的身躯，内向的性格，在会集的人流中，她丝毫不引人注目，仿佛是汇入浩瀚海洋的一滴水。但是在北京无线电元件二厂，她却如一颗闪光的星，厂里上上下下都知道秦淑雅的大名。这是因为她——

总是走在时间的前面

时间是生命的里程。每个人，每天，每时，每刻，都在用自己行动的笔触书写自己的历史。秦淑雅的历史从 1974 年翻开了新的一页，就在这年"七一"，她光荣地加入了中国共产党，并创出日产 3000 只产品的全班最高纪录。也正是从这时开始，她暗下决心，要有效利用时间，每月都要以超额一倍的数量来完成任务。为实现自己定下的目标，时间对她来说，胜似生命。一秒，看似微乎其微，但在她的眼里却从不小觑。她发现一个徒工卷绕芯子时，从后边撕纸，每绕一个芯子比前边撕纸可以节约一秒钟的时间。一只少用一秒钟，3000 只就能节省 50 分钟，秦淑雅看在眼里，记在心上，很快就把这种方法学到了手。

12个春秋，秦淑雅在卷绕机旁度过了几千个工作日。卷绕电容器，需要手、眼、脚协调一致。手把金属膜纸卷在机器上，脚踩开关，眼盯计数器和转动的芯轴，这一套动作要连贯麻利，有时一分钟要卷绕10多个电容器。每天她都要重复几千次这个动作，直到超额完成定额才离开机床。人们惊奇地发现，她好像浑身永远有着一股使不完的劲头。外出开会耽搁了任务，她总是想方设法早来晚走，补回失去的时间，就连爱人逝世的那个月，她还超额132%完成了当月任务。长年累月的工作，那单调的机器声在她听来已成了悦耳的音乐，一天听不到这种声音就觉得心里不踏实。

凭着一股韧劲，秦淑雅差不多每年都用半年时间完成全年的工作量。1985年10月，她们生产的金属化纸介电容器转给别的厂，新接产了风扇电容器，但她仍用8个月干完了全年的活。如按原定额统计，1986年，她已经在干着1995年以后的任务了。人们也许要问，她连续12年夺高产，每年生产几十万只电容器，那她的产品质量又是如何呢？——

产品质量名列榜首

秦淑雅虽然文化不高，但她是个有心人，也许因为她的年龄比同组的青年人要大一倍，所以她的心细得出奇。电容器的原材料有时薄厚不均，影响容量的稳定性。她宁肯耽搁点时间，也总是一丝不苟地坚持对每批原材料进行检测，做到心中有数。为了及时得到质量反馈信息，每周两次去下道工序征求对自己产品的意见。根据下道工序提出的问题，她总结出"两勤"的方法，即勤扎纸，勤量纸。这样看起来是自讨苦吃，费时又费工，却保证了产品质量。多年来，她的一、二级品率，总保持在98%左右，名列全班榜首。在她的带动下，班里的QC小组活动开展得很活跃，因果图、对比图、数理统计方法普遍得到采用，全班的三级品率一直低于规定的标准。

秦淑雅是厂里名副其实的优质高产能手，然而她博得人们的尊敬，还因为她有——

高尚的品德和情操

金钱可以磨灭人的意志。但真正的共产党人从来不做金钱的奴隶。恢复奖金制度以来，确实有一些人产生了雇佣观念，干活先讲价钱。秦淑雅作为一个共产党员，无奖金和有奖金一样地干，她曾动情地说："钱多多干，钱少少干，不是工人阶级应有的劳动态度，工人的职责是为国家多做贡献。"是的，人总不能为金钱活着。她领到的奖金有时交了党费，有时捐献给儿童福利基金会等，而她自己却过着清贫的生活。至今家里只有一台 12 英寸黑白电视机，两件像样的家具还是新买的。比起别人，她家里不够气派，甚至有点寒酸。但她的精神世界是充实的。"要使自己生活富裕起来，先得让国家富起来，这就需要我们每个人尽职尽责，先人后己。"秦淑雅是这样说的，也是这样做的。

作为一个普通女工，她的目标是要做一个合格的国家主人；作为一个共产党员，她锲而不舍地追求自己的理想。这就是她的精神支柱，也是她的人生信念。有了这些她就经得起时间的考验和挫折的磨难。

几年来，丈夫与母亲相继去世，孩子急病住院，自己病弱体虚，一个又一个的不幸，打击着这个坚强的女人。但是，在党的关怀和同事们的帮助下，她迈着坚实的步伐，一步一个脚印地走过来了。党和人民没有忘记她。她曾两次荣获全国"三八"红旗手称号，两次被评为北京市劳动模范，多次被评为局和公司级先进生产者、优秀共产党员、质量标兵、工会积极分子，并当选为北京市第七届人民代表。

对于荣誉，她从不看作是个人的东西，也从不炫耀自己。她总是诚恳地说："过去的事啦，还提它干吗，要紧的是今后。"进入虎年，秦淑雅悄悄地透露了自己的一个心愿，她今年刚好 48 岁，她要在这本命年里，虎虎有生气地再大干一场，把生命之火燃得更旺。

《中国电子报》1986 年 3 月 4 日

扬帆踏浪的弄潮儿

——记北京市优秀厂长刘铁良

人们羡慕帆板健儿鼓浪前进的风姿，但更钦佩在改革大潮中敢于扬帆踏浪的弄潮儿。在生产海浪牌瓷介电容器的北京无线电元件六厂，有一位被人们交口赞誉的"踏浪"人，他就是北京市优秀厂长刘铁良。

弄潮儿向涛头立

1984 年 5 月，刘铁良被任命为元件六厂厂长。新班子组建不到两年，北京广播电视工业总公司就给该厂下达了在 1983 年实现利润 68 万元的基数上，三年利润翻三番的经济承包任务书。出乎人们意料的是，以刘铁良为首的新班子，只划掉了实现任务后厂领导每人晋升一级工资的条款，其他条件全部同意。

承包任务书签字的消息不胫而走，全厂 1300 多名职工被震惊了。当时大伙捏了一把汗，这个承包任务能完成吗？难怪职工们这样想，因为近三年里已经换了四任厂长，走马灯似的更迭领导，并不是什么灵丹妙药，更何况建厂 11 年来，年实现利润一直徘徊在 40 万元到 70 万元，1983 年在总公司 33 个企业中，人均利润排在第 22 位。要三年翻三番，实在太难了。

对于刘铁良来说，作为共产党员他别无选择，前面即使是激流险滩，他也要闯。弄潮儿向涛头立，这是当代改革家的写照。刘铁良和他的战友们终于以时间和数字写下了美好的篇章：

1984 年实现利润 168 万元；1985 年实现利润 320 万元；1986 年头 8 个月实现利润近 300 万元，接近去年全年水平。

默默无闻的元件六厂，在 1985 年一跃成为北京市企业整顿先进单位和企业管理先进单位，在 1986 年华北地区厂长、经理工作研讨会上，他们还介绍了推行经济责任制的经验；名不见经传的刘铁良，1986 年先后被评为北京市优秀厂长和优秀共产党员。

人们不禁要问，刘铁良是用什么高招妙法使元件六厂三年迈出了三大步？

理顺关系为根本

其实刘铁良的招数并不高。他在这个厂待过 10 年，深知厂里基础管理工作太差，原因是"能人"太多，向心力太小，离心力太大，干部中各吹各的号。因此刘铁良对症下药，先从理顺干部关系入手，把一盘散沙凝集在一起。

他公开亮出了选用干部的标准：无论是谁，只要愿为工厂的发展多做贡献，有能力、有干劲，他就量才使用不究历史旧账。依照这个原则，他不分亲疏一下子把中层干部调整了 60%，起用了一批新人，中层干部形成一个团结有力的集体。

过去中层干部只要不顺心，动不动就闹气，打辞职报告要挟领导。谁知这回一个科长上午撂挑子，下午刘铁良大笔一挥就批了。事后这个科长后悔地说："厂长，我是试试你的，没想到没拿住你，你倒跟我动真格的啦！"

有一个科长与刘铁良私人关系不错。可是一次副厂长布置工作时，他大发脾气拒不接受任务，还大喊不干了。刘铁良狠狠剋了他一顿，撤了他的职。然后又苦口婆心做他的思想工作，鼓励他跌倒了再爬起来。这个干部接受教训，一头沉下去任劳任怨搞技术工作，受到领导和职工的好评。三个月后把他提为副科长，半年后根据他的表现又委任为科长。看到厂长这样铁面无私，干部中再也没人把精力放在扯皮斗气，讨价还价上啦。

班子调整时，调走了一名副厂长。与这名副厂长关系不错的一位干部，唯恐新班子对他不信任，思想感到压抑，包袱很重。刘铁良知道他在生产、技术、管理工作中都很在行，于是屡次三番找他谈心。他生病时，刘铁良还和一位副厂长到家中去看他，分房时优先给他一套房，并让他担任了比较重要的职务。

人非草木，孰能无情。这桩桩件件事使大伙服了。他们看到厂长对人一视同仁，办事有钉有铆，所作所为都是出以公心，大伙的气不顺的也顺了，疙疙瘩瘩解开了，全厂上下憋足了劲非要干出个样来不可。

激励主人翁精神

理顺关系只是第一步，要长久保持人的主动精神，就得依靠各种手段和制度把方方面面的积极因素调动起来。因此，刘铁良在狠抓企业转轨变型，整顿加强基础管理，把各项工作纳入标准化、制度化、程序化的轨道以后，就着手制定经济责任制。这次修订没有照抄照搬别的单位经验，而是从本厂实际出发，分层次考核，责任分明，利益兑现。他们把国家、总公司、企业分别考核的三大类总指标，具体分解成210项小指标，落实到车间、科室。仅生产车间就有包产包销包利润型、半包产半包销型、包产型三种类型的经济责任制。业务科室也分承包制和责任制两大类型。考核指标完成与否，不考虑任何主、客观原因，你纵有一千条理由，该扣也得扣。

也许有人认为这是横竖不讲理，但它所产生的作用是非逼你动脑筋不可。如考核供应科有这么一条：不管什么原因，只要因为材料问题造成车间停产八小时以上，就扣全科奖金。这下全科的人都动起来。1985年厂里需要1.2吨硝酸银，国家只拨给650公斤，缺口的部分怎么办？供应科的职工发动起来到处收集沾上银浆的废物，自己动手炼银，不仅解决了缺口，还降低了成本。1986年缺硝酸银1吨，他们还是自己动手解决，没有把矛盾上交。

实行不实行经济责任制，人的精神面貌大不一样。过去车间设备坏了，给设备科打电话请维修工很难，如今维修工不请自到，整天在设备旁边转悠。原来碰到搬运设备安装的活，先伸手问给多少钱，谈好价码才干。1986年厂房改造，厂里安排设备科五天内腾清厂房接好电源，他们二话没说，没过三天活就干完了。这个科在确保正常维修的前提下，积极开发指纹仪等产品，主动提出要为厂里上交50万元利润。1986年，科里负责造窑的六个人，承接了本市和外埠五条造窑的任务，为厂增收70万元。这种为厂分忧的主人翁精神在这个厂已经蔚然成风。

红花还得绿叶扶

刘铁良在元件六厂每迈一步都离不开上上下下的支持。党委书记李杰夫曾当过副厂长，和刘铁良是老搭档。组成新班子后，党政配合默契，互相理解支持。党委发挥了保证监督作用，搞好思想政治工作，并把主要精力放在抓全厂近600名党、团员和积极分子的思想教育上，要求这支骨干队伍在工作上吃苦耐劳，在待遇上不争不抢，处处起模范带头作用。刘铁良觉得这是对自己的最大支持，所以从心底感谢书记和其他同志。

1986年以来，厂里有三个月没完成本厂规定的目标利润。刘铁良每次都扣厂领导50%的奖金，谁也没有怨言。可是车间、科室的人不干了，他们说："没完成利润指标责任在我们身上，我们应少拿奖金，不能扣厂领导的。"刘铁良很感激下面对领导的关心，但他明白干部群众越是体谅领导，领导越要严格要求自己，这样才能和群众的心贴得更紧。他们集体作出决定，3%的调资面厂领导一个不沾。1984年总公司奖励了刘铁良和李杰夫80元钱，他们认为成绩是大伙干的，坚决不领，至今还存放在财务科里。但是，对于群众的疾苦他们却时刻放在心上，哪个职工病了，谁家发生意外，他们总是抽出时间登门探望、慰问，把党的温暖送到职工的心坎上。

这个厂民主空气很浓，不仅一直坚持民主接待日制度，而且遇到重大问题要开民主答询会。1985年，国家征收企业奖金税的有关规定，在职工中引起了波动。他们及时召开了有150余人参加的班组长以上干部民主答询会，会上大家提了47条意见和建议，刘铁良一一作答，密切了干群关系，沟通了心灵。1986年这样的会又开过两次。

刘铁良虽然已年近半百，但他那宽肩厚背给人身体硬朗之感。唯有头部左侧太阳穴上的肉瘤困扰着他。睡觉时只能仰卧或面向右侧，工作一劳累就阵阵胀痛。医院几次安排了手术日期，他都一拖再拖。当我向他告别的时候，又一次关切地提醒他要早点去医院，他却摇摇头说："今年恐怕不行了，要做的事太多啦！"是呀，刘铁良何尝不想停歇一下，但改革的航船怎能在前进中落下征帆？也许这就是时代赋予每一个改革者的历史使命吧！

《中国电子报》1986年10月28日

似锦年华火样红

——江南无线电器材厂青年工人剪影

三月的江南，已是春色满园，雪白的玉兰、金黄的迎春、火红的杏花争香斗艳，竞相怒放。

坐落在京杭大运河畔的江南无线电器材厂，也是一派春意盎然。在这个拥有4000多名职工的无锡微电子工业基地，竟有3000多名青年工人，青工成为工厂的主体和脊梁。无怪乎这里到处充满了朝气和活力。

在江南无线电器材厂采访时，我们有幸接触到一些生产第一线的青工，他们是那么执着地热爱自己的平凡岗位，又是那么无私地奉献着自己的青春岁月，我们始终被深深地感动。

青春似火

我们的第一个采访对象是陆菁菁，她是厂里十佳青年的榜首、无锡市新长征突击手、无锡市"三八"红旗手。她创造的日产5300只的新纪录，已超过全国"三八"红旗手陆美芳和六届人大代表唐敏敏保持的最高纪录，成为国内电子器件行业屈指可数的第一流热压能手……

我们在车间采访时没有见到陆菁菁，却在厂里的华晶宾馆意外地相识。站在我们面前的陆菁菁，身穿一件粉红色粗线毛衣，在以白色为基调的宾馆里，显得是那么的鲜艳夺目。她那苗条匀称的身姿，洋溢着青春的活力，给人一种"满园春色关不住"的感觉。特别是她那一双漆黑、明亮的大眼睛，不仅炯炯有神，而且把她那聪明、大方、开朗、倔强的性格袒露无遗。

采访单刀直入，问起她是如何创造热压5300只新纪录的。谁知陆菁菁嫣然一笑："那是过去的事啦，我从1986年6月就调到12车间，改行干超声波键合了。"超声波键合需要手工操作，比热压还要累，而且一切要从头学起，我们不禁关切地询问她在键合班的近况。她爽快地告诉我们，在3月11日刚刚结束的全厂键合工操作竞赛中，她又名列第一并创造了每小时键合462只管子的新纪录。在集成电路生产线，干热压工，她月平均超产127%，成品率96.5%；到分立器件生产线当键合工，她依然月平均超产120%以上，成品率达到99.56%。她干哪一项工作，都能创优质高产，成为令人瞩目的尖子，其奥秘何在？

陆菁菁轻描淡写地说："真没什么经验可谈。就是干活时不偷懒，实打实地干，操作时做到'眼到，手到，心到，心神一致'。"望着眼前这位活泼的姑娘，我们头脑里忽然幻化出她工作时的情景：在那沉闷的超净室里，面对热压台上40℃的高温，她的眼睛一动不动地盯着显微镜下那一块芝麻粒大小的芯片，手脚并用地操作着；在键合机旁，她一坐就是几个小时，管子夹上来、夹下来，动作娴熟，又快又稳。她的工作性质，使她和伙伴们都有均等的机会。如果说她有什么秘诀的话，那就是她把青春全部熔铸到"四化"事业中。为了坚持优质高产，她毫不吝惜地放弃了唱歌、跳舞、摄影等业余爱好，甚至失去了上学深造的机会……

陆菁菁是幸运的。她的苦干精神、踏实作风、精湛技艺，得到了领导和广大职工的赞扬，他们甚至把她视为华晶的骄傲，在十佳青年评选中，她那遥遥领先的票数，也说明了大家的心迹。

在华晶宾馆的大门口，我们目送着远去的陆菁菁，她那娇美的身姿，鲜艳的毛线衣，多么像一株三月盛开的杏花，盛开在姹紫嫣红、生机勃勃的满园春色中。这个23岁四川妹子的奉献精神，就像是20世纪80年代青年的缩影。

巧 解 难 题

五车间扩散炉班班长承锋，是个面庞白皙、文质彬彬的小伙子，他那一副近视眼镜再加上瘦弱的身躯，似乎更像一介书生。他1981年毕业于无锡无线电工业学校，尽管双亲安居在上海，他这个独生子却扎根在江南无线电器材厂。几年来，他走过的路证实他无愧于似锦年华。1983年当上扩散炉班班长，1984年被评上厂新长征突击手，1985年又评为无锡市新长征突击手，1986年成为厂十佳青年。

扩散炉班有12台美国进口的三管和四管扩散炉，随着大批量投入电路芯片，国产石英管在1200℃的高温下，长时间工作就会软化变形，稍有疏忽圆片就会卡死，从炉管中拉不出来，一次能造成2万元的损失。这简直成了扩散炉班的心腹之患。作为一班之长，承锋更是心急如焚，他与张建生、李建锋等人一起经过反复实验，终于采用变温扩散的技术解决了这一难题。石英管使用寿命延长后，每年可为厂里节约30多根，价值人民币10多万元。

承锋的成功不是偶然的。这个只有23岁的小伙子正在孜孜不倦地攀登知识的高峰。1985年他开始参加江苏省高等教育自学考试，两年的时间已考下微机应用专业的8门课程。知识为他的起飞插上了翅膀。

为 国 聚 财

沈俊然原是五车间制版组的青年工人，小伙子长得浓眉方脸，透着俊气，心也细得很呢！1986年，厂里有一批日本进口的微粒乳胶版，由于在某物资仓库存放时间过长，乳胶版到厂时已到了失效期，分辨率、曝光量都达不到工艺要求。按规定这批版子要报废，直接损失6万多元不说，还要停工待料影响生产。小沈既不是班长，也不是技术员，但他是工厂的主人。主人就得为厂分忧，为国聚财。正是在这种主人翁精神的感召下，他与谢俊伟在主管技术员、工艺员、班长的带领下，对超微粒乳胶版反复进行工艺试验，摸索出一套合理的工艺条件，使这批行将报废的乳胶版"起死回生"。小沈他们这样做工作量很大，又十分麻烦，奖金也没有多拿，但他们从心里感到很值得。因为 200 多盒乳胶版派上了用场，挽回了 6 万多元的损失，还赢得了宝贵的时间。1987 年一季度，小沈调到图像发生组，制版组沿用同样的办法，又使 300 多盒同样的乳胶版"变废为宝"，节约了 10 万多元。

不 断 进 取

六车间劈刀班的叶继玲，是个南京姑娘。她长得眉清目秀，虽然穿着宽松的工作服，但她的步态、身姿，仍显得亭亭玉立。无独有偶，她今年也是 23 岁，也是无锡无线电工业学校 81 届毕业生。小叶所在的劈刀班主要工作是配料、加工、劈刀。劈刀的要求十分严格、精细，尤其是孔的加工，有时要通过 1.8 丝细的金丝，真可谓"一丝不苟"。

劈刀班使用的是日本机器，按理说设备是先进的，但小叶却"不安生"。她把眼睛盯在小改小革上。原来的小孔研磨工艺，日本工人最快一天可研磨 28 个劈刀，她们经过试验，成功地运用一次性研磨（一次性穿丝）工艺，不仅保证质量，而且效率超过日本工人，每天可研磨劈刀 40—50 个。小叶搞的外锥精研磨新工艺，省掉四个工艺，提高了劈刀质量，延长了劈刀寿命。此外，她还改进了倒角机，解决了偏心问题。1985 年，她发表了《改进小孔研磨工艺，提高产品质量和工作质量》《分析原因，提高倒角工序成品率》的 QC 成果，并获无锡市"五小"成果四等奖。如今劈刀班生产的陶瓷劈刀，已从 1981 年引进时的两个品种，发展到 36 个品种，能适合各种规格、型号的键合机使用，还为国家节约了一笔外汇。叶继玲因工作出色，1986 年被评为厂十佳青年，并加入了中国共产党。

在江南无线电器材厂，像陆菁菁、承锋、沈俊然、叶继玲这样有作为的青年，岂止是几个、几十个。他们在黄金般的青春岁月里，用实际行动书写着自己的历史。

我们从这些普普通通的青年身上，看到了祖国的未来和希望。

《中国电子报》1987 年 5 月 3 日、6 月 12 日

●**附记：**

此文是与报社同仁阎继经一起采访，由我执笔定稿共同署名。原文发表时是两篇，考虑到都是写江南无线电器材厂青工，现在把它们合成一篇。

解析：《一位普通女工的心怀——记全国"三八"红旗手秦淑雅》《扬帆踏浪的弄潮儿——记北京市优秀厂长刘铁良》《似锦年华火样红——江南无线电器

材厂青年工人剪影》3 篇放在一起解析。

这 3 篇人物通讯，描写的都是电子行业的人物。1986 年"三八"国际劳动妇女节前夕，社长让笔者写一个"三八"红旗手，根据北京市电子口提供的线索，在北京无线电元件二厂，笔者采访了该厂女工秦淑雅。正如文章开篇所述："她是一位普通女工，一个极其平凡的人。一米五的个头，瘦弱的身躯，内向的性格，在会集的人流中，她丝毫不引人注目，仿佛是汇入浩瀚海洋的一滴水。"确实如此，她是个普普通通的女工，却是全国"三八"红旗手，在 2000 字的篇幅里写了她"走在时间的前面""产品质量名列榜首""高尚的品德和情操"，除了在起承转合上"耍些小把戏"，几乎没有任何修饰加工，原汁原味呈现给读者。题记引用了奥斯特洛夫斯基的"如不燃烧，必将熄灭——这就是规律。生命之火万岁!"秦淑雅作为一个普通女工，为工作燃烧了她的生命之火，千千万万工作在基层的普通人，都在燃烧着自己的生命之火。他们才是共和国真正的脊梁，不歌颂他们还去歌颂谁呢?!

撰写《扬帆踏浪的弄潮儿——记北京市优秀厂长刘铁良》，也是在寻找写作对象优秀厂长的时候，结识了北京无线电元件六厂刘铁良，这位厂长直率真诚，快言快语，与笔者一见如故。笔者也欣赏这位改革家，于是动笔写了《扬帆踏浪的弄潮儿》，并用"弄潮儿向涛头立""理顺关系为根本""激励主人翁精神""红花还得绿叶扶" 4 个小标题，贯穿他对企业改革的全过程。后来，在刘铁良受诬陷身处低谷时，笔者始终站在他这一边，当诬陷他的人锒铛入狱，一切真相大白还他清白时，笔者第一时间写出长篇事件通讯《一起耸人听闻的诬陷案——刘铁良厂长遭诬陷的始末追踪纪实》。

《似锦年华火样红——江南无线电器材厂青年工人剪影》的撰写，是因为 1987 年 3 月在无锡举办"华晶"杯报告文学评奖，当时袁鹰、韶华、田流、陆文夫、周明、江波等作家到会。报社无锡记者站在会议期间安排笔者参观七四二厂（国营江南无线电器材厂），该厂是当时的微电子工业基地，青年工人占到职工人数的 3/4，他们朝气蓬勃、青春飞扬，给笔者留下了极深的印象。回京后写了两篇专访、通讯，陆菁菁、承锋、沈俊然、叶继玲都是二十出头的年轻人，他们代表着新一代电子工人的未来。文章开篇"三月的江南，已是春色满园，雪白的玉兰、金黄的迎春、火红的杏花争香斗艳，竞相怒放"的景色描写，也是用"春色满园"暗喻年轻接班人的愿景。

西 山 脚 下 务 实 人

——记北京市石景山区第二建筑公司经理马光宏

一

有人说建筑是立体的诗，凝固的交响乐。我是抱着读正在谱写中的诗和音乐的愿望，迎着京城西山脚下的凛冽寒风，来到石景山区第二建筑公司的。然而，当我坐在你——马光宏经理的对面时，却听到了比凝固的交响乐更动听、更丰富、更诱人、更激越的旋律……

你是山东文登人，典型的硬汉子。1946 年 10 月，你还是个 16 岁的翩翩少年，便加入华东野战军 27 军的行列。从此，你便在炮与火的洗礼中成长。刺刀见红的孟良崮战役，有你奋勇杀敌的身影；炮火连天的淮海战场，留下你冲锋陷阵的足迹；浩浩荡荡的长江天险不在话下，你和战友们从安徽无为飞渡长江，天刚拂晓你们就攻下繁昌，记得那是 1949 年 4 月 20 日。为了共和国的早日诞生，你们连续七天七夜行军作战，过建德、走嘉兴、直捣上海滩。

你身上沐浴的硝烟还未散尽，1950 年 11 月就雄赳赳、气昂昂跨过鸭绿江，为了保卫祖国和朝鲜三千里江山的和平和安宁，你又经历了生与死的考验。尤其永生难忘的是，在"三八线"附近的麟蹄，敌人的炮弹把你掀翻在泥土里，在震耳欲聋的爆炸声中，一瞬间，你忽然觉得世界是那么静，静得没有一点声音，难道在战场上拼搏的日子到头了吗？不，你还不想躺下来休息，知觉在你体内顽强地蠕动着，你终于随着气浪的余波艰难地站起来，因为明天的美好生活正在向你招手。

在人民解放军这个大熔炉里，你整整锤炼了 35 个春秋。战士、文书、保卫股长、保卫科长、团政治处主任、团副政委。职务屡屡变迁，你任凭组织安排。岁月的流逝，在你饱经风霜的脸上、额头刻下了皱纹，乌黑的鬓发冒出了银丝，唯一没有改变的，是你那山东汉子的耿直脾气和务实作风。人的历史不能割断，没有过去，就没有现在；没有现在，就没有将来。我深深理解，马光宏经理，你那神奇般的军人生涯，为你在改革大潮中的再显身手铸就了坚实的底蕴。

二

1981 年是你生命的另一个起点。你恋恋不舍地告别了绿色的军营，转业到风光旖旎和钢花飞溅的北京石景山区。区长杨世明征询你的意见："想干点什么工作?"你自己也在问自己该干点什么。"干点实的!"这个想法在脑海里无须犹豫,斩钉截铁说出来。于是你去了与砖瓦灰砂石打交道的区建筑公司。这里有个小插曲。摆弄枪杆子、搞情报你是行家里手,为啥要闯进与雨雪风沙为伴的建筑业大门?哦,原来你心中还有个秘密:20世纪70年代中期,你曾在部队搞过两年基地营房建设,从选点到铺摊子,你一手规划,精打细算,第一年只花了2.5万元人工费,便让4000平方米的营房拔地而起。要说,你就凭这点本钱,便在1982年3月挑起了石景山区建筑公司经理的重担。

上任伊始,你曾想痛痛快快、淋漓尽致地按照自己的想法改变眼前基础差、底子薄的局面,但在一年半的时间里,你的想法,你的力气,总像遇到橡皮墙被弹回来,虽说成效已露端倪,但宏图未展,便闪电般地被送到市委党校学习。你何曾想到,在地方工作竟有那么多难解难缠的人际纠葛;你何曾想到,并不是所有人都喜欢耿直的秉性;权力,在某些人眼里看得比事业要重几倍、几十倍;内耗,往往令改革者举步维艰。

1984年1月,你在市委党校武装完头脑,便又来到刚刚组建的石景山区第二建筑公司就任经理。这次,你一气干了6年,有意思的是,这6年并不都是向上窜的"火箭"头。1984年,实现产值703万元、利润59.9万元;1985年,实现产值1200万元、利润107万元;1986年,实现产值1427万元、利润121万元;一年一大步,三年翻一番,速度可谓不算慢。1987年,箭头往下折返,利润下跌,趋势下滑……

我偏追根究底,"为什么?"得到的回答是长叹一声:"内耗。"呵,马光宏经理,内耗使你烦躁,内耗使你心焦,内耗使你缩手缩脚,内耗使你提防中箭。拿出一大半时间对付这些无谓的牵扯精力的"内部纷争",上升的箭头不折返才怪哩!这里不便于披露来龙去脉,还要维持安定"团结"。但有一点可贵的是,江山易改,秉性难易,你耿直的性格没被磨去半点棱角,但就是这些可贵的棱角使你付出代价。迂回,迂回,多少人采取了这种似退非退的战略,而你却始终没丢掉直来直去的习惯。

但你毕竟是成功者。1988年12月27日在北国冰城哈尔滨,你当之无愧地获得了中国建筑业联合会集体建筑企业协会命名的"新时期集体建筑企业家"的荣誉称号,你所领导的第二建筑公司也跨进了先进集体的行列。我问你成功的秘诀,你沉思了片刻,双眸闪出了亮光,平静地说出了三条:一是重视人才的使用;二是大胆实施承包;三是开拓"第二产业"。

我相信你还可以列举出若干条经验,但这三条在你脑海里盘旋得最久,因此印记自然也就最深。

三

"人是世间最宝贵的"。在实际生活中，这句至理名言并不是每个人都能准确理解的。妒才、毁才还是爱才、育才，可以说成了衡量干部德绩的试金石。马光宏经理，在这方面你的领导艺术堪称高超。你把身边机关有本事的人，一个个放到直接创造财富的基层领导岗位上，使他们独当一面，如鱼得水，尽情地发挥自己的聪明才智。

你发现的第一个人才是工程队队长韩树林。老韩头脑活泛，富有经营才能，凡他承揽的工程没有一个是不盈利的。1985年6月，你大胆地把老韩提到副经理的岗位上，并让他兼一队队长。士为将死，老韩工作起来像拼命三郎，1985年8月，他在负责煤气管道外线任务时，连续三天三夜吃住在工地上，带领大伙提前完成了10多公里的外线管道任务，实现了让居民春节用煤气煮饺子的口号。以后老韩所负责的工程部门，每年创利润都占公司利润总数的一半以上。

张宗富原是负责二建公司区联社基建科科长，你把他调到煤气管道安装队当队长，老张带领18个正式职工，转战北京城，4年时间安装煤气设备3万余户，未发生过任何差错和质量问题，连李鹏等一些中央领导同志的家，也放心地交给他们去进行煤气设备安装。这个队每年创利润都在20万元左右，成了公司收入的稳定来源。

王学文是公司工程科科长，你把他放到亏损严重的二队。两年的时间里，王学文身体力行，狠抓管理，扭亏为盈，不但填补上原来亏损的17万元，还盈余20多万元，从此二队走上正轨，每年都能创20万元左右的利润。

提到用人，不能不谈吴志成。那要追溯到你刚上任当经理时，你收到的第一个报告是三队要求减免5.9万元管理费。你细访明察，原来队长是交通队退休的一个老头，党支部书记竟是一个大字不识的老太太，这样的班子怎能领导好一个建筑施工队？你脑子里思考着派谁去整顿。机械助理工程师吴志成，有魄力，懂业务，精明强干，就派他。1984年4月28日上午，你与老吴坐车去军事科学院办事，你在车上把打算一说，老吴嘎巴脆答应下来，下午就到三队走马上任。5月1日，老吴跑来告诉你，他到任后就辞退了三个人。你心里一惊，好家伙，刚去两天半，就赶走了三个人，胆子够大的，但你心里有谱，老吴不是胡来的人。

"队上只有两台130汽车，专门雇一个修车的闲待着；翻斗车坏了，残体已不知去向，可还养着一个开车的人；管材料的老太太，没文化，不懂业务。我把三个人一起给辞掉了。"

老吴边说，你边暗暗琢磨："好，辞得对。我们这个企业就是不养闲人，不干活白拿工资，不是社会主义的优越性。"

吴志成确实是个干才，处理问题快刀斩乱麻，绝对不含糊。他到三队后，讨

"债"的纷纷上门。定县的一个包工头，请来律师，向三队讨欠 1.8 万元的包工费，当时有人主张给。老吴深入调查后发现，这个包工队应交管理费，材料都给弄丢了，不但不欠他们，他们还应向我们交钱。那个包工头和律师碰了一鼻子灰，再也不来登门。还有 529 工程，包工包料共 8000 元，包工头已经拿走 7000 元工资，还来讨钱。吴志成一算账，发现他们多算天数，冒领钱，对方只好怏怏而走。这年头，胳膊肘向外拐，互相勾结，往自己腰包装钱的人确实不少，可吴志成却铁面无私，一心扑在工作上。马光宏经理，你算是慧眼识才，如今吴志成当上公司副经理还兼着三队队长，成了你得力的助手。

你不拘一格使用人才，可钦可佩。但更令人敬重的是，你不避讳自己的失误。你直言不讳地说自己在使用干部上也有看不准的时候，这些人像扶不起来的阿斗。这时，你敢于否定自己，会毫不客气地把你派去的队长就地免职。你像水晶一样透明的心灵，可以说是坦荡而无私。

四

谈到你们二建公司，你自谦地说在建筑行业里还是个小兄弟，职工才 1400 余人，4 个土建队，4 个专业队，你用承包经营责任制把他们都统管起来。提起承包，你早在 1984 年就尝到甜头，当年北京市建筑协会曾表彰你实行企业承包成绩显著。现在你的三级承包日趋成熟：公司对工程队实行指标承包；工程队对工段实行工程造价比例分配承包；工段对职工实行计件定量承包，还实行利润承包。你们的承包是干得越多，得的越多，职工们的热情饱满，干得热火朝天。在 4 年的时间里，你们的竣工面积达 14 万平方米，工程合格率 100%。田村腐乳厂 8100 平方米的生产车间、东洼桥醋厂和西直门高粱桥豆制品二厂等工业厂房建筑均达到优良水平，307 医院师级干部宿舍楼还被评为优良工程。此外，你们还完成了陶粒厂、汽车修理厂、塑料厂、热处理中心、冰箱厂和计算机房等大中型建筑任务。

建筑行业的命运并不掌握在自己手中。大规模的兴建土木工程，建筑业的活计应接不暇，各种建筑队如雨后春笋般涌出；压缩基本建设规模，建筑业又被冷落，不少建筑队只得下马停业。这潮起潮落般的变化，对你们冲击并不大，原因是你们开拓了"第二产业"，东方不亮西方亮，主动权在你们自己手中。

你们组建了电气设备安装队、煤气管道安装队、水暖管道设备安装队、锅炉安装队等，这些专业队在社会上的信誉都很高，个个都是盈利单位。在石景山发电厂 60 万千瓦新厂建设中，你们承担的循环水、除尘、通风等六个系统的安装任务，受到了甲方的好评，保证了第一台 20 万千瓦机组提前发电。你们为国家新建重点工程出了大力，谁又能小看你们。

你们办过京苹旅馆、白云餐厅、英英美发厅、机械设备租赁站等，既方便了人民群众，又有一定的效益。

你们还为残疾人办起了环美福利综合加工厂，加工家具、金属小构件等；你们办的国华服装厂的印花窗帘已进入高级宾馆；正在办的白云金属结构厂，各种类型的防盗门已成了楼房居民的福音。

你还不甘寂寞，又搞多方联营。平谷县养鱼场、衙门口大队养鸡场、密云县复合化肥厂、海口市联达实业公司，都有你们的投资，生财之路四通八达。

马光宏经理，转眼你就到了花甲之年。而我总觉得你体内还蕴藏着青春的活力。你的思维活跃，因循守旧与你无缘；你不当甩手掌柜的，大事都要躬亲自问；你干着今天，想着明天，总给自己留个超前期；你雄心勃勃，要把二建公司从三级企业带上一个新台阶；你不搞花架子，一心想务实而不务虚；路在脚下，你要脚踏实地，一步一步走下去。如今，"内耗"问题已得到解决，你可以甩开膀子再大干一场，为城区集体建筑行业的勃起增添新的光彩。

收入《建设之歌》（中国城市经济社会出版社 1990 年 5 月版）

缔 造 生 命 的 辉 煌

——追记全国劳动模范、协和医院著名医学专家林巧稚大夫

在新中国的医务工作者中，林巧稚教授是跨越新旧两个社会的一代名医，有口皆碑，始终受到中外医学界和广大人民群众的崇敬和爱戴。

虽然林教授已于 1983 年 4 月 22 日中午 12 时 47 分撒手人寰，但人们并没有因为她的去世而淡忘她的业绩。相反，随着岁月的流逝，她那精深的医术和崇高的品德，已成为后人取之不尽的宝库，林巧稚的名字不仅深深地铭刻在人们的心中，也永久地铭刻在共和国现代妇产科医学发展的里程碑上。

医术精湛　医德高尚

医生的天职是救死扶伤，为病人解除痛苦，恢复健康。而要出色地完成这一天职，必须具有高超的医术和高度的责任心。高超的医术植根于扎实的医学理论和丰富的临床实践，高度的责任心则体现在对病人有博大的爱和深切的同情。林巧稚教授这两方面的素质都是得天独厚的。

从小，父亲林良英那"不为良相，当为良医"的教诲，便在她幼小的心灵中播下了种子。考取北京协和医科大学，呕心沥血，苦读八载，1929 年获医学博士学位，并以 5 年最优成绩获得令协和学子众目仰视的文海奖学金。林巧稚为圆"良医梦"打下了坚实的基础。

毕业后，她留在了北京协和医院，成了妇产科里的第一位女医生。此后 50 余年的行医生涯中，她在妇产科领域驰骋纵横，医术几乎到了炉火纯青的地步，一个个疑难病症在她手中化解，一道道医学难关在她手中攻破。这里，不妨信手撷取几个实例：

实例 1：20 世纪 50 年代初期，协和医院来了一位叫董莉的病人，怀孕 3 个月，自诉子宫常出血。经医生两次细致检查，发现出血的原因是子宫颈部有一块肿物，病理切片诊断是宫颈癌。专家会诊后一致认为必须尽快进行子宫全切除手术。面对这个结论，林巧稚陷入了深思，如果动手术，可以不承担风险，但一刀切下去病人就会彻底失去生育能力。这时，她发现了一个被人忽视的细节，那就是病理切片上的活体组织不那么发脆发硬，与一般的癌症活体组织有细微的差别。这一发现使她决心暂不做手术，而提出一条既能保住孩子又能保住大人的治疗方案。

当时就有人提出这个方案太冒险，一旦出现什么意外，林教授的声望就全完了，弄不好还要承担责任。但是，凭着对病人的高度责任感和几十年的临床经验，她相信自己的判断。病人积极配合，每周都来检查，半年过去了，胎儿长大了，瘤子没有发生变化。到了临产期，林巧稚果断决定，立即进行剖腹产，孩子出世，大人平安。后来，董莉的那个瘤子竟然消失了。事实证明了林教授的最初的预见——这种宫颈形态是怀孕期的特殊变化。

实例 2：有一位内蒙古草原的中年妇女给林巧稚来了一封信，诉说自己前 4 胎都没成活，其中后 3 胎都是出生后发黄而死去的，现在又怀了第 5 胎，她全家恳求林教授救救这个还未出世的孩子。来信中所讲的病情，是一种母子血型不合而引起的新生儿溶血症，在当时是一种不治之症。

面对求救者，林教授只得如实回信说目前还没有治疗方法。此后，那位中年妇女又接连给她写了两封信，句句都是断肠的呼救。林巧稚心里比病人还焦急，她废寝忘食，终于从国外资料上发现了有一种给小儿换血的办法，但多是换血失败的病例。抓住这一线希望，林教授写信将产妇请到北京协和医院。

果不其然，婴儿出生后 3 个小时身体就开始发黄，生命出现危险。林教授召集专家学者会诊，并让王文彬大夫给新生儿换血，林教授在旁边掌握着抽血与输血速度、数量，400 毫升的新鲜血液，全部输入新生儿体内，黄疸逐渐减退。第二天中午，减退的黄疸又开始反扑，林教授又让姜梅大夫给新生儿第二次换血。这一次终于攻克了溶血症，使新生儿真正获得了解救。

实例3：一位50多岁的农村老大娘，腹部下面长了个脸盆大的瘤子，去过多家医院，都说不能治，有的医生甚至当面对她说："你都这么大年岁啦，还治什么呀！"老大娘来到协和医院，没想到这里很爽快地答应给她治。

老大娘住院后，林教授把她当成了"特殊病人"，亲自给她诊断，亲自制订治疗方案，对老大娘像亲人似的。手术那天，林教授因年过花甲，不再动手术刀，但仍亲临指挥。在无影的水银灯下，只见主刀大夫娴熟地轮番使用着刀子、剪子、钳镊、针线，手术整整进行了6个小时，大瘤子终于被切除了。林教授如同经历一场搏斗，衣服早已被汗水浸透。

林教授一边擦着额头上的汗水，一边轻声对自己的学生说："快去称称那个瘤子有多重。"

她的学生去称重后，惊讶地说："我的天呀，整整56斤7两。"

林教授也微笑着说："真是罕见，真是罕见！我在医院待了这么多年，这么大的瘤子还是头一次碰到。"

几天后，林教授又来到老大娘床前看望，老大娘拉住林教授的手，一个劲儿地感谢自己的救命恩人。

实例4：1965年4月，林教授年已64岁，仍然积极参加了中国医学科学院组织的巡回医疗队，到湖南湘阴县农村巡回医疗4个月，治疗了1300多名妇产科病人。农村缺医少药，条件简陋，可林教授牢记周总理的"有病送医药，无病送温暖"的嘱托，在临时搭起的一个诊疗所里，依然挥洒自如地用她的高明医术精心为普通百姓治病。

一次，村民送来了一位20多岁的难产妇，不幸头胎就得了妊娠中毒症，她全身水肿，血压很低，气息微弱，生命垂危。林教授在药箱加门板搭起来的手术台上，妙手回春，使这位产妇脱离险境，还平安生下一个婴儿。但这个婴儿一生下来就窒息了。现场没有氧气瓶，没有人工呼吸器，只见林教授不慌不忙，伸出拇指、食指与中指，曲成一个等腰三角形，把它放到婴儿的胸部，然后一张一缩地为婴儿做着心脏人工体外按摩。接着，她用左手拎起这个孩子的两只小脚丫，头顶倒悬地往空中一提，来了个倒挂金钟的姿势。同时，又用右手在婴儿的后背上轻轻拍击了几下。几秒钟的工夫，婴儿哇的一声哭啼起来。看到又一个小生命在自己的手中救活，林教授开心地笑了。

以上这样的例子，举不胜举。对于林教授那精湛的医术和高尚的医德，人们在敬佩赞叹之余，也许有人会问，到底是一种什么神奇的力量在支撑着她这样做呢？她的亲属完满地回答了这个问题："给病人看病，是她生活的精神支柱，离开病人，她会感到痛苦！"这是一种多么可贵的、高尚的、纯洁的、忘我的精神境界呀！

自立自强　无私敬业

旧中国的妇女，深受封建的政权、族权、神权、夫权的重重压迫，重男轻女、男尊女卑的旧礼教，像一根无形的绳索把妇女的手脚捆绑起来。妇女要冲破这封建的罗网，需要勇气，需要斗志，需要百折不挠的精神。

林巧稚不信邪，从小就十分要强，敢于向"女人不行"的传统观念发起冲击。她的经历就是一部为中国妇女争气的历史。我们截取她的一些历史片断，不难看出这位闻名中外的医学专家，无愧是妇女自立自强的楷模。

片断 1：旧社会的妇女，谁能逃过裹脚这一关呀！一条三四指宽，二三尺长的白布，如同行刑一般地把女孩子正在发育的脚丫缠裹起来，好像是天经地义的。而林巧稚则不那么驯服，当母亲第一次要给她裹脚时，她性子就像个刚烈火暴的小马驹子，在母亲怀里扭来扭去，几次挣脱跑掉，死活就是不让裹脚。看到她那倔强的样子，父亲首先心软啦，不再强制她裹脚，母亲心里不服也只得作罢。林巧稚为自己争得了自由，以后她跑步、打篮球、四处出诊、漂洋过海，还真得益于当初没裹脚呢！

片断 2：1932 年 2 月，协和医院的院务会上，已经议决了林巧稚出国进修的备忘录。但条件是她必须在第二年的聘书上签字。出国深造，是林巧稚梦寐以求的，但不公正的条件又使她愤愤不平。她在一气之下给院长顾临博士写了一封信，她一方面表示不愿放弃本来就应属于她的出国进修的机会，同时又直言不讳地指出："在协和医院里女人从来不能得到同男人相同的待遇，没有跟男人一样得到应有的重视，这是极不公平的！"虽然校长在复信中极力否认女人在协和没有地位，不受重视这一事实，却同意了林巧稚享受助学金到国外学习，而年薪也有所增加。林巧稚此举争得了女人应有的权利和地位。

片断 3：林巧稚在英国进行医学考察期间，协和医院校方又发来电报，要求她结束考察，立即回国，以后不用再去协和医院妇产科上班了，而是改做公共卫生方面的工作，接替杨崇瑞女士创办的北平助产士学校。林巧稚十分敬佩杨女士的人格和她所从事的事业，她对公共卫生工作也无成见。但这个时候让她改行，显然又是某些人以"女人不能执刀"的理由作梗。林巧稚最厌恶的是说"女人不行"，她立即给顾临博士回了电报，告诉他自己已经决定终生从事妇产科临床工作，其他职业一概不作考虑。林巧稚又一次将命运掌握在自己的手中。

林巧稚的一生，时刻牢记幼时父亲对她的教导："女孩子家，要自立，不靠人！"她的成就是自立自强的必然结果，她的成功彻底驳倒了"女人不行"的传统谬论。新中国成立前，她是北京协和医院里第一位中国籍的妇产科主任；新中国成立后，她是中国科学院里第一位女学部委员，在医学界，她开创过多少女同志的第一，简直无法说得清楚。

人活着到底是为了什么？金钱、地位、享乐、安逸，等等，这些东西一辈子都与林巧稚无缘。在过去，她活着就是为了病人，她的生命，她的生活，都与患者不可分离；后来，周恩来总理对她说："我们都要像春蚕一样，将最后一根丝吐出来贡献给国家！"她把周总理的教诲记在心头，真的像春蚕一样，将自己一生中最后一根丝都吐尽了。接触过林教授的人，无不称她是无私敬业的典范。

毕业后，面对北京协和医院不讲道理的苛刻条件："在任聘期间内不能结婚。如果违约而有结婚、怀孕、生育等事宜发生，便按自动解除聘约论……"林巧稚也是有着七情六欲的女人，但为了给妇女姐妹们解除病痛，她别无选择，只做医生，而不做"女人"。在事业与个人幸福不能两全之时，她把事业放在了第一位，宁肯牺牲青春也无怨无悔。终生独身，这是常人难以做到也无法理解的。

林教授有一句朴实的名言："我是一辈子的值班医生。"她几十年如一日，始终坚守在临床第一线。别的医生有上班、下班、假日、休息日，可她却一直站在自己的岗位上，病房就是她的家。她在东单的家，与其说是个家，不如说是个逗留歇息的地方。这里的一部普通电话，几十年来一直牵动着她的心。电话就是命令，只要电话一叫，马上就走，没有一点懈怠，没有一点厌烦，她希望经常有电话吵她，那说明医院和病人需要她。如果没有电话吵她，她倒会不自在起来，反而主动打电话去询问情况。这种忘我的对工作痴迷的状态伴随着她的一生。

林教授行医 50 余载，她不仅把自己的一颗无私的心交给了病人，交给了人民，也交给了自己的学生。知识在她那里，不是私有财产。她的得意学生和助手葛泰生、严仁英、王文彬、刘炽明、叶惠方、连利娟、宋鸿钊、黄荥景、郎景和等一批人，不仅从她身上学到了许多书本上没有的、活的知识和经验，也学到了她那一丝不苟的严谨作风。

尤其令人难忘的是，林教授在探索征服癌症的过程中，她把自 1948 年以来所积累下来的癌症追踪资料，统统交给了自己的学生宋鸿钊和连利娟。她对自己的学生说："这是我对葡萄胎、绒毛膜上皮癌和子宫颈癌研究多年的心得，现在全交给你们了，你们年轻，精力旺盛，又有了多年的临床经验，是有条件为社会做出贡献的！"要知道，这一摞厚厚的资料，是她 10 年的心血呀，而攻克癌症又是举世瞩目的科研课题。她的一颗无私晶莹的心，激励着她的学生。后来，在她钻研的基础上，她的学生们终于攻克了绒毛膜上皮癌，引起了世界的轰动。

赤子情怀　丹心爱国

由于受家庭和学校的影响，林巧稚在初中二年级的时候，便在学校随全班学生集体被召唤到"福音堂"，接受了神父的洗礼。小小的年纪，她信仰基督教，只是想做一个善良、高尚的人，做诚实、友爱、仁惠的事，以寻求一个排除私欲、圣洁无瑕的境地。无可否认，在林巧稚的一生中，她是追求过这种境界，并努力实践过的。她不问政治，不趋炎附势，远离政治旋涡，只想本分地治病接生。更可贵的是林巧稚无论在任何时候、任何情况下，都深深眷恋自己的祖国，绝不做背叛祖国的事。

1937 年日本发动侵华战争后，当时的北京协和医院妇产科主任麦克斯维尔先生，曾动员林巧稚与他一起去英国，因为那里有实验室、手术室、别墅、英镑，有使她安心从事医学事业的一切条件。但林巧稚不为所动，她决然地回答道："我不能离开我们的国家。我是一个中国医生，我命中注定要为中国女人治病！"

她在美国进修时，抗日战争的烽火正熊熊燃烧，祖国人民处在水深火热之中，林巧稚完全有条件留在美国。但一想到祖国母亲沉溺在深潭里，被捆绑在烈火中，许多兄弟姐妹都在流血，她怎能在国外过安生日子，她恨不得插翅立即回到祖国的大地上。她终于想尽办法，辗转日本、中国香港，回到了母亲的怀抱。

1949 年初，她过去的一个同学邀她去南京，为蒋介石夫人宋美龄做保健医生，她以不介入政治为由拒绝了那份邀请。而当有亲属动员她去美国时，林巧稚激动起来，严肃地说："我是个医生，是个中国大夫，我还是那句话，科学可以无国界，科学家却不能没有祖国。"真是赤子情怀，一片丹心。

1978 年冬，林教授在出访西欧途中，不幸在伦敦病倒了，医生诊断她患了"缺血性脑血管病"。出于对她的崇敬，英国、法国、荷兰等国的医院纷纷发出邀请，欢迎林教授到他们的医院里去治疗。当人们把国外各家医院这种友善的邀请转告给林教授时，她却断然地摇了摇头，对访问团的同志们说："请你们转告使馆的领导，我不留在国外，虽然我知道这里的医疗条件比国内要好一些，但是无论如何，我也要赶回我们的国家……"访问团的同志看到老人归心似箭，只得火速将她送回国内。

还是上中学时，她就开始喜欢穿旗袍，她把旗袍称作"国服"。以后，无论在国内还是在国外，凡是比较隆重的场合，她都要穿这种民族的服装，因为她不想忘记，也不愿让别人忘记，她是一个中国人，尽管她的英语说得很好。

这一桩桩、一件件事，使我们看到林教授不只是一个虔诚的基督教徒，而且是一个地地道道的爱国主义者。

特别值得一提的是，在新中国成立初期，她洁身自好，不闻不问政治，经过无数事实的教育，以及她接触过的共产党干部的影响，她从怀疑观望中觉醒，思想认识发生了质的飞跃，她终于登上协和医院小礼堂的讲台，生平第一次讲开了政治。这就是后来她发表在 1952 年 9 月 27 日《人民日报》上的那篇著名文章《打开"协和"窗户看祖国》。这里不妨摘录其中两段：

过去三十多年，我从"协和"窗内看祖国，炮声愈响，我把窗户关得愈紧。这一回，什么动力叫我自觉打开"协和"的窗户，看见了我们可爱的祖国呢？

……

我觉悟到共产党与人民政府是为人民服务的，以人民的利益作为衡量的标准。就是这个真理感动了我，唤醒了我，使我打开了三十多年关紧的窗户，伸出头去歌唱"我们亲爱的祖国，从此走向繁荣富强"。

一时间，林巧稚的文章在我国知识界引起了极大的反响。而从此以后，林巧稚则坚定地热爱党，热爱祖国，热爱社会主义，把自己的一切，毫无保留地都献给了人民，献给了祖国的医疗科学事业。

党和人民铭记着林巧稚的突出贡献，给予了她很高的荣誉。她是第一届至第五届全国人大代表，第三届至第五届全国人大常委，全国政协常委，全国妇联副主席，1956年被评为全国劳动模范，1960年获全国"三八"红旗手称号。她长期担任北京协和医院妇产科主任，还是中国医学科学院副院长，北京妇产医院院长，并多次率医学代表团和友好代表团出访世界各国，是一位有影响的社会活动家。

她亲手接生过的5万多个孩子，更没有忘记她的恩情。他们起的名字有：念林、敬林、仰林、怀林、爱林、依林、怀稚、协和等等，无一不与林巧稚和她所在的协和医院有着无法割断的亲情。这位一辈子独身的老人，拥有数不清的儿女，这是她的最大幸福。

时光飞快流逝，人们依然怀念林巧稚教授，敬重她的高尚品德，她作为中国妇女的杰出代表，永远值得祖国骄傲。

收入《白衣天使》（京华出版社1996年6月版）

闪 光 的 人 生 支 点

——记北京市劳动模范北京六建抹灰工青年突击队队长吴庭泉

人的一生，在事业上会碰到很多的机遇。有的失之交臂，擦肩而过；有的时运交好，撞个正着。

但是，现实生活的经验告诉我们，机遇并不等于成功。因为，成功不是靠瞬间的把握，而是需要勇气，需要搏击，需要付出，需要无私无畏。

对于吴庭泉来说，被推上青年突击队长的岗位，无疑也算是一次机遇，而有些人却把它视作畏途。因为谁都知道，在建筑行业，当上突击队长，就意味着今后要比别人吃更多的苦，受更多的累，挑更重的担子，做更大的牺牲。

面对这一切，吴庭泉却心甘情愿。

他和年轻的队友们，有健康的体魄，有青春的活力，有奔腾的热血，足以使青年突击队的队旗更加鲜艳夺目。20 世纪 80 年代，荣获"北京青年突击队标杆""全国重点建设新长征突击队"等荣誉称号，彰显出吴庭泉青年突击队所走过的成功之路，是多么坚定、扎实。

拼命三郎掌队印

20 世纪 80 年代，正当改革大潮风起云涌之时，京城建筑业又重新掀起成立青年突击队的热潮。1980 年 9 月，六建公司隋世忠抹灰工青年突击队，率先竖起了抹灰工青年突击队的队旗。

榜样的示范作用，推动着六建一分公司三队也开始酝酿在下属班组成立青年突击队。当时谁也没有看好吴庭泉所在的抹灰班，因为这个班在别人眼里是个"老大难"，谁见了都会从心里发怵。这样的班组即使成立青年突击队，充其量是块试验田，别指望他们一鸣惊人。谁当队长都一个样！

班长老邢师傅可不这么看，他认为一队之长是个关键人物，所以向领导力荐吴庭泉。理由很简单，因为吴庭泉自 1971 年参加工作以来，已干了 10 年抹灰工，技术上呱呱叫；还有他干活不惜力，人送外号——"拼命三郎"，是个见了活眼红的人；最重要的一条是他能管住人，大伙服他。老邢师傅的话无疑很有分量，领导下决心正式成立吴庭泉抹灰工青年突击队。

血气方刚的吴庭泉接连几天睡不好觉。他不是孬种，不是不敢接这个队长重任，而是琢磨怎么才能不负众望，带出一支响当当的队伍。过去无官一身轻，反正只管埋头干活，完成任务，其他事与己无关，油瓶子倒了，有班长去扶。可当队长就不同了，17 个大小伙子由你带着，队伍好坏就看你当队长的了。皓月当空的夜晚，吴庭泉干脆不睡觉找大伙谈心，他第一次通宵达旦做思想工作，也第一次感到沟通人的心灵，比拿抹子干活要艰难得多。

俗话说，人心齐，泰山移。几天的时间，17 个人变成一条心，在呼啦啦的队旗下，吴庭泉扯开洪亮的嗓子说："党叫咱们成立青年突击队，咱们就得干出个样来，谁要是孬种就别参加，吃不了苦的现在退出也不迟。"

"干！干！干！"17 个棒小伙子齐整地聚集在队旗下。吴庭泉望着这些朝夕相处的伙伴，心里火辣辣地涌起一股热流。

不鸣则已，一鸣就要惊人。他们公开亮出自己的目标：第一年拿公司级先进，第二年拿局里的先进，第三年拿北京市的先进，争取 5 年打出北京市，拿全国先进！

香山攻坚初告捷

都说初生牛犊不怕虎。新时代的青年突击队，干起活来，个个都似猛虎下山。吴庭泉青年突击队成立后，在香山饭店工程中，屡次攻坚，屡次告捷，使得人们不得不刮目相看。

1981年，上级要求他们队在5天内，抹完香山饭店18间客房的墙体。此时，队里除去探亲的，只有15个人，人手不够，时间又太紧迫，只得加班加点。当时正值中国女排在国外参加世界大赛，小伙子们都想在电视里亲眼目睹中国女排姑娘夺冠的风采，如果晚上看电视，任务就甭想完。吴庭泉何尝不想满足小伙子们的愿望，但为了确保任务提前完，吴庭泉照旧要求大伙晚上加班干活。他把半导体收音机放在楼道里，音量拨得大大的，几间屋子同时都能收听到；小伙子们一边抹墙，一边听实况广播，女排的胜利激励着他们，好像浑身有使不完的劲。5天的任务3天完成，他们的事迹第一次上了《北京日报》。

1983年的夏季，香山饭店工程眼看就要竣工。这时，工长又派给吴庭泉他们一项艰巨任务：两天时间必须抹完大烟囱外壁，完也得完，不完也得完。大烟囱矗立在楼顶上，塔吊撤了，卷扬机也没有，只搭着十层楼高的脚手架。

吴庭泉知道又遇到了难啃的硬骨头。晚上，他把核心小组成员拉到现场，大伙合计，抹白水泥的平方米面积虽不是很大，但由于没垂直运输工具，往上送灰十分困难。最后决定，沙浆桶用绳子往上拽。第二天一大早，他们就上了脚手架，30车白水泥硬是靠队员们的手和一根大绳，一桶一桶地拽上去，再一抹子、一抹子敷在烟囱壁上，而南北两面还要按要求抹成格格。抹白水泥不能接茬子，他们从早7点一直干到晚8点，硬是一天内完活。一整天的大强度高空作业后，大伙都累得躺倒在热烘烘的脚手架上了。

第二天，工长见着吴庭泉，劈头就问工程进度，他无论如何也不相信活干完了，当看到吴庭泉疲惫的面容和血糊糊的双手时，看到抹过灰的烟囱在阳光下泛出光彩时，他什么也说不出来了。

在吴庭泉的心里，一直暗暗瞄着隋世忠青年突击队的纪录，同在六建，同是抹灰工，人家隋世忠能破的纪录，我们为啥破不了？他带队走出去向隋世忠学习取经，又认真总结自己使用"龙车"以来的经验。隋世忠青年突击队使用"龙车"喷灰，18个人每天平均喷灰900平方米，打破了28人每天平均喷灰800平方米的公司最高纪录。吴庭泉在香山工程施工中，为抢工期，12个人操作定员26个人的"龙车"，每天干12个小时，日平均喷灰量达到1100平方米，打破了隋世忠突击队的纪录，超出定额好几倍。

彩电中心学新艺

1983年底，吴庭泉青年突击队撤出香山饭店工程，拉到中央彩色电视中心主楼工地。当时彩电中心播出楼正起结构，没抹灰活儿。从紧张的工地撤下来，乍一闲散起来，小伙子们憋闷得难受。突击队，就是哪里有困难往哪里冲。有劲使不上，没活闲待着，还要突击队干什么？吴庭泉看到大伙求战心切，他心里也在琢磨，论抹灰，他们的干活速度、质量没人不服；但离开抹子，他们又能干些什么呢？要是突击队一专多能，哪里需要哪里上，该多好。他把想法向领导汇报后，得到了百分之百的支持。当时钢筋工人手紧，任务重，他们决定学绑钢筋。

钢筋工是个技术工种，不是瞧两眼就能学会的，更何况隔行如隔山。但突击队非要啃下这块硬骨头。他们来个笨鸟先飞，不懂就老老实实学。请求大学毕业的工长，搞起技术培训；上边画草图，底下琢磨图样；上边讲操作，底下搞实践。队里请来技术顾问，手把手教如何辨认各种钢筋型号，钢筋钩子、铅丝始终不离手。整整操练了一个星期，终于上了战场。没想到，在彩电主楼4层，他们18个人绑8根柱子的钢筋，硬是绑了两天，到头来还有3根柱子必须返工。

大伙没泄气。吴庭泉给大家鼓劲，外行学艺没有不交学费的；熟能生巧，干得多了，窍门找到了，速度自然就上去了。果不其然，还是他们18个人，半年下来，从4层一直绑到18层。开始一天绑5根柱子钢筋，后来，一天一夜绑过62根柱子钢筋。也就是说，一天把100多吨钢筋的活拿了下来。建筑业的行家，不得不挑起大拇指："没说的，到底是吴庭泉青年突击队。"

在承接1号塔楼地基底板钢筋活时，正是天寒地冻、雪花飞扬的时候，500吨的钢筋活，全在1.5米深的地基下面干。由于工期紧迫，没日没夜地干。戴着手套，两个小时就磨烂一副，干脆甩掉手套，谁承想大晚上干得手心直冒汗，攥着冰凉的钢筋竟撒不开手，硬往下放钢筋，手上的皮便被撕裂开一块。要说累，真是累；要说苦，也真苦；但在突击队员眼里，苦和累又算得个啥？！

在彩电中心工地，他们不仅学会了绑钢筋，还学会了室内、室外铺瓷砖。到后来，在京西宾馆工地，当他们把上万块银色釉面砖镶嵌在饭店的外墙体上时，那已不光是一种劳动了，大伙分明从中得到了一次艺术的享受。

建楼不忘育新人

青年突击队，在拼搏奉献方面，不愧是一支特别能战斗的队伍；在建楼育人方面，同样也是一支令人赞誉的队伍。

吴庭泉青年突击队就是突出的代表。他们在工地上，见着苦活、累活、难活，就像下山猛虎，敢打、敢冲、敢搏，毫不畏惧。而在育人方面，他们又是那么细致、耐心，事迹也同样感人。

他们队的王继明，上小学时受过处分，后来进过"班房"。招工时很多单位不愿意要，公司把他招来，分到吴庭泉突击队。刚来时，小王十分悲观，没心思干活，认为这辈子完了，凑合着混吧！吴庭泉看在眼里，急在心上。他一次次苦口婆心地做小王的工作，鼓励小王从哪里跌倒了，再从哪里爬起来，年轻轻的不能背一辈子包袱，只要悔过自新，重新做人，谁也不能瞧不起咱。他到小王家去做家访，小王的母亲拉着他的手恳切地说："老吴，我的孩子交给你，带成什么样由你啦！"真是天下父母心，如果不把小王带出来，真对不起小王家长的嘱托。

人非圣贤，孰能无过。吴庭泉坚持看小王的长处，发现他的闪光点就及时鼓励。在香山饭店施工时，一天早晨开班前会，小王在二层阳台上，突然看见附近部队房子着火了。他赶忙报告队长，老吴二话没说，立即带领全队同志下楼救火。他们从工地上拿起水管，直奔部队围墙。王继明一马当先冲在前面，2米高的围墙，他一攀就上了墙头，纵身就往下跳。谁知丛生的茅草下面，凹下去有4米深，小王摔倒后胳膊被划了5厘米长的口子，他不管不顾，抄起水管子就去灭火。在吴庭泉的指挥下，他又窜上房揭开瓦，用水浇灭了油毡。部队的干部战士匆匆赶到后，王继明全身早已湿透，他这才发现胳膊上的口子让水泡得肿胀起来。部队的同志立即给他换上干净的军服，派车送医院治疗。缝合伤口后，王继明又缠着绷带出现在工地，一天也没休息。吴庭泉抓住这件事，表扬了王继明，部队的同志也登门表示感谢。大伙对小王的看法也开始转变了。

在彩电中心工地，分工两人一挡抹墙体，吴庭泉主动与小王搭伙干活。与队长一起干活，小王心里自然很高兴，说明队长看得起他，不嫌弃他。可是2.7米高的房子，队长抹两间，他才抹一间，小王心里不是滋味，生怕因自己手慢影响他们这一挡的进度，于是主动提出晚上不回家，要住在工地上。吴庭泉找到小王母亲，告诉她，为了抢进度，小王这些日子吃住在工地，让她老人家放心。小王的母亲看到孩子在工作上要强，高兴地给了小王30元钱，反复叮嘱他要跟吴师傅好好干活。后来，吴庭泉又让小王在队里当了宣传员。

进步了的王继明，被大伙誉为"浪子回头金不换"的好青年。小王还重新递交了入团申请书。他原来在学校时被开除过团籍，这会儿，团组织的大门又向他敞开，再一次接纳了这个改过自新、奋发向上的"浪子"。

青年突击队抓精神文明建设，培育社会主义新人，王继明只不过是其中一个突出的例子，在青年突击队成立后的几年中，他们先后发展了4名党员、7名团员。

身先士卒树榜样

作为一队之长，吴庭泉从来是吃苦在先，受累在前。他明白，说一千，道一万，不如自己带头干出个样。分配任务时，他总是把累活留下自己干。在香山饭店工地抹大烟囱时，他第一个拉绳子拽灰浆桶。一桶有50多斤重，从早7时开始，他一气拽了4个小时。当徒弟替换他时，绳子已把他的手勒得血糊糊，他却没有喘气，顺手又抄起了抹子。

使用"龙车"喷灰时，因人手不够，机械提斗、放灰、加灰膏，这平常需要3个人干的工序，他一个人顶下来，忙得连喘口气的工夫也没有。

购买国库券，吴庭泉一马当先，当时他每月工资才50多元，可一下子拿出300元买了国库券。队长做表率，全队都跟着，大伙说国家有困难，我们得担着，全队一下子完成认购任务的5倍。

对义务献血，他们从来都是积极响应。吴庭泉先后献过两次血。第二次献血，施工队分配他们两个名额，他一声不吭，自己悄悄去献血，不但没与突击队里打招呼，连家里人也没告诉。

工作上吴庭泉身先士卒，处处带头。可自己家的事他却往后拖。吴庭泉整天泡在工地上，延庆的家是常年回不去的，妻子只好一直住在娘家，以至房顶上长满了杂草，房门的锁生了锈，在外人看来，这哪像个家呀！

在香山饭店工地施工时，一次，爱人带着孩子从延庆来到北郊汽车站给他打电话，叫他去接娘儿俩。谁知他正操作着"龙车"，活停不下来。等到下午5点半下班，刷完车，他赶到北郊时，空荡荡的车站上哪还有她们母子的身影。原来，爱人和孩子在车站等了3个小时，不见他来，只好自己一路打听着，来到了香山工地。

吴庭泉是个孝子。母亲60多岁时患了青光眼，双目失明，他急得吃不下、睡不着。为尽孝心，他把母亲接到香山饭店工地。早晨5点，他先去工地，7点再赶回来在食堂给母亲买一碗玉米面粥、一个馒头，打一壶开水，接着又去干活。老太太念叨着想吃顿饺子，这可难为了他，他哪有空包饺子呀！这事被团支部书记李金波知道了，小李每次进城回家，第二天都带一饭盒熟饺子给老太太送来。同志之情，令吴庭泉至今不忘。老母亲在老家去世时，他却为了抢任务竟没在母亲临终前看上最后一眼，至今他还为自己没尽到孝心而感到内疚。

自己的家事，他顾不过来，可队上其他同志的事，他却放在心上。全队满员时共24个人，每一个人的家他都去过，谁家有困难，谁遇到什么不顺心的事，他都了如指掌，亲自过问。副队长张瑞泉岳父家的房子漏了，小张顾不上修，老人有意见。吴庭泉利用休息日带领部分队员把张瑞泉岳父家漏顶的房子修好。他还对老人说："我们工作的性质，就是整天为别人忙，以后您有事尽管找我，是我的工作没做好。"有这话垫底，老人还能说什么呢！

一分耕耘，一分收获。吴庭泉青年突击队是实打实干出来的，他们的辛勤劳动得到了党和人民的奖励。1981年9月成立突击队，当年年底就评上了公司先进集体，打破了抹灰班从未与先进结缘的纪录。此后，荣誉接踵而来，1982年被评为局先进青年突击队；1983年、1984年、1986年三次被评为北京市青年突击队先进集体，荣获五一劳动奖状；1984年被团中央表彰为全国重点工程建设新长征突击队；1988年又被评为80年代北京市青年突击队标杆。吴庭泉本人1985年被评为北京市优秀共产党员，荣获五一劳动奖章，1987年评上北京市劳动模范。

在采访行将结束的时候，我曾问过吴庭泉一个大伙都关心的问题，那就是："青年突击队见了任务就眼红，见了任务就玩命，到底是一种什么力量支撑着大家这么干？"

他略为沉吟一下说："我们就是有一股精气神，要用辛勤劳动的双手，建设好我们可爱的祖国。"也许有些人不满足于这样的回答，也许他们会说这太抽象，太一般化，有一股政治说教的味道。

可我却觉得吴庭泉道出了青年突击队每个人的共同心声。因为在和平时期，辛勤劳动、建设祖国，是每个公民现实的爱国主义行为。小至一个人、一个家庭，大至一个民族、一个国家，要生存，要发展，要强大，不能靠坐而论道、说大话，必须靠辛勤劳动、埋头实干。万里长城，靠一砖一石垒砌；京杭运河，靠一锹一铲挖就。我们的民族以勤劳、勇敢、智慧著称。在吴庭泉青年突击队身上，我看到了中华民族优良传统的发扬光大；他们闪光的足迹，感人的事迹，靠的就是爱国主义这个人生支点。

收入《青年突击队之歌》（京华出版社1996年12月版）

解析：《西山脚下务实人——记北京市石景山区第二建筑公司经理马光宏》《缔造生命的辉煌——追记全国劳动模范、协和医院著名医学专家林巧稚大夫》《闪光的人生支点——记北京市劳动模范北京六建抹灰工青年突击队队长吴庭泉》3篇放在一起解析。

这3篇人物通讯都是友情约稿之作。朋友李武魁热心于宣传北京人物，策划编辑了多部人物通讯丛书，盛情邀请笔者参与采访，笔者也想扩展自己的视野，先后写了六七篇人物通讯，都收录进已出版的书籍中，本书选录的三篇有些代表性。《西山脚下务实人》是第一次尝试用第二人称写通讯。因为曾有前辈讲课时说过，人物通讯不能用第二人称，笔者想关键是写的人和事，适合不适合用第二人称。在采访马光宏的过程中，笔者就在想他的这些经历，不妨试试第二人称写法。稿件写好让马光宏过目时，他没有提出任何异议，编辑也没说过什么不妥，一路绿灯。书籍出版后，没人提出第二人称这事。后来，又用第二人称写过一篇《心灵的赤诚》。尝试创新要有失败准备，笔者不能说有多大成功，但也没什么大的失败。

《缔造生命的辉煌》一篇有点勉为其难。《白衣天使》这部书，要有打头的一篇文章，策划人经过再三考虑，北京市医务战线的劳模，唯有林巧稚是面旗帜。虽然林巧稚逝世多年，但她的影响仍然存在。虽然笔者拿到大批资料，但写人物仅凭资料不行。笔者去协和医院工会，采访了工会的相关人员，然后再认真阅读有关书籍，争取走进林巧稚的世界，提炼她留给后人的财富。全文分为3个部分，即"医术精湛，医德高尚"，使用了4个实例说明；"自立自强，无私敬业"运用了3个片断佐证；最后写她的思想境界"赤子情怀，丹心爱国"。笔者是怀着崇敬之心写林巧稚，她的一生都值得我们学习。

《闪光的人生支点》写的是青年突击队队长。在共和国五六十年代，青年突击队是个响亮的名字。曾几何时，改革开放以后，很少看到青年突击队的报道。当策划《青年突击队之歌》时，笔者任务是采访六建的吴庭泉，当坐在吴庭泉对面，听他娓娓而谈时，他脸上流露出对青年突击队的挚爱，作为青年突击队一员的那种自豪感，让笔者仿佛回到五六十年代，没想到不受金钱至上的诱惑，90年代青年突击队仍然存在，而且仍然是不怕吃苦、敢打硬仗。采访一气呵成，写起来也十分顺手，因为受到青年人朝气的感染。全文分为5个部分，"拼命三郎掌队印""香山攻坚初告捷""彩电中心学新艺""建楼不忘育新人""身先士卒树榜样"。

驰骋在国民经济主战场

——京粤电脑中心和谢太俭印象

有人预言，21世纪将是高科技五彩纷呈、独领风骚的时代，搭不上信息产业快车就有可能被世界淘汰出局。

有人说得更直截了当，凡有知识产权的高科技产品大都出自美国，因为他们网罗了世界各国不少科技精英，其高投入的基础研究任何国家都比拟不了。因此得出悲观性结论：全球大多数国家将沦为美国的"加工厂"。

话说得虽然有些危言耸听，但不得不承认这样一个现实，如果要想在当今世界占有一席之地，就必须在高科技发展上有所作为，我国制定的科教兴国战略，无疑是符合时代潮流的英明之举。

中国高科技的迅猛发展有目共睹，但作为基层的高科技企业，目前又有何作为呢？当我慕名来到羊城的京粤电脑中心，结识总裁谢太俭以后，第一印象就是：在一个有希望的地方，一批有希望的科技人员，正在从事着有希望的事业。

采访谢太俭很难，难在他的日程表上晚 12 时以前经常排得满满的。他不仅是京粤电脑中心总裁，还是国家软件工程中心管委会主任、广东省工商业联合会会长、广东省总商会会长等，这些不是挂名虚职，他都得分出精力，干些实实在在的事情。同时，作为第九届全国人大代表、广东省人大常委，他还得参政议政，履行人民代表的神圣职责。

自 1985 年 1 月京粤电脑中心创办起，谢太俭就与京粤同呼吸、共命运，备尝甜酸苦辣，矢志不移地带领京粤人驰骋在国民经济主战场，永不停歇地向科技高峰艰难攀登。

十年磨剑　水到渠成

京粤电脑中心创建初期，是由广东省科委倡导，财政部计算中心、中国科学院计算所三方联合建立的，每方出资 150 万元人民币，可以说京粤电脑中心本身就是科技体制改革的产物。三方合作 6 年期满后，京粤电脑中心作为广东省科委直属企业，彻底断奶把自己推向了市场，当年 450 万元起家，今天固定资产以亿元为计算单位。

京粤的发展历程始终没有偏离国民经济主战场。按谢太俭的话说，他们从一开始就没想搞"象牙塔"那样尖端的东西，而是抓住商业和税务这两个关系到国计民生的重大课题，以十年磨一剑的精神，锲而不舍地一路搞下去，终于水到渠成，成果斐然。

京粤从成立第一天起，就把为税务电子化服务作为自己的重要使命。为改变我国税务征收管理技术手段落后的状态，京粤科技人员付出了艰辛的劳动，最早开发出我国第一套基层税务管理软件，包括"微机通用税票处理系统"（GTPS）、"税务征收管理系统"（ZSQL）和"基层税务信息管理系统"（JSXT）等，这些软件在全国税务系统得到了广泛的应用，并多次获奖，1990 年，全国大约有 50%的税务部门是使用京粤税务软件的。

为了做好税务管理软件的应用推广工作，京粤科技人员辗转于长城内外、大江南北、白山珠水、东海之滨，长期奔波于全国税务系统，在我国税务人员计算机基础比较薄弱的情况下，手把手地教，耐心的辅导。现在各地税务部门的计算机应用骨干中，有相当一批人就是在这种环境中培养出来的。

在浙江宁波，京粤派去的一批工程师，前后工作了 5 年，为宁波税务电子化做出了令人称颂的贡献。在江西、四川、广西、宁夏等省和自治区，税务人员都难忘与京粤人结下的不解之缘。为了适应基层税务所的要求，京粤在开发软件的同时，还研制了专供基层税务所使用的计算机，集开票、录票、报表、查询、代销等多种功能于一体，操作十分简便，软件全部固化。

　　谢太俭对这一切并不满足，他把目光瞄准了税制改革后的高标准需求，于是专门组织力量开发了以大型数据库为依托，网络为基础，充分利用计算机科学的最新成果，形成一套分居管理、功能齐全、操作简便，同时又能使已有的系统平滑过渡的税务征收和管理软件及广域网系统。该系统集大型数据库、网络、通信、MIS、CIS 与多媒体技术为一体，分国税版和地税版，直接为各级税务部门的决策层、管理层和业务层服务，进一步将我国的税务电子化水平推向一个新的阶段。

　　1995 年以来，京粤为配合"金税工程"，积极参与了"防伪税控开票机"的研究、开发和生产服务；并将财政部评审通过的"京粤会计软件"与航天部防伪开票软件配合，共同开发了"航粤财务销售软件"；京粤会计软件又同广东粤税科技有限公司的专用开票机完成了接口开发，为防伪税控开票机的推广应用提供了有力的技术支持。

　　我国商业的快速发展亟须与商业自动化同步。信息反馈慢、商业损耗高、资金周转期长、资源利用率低，始终制约着商品流通渠道畅通，也制约着形成全国合理、科学、现代化的流通链和资金链，因而将电子信息技术渗入商业活动过程，迫切地提到重要议事日程。谢太俭果断决策，京粤人马不停蹄又驰骋在商业自动化领域，也是看准方向一路干下去，功夫不负有心人，累累果实就是明证：

　　京粤人从 1990 年开始研发 BGC 系列收款机，当年 12 月，第一台具有中文汉字功能的京粤 BGC928 收款机科研样机开发成功，并于 1991 年 8 月通过国务院电子信息系统推广办公室、商业部和广东省科委联合组织的技术鉴定，认为技术达到"国内领先水平"。这是我国第一代自行研究开发、自行设计生产，具有中国特色的 POS 系统。

　　1991 年底至 1992 年初，根据国内市场不同层次的需求，京粤人又相继研制成功 BGC938、BGC968 不同档次的收款机。1992 年 5 月，在北京举行的"全国商业电子收款机选型及 POS 系统展示会"上，有 40 多个厂家的 50 多个产品参加评测，京粤 3 个型号的收款机名列前茅，被列为国家重点推广机型。1993 年 12 月，京粤收款机获第二届中国青年科技博览会金奖。成绩令人兴奋，但绝不能停步。随后，京粤人又开发成功 BGC988 收款机，这是 PC-BAS E 型第三代收款机，它融合了计算机技术、通信网络技术和商业管理技术，使收款机从早期单纯的信息采集、计算工具，进化为多功能的信息处理系统。

　　还在京粤收款机一路顺风向前的时候，谢太俭和京粤人就开始琢磨，如何把他们的税控技术引入到商业收款机中，他们的想法与国家有关部门一拍即合，"税控收款机的研制与开发"项目，顺理成章被国家计委列为重点攻关项目，广东省计委和科委又支持争取到省长基金予以投入。1995 年 6 月 21 日，谢太俭在京粤全体员工大会上，当众郑重宣布，税控收款机攻关从即日起开始，0621 工程拉开了序幕。经过两年多的拼搏，解决了数不尽的难题，京粤税控收款机研制成功。1998 年 3 月，京粤 BGCECR - 978 Ⅰ 型、BGCECR - 978 Ⅱ 型、BGCPOS - 108SK 型三款税控收款机在京通过国家级鉴定，前两种机型属国内领先，后一种机型达到同类产品的国际水平。此后，两个月完成中试，开始在全国试点应用。税控收款机享有国家保护的 9 个专利和 5 个版权，其中 3 项专利属于发明。这不仅标志着京粤在技术创新上攀上一个新台阶，也标志着京粤在商业自动化和税务电子化的道路上，达到了一个新的境界，跃上了一个新的领域。

运筹帷幄　甘为孺牛

京粤的每一个成功，既是集体奋斗的结果，又浸透着谢太俭的智慧和心血。在京粤采访，无论领导还是中层干部，无论科技人员还是行政人员，都由衷地表现出对谢太俭的系统思想、动态决策的钦佩，他们每个人都能讲出不少故事。

1986 年春节前一天，节日气氛笼罩着羊城。这时京粤收到南昌用户拍来的一个加急电报，说买的京粤电脑坏了，还有工作等着使用。大家得知电报内容吃了一惊，京粤微机一贯注重质量，从未发生过这样的事情。不少同志认为第二天就是春节，不如过完节再派人去看看。

这件小事却惊动了时任总经理的谢太俭，他看过电报，当机立断："马上派人去南昌！我们要遵守自己的服务诺言。"总经理发话，技术人员哪敢怠慢，当即购买机票，匆匆启程飞赴南昌。大年三十晚上，京粤技术人员敲开了用户单位的门，用户又惊又喜，紧紧攥着来人的手，半晌说不出话来。技术人员经过检查，发现机器本身性能良好，问题所在是断了根保险丝，真是虚惊一场，弄得用户很不好意思。

事后，京粤人为此引发了一场小小争论。有的同志认为，为这等小事，付出代价太大，花费钱还折腾了人。谢太俭却不让步："这种说法不对，我们的宗旨是用户至上，一切为用户着想，急用户之所急，今后如还有这样的事发生，我们还要同样对待。"随后他又缓和口气道："如果要吸取教训的话，那就是我们要进一步完善全国的维修服务网络。"几个月后，南昌那家用户单位的负责人，专程来广州拜访京粤，感谢京粤服务一流，并表示今后还要选购京粤电脑。果不其然，这家用户每年都要安装使用几十台京粤微机，这下有不同看法的同志，彻底折服了。

转眼到了 1988 年春节前夕，这时京粤已向国内外推出了 5 个档次 16 种机型的汉字微机。饭厅内欢声笑语，喜气洋洋，谢太俭身着整齐的西装，举杯祝酒向大家道辛苦，当众宣布春节放假 5 天，不少人也盼着借机休整松弛一下。谁知宴会尚未结束，谢太俭回到楼上办公室后，一会儿又匆匆跑下楼，召集骨干开会，断然决定："今晚开始加班，春节不休息，突击完成已订货的全部产品！"众人丈二和尚摸不着头脑，总经理前后不到十分钟，却下达了两道截然相反的命令，怎么向职工交代解释？原来，谢太俭上楼接到一个电话，远方传来一个某种进口机型要降价的信息，连锁反应是要把国产微机的价格压得更低，为了生存抢时间，他不得不牺牲大家节假的休息时间。京粤赢得了时间，合同兑现及时，库存没有积压，在微机大降价的风潮中，京粤电脑挺了过去。人们回味起当时的情景，都津津乐道："谢总的动态决策，真是力挽狂澜呀！"

20 世纪 80 年代中期，京粤的 GF20/11A 汉字微机曾风光一时，作为我国第一代汉字微机，1994 年在日本筑波国际科技博览会上，一展中华民族的风采，引起极大的轰动。该机曾作为北京人民大会堂早期会务处理机、中共十三大的选举使用机，1988 年成为在广州举办的六届全运会选用机。但随着进口微机蜂拥而入，京粤不得不在小批量生产后退出了市场。谢太俭痛定思痛，随即提出了一套完整的思路，并做出了一系列决策，推动着京粤在健康的轨道上发展。

这些决策包括 "以软件带硬件，以服务带经营，是京粤开拓市场，赢得信誉和效益的基本策略"；"科学技术不断创新，产业结构不断调整，是京粤赖以拓宽市场，得以发展的源泉"；"从市场中来，到市场中去，是京粤实施'以用立业'宗旨的主要途径"；"制定发展目标，形成激励机制，是京粤稳定队伍，参与激烈市场竞争的重要手段" 等。他的这些思想和决策，经过实践的检验，证明都是可行的和正确的。

如果谢太俭在 80 年代中期，坚持将硬件阵地坚守下去，以当时京粤的实力，PC 拼不过国外公司，反会在国外进口机的冲击下，溃不成军甚至全线湮灭。京粤人及时调整方位，避实就虚，攥紧拳头，集中精力搞适合中国国情的软件，以软件带硬件，走出了一条站在巨人肩膀上的成功之路。从这里可以看出决策的重要性，很多企业在那时吃了转向慢的大亏。

谢太俭不摆花架子，不去赶时髦，不盲目追求高精尖，他的思路始终十分清晰，京粤的科研开发着眼于 "研以致用" "以用立业"，着眼于国情为现实服务，为国民经济服务。他们痴心不改，十几年如一日，在商业和税务领域耕耘。不少技术人员都成了两栖人才，既懂电子，又懂税务、商业，甚至税务部门出面请京粤科技人员去讲税务课。

还有一个典型的例子很能说明问题。京粤本是搞电子的，但一个偶然的机会，他们又搞起了生物工程。我国北方产棉区，每年有约 600 万吨棉籽粕被当作肥料浪费掉了。1990 年 10 月 15 日，一项开辟饲料蛋白资源新途径——棉籽饼微生物固态脱毒转化为饮料蛋白的中试生产技术在广州问世，这个项目是国内首创，也是支持农业的重要课题。

我国饲料蛋白严重短缺，若靠进口鱼粉解决，国家每年要付出几十亿美元。

棉籽饲料蛋白生产技术不仅变废为宝，而且投资少、能耗少、成本低、效益高，且没有三废污染。京粤人又看到新希望，与嘉隆生物技术发展公司合作。1992年5月16日，被誉为"天下第一家"——年产万吨规模的广州神通饲料蛋白厂在羊城东郊隆重剪彩，正式投产。顷刻间全国主要产棉区，都派人来探求学习棉籽饼转化为饲料蛋白的新技术。现在他们已转让技术到17个点，社会效益多大无法统计得出来。可有谁知道，京粤为这项技术从实验室走向中试生产，历经数百次失败，谢太俭曾在50℃的发酵池前，与科技人员一起挥汗拼搏。

谢太俭1965年毕业于华南理工大学，为响应党的号召，大学毕业后他没回家乡广州，而是北上到沈阳水泵厂工作，在车间劳动仅3个月，其突出的才干就赢得了领导的赏识，被调到厂长总工程师办公室工作，1969年到位于韶关的广东省煤矿机械厂，接手3个月，就解决了当时土方工程拖延的难题。

在京粤13年，谢太俭付出了自己的一切，他用一个个行动实践着自己的人生价值，他曾获全国首届科技企业家创业奖，广东省十大科技企业家称号，被授予"计算机管理成就金钥匙奖"等。京粤电脑中心在1991年被广东省认定为省首批高科技企业，1993年被国家科委审定为全国"实施火炬计划先进高科技企业"，1994年广东省委、省政府给广东京粤电脑中心颁发了"双文明单位"奖牌。

对于个人获得的荣誉，谢太俭并不怎么看重，他在意人生怎样才有意义，他的父亲和兄弟姐妹都在国外，过着优裕而富足的生活，相比之下，谢太俭忘我的付出，过的是"苦行僧"式的生活。很多人不理解，他有这么好的关系，为什么不出国享福？谈到这些，谢太俭很平静地说："每个人都有自己所要的人生，使自己的人生过得有意义，首先是事业上的成就，我的事业在中国，我的事业在京粤。"这不禁使我想起，谢太俭最喜欢的两句话，一句是马克思说的"使人生有意义的不是权威和表面的显赫，而是为人类谋求幸福理想的劳动"；另一句是"在我们这个时代，固然有个人的功劳簿，然而更重要的是有集体创造的英雄史诗"。由此可见，这位科技实业家博大的胸怀和崇高的境界。

京粤电脑中心创业初期，谢太俭就提出"一年打基础，两年起步走，三年有效益，五年创牌子，十年成气候"的奋斗目标。如今这些目标都已经实现，京粤已成为一家多元化的高科技企业，形成了以计算机软件产业为龙头，以计算机应用新产品为主体，以生物技术产业为依托的三大支柱产业群体；它拥有近200项科研成果，其中不乏国际领先水平；它在全国各地有23家分公司，62家业务合作、经销服务网点，在海外有8家业务代理网点和两家分公司。

京粤的未来更加美好。一个占地1200亩，青山绿水、风景宜人的大规模软件基地——京粤科技园，不再是纸上的规划蓝图，而正在充满生机地加紧建设之中。

从京粤和谢太俭印象，可以看到我国的科技人员是可爱的，我国的科技事业是有希望的。

《名牌时报》1998 年 7 月

解析：《驰骋在国民经济主战场——京粤电脑中心和谢太俭印象》也是笔者 1998 年 6 月在广东京粤电脑中心采访的成果。本书还收录了《跨越"转化"的金桥——京粤电脑中心科技成果商品化探幽》《竞攀摩天岭——京粤 0621 工程攻关记》，以及《税控 POS 机推广应用任重道远——广东京粤电脑中心总裁谢太俭答记者问》，这 4 篇作品结合起来看，反映了京粤电脑中心的全貌。采访一家高科技公司，而且还有自己技术和产品，笔者是抱着学习态度的。文章开篇写道："当我慕名来到羊城的京粤电脑中心，结识总裁谢太俭以后，第一印象就是：在一个有希望的地方，一批有希望的科技人员，正在从事着有希望的事业"，也是发自内心的真诚表白。谢太俭总裁是个大忙人，白天采访安排不上时间，两次见面都是在深夜，知道广东人习惯喝早茶，采访谢太俭时，他请笔者喝夜茶。笔者采访一般用笔记要点，脑子记主要内容，采访结束再整理。采访谢太俭用上录音机，回京后整理费了很大功夫。由于采访内容太多，文章重点写了两大部分，"十年磨剑，水到渠成""运筹帷幄，甘为孺牛"，人中有事，事中有人，人和事融为一体，这有点介于人物通讯和工作通讯之间，不像有些人物通讯，是以人物为主体。

税控 POS 机推广应用任重道远

——广东京粤电脑中心总裁谢太俭答记者问

自 1998 年 6 月开展全国税务万里行以来，京粤税控收款机的知名度与日俱增。近日，记者专程采访了广东京粤电脑中心总裁谢太俭，请他就有关税控收款机的推广应用等问题作了回答：

记　者：请您简要介绍下京粤税控收款机的主要功能和特性。

谢太俭：税控收款机与一般收款机不同，它除了普通收款功能外，还具有正确计算、存储相关税务数据和报税处理功能。京粤税控收款机配有专用税控安全保密卡，可从机器启动至关机过程完全监控，实现严格权限管理，通过 IC 卡进行报税及拨号 MODEM 进行报税，税务数据加密安全传递，不但税控功能完善，而且系统安全、准确、可靠，税务数据一旦存储，不可更改，永久保存。

记　者：京粤在开发税控收款机时，就考虑到多种档次的需求，一次鉴定 3 种机型，能否分别谈谈它们的区别。

谢太俭：为适合不同层次用户的使用要求，我们在下达攻关任务时，就同时开发了 3 种类型税控收款机。有适合个体户的 BGCECR-978 I 型，适合中小企业的 BGCECR-978 II 型，适合大型商场的 BGCPOS-108SK 型。这 3 种类型都有很强的针对性，其中 108SK 型档次更高一些，达到同类产品的国际先进水平。

记　者：税控收款机看似简单，其实是一种高科技产品，请问该机都采用了哪些先进技术？

谢太俭：京粤税控收款机的硬件产品及配套产品，在研制过程中采用了先进的存储技术（FLASH 存储技术、电子盘技术）、先进的电子交换技术（IC 卡电子数据交换、FAX/MODEM 远程电子数据交换、网络电子数据交换）、先进网络及数据库技术、POMCIA 即插即用技术，以及先进的安全保密技术（保密 CPU、黑匣子技术、安全卡技术、加密 IC 卡）等，这就确保前台及配套系统高效动作，技术先进，并方便以后产品及系统升级。

记　　者：在我国普及使用税控收款机，有何重要的现实意义？

谢太俭：一个国家不可能没有税收，一个国家也不可能没有商业。税收和商业关系到国计民生，税控收款机恰好担当起双重职责，把税务和商业扭结在一块，既可提高商家运作效益，加强竞争能力，推动商业自动化进程，又能提高税务电子化水平，大大提高税收率，有效增加财政收入，可以说，税控收款机是真正面向国民经济建设主战场的高科技实用产品。

众所周知，税收是国家财政收入的主要来源。目前，我国拥有 3 万多个税务征收管理单位和 3500 万纳税人。由于征收管理手段落后及公民纳税意识不强，使得国家每年税收损失在 1000 亿元以上。因此，税务电子化迫在眉睫，税控收款机的科学税控功能，在一定程度上起到了堵住偷漏税的作用。意大利用 9 年时间在全国普及了税控收款机，其税收率从 25% 提高到 85%，效益显而易见。

记　　者：税控收款机的作用不可小觑，它的市场前景如何呢？

谢太俭：改革开放以来，我国商业进入高速发展时期，商品零售额每年以超过 300 亿元的速度增长，预计到 2000 年，全国商业网点将超过 2000 万个。有关数据表明，我国要实现商业自动化，仅 ECR、POS 类型税控收款机的需求量就达 3000 万台以上，总额达数千亿元，相关软件产品需求额将更加庞大。总之，市场前景十分广阔，极有可能成为一个新的产业增长点。

记　　者：税控收款机市场这么看好，为什么还要实行总经销、总代理制呢？

谢太俭：京粤电脑中心主要从事技术研究开发，当然还要负责科研成果商品化的转化工作。税控收款机从通过鉴定到中试，才用了两个月时间，这就为迅速推向市场赢得了时间。我们之所以在全国 22 个省实行总经销、总代理制，主要考虑税控收款机是特殊商品，总经销、总代理制可以调动地方的积极性，谋求地方税局的支持，这很重要。再者，这些代理一般都有丰富的营销经验，而我们缺乏这些。因此，我们宁可让出一块利润给他们，大家好联合起来共同推动事业的发展。

记　　者：税控收款机的推广应用，都需要哪些方面的支持呢？

谢太俭：税控收款机的研制、开发、生产、推广应用是一项复杂的社会系统工程，它是一个多学科、多技术交叉的工程技术系统，既要符合商业自身的商流、物流、信息流的内在统一规律，又要符合我国税务征收管理规范；既涉及计算机信息技术，又涉及网络技术、数据库技术和安全保密技术。

国家对税控收款机的推广应用非常重视，由有关部门组成了税控收款机领导小组，国家税务总局等五部局联合发文指出：为了保障推行税控收款机工作的顺利开展，确保税控收款机的保密性能、产品质量和维修服务满足税收监控的需要，税控收款机实行专管、专产、专营、专修制度。

普及使用税控收款机，既是一种政府行为，又必须按经济规律办事，这就需要国家税务总局、财政部、国内贸易局、信息产业部、国家工商行政管理局等政府主管部门的协调配合，也需要生产厂家、经营企业、纳税用户乃至全社会的理解、支持。

1998 年 7 月

解析：答记者问，是各级领导人、有关方面负责人或专家、学者直接回答记者提问的一种报道形式。提问、答问内容，是有关读者亟须了解和关心的问题。提问力求是记者想问、欲问的问题，提问要集中，要抓住要点。答问者不仅要有权威性，而且要熟知某一问题表象及其实质。

笔者很少写答记者问，确实没有这种机会。写《税控 POS 机推广应用任重道远——广东京粤电脑中心总裁谢太俭答记者问》，还是因为羊城之行的采访，税控 POS 机有自主知识产权，又属于高科技创新产品，全国税务万里行主办方有关人员，希望笔者能写一篇答记者问，供新闻发布会使用，于是才有了这次机会。写作时问和答，不用费脑筋，因为是自问自答，只是答时名字改了。

邬江兴访谈录

背景介绍-邬江兴：巨龙通信设备有限责任公司董事长、教授、博士生导师，国家数字交换系统工程技术研究中心主任，国家高技术研究发展计划（863 计划）通信技术主题组专家，国家有突出贡献专家，全国优秀科技工作者，1995 年度科技进步一等奖获得者，第二届何梁何利科学与技术进步奖获得者，第二届中国杰出青年科技创业奖获得者。

记　者：作为 04 机的主要研制者，请您谈谈对创新的切肤感受。

邬江兴：综观当今世界，科学成了技术进步、促进生产力提高的决定性的前提。知识经济时代已见端倪，经济与科技的结合日益紧密，国与国之间的竞争，归根结底是科技实力的较量，是创新上的竞争。一个国家没有科技创新，经济就只能受制于人，就会落后，处于被动挨打的地位。

04 机是走创新之路的结果。它的软件技术是我们自己的，我们还有国际专利。04 机具有自主知识产权，为中国人在通信界找回了自强、自尊，也找回了信心。搞科技创新中国人能行。

记　者：据悉巨龙公司今年在资产重组方面有大的举措，能否详尽吐露一下初衷？

邬江兴：高新技术产业走向市场、走向全球，没有规模是不行的。这个规模不是 1+1=2，同样 8 个 1 加起来也不等于 8，小于 8，可能是 3，可能是 4。巨龙公司光生产制造企业就有 8 个，要形成拳头，必须进行资产重组，尽管有个痛苦过程。

人是生产力中最活跃的因素。现有的管理机制，严重地束缚了人的创造性。巨龙公司就是要寻求一种新的能最大限度调动人的积极性和创造性的体制。通过资产重组，最重要的是解决管理和运行过程中如何更大地发挥人的作用。把现有的，人们处于惯性思维的，或者沿用的、行之无效的，或者严重束缚创造力发展的管理体制，在重组过程中摒弃。

记　者：在您的思想中，特别强调人的创造性，但解决这个问题有相当的难度。

邬江兴：确实是这样。因为我们的国有大中型企业，大都从计划经济过来，不可避免地会带有这方面的痕迹。员工的思想容易形成习惯性定式。所以首先每个人都要解放思想，不要自我禁锢，自我约束，自我限制。最可怕的是自我思维惯性。很多发明创造是敢想的结果。可一般人不敢去想，往往自我禁锢、自我封闭。巨龙公司倡导解放思想，员工的创造性思维，绝对不会因为他的职位和他所从事的工作岗位而受限制。巨龙公司要建立一个良好的平台，让每个人都能最大限度地发挥聪明才智，对于发挥创造才能的人，应造就一种趋同性和认同性的氛围。让所有员工牢牢记住在巨龙公司的这段经历，这会影响他的整个人生。

记　者：可在理想与现实的吻合中，会产生很多矛盾，如何才能厘清这些矛盾呢？

邬江兴：思维是无限的，可行为是有限的。那我们要把思维的无限性表现在创造能力方面，而把行为放在规范化可操作的范围内。这是一对矛盾。有创造性才能的人一般不愿意循规蹈矩，而反过来循规蹈矩的人又缺乏创造性才能，这也是一对矛盾。这些矛盾唯有从机制上、管理上去根本解决。我始终坚持工作的最大程序是调动员工的创造意识，最大财富是有创造能力的人。

记　者：自 04 机问世以来，国产程控交换机取得了群体突破，出现了"巨大中华"现象，您怎样看待民族通信产业的发展？

邬江兴：1991 年 04 机通过国家鉴定，至 1998 年 4 月已销售 1400 万线，在国内市场占有 12% 的份额。巨龙公司是先头部队，后续部队迅速跟上，在第一市场角逐中，国产机体现出很多优势，抢占到不少市场，一些进口机开始退出中国市场，应该说民族通信产业的长足进步令人欣喜。

但我们不要盲目乐观，冷静地、清醒地分析，还面临严峻形势。主要问题归纳起来有这么几个方面：21世纪的核心技术（芯片技术和软件技术）我们很少掌握，或基本不掌握；高科技发展越来越依赖基础研究，但我们的基础研究非常薄弱；我们的技术储备不足，现阶段科技投入没法做大；长期以来轻视工艺，没有大型软件开发经验，缺少能跟西方发达国家一决雄雌的东西；价格扭曲，市场畸形不规范。

实事求是地说，民族通信产业严重缺"钙"，骨质疏松，没有持续发展的动力。如果根基不牢，就犹如空中楼阁、沙漠中的大厦，随时会倾倒下来。因此，我们要有危机感和紧迫感。

记　者：在高唱赞歌的时候，您冷静客观地分析，对重新认识民族通信产业大有裨益。今后的路漫长，会不会有奇迹出现呢？

邬江兴：奇迹来自创新，没有创新，不会有奇迹产生。

《通信产业报》1998年7月22日

梁琨吾访谈录

背景介绍-梁琨吾：南方通信（惠州）实业有限公司董事总经理。1968年考取西安交通大学研究生学位。1982年于法国Universite de Paul Sabatier a Toulouse取得博士学位。1968年起依次于航天航空工业部北京控制工程研究所受聘为助理研究员、高级工程师及副主任。1984年加入（香港）鸿年电子有限公司，先后任副董事总经理、董事长兼董事总经理。现任航天科技通信有限公司副董事长兼董事总经理、鸿年公司董事长、航科集团执行董事。西安交通大学和哈尔滨工业大学客座教授。

记　者：您在航科集团、航科通信、鸿年公司、南方通信均担任要职，能否就这几家企业之间的从属关系及基本情况作一个诠释说明？

梁琨吾：航天科技国际集团通信有限公司（简称"航科集团"）是大型的高科技跨国集团，总资产为60亿港元，也是中国航天工业总公司在香港的窗口企业。航天科技通信有限公司（简称"航科通信"）是航科集团属下专门从事高科技通信业务的子公司，由鸿年电子有限公司（简称"鸿年公司"）、航天科技卫星导航工程有限公司、MAGICSOUND、台湾航通和天顺实业有限公司（简称"天顺实业"）等集团公司组成，专门从事通信产品的开发、研制、营销以及通信和网络系统的设计、装置、维修和售后服务等。

鸿年电子有限公司是航科通信的全资附属公司，隶属于航科集团，总部设在香港，创立于1976年3月18日。自1989年以来，鸿年公司先后在内地成立了山东康威电子有限公司、南方通信（惠州）实业有限公司和秦皇岛鸿力电子有限公司等合资企业。

记　者： 航科集团去年的大手笔是分拆航科通信股票上市，请您介绍一下当时的情况。

梁琨吾： 航科集团最大的变化就是重组集团，将通信业务及全球卫星定位业务分拆为独立公司，成立航科通信。并于1997年7月28日宣布分拆属下航科通信股票，8月11日在香港挂牌上市，以每股1.18港元公开招售1.5亿新股，相当于扩大后股本25%，集资约1.48亿元。航科通信股票上市是相当成功的，上市当天创下日成交1.3亿多股，最高每股3.45元，收盘每股3.25元的好成绩。香港的《文汇报》《大公报》《商报》《信报》《星岛日报》《东方日报》等媒体纷纷报道了航科通信股票上市的消息。

记　者： 航科通信股票分拆上市，其意义表现在哪几个方面？

梁琨吾： 这次上市所集资金主要用于开发程控交换机及全球卫星定位产品。其中约8500万元将用作开发ATM程控交换机，增添所需的生产设备，开发新型号产品及改进集团现有的各种型号的交换机。约3500万元用作GPS产品开发及改进有关的应用产品，研究和开发本地环路接入系统。

雄厚的资金不仅壮大了公司实力，加快了通信产品开发和研制的速度，而且使公司从过去单一的资产经营，过渡到资产经营与资本经营一体化。如去年5月22日，航科通信下属的天顺实业与铁道部中铁通信中心签订协议，成立合作经营公司"青海中铁航天通信有限公司"，斥资8786万元人民币投资中国联通GSM网络工程建设。我们做资本经营，着眼于长远利益。不知你注意到没有，航科通信本身的组成还具有大中华概念。

记　者： 南方通信公司的HAS-SPI数字局用程控交换机，是原邮电部推荐使用的国产自主研制开发的6种机型之一，但获入网证时间较其他厂家晚，不知在市场竞争方面有何策略？

梁琨吾： HAS-SPI数字局用程控交换机，1997年3月17日获得入网证。由于获入网证晚了些时间，失去了进入市场的最佳时机。如果与其他厂家拼批量，拼规模，拼价格，确实有很大难度，这不是我们的优势和长处。当然，在程控交换方面，我们也不会放弃国内外应有的份额，还是要力所能及地去做市场。

另外，我们还是要有所为，有所不为。在通信领域集中力量搞三个网，即交换网、接入网、宽带网。扬长避短，瞄准超前的产品进行开发研制。大家在一个起跑线上，我们的优势是企业负担轻，在内联外引方面有成功的经验。

记　者：在'98 中国国际通信技术展览会期间，我们已经注意到南方通信展出了一些新产品，具体有哪些超前的东西？

梁琨吾：我们与北京邮电大学合作开发的 HAS–AMT 话音综合交换系统，具有国内领先、国际 90 年代水平，该系统不仅能满足近期窄带业务的需要，并可成为各种宽带业务的公共平台，可满足目前窄带通信网向跨世纪的宽带通信网过渡的需要。与西安交通大学合作开发的 HAS–JUMP 路由器，拥有 100% 的自主版权，全部软件及有关硬件都是自行开发。一旦实现产业化，对促进我国通信信息技术和民族通信产业的发展具有重要意义。

记　者：国内通信企业群雄崛起，形势大好，您觉得通信制造业是否存在着潜在风险？

梁琨吾：任何一个行业，在它朝气蓬勃发展的同时，都会有潜在风险。现在，不管是哪个行业，搞产品制造的利润越来越薄。随着新技术的发展和 IC 晶片的发展，传统制造业的利润呈逐年下降的趋势。为了获取更多的利润，企业只能搞大批量生产，大批量生产又会造成企业自身的不断膨胀，企业越来越大，随之而来的是负担越来越沉重，其风险是不言而喻的。

国产程控交换机群体突破和崛起，是十分可喜的现象。但市场供大于求，竞争白热化，风险不可避免。企业要保持活力，除了不断开发新产品，紧跟世界先进技术潮流，还要借鉴国外做法，通信企业要逐步走上以产品制造为主，以提高附加值通信服务业为辅的道路。

《通信产业报》1998 年 12 月 2 日

解析：《邬江兴访谈录》《梁琨吾访谈录》2 篇放在一起解析。

访谈录顾名思义，就是访问交谈记录。可以是文字记录，可以是录音，也可以是视频录像，访谈常是两个人，形式是一问一答。访谈录是应用写作研究的重要文体之一。

1998 年 7 月，笔者策划开辟《总裁访谈录》专栏，对象是国内高科技公司的掌门人，目的是让读者了解这些公司现状，同时关注这些公司的成长。当时圈定了二三十人的名单。《邬江兴访谈录》是专栏的开篇，也是笔者亲自上阵给大家一个模板。访谈录的前面有背景介绍，介绍被访谈人的职务和基本情况。这些总裁都是大忙人，不可能腾出很多时间。笔者通过巨龙公司联系，把访谈的问题预先告知。邬江兴来京出席一个会议，在会议间隙有点时间，笔者抓住这个难得机会，先后提了创新感受、资产重组、发挥人的积极性、怎样看待民族通信产业的发展等6个问题。邬江兴极其健谈，话语常带有哲理，碰到这样的访谈者是幸运。笔者最后一个问题："在高唱赞歌的时候，您冷静客观地分析，对重新认识民族通信产业大有裨益。今后的路漫长，会不会有奇迹出现呢？"邬江兴的回答比笔者问得还短："奇迹来自创新，没有创新，不会有奇迹产生。"这第一篇总裁访谈录，邬江兴露面是众望所归。

南方通信（惠州）实业有限公司地址在广东，其掌门人梁琨吾与笔者比较熟悉，在他来京后下榻的酒店进行的访谈。《梁琨吾访谈录》恰好也是6个问题，这倒不是因为666顺，还是见报篇幅所限，访谈录限在2000字左右。在开辟《总裁访谈录》期间，笔者先后写了6篇，本书只收录了这两篇。

"天马"行空任驰骋

——访中国液晶学会副理事长汪斌

第一次见到汪斌，是在电子行业人大代表、政协委员座谈会上，那时我们隔桌而坐，他那学者的风度和侃侃的直言引起了我的注意。当得知这位1954年毕业于重庆大学的总经理，还是个液晶显示方面的行家，我便萌生了采访他的念头。两天后，我们又在人大广东代表团下榻的中组部招待所见面，我的话题先从液晶显示技术开始，然而作为天马微电子公司总经理的汪斌，却先介绍起所在公司的情况："我们是从事液晶显示器生产的专业化公司，创建3年多来，产量增长了400%，实现了年年翻番；液晶显示器出口一直保持在97%以上，创汇额也是年年成倍增长，1986年曾获得深圳出口创汇先进企业称号。"寥寥数语，使我对"天马"公司有了粗略的了解，我不禁问道："目前国际市场竞争很激烈，你们是如何站稳脚跟的？"

汪斌点了点头："液晶行业在亚洲竞争非常激烈，日本、韩国、新加坡都是我们的竞争对手，我们之所以能从夹缝中挤出来，并在国际市场有立锥之地，除了开放政策好，客观上也是天赐良机。日元升值后，日本不得不将其劳动力密集的产品退出东南亚，同时也带动了国际上劳动力密集的产业结构实现了转移，我们抓住这种机遇，适时地打进了国际市场，企业也随之兴旺发达起来。"

谈起液晶行业，汪斌滔滔不绝，作为中国液晶学会副理事长，他对国内外液晶显示技术的现状与发展了如指掌，如数家珍。目前国际上液晶显示器生产发展迅速，手表、计算机的液晶显示器已成为大批量、稳定的传统产品，成本不断下降，质量不断提高，液晶显示技术已向第二阶段转移，其标志是朝着点阵的、彩色的、面积越来越大的方向发展。代表性产品有液晶彩电、手提电脑显示器、汽车液晶显示仪表板等。我们国内已经掌握了液晶第一阶段的生产技术，结束了徘徊阶段，正处在第二阶段飞跃的前期，可以说主客观方面都具备了飞跃的条件。

"听说您以人大代表的身份，向人大七届一次会议写了发展液晶彩电的建议，您是不是想以液晶彩电作为突破点来实现我们液晶技术的新飞跃。"

"有这回事。我认为振兴电子工业，不能什么都抓，而要选择在一些点上跳跃。如果发展液晶彩电列入振兴电子工业的重点项目中去，有可能实现突破。日本的一个专家讲电视机的第二个黄金时期就要到来，绝不是耸人听闻。日本将近有 10 家大公司，把精力转向开发液晶彩电，他们在 1987 年生产了 6 英寸以上液晶彩电 300 万台，14 英寸液晶彩电也许两三年就能进入商品生产，可以说彩电已处于更新换代的前奏。所以，我建议国内不要一窝蜂都去上彩管、玻壳项目，应该停建一两个项目，把这笔投资用到液晶彩电的研制中去，免得若干年后吃后悔药。"

望着汪斌恳切的表情，我仿佛感受到了他那一颗火热的拳拳之心，他企盼着在珠江三角洲建立液晶材料基地；企盼着国内早日筹建液晶研究所；企盼着把分散的力量集中起来形成一个拳头；企盼着中国的液晶彩电有一天进入寻常百姓家。他的希冀会实现吗？我们在期待着！

《中国电子报》1988 年 4 月 22 日

振翼云天向北方

——访通广—北电有限公司总经理吴振生

认识吴振生一年多，见面总要在一起谈天说地。他那从容的谈吐，儒雅的风度，尤其是对博大精深的中华文化底蕴的领悟，每每使我感到在激烈的市场竞争中，他更像一名游刃有余的商海儒将。

的确，吴振生曾很羡慕去做学者。这位毕业于美国明尼苏达州立大学的计算机硕士，自 1980 年开始，在台湾电脑界供职 10 年之久。其间，他曾出版过技术专著，也曾想去大学潜心于科研与教学。不过他身不由己，还是一头扎进商海。1990 年担任 Datacraft Taiwan 创办人兼总裁；1993 年 4 月起，获聘北方电讯有限公司台湾分公司总经理，在任期间承建了台湾电信界的第八标 GSM 系统。作为通广—北电有限公司第三任董事兼总经理，1996 年 2 月来到北京赴任。

近日，应笔者之约，吴振生叙谈了到任一年来的感受。从台湾来到北京，工作环境、思维方式、观念意识均有很大的不同。他足足用了 3 个月的时间，对企业内部和外部进行冷静观察、调查研究，探寻一条能使通广—北电更上一层楼的新路。他把这称为磨合期、探索期。

而后，他更坚定了上任时提出的"四赢策略"，即客户满意、合作伙伴成功、员工福利、股东利润。如同 4 个互相咬合的轮子，"四赢策略"是环环相扣，密不可分。这样做的目的，是彻底摒弃短期追逐市场的行为。回馈给客户、员工和股东，才是一条从长远着想的良性循环之路。

为了保证"四赢策略"的顺利实施，占有更多的市场份额。吴振生对症下药，先从市场销售环节上动手术。通广—北电的分销商原有几十家，良莠不齐，由于售后服务等问题困扰，给通广—北电造成不小负担。经过调查考核，留下少数长期合作承诺好的分销商。缩编分销商不是最终目的，公司花费精力加强对留下的分销商进行培训，提高其技术、管理、营销多方面的素质。去粗取精，效果反而好了。

接下来整顿公司的直销队伍。对于那些不适宜做营销工作、职业道德差的、违反公司纪律的，分别作了调整和处置。调整后的直销队伍，面貌焕然一新。谁工作努力、有成绩，谁就受公司重视，从而激发了职工奋发向上的精神。

为了加强职工的客户至上意识，吴振生提出在公司中开 BMA（Business Management Assessment）训练，也就是商务管理评估。这是国外最新的管理方法。今年 3 月底前，公司请国外专家来华，讲授一星期课，对内部进行彻头彻尾的评价，分类打分，追踪程序，自我诊断，找出需要改进的地方（战略、市场、组织内部程序、人力资源等）。BMA 是内造工程（RE-engineering）的工具，内造工程的作用是提高生产效率，提高工作质量，降低运营成本，以客户为中心，增加客户满意度和客户价值观（Customer Value）。最终使客户满意，增加客户的忠诚度。公司在客户中树立了良好形象，自身也增加了经济效益。

当今，程控交换机的市场竞争已经到了白热化的程度，但在与吴振生的交谈中，他很少谈论客观的外部环境，而是着眼于如何改进公司的内部管理。他透露已经开展的中层主管业务培训，每期长达 4 个月之久。公司礼聘欧洲有名的顾问公司，从财务、市场、营销等多方面进行训练，还到国外实地锻炼。公司虽然投入很大，但从长远发展来看是值得的。今年 5 月第一批结束轮训的主管将登上长城，领取他们的结业证书，并将亲身体悟"不到长城非好汉"的真谛。

《通信产业报》1997 年 4 月 16 日

解析：《"天马"行空任驰骋——访中国液晶学会副理事长汪斌》《振翼云天向北方——访通广—北电有限公司总经理吴振生》2篇放在一起进行解析。

专访是记者请新闻人物就专门性的问题进行解答的一种方式，是记者带着目的对有关人士进行专门的采访，经常是一种以特别强调的方式获取独家新闻的手段。人物专访在确定专访对象时，必须熟悉访问对象的大体情况，专访内容最好提前告知访问对象。专访不同于访谈录和答记者问，一般不采用一问一答形式，有些像小通讯形式，但又不完全等同于通讯，通讯有叙述、描写、议论，专访必须是被访者的原话或原意，不得随意改动和大段议论。

笔者写的专访远没有通讯多，除了专访的机会少一些，还因为专访对笔者的约束比较多。本书只收录了《"天马"行空任驰骋——访中国液晶学会副理事长汪斌》《振翼云天向北方——访通广—北电有限公司总经理吴振生》两篇。1988年3月，在人大七届一次会议期间，电子工业部部长李铁映组织电子行业人大代表、政协委员召开了一次座谈会。社长派笔者参加报道这次座谈会，广东来的人大代表汪斌引起笔者关注，得知他还以人大代表的身份，向人大七届一次会议递交了发展液晶彩电的建议，便萌生了采访他的念头。两天后，笔者在人大广东代表团下榻的中组部招待所进行了这次专访。1988年3月，在人大会议提出液晶彩电的建议，无疑是具有前瞻意识的，这次专访仅仅围绕液晶这个话题。至于标题《"天马"行空任驰骋》，是因为汪斌是天马微电子公司的总经理，这匹"天马"如何驰骋他有发言权。

撰写《振翼云天向北方——访通广—北电有限公司总经理吴振生》，是因为这是一家合资公司，合资中的中方通广公司，系电子部直属公司，在重点报道范围内。笔者与吴振生相识一年多，多次探讨中国传统文化，对他上任后提出的"四赢策略"很感兴趣，即"客户满意、合作伙伴成功、员工福利、股东利润"，如同4个互相咬合的轮子，"四赢策略"是环环相扣，密不可分。专访主要谈及的是"四赢策略"及BMA训练（商务管理评估）。这些对国内其他企业有借鉴作用。

秦安三厂下放后的困境

1989 年 7 月下旬，我们在甘肃天水开会采访期间，曾与原电子工业部所属的秦安三厂（八七一厂、八六〇厂、七四九厂）两次座谈了有关企业下放的问题。三个厂的有关领导就 1985 年底下放后所遇到的困难，坦诚地谈了他们的看法；他们所反映的问题，有些是下放三线企业共性的东西，现整理出来，供有关领导参阅。

地方有积极性，但资金有困难

秦安三厂是根据电子工业部（85）电体字 1660 号文件，以及甘肃省人民政府甘政发〔1985〕218 号文件，于 1985 年 12 月下放给甘肃省的，归口在省电子工业公司领导。从下放至今，甘肃省及天水市对秦安三厂始终给予极大的支持和关心，在优惠政策、搬迁投资及征地问题上对秦安三厂有很多特殊照顾。尽管如此，还是存在一些棘手的问题。

1. 甘肃省的工业重点是石油、化工，电子工业产值只占省工业总产值的 5%，所以投资重点，不可能放在电子工业上。而且甘肃省财力有限，投在电子工业上的钱就更有限。

2. 微电子在我国是微利行业，地方上不可能从下放工厂得到多大收益。甘肃省接手下放企业后，给予一系列优惠政策，但由于搬迁等原因，秦安三厂无法给省、市上交利税。企业跟地方就似乎处于一种"井水不犯河水"的游离状态，双方各有难言苦衷。

可以这样概括：地方上对下放企业关心备至，但限于资金紧张，财力有限，不能从根本上解决秦安三厂搬迁所需资金。由此企业感到困难重重，叫天天不应，叫地地不灵。

资金问题解决不了，三线搬迁无日可望

秦安三厂下放后的头等大事是搬迁问题。省、市领导对搬迁建设十分重视，计划在天水建一个机械电子工业基地。为秦安三厂搬迁到天水市，政府5年前就在市区征了710亩地。目前除八七一厂进度较快外，八六〇厂、七四九厂进度较缓慢。如投资近期得不到解决，三个厂的搬迁，尤其是八六〇厂、七四九厂的搬迁，也许会遥遥无期，无日可望。

1. 据三厂领导讲，根据1985年部省对话会议精神，三线企业的调整搬迁资金由部、省、企业共同负担，大致比例是30%、30%、40%。目前省里给每个厂已陆续投资两三百万元。由于国家部委机构的调整，投资渠道和贷款渠道发生了变化，作为行使行业管理职能的机电部，已不具有投资贷款条件，统一划归到银行口，由银行负责贷款。因此，原电子部应承担的670万元资金，就一直未能解决，等于打了水漂。

2. 企业自筹资金难度很大。下放以后，地方给企业不少优惠政策，诸如在一定时期内盈亏相抵，利润全留用于企业发展。但由于秦安三厂地处陇南山区，交通不便，信息不灵，产品缺乏市场竞争力，维系自身生存已很艰难。虽然他们实行"先生产、后生活"的建设原则，但企业自筹资金只能去银行贷款，而贷款利息又很高，偿付利息成为企业卸不掉的大包袱。例如八七一厂搬迁到天水，建安工程需用2980万元，目前已投入2200万元，其中企业自筹1000万元（主要是银行贷款），每年利息就需付180万元，利息压得企业喘不过气来。八六〇厂搬迁投资需用2660万元，现在自筹加上省里给的，仅有700多万元，还缺口2000多万元。这么大的资金缺口完全靠自筹要等到猴年马月。

3. 现在国家财力紧张，企业自筹资金困难，只好细水长流拖进度。这样又冒出两大问题：一是近年新的税种不断增加，以基建投资来说，现在100元的基建投资，扣掉建筑税、交通能源税等诸多税收，实际用在工程建设上的钱只有15元，如此下去，搬迁建安工程的预算就要膨胀突破，企业的负担也会越来越重；二是如不及时搬迁施工，就要交土地荒芜费，八六〇厂、七四九厂只好在圈地内种起庄稼，被征地农民看到工厂迟迟建不成，而把好的菜地种起庄稼，曾分别到天水市和兰州市告状闹事，人民代表也质询有关领导，工程拖下去，社会不稳定因素还会增加。

4. 秦安三厂职工总数近5000人，他们在秦安生活有诸多不便。如秦安水源不好，工厂每天要派汽车去天水拉水，每年要拉生活用水十几万吨。因此，搬迁天水成了职工的精神支柱，搬迁速度的快慢直接影响职工情绪的起伏。像现在八六〇厂、七四九厂每年只能起一层楼的速度，职工们认为搬迁是可望而不可即的事，时间拖得越长，职工情绪就会波动越大，弄不好直接影响到生产。

正视下放后的困难，应尽早拿出对策

企业下放后还存在不少其他问题。譬如科研贷款、新品试制费没有了。原来归口电子工业部时，中国电子器件公司每年都给下属 29 个企业拨一定的科研经费，七四九厂每年能拿到新品试制费 130 余万元，八七一厂有时每年能拿到 200 多万元。中国电子器件公司还根据情况，有时将经费集中投给几个厂。那个时期，秦安三厂产品技术上还有一些优势，他们生产的集成电路、运算放大器、微波超高频仪器在全国都还有些影响。自企业下放后，这几个厂的新品开发速度减慢，技术优势有可能丧失。另外，技术人员"孔雀东南飞"，技术人才后继乏人，技术改造跟不上，企业缺乏后劲等问题都是现实问题。

用有些厂长的话讲："过去部里管，什么都畅通，现在部里不管了，地方上背不起、放不下，企业日子实在是难过呀！"为什么企业下放后出现这么多的问题？他们也分别讲了各自的看法：从管理与体制上讲，"条条"变成了"块块"，应该有利于企业真正成为自主经营、自负盈亏的相对独立的经济实体，有利于企业增强横向联系，带动地方工业的发展。但从实际情况来看，有些地方的下放企业工作搞得过急过粗，各种关系没有理顺，很多问题没有解决，致使企业下放后，贷款渠道不畅通，外汇渠道没有了，技术改造和新品开发费用不落实，协作渠道不通畅，尤其像微电子这样高新技术在省内很难配套，下放未达到预期效果的地方，企业在不同程度上存在着自生自灭的可能性。

电子工业作为新兴的工业门类，在国民经济中理应超前发展，这就需要在国家的统一规划、统筹安排下进行，不仅要有"地方军"，还要有"国家队"，这样才能够形成集约化规模生产和配套生产。如果在发展阶段，各地分散作战，让企业如同第三产业一样自发生长，将很难保证企业的发展不偏离主线——仅为求生存而发展。从国家的高度，从长远目标来看，应以统一为好。

我们在座谈中，还深切感受到秦安三厂的干部职工有着极强的敬业精神，对待困难，他们不畏惧、不后退、不悲观，而是积极进取，不等不靠，自力更生，奋发图强。如八七一厂自力更生改造旧生产线，使 Φ100 毫米集成电路生产线开通，试生产半年效果很好。他们以实际行动证明，三线职工是有志气的，能为国家做贡献的。他们也体谅国家的困难，机电部的困难，并未提出过分过高的要求，而是希望有关部门领导，考虑到秦安三厂搬迁的实际困难，请国务院三线办公室和机电部将他们列入"八五"调整搬迁计划，继续享受三线企业搬迁的各种优惠政策。资金问题，如部里一下子不能解决，分期分批解决也可以。只要部里拿出个姿态，问题就会迎刃而解。

《电子内参》1989 年 10 月 22 日（总第 127 期）

◉附记：

本文是作者与报社记者杨自力共同调查采访，由作者执笔完成共同署名。

解析：调查报告是对某一情况、某一事件"去粗取精、去伪存真、由此及彼、由表及里"的分析研究，揭示出本质，寻找出规律，总结出经验，最后以书面形式陈述出来。一般有反映新生事物的调查报告、介绍典型经验的调查报告、揭露存在问题的调查报告等等。在调查过程中，目的应明确，事件须典型，方法要讲究，形式可多样。调查完毕要进行梳理，写作时问题要集中，观点要清晰，材料要准确；指出问题，启发思考，针对问题，提出建议。

《秦安三厂下放后的困境》是临时起意而作。1989年7月下旬，笔者到甘肃天水开会采访期间，听到原电子部所属秦安三厂（八七一厂、八六〇厂、七四九厂）1985年底下放地方后所遇到的困难，尤其是搬迁天水市的问题迟迟不能解决。为了落实秦安三厂搬迁到天水市，市政府5年前就在市区征了710亩地，征地问题政府十分配合，但由于资金不到位，征地荒芜多年后，农民又种上粮食。秦安三厂原来是三线企业，搬迁如果解决不好，会引起职工思想动荡。参加过八七一厂的发布会后，笔者与秦安三厂有关人员两次座谈，充分听取他们的意见，觉得他们反映的问题，有些是三线企业共性的问题，笔者有必要将实情向上反映，以引起国务院三线办公室的重视。在这种情况下，根据调查的情况，笔者撰写了《秦安三厂下放后的困境》，归纳出三个问题——"地方有积极性，但资金有困难""资金问题解决不了，三线搬迁无日可望""正视下放后的困难，应尽早拿出对策"。这些问题不仅秦安三厂存在，其他地方三线企业也存在。文章发表后又被综合整理，发在中央一家大报的内参上，引起国务院三线办和机电部领导的重视，秦安三厂的搬迁问题得到了妥善解决。

再塑"陈店"电子品牌

——粤东电子城调查报告

心仪潮阳市陈店已久。我的脑海里至今还清晰地记得5年前的情景。1995年4月，位于广东潮阳市陈店镇的粤东电子城隆重开业，原电子工业部部长钱敏专程从北京赶来剪彩，全国各地的电子报刊记者应邀而至。一个名不见经传的小镇，矗立起一座有五六百家门市的电子城，而且成了全国电子元器件的集散地，着实让人感到惊奇。从那时起，我就念念不忘粤东电子城。

2000 年 7 月中旬的一个星期日，我第二次踏上陈店的土地，粤东电子城依然矗立，五六百家门市有增无减，只是往日的红火不再重现。随着全国电子专业市场的蓬勃兴起，快速发展的市场格局发生了变化，再加上经营思想未能及时调整，粤东电子城逐渐失去了全国电子元器件集散地的原有地位。陈店还能不能走出一条新路？昔日的商家朋友吐露心声：陈店人想改变现状，粤东电子城应重新崛起。他们在思索，他们在寻觅。世上没有灵丹妙药，粤东电子城重铸辉煌，要靠陈店人自己的努力。记者望诊切脉，分析病因，一孔之见，供辨证施治。

一、营造品牌意识。品牌是形象的代表，品牌是效益的象征。深圳赛格电子市场的品牌享誉全国就是明证。粤东电子城 700 多家商户各自为战，家庭手工作坊式的分散经营，谁还会把粤东电子城的品牌放在首位？

陈店镇搞电子产业有近 20 年的历史，现有电子生产企业 100 多家，贸易门市近千家，电子已成为陈店镇的支柱产业，有过 20 多个国家和全国各地客商前来参观交易的历史。为何往日的辉煌不再？为何陈店难以重塑品牌？当务之急，有关部门应对粤东电子城的发展进行整体规划，集中全力打造陈店的品牌形象，将现有资源进行有效组合，提升粤东电子城在全国的知名度和影响力，树立粤东电子城良好的整体形象。

二、增加科技含量。如果说 5 年前粤东电子城以通用电子元器件集散地引以自豪的话，当今随着高科技的迅猛发展，只搞通用元器件显然落伍了。也就是说陈店没有跟上时代潮流。现在陈店经销的通用元器件大多为小型生产企业供货，档次低、批量小、难成气候。更甭说营造品牌意识。如果不加快产品的更新换代，不提升产品的科技含量，粤东电子城不但很难崛起，还会逐渐萎缩直至转行，这绝不是危言耸听。可喜的是，我们看到粤东电子城内，有一些商户如科信、中星、科耐、恒安科、联盛等公司只经销新型的片状元器件，应该说在陈店他们的思路是超前的。

三、加快内引外联。粤东电子城要想发挥配套市场的作用，只靠原有本地人的经营是不够的。固有的传统观念，固有的营销模式，一夜之间是不能改变的，而不打破旧有的东西，新的局面就不可能到来。镇政府在扶持本地企业和商户的同时，应制定优惠政策，大力吸引外地知名元器件生产厂家来陈店办厂开店，利用他们的产品优势、技术优势和人才优势，改变粤东电子城产品日渐单一、渠道日渐不畅的被动局面，增强粤东电子城的竞争力和拓展力，随之才能把配套市场做大做好。要内引外联，必然会打破现有格局，引发市场竞争，而只有竞争才会掀起波澜。内引外联，终究利大于弊。

四、变拆机为向多元化发展。这几年，提到粤东电子城，无不与拆机联系起来，拆机是有损粤东电子城品牌的一个重要原因。之所以存在拆机现象，说明它还有市场存在，有人需要这些旧的低档元器件，需求决定存在，尽管它不合理。

从另一方面来说，拆机后的元器件无论怎样整旧如新，质量也是很难保证的，这一点连经销商也无法说清。就是统货进来的元器件，没有先进的检测仪器，质量都不敢打包票，何况拆机呢！进一步说，拆机给粤东电子城带来信誉下降，更是得不偿失。

当然，拆机只是小部分人的个体行为，那些着眼未来的商家绝不干这种短视的事情。如环东电子有限公司将业务定位在给厂家配套服务上，他们的经营思路放在满足厂家需求、为全国厂家配套，搞得有声有色。

五、强化优势宣传。陈店搞了 20 年电子产品，应该说还是有自己优势的，可惜这几年宣传力度不够。譬如，过去到陈店交通十分不便，这也是粤东电子城逐渐成为周边大城市后备仓库的原因之一。最近几年交通环境大为改观，汕头、深圳有机场不说，广梅汕铁路已经开通，高速公路更是方便，每个小时都有豪华大巴到深圳和广州。记者从深圳来陈店采访，当天就能往返。

除交通优势宣传不够，还应看到陈店镇的电子厂家和商户，大多为民营企业，经营机制灵活，适应能力强，信息渠道多，集散效应好，体制上的优势如释放出能量来是不可低估的，这方面应加大力度对外宣传。此外，举办展销会，召开新闻发布活动，树立正面形象，也是需要的。

六、重视行业管理。办电子市场，不能放任自流，听之任之，加强行业管理极为重要。当前，应下大力气，下大决心，先加强规范管理，采取有效措施，坚决刹住粤东电子城商家之间的无序竞争，出台各种管理方案，规范经营秩序，加强行业自律，鼓励文明竞争，打击违法经营，发挥主管部门的管理、协调、教育、引导、服务、监督的职能。同时，要上门学习借鉴深圳赛格电子市场及其他电子市场的成功管理经验，从而进一步组织众商户成立自律行业商会。

陈店有过辉煌。粤东电子城配套市场曾是它最具活力的特色经济。在市场大潮的荡涤下，在高科技快速发展中，粤东电子城落伍啦！但机遇和挑战并存，陈店元器件军团并非没有出路，如超前发展网上商城，提早与国际接轨。换一种思路，就会换一种活法。落伍并不可怕，暂时受挫折也不可怕，可怕的是失去进取心。在电子专业市场的百花园里，期望粤东电子城重新打造品牌，寻找到属于自己的坐标。

《世界电子商报》2000 年 8 月 2 日

解析：《再塑"陈店"电子品牌 ——粤东电子城调查报告》也是临时起意而作。2000 年 5 月，笔者提前退休到深圳，参与创办《世界电子商报》。在赛格电子市场遇见陈店的蔡总，笔者 1995 年参加粤东电子城开业时，在潮阳市陈店镇与他相识。蔡总得知笔者来深圳办报，盛情邀请再去陈店做客。笔者毫不犹疑答应下来，期望报纸能与粤东电子城合作。二次踏上陈店的土地，笔者大失所望，昔日的红火市场不见，冷清的门市店铺，在搞拆机元器件。笔者觉得应该调查原因，怎样才使电子城重铸辉煌。这篇调查报告分六个方面问题：一、营造品牌意识，二、增加科技含量，三、加快内引外联，四、变拆机为向多元化发展，五、强化优势宣传，六、重视行业管理。其实笔者也明白，虽然给出好的建议，但靠一个镇岂能解决，但问题必须指出，这是新闻职业道德之所在。

关于搞活电子大中型企业的思考

苦辣酸甜咸，电子大中型企业的厂长经理们这些年实实在在地品味过。

十年改革，洪波涌起，电子大中型企业在实现了一系列战略性转变后，其肌体的活力开始被诱发出来，并奠定了在电子行业中的主导地位和支柱作用。我国现有电子大中型企业 456 家，约占全国电子工业企业的 15%，但其固定资产总值、销售收入和上缴利税，却分别占行业的 70.6%、68.4%、66.4%。举足轻重的地位略见一斑。

活力，令人欣慰。电子大中型企业的厂长经理们却隐含着忧虑。因为随着改革的深入，他们每向前迈进一步，都感到步履维艰。

各种矛盾在新旧体制的撞击中接踵叩开企业大门，资金紧张，能源紧张，原材料紧张，外汇紧张，市场越来越难以驾驭，他们竭尽全力地承受、消化，依旧摆脱不了困境带来的巨大心理冲击。

面对困扰，他们苦苦思忖：症结何在？

症结与对策（上）

症结 1：忽视宏观调控和必要的适当集中。电子行业不合理的重复建设、重复生产、重复引进、重复投资，对大中型企业的冲击极大。

以内涵为主扩大再生产，早已成为既定方针。但电子行业近几年重复引进，盲目扩点，屡见不鲜，忽视了发挥现有大中型企业的作用。

众所周知，前些年各地争相引进彩色电视机生产线 113 条（定点企业 57 个），年生产能力 1600 万台，而绝大部分生产线年产量不到 10 万台。历史的教训犹在，但在引进彩色显像管项目上，各地又都以排除万难的精神纷纷争相上马，定点、扩建和新建的彩管生产线有 10 余条，1991 年可产彩管 800 余万只；而日本全国主要彩管生产厂家只有五六家，仅日立一家就年产彩管 1100 万只。

又比如，我国电子元器件行业已有 400 多家企业引进了 500 多条生产线，由于引进厂点过多，引进技术单一，劳动生产率低，产品价格高，造成新设备与低效益并存的局面，并人为地加剧了竞争。其中引进的 20 余条陶瓷元件电容器生产线中，年生产能力最高的线才只有 6 亿只，而日本同类企业的年生产能力已达100 亿只。

北京电子办系统，拥有 6 大类 175 个系列产品，其中 40 个系列产品由两家或两家以上的企业重复生产，最多的达 10 家。

热点产品布点失控，与各项财政包干造成的地方利益刚性增强有极大关联。如果我们少上几个新项目，少引进一些生产线，把分散的投资集中起来，扶持现有的电子大中型企业，使其形成规模经济能力，肯定会与目前重复分散的格局大相径庭。

此外，集成电路、录像机等产品的大量进口，对大中型企业的冲击尤为严重。尽管有关部门、厂家多方呼吁，堵住进口，采用技贸结合的办法，去发展民族工业，但收效甚微。

症结 2：电子工业是直接为整个国民经济服务的，行业管理至关重要。但由于未起到应有的作用，大中型企业发展力不从心。

电子工业肩负着国民经济装备部、人民生活服务部的历史使命，不仅需要行业的统一规划、统一协调和统一管理，更需要运用经济的、行政的、法律的手段，以大中型企业为核心，安排行业内部的生产。

近几年，原电子部所属的大中型企业基本上下放给地方管理，这既有利于企业在商品经济的海洋中学会游泳，也有利于主管部门职能转变。但由于缺乏经验或操之过急，下放企业遇到了许多困难。

投资渠道、外汇渠道、物资渠道阻塞，企业难以承受。如甘肃秦安有几家工厂，过去每年能拿到新品试制费 100 万—200 万元，而现在科研贷款、新品试制费没有了，仅有的技术优势可能会丧失。

又比如，一些大中型企业承担的军工任务，过去由部里组织全国配套；如今企业不得不自己组织配套，等到跑齐了配套，时间又失去了。

行业管理职能起不到作用，地区产业结构必然呈现趋同化，导致产品结构失衡，无形中使大中型企业的发展难上加难。

症结 3：大中型企业的贡献多、投入少，上缴多，留利少，负担沉重，自我积累差，根本没有力量进行技术改造和扩大再生产。

北京酒仙桥电子城"一五"期间建立起来的一批大中型企业，目前的装备水平基本上还是五六十年代的设备，70%的企业基本上没有进行过技术改造，相当一部分变成了老化落后的企业。一家全国最大的器件厂，过去曾给国家上缴利税 10 亿元，近 10 年在极端困难的情况下，还上缴了利税 1.1 亿元，人均留利只有 80 元，不要说技术改造，仅职工医药费一项，1989 年开支就有四五百万元。

一些大中型企业为了增强后劲和开发新品，不得不大量贷款进行技术改造，宁肯负债运行，也不希望企业垮下去。

此外，企业还要承担出台过快、过多的税收与摊派；承受历史上"战备工程""首长工程"等带来的潜在亏损；负荷因社会分配不公，造成大量人才外流的压力……正如这些企业的厂长经理们所说的："不管谁得病，我们先吃药。"

外部环境的影响固然重要，但电子大中型企业自身的约束机制和适应有计划商品经济发展的企业行为规范未能相应地建立起来，也是制约企业搞不活的重要因素。大多数企业的现代化科学管理水平还很低，在产品产量与经济效益，产品结构与市场销路，增产增收与积压浪费，成本消耗与资金积累，追求数量与讲究质量等方面，还存在严重的不对称现象。毋庸讳言，企业内部的问题也应引起高度重视。

……

电子大中型企业陷入困境的症结绝非仅仅如此。我们探讨症结，只是为了寻求对策。

症结与对策（下）

电子大中型企业的贡献令人敬重，但遇到的困扰又让人担忧。如何对电子大中型企业存在的症结辨证施治，迫在眉睫。

搞活电子大中型企业不外乎两个方面，一方面国家要从宏观上为搞活大中型企业创造良好的外部环境，真正为大中型企业排忧解难，帮助它们发展；另一方面大中型企业自身也要充分挖掘潜力，强化内部机制，增强自主经营、自负盈亏、自我积累、自我改造、自我约束、自我发展的能力。大中型企业当前亟待采取切实可行的对策。

对策 1： 加强电子行业的宏观调控，积极采取必要的疏导政策，并使各项具体政策真正做到向电子大中型企业倾斜。

加强宏观调控势在必行，因为这是治理整顿过程中健康协调发展电子工业的必然。

必须扭转走"外延"为主的建设道路，改变到处铺新摊子、上新项目、忽视现有大中型企业充分利用和改造的局面。电子行业应根据国家产业政策，统一规划指导思想、发展方向和发展目标，对限上项目和热点热门产品统一规划布点。当前，要坚决控制行业规划外的彩色显像管及玻壳、录像机等热门项目的盲目上马，尤其要控制人为制造布点散、批量小、形不成合理适度规模经济的新建项目。要敢于运用经济的、行政的、法律的手段进行宏观调控，并严格立项审批权限。

严格加强对进口产品的控制。电子产品进口失控，不仅冲击了电子大中型企业，而且对发展民族工业极为不利。因此，必须采取新的方针，即尽可能多地引进国外的先进技术，尽可能少地进口终极产品。国家要尽早出台严格控制进口的措施。凡是国内能够生产，经过鉴定过关的电子产品，一律不允许进口；如国内确实还不能生产又必须进口的高技术产品，也应以引进技术和关键件为主。在限制进口的同时，要大力抓好替代产品的工作，一旦替代产品合格就不再进口同类产品。

国家需要在经济政策和产业政策上对大中型企业择优扶持，在资金、信贷、能源、原材料供应、交通运输和外汇等方面适度向大中型企业重点倾斜。

对策 2：加强电子工业的行业管理，着眼点要放在以大中型企业为核心，组建实力雄厚的企业集团，形成规模经济能力。

电子工业是为整个国民经济服务的高技术产业，它已渗透到各个领域和各个行业，四个现代化的实现在很大程度上要依靠电子工业的发展。目前，电子行业面广、点散，需要适当地集中管理，靠行业协会是无法完成行业管理职能的，靠一个部也难以把行业真正管起来。多年的实践已证明，没有一个符合实际、适应国情的机制，电子工业的发展将受到影响。解决这个问题，必须从体制上予以考虑。

当前，可以做到的是，首先抓住大企业。电子大企业现有 90 个，占全国电子工业企业的 3% 左右。这些企业规模大、资产雄厚，生产技术和设备先进，人员素质较高，是电子工业的命脉所在。要先将基础好、素质高、后劲大的企业组成"国家队"，有计划地按照自愿互利的原则发展企业集团，使其形成规模经济。现有的企业集团虽已显示出联合的优势，但还存在着一些弊端。如企业集团自身比较松散，形不成资产经营一体化的实体；企业集团之间缺乏联合，各自为战，大多数企业集团是以彩电为龙头，命系彩电，如履薄冰。应及时总结现有企业集团的经验教训，发展以投资类和基础类为主的企业集团，发展资产经营一体化的企业集团，可以尝试运用股份制突破"三不变"的束缚。为了便于扶持企业集团，国家应把企业集团或大型骨干企业管起来，真正实现专业化生产、集约化经营，这样才能形成电子工业的大气候。

对策 3：电子大中型企业急迫的任务是要深化企业内部改革，强化约束机制，完善激励机制，运用科学手段，提高管理水平。

大中型企业要摆脱困境，不能等待雨露甘霖，要先从自身做起。如要健全和加强企业的各项基础工作，强化企业成本管理和经济核算，推广和应用现代化科学管理手段，在内部挖潜和"双增双节"上下功夫，狠抓产品的设计、工艺、质量、能耗等环节和更新换代工作，改善经营管理，积极开拓国内外市场，进一步完善承包经营责任制。

工作千头万绪，但首要的是先制定出降低成本、提高质量、增加品种、减少资金占用、提高经济效益的具体措施，并落到实处。

企业活力最本质的标志是看它能否根据外部政治、经济环境的变化，及时做出正确的反应和决策，始终保持应有的自我积累、自我造血和自我发展的能力。这就要求厂长、经理们全面提高自身素质和全体员工的素质。

《中国电子报》1989 年 12 月 26 日、12 月 29 日

◉**附记：**

1. 原文发表时分为上、下篇，现将上、下篇合成一篇，原文副题作了主标题，原文的主标题作了文中的小标题。

2. 该思考文章是为当时报社组织的"搞活大中型企业"系列报道写的总结语，由作者执笔定稿共同署名还有参与者刘东和巫小兵。

解析：《关于搞活电子大中型企业的思考》是深度思考文章。笔者在 1989 年策划"搞活大中型企业"系列报道，并组织记者定点采访，发表了一组深度系列报道。大中型企业能不能搞活，直接关系到深化经济改革。当这个系列报道如期结束时，需要善始善终写总结语，于是有了《关于搞活电子大中型企业的思考》，症结与对策（上）写了三个症结，症结与对策（下）写了三个对策。事实的归纳，观点的引领，信息的汇聚，产生了深度思考。

关于名牌问题的思考

由《电子商报》与北京电子商会、北京牡丹电子集团公司联合举办的"弘扬国产名牌战略研讨活动"，截至 1995 年 9 月 26 日告一段落。在 3 个多月的时间里，共发表国家有关部委领导、专家及企业界的研讨专稿 15 篇。这些文章不乏真知灼见，这里仅就某些言犹未尽的问题再进行一次深入思考。

意识与战略

弘扬国产名牌，绝不是一个企业的事情，也不是一个地区或一个省市的事情。一名资深记者曾经写道："名牌事业，是千秋万代的民族事业。"把名牌事业提到如此高度，是有其根据的。因为名牌是国宝，是民族工业的标志；名牌是经济发展的旗帜，是国家综合实力的体现；名牌是振兴中华、实现四化的一项宏

伟的社会事业。

弘扬国产名牌，必须增强全民族的名牌意识，有没有名牌意识大不一样。有了名牌意识，观念就会转变，工作就会主动，步伐就会加快，质量就会改观，市场就会拉近，效益就会增长。没有名牌意识，就没有中国经济的振兴，就没有国际上的经济地位。推进名牌事业，唯有从增强名牌意识入手。

弘扬国产名牌，关键是名牌战略的制定和实施。1994 年 11 月在成都召开的"1994 全国名牌大会"重申了"中国名牌发展战略"（纲要），并推出"地方推进名牌战略建议书"，从而使中国各地的名牌发展由企业的单兵突进，变成地方政府牵头的社会协同作战。如今，四川、北京、山东、上海、安徽、江苏、河南、陕西、辽宁、湖北、内蒙古等省、自治区、直辖市以及一些大中城市，相继成立了"名牌实施领导小组"，有力地推动了名牌事业的发展。他们在名牌战略的制定规划以及名牌产品的推荐评审等方面，所起的作用是十分重要的。如果政府不从战略上、机制上、法制上主动介入，名牌事业的发展，就会成为一纸空谈。

毋庸置疑，国家和政府是制定实施名牌社会战略的主角，企业是实施名牌企业战略的主体。固然，政府有权定指标，下任务，但在名牌产生的机制上千万不要扮演"催生婆"的角色，因为名牌不是在谁的手中诞生，它是由市场选择决定的。名牌指标与名牌任务，如果脱离实际，搞得过热或定得偏高，只会事与愿违。

开放与竞争

现在有一种通常的说法，发达国家对发展中国家的经济策略有一个"三部曲"：最早是输出产品，而后是输出资本，最终是输出牌子。我们已经历了外商以商品输出带动资本输出的前两部曲，现在正在进入第三部曲。最近两年内，外国一些著名企业如同商量好了似的，纷纷找上门来，要和国内一些知名家电企业合资办厂，打外国的牌子。我们的家电行业已走向成熟期，应该是不争的事实。但由于种种原因，一些企业如多米诺骨牌一样走向了合资或被外商收购的道路。昔日的孔雀牌改叫飞利浦，长虹、熊猫孤军作战的日子并不是天方夜谭。日本松下与广东万宝集团合资成立空调压缩机厂和空调机厂，又在杭州把金松洗衣机公司变成杭州松下家用电器有限公司。其他行业也都如此。饮料行业中颇有名气的北京北冰洋、上海正广和、沈阳北寺等，均已纷纷与外商合资，运用国外商标。化妆品国产牌子几乎全军覆没，外国牌子已独领风骚。

摆在面前的形势是严峻的。在改革开放的年代，重蹈"闭关锁国""抵制洋货"的覆辙，必是死路一条。坐以待毙不行，拱手相让也不行，唯一的出路是开放市场，迎接挑战。外国名牌产品可以打进来，中国名牌产品也可以打出去。我们应该树立"威加海外"的雄心壮志，积极主动地实施名牌战略。安徽省委、省政府提出了对现有的国有大中型企业实施"创牌、扶优、造舰"的发展战略，择优扶持名牌产品，给予政策倾斜和信贷支持，优先发展名牌产品的生产，铸造以名优产品生产企业为核心的、能够征战国际市场的"航空母舰"。安徽省把发展名牌定位在扬帆出海上，可见其眼光之远大。

利用外资创国产名牌也有成功的范例。广东省惠州市副市长李鸿忠将他们引进外资，发展民族工业的做法归纳为三个阶段：第一阶段是引进国外的资金、技术和管理经验；第二阶段是形成一个地区的工业体系；第三阶段是要创造自己的品牌，拥有自己的市场。惠州市的工业企业凭借这种做法，硬是闯出了一条新路，真正做到了利用外资而不被外资利用，创出了一个个"中华名牌"。路，是人走出来的。面对大批外国名牌的拥入，不必惊慌失措，竞争才能促进发展，挑战才会产生动力。

商标与文化

名牌，或者说驰名商标，是一种重要的知识产权，是可以在价值形式下予以量化的重要资产，有些企业驰名商标的价值远远超过其有形资产的价值。据《金融世界》杂志评定：万宝路商标价值395亿美元，可口可乐商标价值359.5亿美元，百威啤酒商标价值102亿美元，雀巢咖啡商标价值85亿美元，可见外国名牌商标具有巨大的市场价值。国产名牌的无形资产评估进行的不多：茅台酒商标价值4亿元人民币，青岛啤酒商标价值2亿元人民币，这已经是比较高的。国外企业对名牌商标的注册十分重视，他们懂得谁抢占了品牌的制高点，谁就掌握了主动权。日本商标注册有100万件，美国有200万件，我国700万家企业，仅有注册商标45万件，有出口能力的企业1万余家，到国外注册的商标不到1万件，商标注册之少，与国外形成巨大反差，而驰名世界的商标更是凤毛麟角。发展名牌事业，不能忽视商标的作用。

名牌商标本身就很有学问。有人说"名牌的一半是文化"，是质量和文化的结合；又有人说名牌商标是企业市场和文化的总和。不管怎么说，名牌商标离不开文化，文化为名牌商标插上了翅膀。名牌服装中的红豆商标是以意境取胜，使人联想到唐诗"红豆生南国，春来发几枝？愿君多采撷，此物最相思"，文化品位高雅，被国外译为"爱的种子"（Love seed），利于促销。绿丹兰的名字给人中西文化融合的印象，而且企业名称与商标品牌合一，"绿"：代表朋友，意指生机；"丹"，红也，代表富贵；"兰"：表示蓝天、大海、天长地久。绿丹兰集团以一朵盛开的兰花作为标志和象征物，兰花有着典雅、秀美、高贵的品格，这表示绿丹兰产品上乘、高雅。电视机的名牌商标也有不少与文化贴得很紧，如长虹，使人联想到天上彩虹，地上长虹；牡丹，花中之王，雍容华贵；熊猫，珍稀国宝，憨态可掬；北京，中国首都，文化名城。优质精美的产品，冠上一个既动听又有文化品位的名字，很容易征服消费者。可惜，目前国家级的 1000 多个名牌产品，省市级的 15000 多个名牌产品，真正在国内外消费者心目中扎下根的，寥寥无几。

公害与打假

名牌产品和驰名商标，要取得大众的认可，只能靠质量和市场来检验，用一句形象化的比喻，名牌是帆，质量是船，市场是海。花钱买"奖牌"，不仅是欺骗自己，还会毁了真正的名牌。据《今晚报》披露，仅 1995 年上半年国内举办的国际、全国博览会已达 350 多次，评出的金奖、银奖数千种。这里不乏大家公认的名牌，但也混杂了相当数量的"杂牌"。据报载，苏北一家亏损严重的啤酒厂，接待室里竟摆放着"新加坡国际啤酒节金奖""全国啤酒银质奖""巴拿马啤酒博览会银奖"等大小奖杯 20 多个，为了拿到这些无任何价值的奖杯，企业花掉了 50 多万元，结果反而加重了亏损。

北京一家知名企业的总经理曾对笔者说过，他最头痛的就是这种评选，不参加评选，将来舆论媒介公布金、银奖没自己企业，会影响销售；参加评选，就要交费，不仅违心还增加了企业负担，真是进退两难。针对名牌评选泛滥成灾的现状，一位国务院副总理曾在文件上批示："各级组织评比各种'优质产品'和'名牌货'已成为社会一大公害。"但是，现在还没有法律手段来制止这种公害。

伴随着滥评名牌的公害，"李鬼"的横行也极大地扰乱了名牌市场，假冒名牌的行为屡禁不止。在国际贸易中很少出现一国企业假冒本国在国际上的名牌，而令人难以置信的是国际市场上的中国假冒名牌产品，不少是由我们自己出口的。现在，很多名牌企业苦不堪言，一旦其产品成为名牌，便会成为众矢之的，许多企业纷纷来摘"桃子"，于是乎，假冒、仿冒、近似、抢注商标等不正当竞争蜂拥而至。如有 400 多年的泸州老窖，独特的工艺可以与法国的人头马媲美，但当地出现了 100 多个带"泸"字的商标，而且故意将字形写得像泸州，企业光每年打假就要花掉 1000 多万元。假彪马服装、假索尼磁带、假万胜软盘、假鳄鱼皮带，更是比比皆是。假冒 IBM 商标的电脑也堂而皇之出现在我国南方的市场上。国家工商部门出大力打假，收效甚微，原因是搞假冒产品有利可图。

加大打假力度，国家应制定可行的法律法规，消费者要学会保护自己的利益，企业更要有保护自己名牌产品的意识。世界市场占有率为 47% 的法国名牌商品，之所以保持畅销不衰的势头，与他们不惜花重金打击冒牌货不无关系，卡地亚每年耗资 400 万美元，用于追查打击冒牌货。企业出钱打假，为的是不让"李鬼"坏了李逵的名声，维护厂家和消费者的利益。不少企业在防伪标志上大动脑筋，就连北京庞各庄的西瓜，也全部贴上了一次性的防揭全息防伪标志。要真正取得打假成效，必须一要常抓不懈，二要政府、企业、消费者联手出击。

值得欣慰的是，弘扬国产名牌产品，已引起政府的高度重视。一些领导人在各种场合及文件批示上，反复强调要树立中国自己的名牌。新闻界也在舆论导向上为中国名牌鸣锣开道，企业界也都瞄准自己的名牌目标。可以预见，中国名牌在国际市场上占有一席之地，不会是遥远的未来。

《电子商报》1995 年 9 月 26 日

解析：《关于名牌问题的思考》实际上也是总结语。1995 年 8 月，《电子商报》与北京电子商会、北京牡丹电子集团公司联合举办了"弘扬国产名牌战略研讨活动"，作为这次研讨活动的开篇之作，笔者撰写了本报评论员文章《弘扬国产名牌迫在眉睫》，后来这篇文章获得了中国新闻奖。截至 1995 年 9 月 26 日，研讨活动告一段落，在 3 个多月的时间里，共发表国家有关部委领导、专家及企业界的研讨专稿 15 篇，这些文章不乏真知灼见。搞活动要有始有终，不能搞虎头蛇尾。《关于名牌问题的思考》作为总结语，思考的问题要更全面、更具体、更深入。文章分为 4 个部分展开，即"意识与战略""开放与竞争""商标与文化""公害与打假"。每个部分观点要鲜明，事实要准确，信息要全面，论述要得当。思考类文章考验的是笔者论述功底。

◉社 论

深化改革 搞活企业

新年伊始，万象更新。我们向辛勤工作在电子行业的广大职工致以最亲切的问候和诚挚的敬意，祝在新的一年里为振兴电子工业做出更大的贡献。

过去的一年，是电子工业经济平稳发展的一年，也是电子工业各级领导和广大职工锐意改革、探索前进、克服困难、努力工作，取得新进展的一年。一年来，精神文明建设有了很大加强，党风有了较大转变；经济体制改革的步子迈得较大，企业下放工作开展比较顺利、稳妥；基地建设规划初具雏形，电子经济集团开始显出威力；多种形式的经济联合体如雨后春笋般涌现，主管部门从部门管理转向行业管理，从而初步形成了新的格局。此外，民用电子产品开始向大生产发展，生产投资类电子产品更加注重市场和应用，彩电国产化和一批重点工程项目进展较快，出口工作开始摆到重要战略地位，创汇达历史最高水平。总之，坚持改革，整顿党风，加速发展，使电子工业充满了活力，出现了生机勃勃的局面。

1987 年，是电子工业发展战略和管理体制进一步由旧模式向新模式转换的一年，改革与发展的任务都十分繁重。在新的一年里，我们要坚持改革，以搞活企业为中心，在提高产品质量的前提下保持生产稳步增长，大力扩大出口，取得更好的经济效益；要突出重点，抓好"七五"建设、引进和改造项目的实施，强化科研和智力开发、促进科研与生产相结合，推动技术进步，增强电子工业发展的后劲；要继续搞好经济和科技体制改革，大力发展横向经济联合，积极推进行业管理，为形成电子信息产业，适应有计划的商品经济的宏观控制与微观搞活的管理体制与机制奠定基础。

1987 年，电子工业工作的中心是增强企业的活力，这既是各项经济、技术工作的中心，也是经济体制、科技体制改革的中心。企业是生产、建设和商品流通的主要的直接承担者，是社会生产力发展和经济技术进步的主导力量。搞活企业，是完成电子工业"七五"规划，实现电子工业腾飞的关键所在。

搞活企业，关键在于给企业以充分的经营自主权。过去的几年，虽然国家陆续给企业扩大了一些自主权，但由于全民所有制企业的经营机制问题没有得到根本解决，企业还是活不起来。从1987年开始，将按照所有权和经营权分离的原则，给国有企业更大的经营自主权。除继续推行厂长负责制和任期目标责任制外，在一些小型企业，要试行租赁和承包经营；选择几个新建项目和联合体试行股份制。要使企业有充分的经营自主权，领导机关一定要更好地为企业服务。

搞活企业，要通过多渠道集资，这是当务之急。目前，资金短缺已成为影响企业搞活的重要因素之一。因此，要彻底改变过去单纯靠国家拨款的依赖思想，善于采取多种形式、多种渠道筹措企业发展资金。要选择有条件的企业和新建项目，同银行合作，发行股票、债券；鼓励开办中外合资企业和外商独资企业，吸收和利用更多的外资。除广集个人、集体、社会、外商等各方面的资金，还要善于利用国家对重点技术改造企业和某些电子产品在税收上采取的优惠政策，以支持企业的发展。

搞活企业，科学技术进步是重要保证。要在激烈的市场竞争中求得生存，企业就得不断调整产品结构、开发适销对路的新产品。这一切都需要有先进的设计、工艺和技术才行。因此，大中型企业集团要有研究院、所参加，组成科研、生产联合体；中小型企业也要和科研机构紧密结合，使科研成果迅速转化为生产力，转化为商品，改变科研与生产并行发展而不是结合发展的格局。

搞活企业，要千方百计落实到提高经济效益上，这也是衡量深化企业改革成败的标志。由于诸多原因，1986年某些电子企业经济效益不是很好，这就更应引起我们高度重视。提高经济效益，要抓住降低成本和提高质量两个环节。降低成本要从大处着眼，从小处入手，处处精打细算，厉行节约，降低消耗。企业要把产品质量视为企业的生命线，不仅要继续推行全面质量管理，推行国际标准，而且要实行质量否决权，并采取有效措施全面提高企业素质和职工素质。

小荷才露尖尖角，早有蜻蜓立上头。深化企业改革虽然才见端倪，但我们深信很快会有一批善于经营、管理的企业家崭露头角，在电子工业的改革与发展中勇立潮头，圆满完成1987年改革和发展的重任。

《中国电子报》1987年1月2日

解析：社论是代表媒体（报纸、杂志、通讯社、广播电台、电视台等）编辑部和媒体主办者对重大时事新闻事件或政治经济、思想文化等问题发表的权威性评论。社论是报纸的灵魂与旗帜，是报纸上最高层次的言论，在报纸上居首要地位。美国著名报人普利策比喻社论为"报纸的心脏"。社论写作除了要庄重权威外，还要处处有依据，不能随意加个人观点。在撰写过程中，进入主题要快，过渡要自然，语句要流畅，文字要凝练。根据社论类型，该有激情处要有激情，该平和处要平和。

《深化改革　搞活企业》是一篇元旦社论。由于 1985 年初到报社时，笔者在评论组工作过一段时间，撰写社论机会就多些。那时报社开展新闻讲座，《人民日报》评论部来人讲课，听了获益匪浅。为了尽快提高业务水平，笔者还去《光明日报》评论部取过经。写好社论先要吃透主管部门的精神，阅读上级有关文件或主要领导人的讲话稿。笔者撰写《深化改革　搞活企业》之前，平时比较关注李铁映部长的讲话，对于能够看到的电子工业部文件，都是认真阅读领会其精神实质，还有就是留意国务院领导的讲话精神。很多文字是以国务院的说法为准的。

作为在报纸发表的元旦社论，代表着上级部里的精神，新的一年的工作重心，应该是这篇元旦社论的主旨。《深化改革　搞活企业》全文不足 1700 字，分为 9 个自然段，开篇第一段主要是向辛勤工作在电子行业工作一年的广大职工致以亲切的问候和诚挚的敬意；第二段是对过去的一年（1986 年）简略的回顾和总结；第三至第四段是以"1987 年"为起首句，阐述新的一年的主要工作任务；第五至第八段是以"搞活企业"作起首句，强调"搞活企业"是当时行业的重中之重，以及怎样才能搞活企业。第九段是全篇结束语，主要是寄语鼓励和希望。这是笔者写的较早的一篇社论，对写作社论有了体悟，后来就能驾轻就熟些。

◉社　论

坚定不移地面向市场

（发刊词）

1991 年是我国"八五"计划的第一年，也是继续推进治理整顿和深化改革的重要一年。在这个时刻，《电子商报》以新的面貌与广大新老读者见面，无疑是电子行业内外的一件喜事。《电子商报》的前身是创办于 1981 年的《电子市场报》，在近 10 年的办报历程中，赢得了不少读者的喜爱，也得到了不少读者的支持。而今，当她更名为《电子商报》时，这张报纸不仅是报名的更换，我们将力求内容更加充实、广泛；形式更加活泼、新颖；更贴近工商两界，更贴近读者，我们期望《电子商报》能为广大读者所喜爱。

《电子商报》是一张面向国内外电子流通领域的工商新闻和商情信息类的报纸，她以及时、准确宣传我国电子工业流通领域的方针、政策，报道国内外电子市场动态、提供产品及商情信息，沟通联系工商两界为宗旨。作为电子流通领域的一张综合信息媒介，《电子商报》有着强力度的集散能力，她依托电子，以商为本，辐射社会，服务经济，广阔的电子产品市场是她生存的空间。我们深深懂得，没有电子产品市场，就不会有《电子商报》长期的任务。当前，这个任务就显得更为紧迫。

如果说对电子信息产业的重要性有个认识问题，有个认识过程，那么对市场同样也有个认识问题，有个认识的过程。经过40余年的曲折反复，人们终于发现到了20世纪90年代，电子信息产业再搞不上去，问题将极为严重。搞四化，哪一化离得开电子信息产业呢？搞工业化，怎么能不先讲信息化呢？毋庸讳言，电子信息产业已成为当今世界大国的支柱产业。我国对市场的认识还仅仅是感性阶段，近两年来的市场疲软在很大程度上制约了电子工业的发展，我们不得不回过头来重新认识市场。在相当长的时间里，一部分人重生产、轻流通，对市场重视不够，攀比产值，追求速度，不讲效益，结果造成电子产品流通不畅，产成品严重积压。针对这种状况，机电部负责同志前不久强调指出：电子产品销售必须围绕市场转。中央有关领导最近在谈到电子信息产业时，也着重指出要以需求牵引，重视市场，重视应用。由此可见，当前我国电子工业所面临的问题不在于有多快的生产速度，而在于要启动市场、搞活流通。不紧扣市场，不面向市场，电子工业就不能搞活。从根本上解决面向市场的问题，首先要从认识上统一思想，真心实意地、全心全意地将立足点放在市场需求上来。

经过两年治理整顿和深化改革，目前市场开始回升，但市场疲软的总格局仍未得到根本改变。相对而言，电子产品产销率从1990年下半年以后回升，逐月增加，出现复苏迹象，给人们带来希望，但面对最终需求不足和产品结构不合理两大困扰因素，短时间里还不可能出现"突发性反弹"。因此，我们要扎扎实实地引导消费，强化销售，按照市场需求，积极发展适销对路的产品，开拓国内国外两个市场，做好电子产品推广应用服务工作。

以国家产业政策和市场为导向，搞好产业和产品结构的调整至关重要。流通不畅，市场不活，在一定程度上反映了产品不适销对路。作为电子企业，在一段时间里，工作重点要放在调整产品结构上来。一方面，要按照市场的需求，把发展短线适销拳头产品作为调整产品结构的突破口，力求达到更高的产销率；另一方面，要坚决果断地停止不适销产品的生产，加速淘汰落后的产品。对消费类电子产品，要继续保持其发展势头，改变"命系彩电、收录机"的现状，要在创新款式、增加功能、提高质量、强化服务等方面去下大力气，力争有新的突破。要努力开发门类众多的其他家用电子产品，不断提高国内外市场的占有率。同时，要大力发展投资类、基础类电子产品，加速电子产品技术的推广应用工作。随着工业化与信息化的结合，各行各业都在考虑如何应用电子信息技术进行技术改造，广泛应用电子信息技术，借以发挥其倍增器的作用。投资类、基础类电子产品的发展前景更为广阔。建材、冶金、交通、金融、能源、机械等部门推广应用计算机技术势在必行，汽车电子产品、节能电子产品、通信产品、办公自动化设备等市场的潜能也很大。无论是消费类还是投资类、基础类电子产品，只有按需生产，适销对路，质量过硬，优质服务，才能占有市场，赢得用户的青睐。

在千方百计调整产品结构的同时，也要千方百计努力开拓市场，解决销售问题。即使是适销对路的产品，也不能坐等销售。要积极发展工业的经营销售、商情信息、维修服务三网一体的销售体系；要与商业部门一起积极配合工业企业调整产品结构，主动灵活地调整商业结构，采取多种灵活方式，强化销售，压缩库存；诸如大力开展联营联销，促进产工贸结合的产销方式，举办各种形式的展销会、订货会、交易会等。在面向市场时，要时刻想到农村这个大市场，销售部门开展全方位、多渠道送货下乡，对电子产品促销从长远来看有广阔的前景。

电子产品不仅要占有国内市场，还要紧紧抓住当前工业发达国家调整产业结构，发展高技术产业的有利时机，瞄准国际市场，进一步扩大出口，同时要参与高水平的竞争，这是发展我国电子工业的战略思想，绝不是权宜之计。要选择一些市场竞争力强、外销势头好、经济效益高的名牌产品，采取多形式、多渠道、多层次、多方位的方式，积极开拓国际市场，保持目前出口持续增长的好势头。

开拓电子产品的广阔市场，除了工商两界要携手外，舆论导向的作用也不能忽视。实际上，消费者或用户的需求、意见、呼声、动向以及心理变化，在很大程度上需要新闻媒介的沟通导向；同样，电子产品的产、供、销的沟通也需要信息载体。因此，办好《电子商报》，对电子产品的流通是会起到促进作用的。我们编辑部全体同仁，殷切地希望得到广大读者、各行各业的支持，以期使《电子商报》成为一张有特色的、为广大读者所喜爱的、具有大电子大商业味道的报纸。

《电子商报》1991 年 1 月 1 日

● **附记**：

本文是为《电子市场报》更名为《电子商报》时，所写的代发刊词。

解析：发刊词是报刊创刊号上说明本刊宗旨、性质及办报刊方针等方面的文章。它是编者在读者面前的第一次亮相，也是编者创办该报刊的"宣言"。

《坚定不移地面向市场》既是一篇社论，又是一篇代发刊词。说它是社论，一是因为恰好是在元旦发出，二是全篇都在谈电子信息产业的发展，其中又以谈搞活市场为主。说它是代发刊词，一是因为这是《电子商报》的创刊号，二是因为文中第 2 段谈了报纸的宗旨、性质、任务等，虽然这 200 余字不足全文的1/10，但是全文谈到的重视电子流通领域，面向市场又是《电子商报》的任务。

搞活流通，面向市场，关系到电子工业的生存，这不是笔者的臆想，而是面临的现实问题，也是当时的一项紧迫任务。文中引用了"机电部负责同志前不久强调指出：电子产品销售必须围绕市场转。中央有关领导最近在谈到电子信息产业时，也着重指出要以需求牵引，重视市场，重视应用"，这就为《坚定不移地面向市场》提供了依据。

◉ **发刊词**

聚焦市场　办出商味

　　挟着新千年第一个红五月的热流，《世界电子商报》今天正式与读者见面。电子专业类报纸的百花园里，又添了一朵新葩。

　　作为广东省第一张公开出版发行的电子专业报纸，作为全国唯一面向电子流通领域、定位电子专业市场的综合商情信息类媒体，《世界电子商报》将高举电子市场的旗帜，及时、准确地宣传我国电子流通领域的方针、政策，报道国内外电子新产品、新技术，全面反映我国各地电子专业市场的商情信息和发展趋势。我们坚持以电子产品为主线，沟通产销、以商为本、辐射社会、服务经济的方针，努力为扩大内需、促进电子工业健康发展，起到应有的作用。

　　当前，报刊如林，竞争十分惨烈。要想在读者心目中占有一席之地，报纸必须办出特色，没有特色就不能生存发展。我们要办出浓郁的商味，把独家报道作为构筑报纸特色的基石。人无我有，人有我新，人新我深。独家报道不是追求猎奇，不是故意炒作，而是扎扎实实深入市场里去淘金，发掘闪光的让人眼前一亮的东西，这是我们新闻工作者的职责。

　　市场是经济发展的晴雨表。早在1990年，中央领导同志就精辟地指出："中国电子工业的根本出路是市场问题。"十年过去了，历史印证了这个准确的判断。电子工业每年以20%以上的速度发展，没有市场的支撑是根本做不到的。电子产品不仅装备了国民经济的各个部门，而且改善了广大人民群众的生活质量，这都是市场的功劳。试想，如果哪一天没有了市场，没有了电子产品，我们真不知整个社会将是什么样子。总之，我国电子工业的高速发展离不开市场，跻身世界电子大国也离不开市场，人民群众生活质量的进一步提高，更是离不开市场。

　　市场是考验企业的炼金炉。对于电子企业来说，要想立于不败之地，只能到市场中陶冶、磨炼，通过激烈的竞争寻求立足之地。从某种意义上说，市场是最好的老师，市场是最好的课堂，谁也逃脱不了优胜劣汰的竞争规律。取巧不行，投机不行，不符合市场需求的产品只能出局，质次价高的产品也会无人问津。繁荣市场，只能先净化市场。企业要做净化市场的卫士，繁荣市场的先锋，否则就得不到市场准入，提早被市场洗牌。

电子市场，特别是电子专业市场，有一个萌芽、培育、成长、成熟的过程。从 20 世纪 80 年代中后期深圳赛格电子配套市场萌芽开始，经过十多年的努力，电子专业市场如雨后春笋般在全国遍地开花。进入 2000 年后，电子专业市场逐步走向成熟，这也是中国特色的标志之一。企业要依赖电子专业市场，群众要信任电子专业市场，商家要指望电子专业市场，《世界电子商报》不仅是他们的桥梁和纽带，也是他们的参谋和朋友。电子专业市场为我们提供了沃土，我们就要精心耕耘、精心播种、精心呵护，使《世界电子商报》提早进入丰收季节。

《世界电子商报》2000 年 5 月 31 日创刊号

解析：《聚焦市场　办出商味》是一篇纯粹的发刊词。当时笔者之所以提前退休到深圳，是有朋友推荐参与《世界电子商报》创刊。2000 年 5 月，笔者到任后就忙于筹备创刊工作，作为常务副社长兼总编辑，撰写创刊词当仁不让。这篇创刊词 1000 余字，除了强调报纸的宗旨、性质、定位、任务等，还特别提出要办出浓郁的商味，把独家报道作为构筑报纸特色的基石。"人无我有，人有我新，人新我深。独家报道不是追求猎奇，不是故意炒作，而是扎扎实实深入到市场里去淘金，发掘闪光的让人眼前一亮的东西，这是我们新闻工作者的职责"，也是笔者多年的愿望和追求。

文中还拿出多一半的篇幅谈市场问题。"市场是经济发展的晴雨表。早在 1990 年，中央领导同志就精辟地指出：'中国电子工业的根本出路是市场问题'……总之，我国电子工业的高速发展离不开市场，跻身世界电子大国也离不开市场，人民群众生活质量的进一步提高，更是离不开市场。"结束语还是谈市场："企业要依赖电子专业市场，群众要信任电子专业市场，商家要指望电子专业市场，《世界电子商报》不仅是他们的桥梁和纽带，也是他们的参谋和朋友。电子专业市场为我们提供了沃土，我们就要精心耕耘、精心播种、精心呵护，使《世界电子商报》提早进入丰收季节。"由于种种不可抗拒的原因，笔者半年后离开《世界电子商报》，进入中兴通讯市场中心宣传部。《世界电子商报》很快偃旗息鼓，虽然笔者为此付出过心血，但没有半点遗憾和失落，因为道不同不相为谋。

解决家用电器维修难有了希望

中国电子报与中国消费者协会、《中国消费者报》联合发起的"如何解决家用电器维修难"问题的讨论，得到了社会各界的热忱支持。广大消费者、维修工作者以及生产、销售部门的同志纷纷来信来稿，或反映问题。或诉说苦衷，或介绍经验，或提出建议。讨论引起了一些主管部门领导的重视。6 月 29 日《人民日报》一版发表了《中国电子报反映消费者呼声——家用电器维修难亟待解决》的消息后，轻工业部和电子工业部的领导责成有关司局研究措施，认真解决家用电器维修难的问题。讨论期间，国家经委、国家标准局、商业部、轻工业部、电子工业部、北京市一商局、第二服务局等 13 个单位的领导和有关工作人员在一起座谈，就如何制定切实可行的解决家用电器维修难的办法交换了意见。

家用电器维修难，主要症结在哪里？从消费者的反映来看，产品质量"先天不足"是一个重要原因。例如，新买的电冰箱不能制冷；录音机杂音大，或按键失灵；电视机看了没几天就出故障等，无一不和产品质量低劣有关。因此，首先要严格把好质量关。所有生产、经销企业必须严格做到：不合格的产品不准出厂和销售；不合格的原材料、零部件不准投料、组装；国家已明令淘汰的产品不准生产和销售；没有质量标准、未经质量检验机构检验的产品，不准生产和销售；不准弄虚作假、以次充好；不准伪造商标，假冒名牌。只要坚持这样做下去，家用电器维修难的问题，就会得到某种程度的缓解。

维修零配件严重短缺，是造成家用电器维修难的另一个重要原因。进口机自不必说，就是全部国产零配件组装的，修理时也经常是缺东少西。由于缺少零配件，不少家用电器长年躺在维修门市部里，落满灰尘，消费者抱怨，维修师傅忧愁。造成维修备件短缺的原因很多，主要是企业在生产安排上重整机、轻备件，即使安排了备件生产，由于产值低、利润少，又占用资金、库房，计划往往不落实。当然，企业也有自己的苦衷。国家要从政策上扶持企业生产维修备件，在税收上给予优惠政策，鼓励企业生产备件的积极性。企业在生产安排上，也应尽量做到整机和备件同步，即同时备料，同时安排生产，同时考核。维修所需备件，在 5 年内生产企业必须保证供应。另外，还应沟通备件供应渠道，并解决好零配件的标准化问题。总之，对于维修备件，要做到有备无患，不要临渴掘井。

扩大维修网点，稳定维修队伍，是解决家用电器维修难问题的积极有效措施。维修网点太少，甚至出现用户千里迢迢送修产品的情景，这给消费者带来了不应有的负担。而维修业工资、住房等福利待遇偏低，又促使人心思走，队伍减员。其实，这些问题只要得到重视，是不难解决的。电子工业部决定建立电子产品全国维修服务网，并对部分整机产品实行全国联保维修，就不失是一个为用户服务对企业负责的好办法（详细办法见 7 月 22 日本报二版）。为扩大维修力量，国营、集体、个体维修点应当一起上。各有关部门应把解决好维修人员的工资和劳保福利待遇问题提到议事日程，采取切实措施，调动维修人员的积极性；还要给维修网点配备必要的检测仪器和维修设施，加强技术培训、业务考核，迅速提高维修人员的技术素质，改变维修人员技术偏低的状况。随着电子技术日新月异的发展，维修业将成为脑力劳动和体力劳动相结合的专门技术行业。

提高生产、服务质量，落实"三包"规定，是解决家用电器维修难的可靠保证。今天本报一版报道的国家经委等八单位联合签发的《部分国产家用电器"三包"的规定》应当遵照执行。服务质量不好，绝不是小问题，轻则损害新型的人际关系，重则起到"离心"的作用。试想，消费者节衣缩食买来的家用电器，屡屡有问题修不好，带着一肚子窝囊气，怎么能心情舒畅地工作、学习呢？因此，无论是生产、经销企业，还是维修服务行业，都应坚持全心全意为人民服务的宗旨，心里想着消费者，一切为了消费者。

本报关于"如何解决家用电器维修难"问题的讨论暂告一段落。对于积极参加、热情支持这次讨论的单位和同志们，我们谨致深切的谢意。我们愿和广大读者一起，为进一步做好家用电器维修工作竭尽微薄的力量。

《中国电子报》1986 年 8 月 1 日

解析：编辑部文章是以报纸编辑部名义，代表报纸对国内外重大事件或现实生活中的重大问题做比较系统的分析和论述的评论形式。编辑部文章的内容含量一般比社论更大，篇幅比社论更长，涉及和论述的问题更全面，既有现实性，又有理论性。重要性和权威性与社论一样，时间要求不如社论迫切。编辑部文章实际上往往是编辑部授权发表的、代表报纸主管机关的看法和意见。20 世纪 50—60 年代这种体裁用得比较多，后来则用得逐渐少了些。

《解决家用电器维修难有了希望》是笔者写的第一篇编辑部文章。1986 年 6 月，《中国电子报》与中国消费者协会、《中国消费者报》联合发起组织的"如何解决家用电器维修难"问题的讨论，在全国范围内引起较大的社会反响，讨论亦引起了一些主管部门领导的重视，6 月 29 日《人民日报》一版发表了《中国电子报反映消费者呼声——家用电器维修难亟待解决》的消息后，轻工业部和电子工业部的领导责成有关司局研究措施，认真解决家用电器维修难的问题。讨论期间，国家经委、国家标准局、商业部、轻工业部、电子工业部、北京市一商局、第二服务局等 13 个单位的领导和有关工作人员在一起座谈，就如何制定切实可行的解决家用电器维修难的办法交换了意见。此后，讨论进行得如火如荼，因为说出了消费者的心里话，报纸的影响力也在陡然间增长。

1986 年 7 月底讨论告一段落。由笔者撰写讨论的结束语《解决家用电器维修难有了希望》发表。由于自始至终参与了这次讨论，笔者比较容易抓住讨论的关键问题，同时还有杨副总编的亲自指导把关。这篇不足 1800 字的文章，共分 6 个自然段落。第一段主要是这次讨论的缘起，第二段和第三段是论述造成家用电器维修难的症结，从消费者的反映看，主要是产品质量"先天不足"，以及维修零配件严重短缺，这两大问题是主要矛盾，抓住主要矛盾，问题就能迎刃而解。第四段和第五段是提出解决家用电器维修难的办法，即扩大维修网点，稳定维修队伍，以及提高生产、服务质量，落实"三包"规定。第六段是结束语。这次"如何解决家用电器维修难"问题的讨论，直接的成果就是国家经委等八单位联合签发出台了《部分国产家用电器"三包"的规定》。作为参与者的感受是舆论应该接地气，想群众之所想，急群众之所急。笔者个人也有很大收获，就是对撰写编辑部文章有了心得。

致 读 者

沐浴着党的十三届五中全会的阳光，1989 年 12 月 4 日，我们迎来了中国电子报社建社 5 周年的日子。在历史的长河中，5 年只不过是短暂一瞬间，然而在急遽变革的年代，回眸望去，我们却走过了 5 年不平坦的道路。

建社 5 年来，我们始终没有忘记为电子行业服务，为电子信息产业服务，为广大用户和读者服务的初衷；始终没有忘记探索办好行业报的路子。《中国电子报》在作为原电子工业部和中国电子学会合办的机关报期间，较好地完成了宣传贯彻党和国家的方针政策、报道两个文明的成就、大力推进改革、推动电子技术应用、传递交流信息的任务。

1988 年 10 月，机械电子工业部作出决定，《中国电子报》由原电子工业部的机关报转变为全国机械电子行业服务的行业报，并在批转关于印发《中国电子报社社务会议纪要》的通知中，强调指出："《中国电子报》虽然改为行业报，但其肩负的责任和义务并没有本质的改变，更应当面向行业、贴近行业、服务于行业。"由机关报改为行业报，是本报创办5年来的一次重大转折。为适应这次转变，报社从办报方针、编辑思想、版面安排、机构调整，制定了一系列改革措施。经过一年多的实践，我们认识到办行业报，服务面比过去更广阔了，报道面比过去更拓宽了，肩负的责任和义务比过去更重大了。应当说，我们在探索办行业报的道路上迈出了坚实的一步。

建社5年来，我们始终得到中央、部委以及地方的各有关方面领导的支持和帮助，始终得到新闻界同行和行业内外广大读者的支持和帮助。5年前的12月4日，在原电子工业部部长江泽民的关怀下，报社宣布成立，中央顾问委员会副主任薄一波同志出席报社成立大会并作了重要讲话，习仲勋、李鹏等中央领导同志发来贺电和贺函，对我们寄予了殷切的希望；此后，原电子工业部部长李铁映及其他领导同志，亲自过问并督促我们的工作；国务委员邹家华同志及机械电子工业部其他领导同志经常给予我们指导。国务院各部委、各地电子工业主管部门、电子行业企事业单位的各级领导和广大职工，对我们工作给以极大支持，为我们提供信息服务，支持我们的采访活动，提出宝贵的改进意见。

新闻界的同行及广大读者更是我们的良师益友。我们知道，报纸绝不能只靠少数人关起门来办，要靠大家办，靠全行业的力量来办。为办成有特色的行业报，我们向新闻界同行学习，借鉴他们的成功经验，请他们来传授技艺，使我们获益匪浅。广大读者是我们的上帝。报纸要办得受读者欢迎和喜爱，就要将读者放在心上，全心全意为他们服务。几年来，我们走出去组织读者座谈会，进行读者调查，开辟读者来信专栏，目的是与读者贴近、贴近、再贴近。近一年来，我们举办的"韶峰杯"和"红光杯"读报竞赛，"振华杯"摄影大奖赛，"中国电子杯"征文大赛，"常州杯"首届全国电子新闻竞赛等项活动，产生了一定的社会影响，这与广大读者的支持是分不开的。离开了读者，就如同离开了土壤。如果说我们建社5年来有些进步的话，主要是各级领导和广大读者始终不渝给予支持的结果，这是我们办好报纸的力量源泉。

党的十三届五中全会，通过了《中共中央关于进一步治理整顿和深化改革的决定》。这个决定对于克服近年来经济过热发展，保证国民经济持续、稳定、协调发展，具有极为重要的意义。我们报纸今后一个时期的中心工作，就是要根据五中全会决定的精神，制定我们的报道方针和计划，组织贯彻五中全会决定精神的系列报道。当今世界是信息时代，电子信息产业理应占据先导的地位，为整个国民经济服务。我们要为电子信息产业的超前发展鸣锣开道。高举行业的旗帜，尽心竭诚地为行业服务，是我们的一贯宗旨。今后我们要进一步树立大行业思想，自觉地拓宽报道面，把报纸办得具有鲜明行业特色，并为广大读者所喜爱。

我们报社全体同仁衷心感谢 5 年来给予我们支持的各方人士，并愿不遗余力地发扬我们的长处，克服不尽如人意的地方，继续下大力气提高报纸质量，以期尽快迈上一个新的台阶。

《中国电子报》1989 年 12 月 5 日

解析：《致读者》是为中国电子报社建社 5 周年所写的一篇编辑部文章。在电子工业部主要领导的动议关怀下，1984 年 12 月 4 日中国电子报社成立，中央顾问委员会副主任薄一波同志出席报社成立大会并作了重要讲话，习仲勋、李鹏等中央领导同志发来贺电和贺函，胡耀邦总书记为《中国电子报》题写了报头。在报社成立的最初几年里，原电子工业部部长李铁映及其他领导同志，亲自过问并督促报社的工作；国务委员邹家华同志及机械电子工业部其他领导同志经常给予报社指导。

之所以在报社成立刚刚 5 年，就发编辑部文章《致读者》，是因为 1988 年 4 月原有的电子工业部与机械工业部合并成为机械电子工业部，1988 年 10 月，机械电子工业部作出决定，《中国电子报》由原电子工业部的机关报转变为全国机械电子行业服务的行业报，并在批转关于印发《中国电子报社社务会议纪要》的通知中，强调指出：《中国电子报》虽然改为行业报，但其肩负的责任和义务并没有本质的改变，更应当面向行业、贴近行业、服务于行业。

由机关报改为行业报，是报社创办 5 年来的一次重大转折。为适应这次转变，报社从办报方针、编辑思想、版面安排、机构调整，制定了一系列改革措施。经过一年多的实践，报社上下认识到办行业报，服务面比过去更广阔了，报道面比过去更拓宽了，肩负的责任和义务比过去更重大了。应当说，报社在探索办行业报的道路上迈出了坚实的一步。因此，编辑部文章《致读者》就是在此背景下撰写的。文章的重心是转变为行业报后，报社是如何坚持开门办报，靠全行业的力量来办，如何为办成有特色的行业报所作的努力。因为《致读者》是为读者写的，所以笔者在文中提出："广大读者是我们的上帝。报纸要办得受读者欢迎和喜爱，就要将读者放在心上，全心全意为他们服务……离开了读者，就如同离开了土壤。如果说我们建社 5 年来有些进步的话，主要是各级领导和广大读者始终不渝给予支持的结果，这是我们办好报纸的力量源泉。"谁也没有想到，1993 年 1 月，机械电子工业部又分成电子工业部和机械工业部，《中国电子报》也重新成为电子工业部的机关报。1998 年 3 月，电子工业部和机械工业部又都撤销，电子工业部和邮电工业部合并组建成立信息产业部，《中国电子报》又重新回到行业报的轨道。世事难料，一语成谶。

科技成果的生命之光

——代科技成果商品化研讨活动结束语

由机电部 54 所和中国电子报社联合发起的科技成果商品化研讨活动，得到了许多部门和众多专家学者的支持和参与，本报已连续刊登的 20 篇专稿，是他们对这一问题的真知灼见。从讨论文章所引起的社会反响来看，可以说达到了预期目的。这次研讨活动将要告一段落，但进一步认识和探索科技成果商品化这个课题，还将是一个长期的艰巨的任务。

科学技术是第一生产力，更多地反映在科技成果融合到经济建设领域的物化过程之中。从这个意义上说，科技地位最终要在科技成果的大规模商品化和市场占有率等方面体现出来。因此，科学技术只有面向生产、面向市场，才能推动经济的发展。

当前，我国科技成果商品化的薄弱环节还是市场工作。据统计，我国科技成果的应用率，改革前不足 30%，目前上升到 80%，但多数还是一厂一地的应用，真正在大面积、大范围内辐射扩散的成果还不到 15%。而科技成果成为商品，形成规模经济的比例就更少，电子工业科技成果商品化率还不到 5%。随着世界科学技术日新月异的迅猛发展，科技成果商品化的生命周期正在加速缩短，面对这种形势，我们的科技开发工作更应该把市场需求作为项目选题和立项的出发点，市场不仅是科技成果商品化的归宿，也是促其发展力量的源泉。

加快科技成果商品化，要两条腿走路。一方面，要适应商品经济规律，从选题、立项开始，就要紧扣市场需求，注重性能、价格、质量、效益等因素，同时要发挥技术市场的作用，做好技术转让、成果有偿转让和全程服务，促进科技成果向生产的扩散，解决好二次开发和大生产的问题；另一方面，要强化政府的行政指挥职能，运用行政的、经济的、法律的手段，有计划、有组织、有重点地推动各项科技成果转化为生产力，在尽可能的条件下，要较大幅度增加科技投入，这种投入，不仅包括科研经费的投入，还应包括基础研究、二次开发及大生产的投入强度，除各级政府增加投入，企业和社会也应增加推广工作的投入，逐步形成多形式、多渠道的科技投入体系。此外，财政、金融、物资、税收、工商、人事等部门对科技成果商品化工作应给予更多的支持，尤其是政策环境的支撑，形成技术市场与政府推动相结合的科技成果推广新体制，以加快我国科技成果商品化的进程。

在现代商品经济中，商品化是科技成果被社会认可的尺度，它也是科技取得成果、成果得以发展的生命之光。我们期望通过这次研讨活动，促进科技成果商品化的步伐，使其生命之光更加灿烂辉煌。

《电子商报》1991 年 9 月 10 日

解析：《科技成果的生命之光——代科技成果商品化研讨活动结束语》全文约 1000 字，作为编辑部文章字数略微显少，从研讨活动结束语来看，问题倒也说得清晰明白。第二段是全文的中心论点："科学技术是第一生产力，更多地反映在科技成果融合到经济建设领域的物化过程之中。从这个意义上说，科技地位最终要在科技成果的大规模商品化和市场占有率等方面体现出来。因此，科学技术只有面向生产、面向市场，才能推动经济的发展。"结尾一段"在现代商品经济中，商品化是科技成果被社会认可的尺度，它也是科技取得成果、成果得以发展的生命之光"，既是对第二段主论点的延伸，又是对主标题的呼应和映照。文章虽然短小，下功夫并不小。笔者对 1991 年时的科技成果商品化做过充分调研，第三段中"我国科技成果的应用率，改革前不足 30%，目前上升到 80%，但多数还是一厂一地的应用，真正在大面积、大范围内辐射扩散的成果还不到 15%。而科技成果成为商品，形成规模经济的比例就更少，电子工业科技成果商品化率还不到 5%"，这些数字不是拍脑袋出来的，而是有事实作为依据的。第四段主要是就如何实现科技成果商品化，提出了笔者的建设性意见，这些意见也不是笔者个人看法，它是这次科技成果商品化研讨活动的总结，是无数参加讨论的专家学者的共识，笔者只不过是做了归纳总结。撰写编辑部文章，不论文章长短，必须代表编辑部的意见，而不是代表个人的意见。

评论员文章类原文与解析

弘扬国产名牌迫在眉睫

名牌，是创造者劳动和智慧的结晶，名牌产品是民族工业的标志、经济发展的旗帜。一个国家经济水平的高低，直接体现在商标上。所谓国际竞争，就看你有多少驰名商标。

邓小平同志十分重视我国的名牌发展工作，早在1992年视察南方的重要讲话中就曾经说过："我们应该有自己的拳头产品，创出我们中国名牌，否则就要受人欺侮。"

最近，中央领导同志又指出："牌子"就是企业信用，是企业赖以生存的基础，是社会主义市场经济中企业竞争能力的综合表现。可惜我们现在不少企业不重视自己的信用，不怕倒牌子，只顾暂时的经济利益，缺乏长远的战略眼光。

中央领导的指示，对于推动我国名牌战略的发展有着极其重要的现实意义。因为，当今国际范围的经济竞争，是市场的竞争，最终是牌子的竞争。随着我国改革和对外开放步伐的加快，投资环境的日臻完善，外国著名企业和商品大量涌入国内，这就要求我们应该保持清醒的头脑。引进外国资金、先进技术的目的，是为了鲜明地打出和努力打响中国自己的牌子，而不能靠利用外国的名牌，获取眼前的利益，以致丢掉自己的牌子和"姓名"。以电子工业为例，改革开放以来，曾有过很多著名的牌子，仅电视机企业在全国叫得响的牌子就不止十多个，在消费者的心中留下过很深的印象。如果在与外商合资过程中，轻而易举地丢掉我们苦心营造多年的牌子，即使你的质量、营销、管理搞得再好，也是在为外国公司树牌子。

现在还有一种反常心理，有些人不敢理直气壮地提树立中国名牌，唯恐与改革开放的政策相悖。这种担心实在是多余的。改革开放为我们国家确定了经济和社会发展的宏伟目标，要在不远的将来赶上发达国家的水平，如果没有相当规模的名牌企业群体，没有相当数量在国际市场上打得响的名牌，这样的目标是很难实现的，我们在激烈的市场竞争中只能处于被动的地步。外国公司利用资金雄厚，实力强，牌子硬的优势，通过广告、赞助、合资等手段，向中国推销其品牌，扩大在中国市场的份额。这就促使我们的名牌产品参与竞争，否则，将被挤垮和挤掉。因此，发展中国名牌事业，既是我国经济发展战略，也是十分急迫的现实任务。

发展中国名牌事业，树立中国名牌产品，是关系到中华民族经济腾飞的战略性问题。应尽快制定出适应现代国际商业竞争的名牌发展战略和规划，国家要在宏观环境方面为名牌企业创造条件，在财政、信贷和政策导向上向名牌企业倾斜，培育、扶持起一大批经营规模大，产品质量好，能够参与国际竞争的名牌企业群体；应大力提倡、鼓励创造名牌，加大对危害名牌事业行为的惩治力度，加大对名牌发展的保障力度；加强国家立法和执法的权威；反对地方保护主义，严厉打击假冒伪劣产品。

名牌的基础是质量。企业要把制定和发展名牌战略作为解决质量问题的一把钥匙，使创名牌活动，成为以质量为中心的企业管理上台阶的加速器，成为科技进步的推动力。名牌不同于杂牌，名牌不仅代表企业的信誉，也代表国家的声誉。因此，企业应把名牌当作国宝一样对待，职工的质量意识、名牌意识，才能深深扎根于心中。质量可以在企业内部造就，而名牌必须在社会上形成。名牌产品是精品。而要赢得消费者的青睐，不能靠价高位尊，只有让名牌变成"民牌"，才能在市场竞争中站得住脚。因为，没有市场占有率就没有名牌效应。从这个意义上说，质量意识和市场意识都是树立名牌意识的基础。

名牌事业是一项全社会的系统工程。因此，我们要在全社会营造创立名牌、发展名牌、宣传名牌、保护名牌的氛围，全社会都来关心名牌事业的发展，中国的名牌必将走向世界，中华经济的腾飞指日可待。

《电子商报》1995 年 7 月 4 日

解析：评论员文章是新闻评论中常用的一种文体，是仅次于社论的重要评论。以本报评论员名义发表的评论员文章，作为结合新闻事件或新闻报道配写的重头评论，旨在体现编辑部的立场、观点和态度。评论员文章是报刊、通讯社、广播电台常用的属于中型的重头评论，具有重要的导向和喉舌的作用。写作评论员文章，一是贴近现实，有针对性；二是观点要新，论述要深。此外，写作前要准备充分，包括资料的准备和理论的准备，对所论述问题要了然于胸，写作方法在积累中会变得娴熟。

《弘扬国产名牌迫在眉睫》是笔者的一篇重要作品。这篇评论员文章的创作背景及创作过程：改革开放以后，电子工业得到超前发展，尤其是电视机产业空前繁荣，出现了几十个叫得响的牌子，随着与外资企业合资生产，很快一些牌子就消失掉了。作为电子工业部主管的媒体，对于这种现象心急如焚。

1995 年 7 月，《电子商报》与北京电子商会、北京牡丹电子集团公司联合举办了"弘扬国产名牌战略研讨活动"，意在通过部委领导、学者专家、企业呼声、读者议论，保住国产名牌不再被蚕食。为了造足声势，扩大社会影响，开篇需要有评论员文章打头，作为研讨活动的组织者之一，这项任务就落到笔者头上。

在动笔前，先收集关于名牌的资料，阅读了艾丰先生组织"质量万里行"大部分文章，对于名牌产品有了感性认识。在寻找理性认识过程中，重温了邓小平南方谈话，找到了理论根据。这时看到了朱镕基总理的一个批示，即文中的第3 段"中央领导同志又指出：'牌子'就是企业信用，是企业赖以生存的基础，是社会主义市场经济中企业竞争能力的综合表现。可惜我们现在不少企业不重视自己的信用，不怕倒牌子，只顾暂时的经济利益，缺乏长远的战略眼光"。有朱镕基总理的这个批示，笔者撰写此篇文章有了底气。在写作中紧紧围绕为什么要弘扬国产名牌，怎样才能弘扬国产名牌展开论述。

该篇评论员文章全文 1400 多字，这是笔者有意为之，考虑到评论在评奖时，一般不超过 1500 字。由于该文反映了一个迫在眉睫的现实问题，获奖的可能性较大，不能因字数原因失之交臂。后来，此文获中国产业报协会 1995 年好新闻一等奖，获第六届中国新闻奖（1995 年度）报纸言论三等奖，这不仅是对笔者多年耕耘新闻评论的褒奖，还实现了中国产业报协会报纸评论获中国新闻奖零的突破。

坚定不移地推行国际标准

标准是商品经济发展到一定阶段的必然产物，是工业化大生产的基础。标准一经法律化就成为指导经济、技术活动的准则，成为经济、技术工作的杠杆和"指挥棒"。而国际标准则反映了当代世界先进工业水平，是现代化的一个重要标志。因此，近期召开的电子工业标准质量工作会议上要求"七五"期间电子工业国际标准的覆盖率达到 50%以上，这是一个艰巨的、但又是一定要努力完成的任务。

要完成这个任务，最根本的一条是更新观念，增强标准、质量意识。我们有些同志过去对采用国际标准瞻前顾后，步子迈得不大，这是小生产者的眼光。殊不知科学无国界，国际标准是世界各国科技人员智慧的结晶，是人类共享的劳动成果。我国电子产品的质量还不高，同国际标准相比还有相当大的距离。要想尽快提高我国电子产品的质量，增强在国际市场上的竞争力，为出口创汇多作贡献，就必须坚定不移地采用国际标准。

要全面推行国际标准，还必须采取一系列具体措施。一方面，新产品的设计、研制，都必须达到预选的国际标准的要求，并按规定进行标准化审查；另一方面，老产品也要按国际标准加以改进和提高。要结合企业技术改造，组织技术攻关，采用新工艺、新技术，使产品更新换代，全面达到国际标准水平。电子产品只有达到国际标准水平才能评优，获金牌。如果我们的"金牌"还不如人家名落孙山的杂牌，金牌还有什么意义？电子名优产品是制造出来的，不是评出来的，它是企业全面质量管理过程的结晶。我们要从物资、资金方面支持名优产品占领市场。技术引进和设备进口更要符合国际标准，不符合国际标准的不能引进，不能搞多体制并进，不能搞"万国牌"。

在采用国际标准时，要注意成套成体系，注意基础标准、方法标准、产品标准之间的协调、配套。国际标准中通用性的、基础性的标准，一般应优先采用。采用国际标准要紧密结合我国的实际情况，注意军民结合、军民通用。某些产品如果暂时还没有国际标准，可按国外先进标准执行。总之，每个电子企业都要以国际标准或国外先进标准为目标，制订产品开发计划，采取有力措施，一个一个产品、一个一个型号向国际标准或国外先进标准靠拢。"七五"期间将每年公布一批达到国际标准的产品，这样循序渐进，积少成多，在"七五"期间一定能够实现预定的国际标准覆盖率目标。

《中国电子报》1985年12月24日

解析：《坚定不移地推行国际标准》是笔者的第一篇评论员文章。虽然全文只有1000余字，但创作过程比较曲折。1985年12月6日，笔者为配合一篇有关通讯发表，写了一篇四五百字短评《要大力推行国际标准》。12月11日，负责终审的杨副总编把笔者叫去，他说评论内容十分重要，字数太少显得单薄，而且也没有展开谈，应该写成评论员文章，要有理论高度支撑，不是评论配消息，而是消息配评论。此前，笔者曾和评论组线长老郑去电子工业部四所（标准化研究所），组织过座谈会重点了解国际标准问题，然后还去过北京电视设备厂采访国际标准应用情况，自认为对国际标准比较熟悉，没有想到还是高度不够，实际就是缺乏理论的支撑。12月12日，笔者到工体实习生招待所，旁听电子工业标准化质量工作会议，当天下午李铁映部长做了重要讲话，他的讲话有理论高度，有相当精辟的见解，而且有的观念也很新。

12月13日上午，笔者向杨副总编进行汇报，他觉得李部长讲话精神，可以写成一篇评论员文章。笔者下午就动笔写完《坚定不移地推行国际标准》，12月

14 日上午，又修改一遍，有 1600 余字。文章开篇一段话："标准是商品经济发展到一定阶段的必然产物，是工业化大生产的基础。标准一经法律化就成为指导经济、技术活动的准则，成为经济、技术工作的杠杆和'指挥棒'。而国际标准则反映了当代世界先进工业水平，是现代化的一个重要标志"，开篇写得言简意赅，其实用的是李部长的原话，文章所论述的观点，也是李部长讲话的重心。12 月 16 日上午，将稿子交给杨副总编审阅，他说文章写得不错，层次结构需要调整，他一边说，笔者一边改，杨副总编又亲自动笔，逐字逐句加以润色，誊抄后剩下 1000 余字，他在稿签上写下"可用"二字，发在报纸 12 月 24 日 52 期。之所以说得这么细致，因为这篇评论员文章，是杨副总编手把手指导，使笔者知道了评论员文章该怎么写，此后评论多次获奖，杨副总编当年指导之恩，也时刻铭记在心里。

投资要向微电子倾斜

有人将发展微电子喻为"吞金业"。且不说这种比喻是否贴切，仅从投资角度来看，我们不能望"金"止步，而是要将投资杠杆向微电子倾斜。

微电子是电子工业基础的基础，它的水平高低，代表了一个国家的工业技术水平；也可以说，一个国家国力的大小，在某种程度上决定于微电子技术的水平。其重要性不言而喻。

1966 年，我国生产出第一块集成电路，当时韩国及我国台湾地区均落在我们后面。可是，23 年后的今天，我们落在了人家后面。究其原因，投资分散、厂点分散、工艺落后、成品率低以及未形成规模经济等诸因素很多，但问题的中心恐怕还是投资不足。据了解，23 年来我们花在发展集成电路上的钱，只有人民币 11 亿元左右。这个数字比起那些超前发展的消费类电子产品投资，简直是小巫见大巫。当然，我们财力有限，资金匮乏，把钱多花在投入产出快的地方无可非议。问题是，你在微电子这种知识密集、技术密集、投资密集的产业上，投入越少，电子工业落后的局面就越难扭转，恶性循环的态势就会愈演愈烈，就会与发达国家的距离越拉越远。这并非危言耸听，而是要时时警钟长鸣。

问题的另一面是，在国家财力紧张的情况下，投入的有限资金使用得又如何呢？应该说，还不甚理想。就拿前些年引进的 30 多条集成电路旧线来说，花了大量外汇，至今多数设备仍躺在包装箱里睡大觉，变成废铜烂铁并不是不可能。当然，问题错综复杂，原因多种多样，但谁都可以说自己无责任。可面对人民血汗换来的外汇购置的设备，至今仍闲置在那里，无论从哪个角度来讲，难道还不令人汗颜？！八七一厂弘扬知难而上的自力更生精神，坚持引进、消化、吸收、创新的方针，使Φ100双极型集成电路生产线试生产成功，为其他引进旧线的厂家开了先河，其中不乏可借鉴的经验，归根结底，他们那种加速投入产出快的只争朝夕精神是值得效仿的。

发展微电子产业，绝不止一个投资问题，就是投资中也不限于上述所论的两个方面。对于纷繁的问题要综合治理，在投资政策上，多向微电子倾斜，恐怕是要长期坚持的。

《中国电子报》1989年8月15日

解析：《投资要向微电子倾斜》是有感而发。1989年7月，笔者与同事前去甘肃天水八七一厂，参观Φ100集成电路生产线试产。回京后发表了消息《我国首条Φ100集成电路生产线试产》，被新华社作为通稿使用，同时配发《投资要向微电子倾斜》，这篇评论员文章只有800余字，倾注了笔者对微电子的感情。笔者原来所在的电子工业部企业，是专门生产元器件设备的，尤其是集成电路设备在国内领先，笔者的先天优势，就是了解微电子设备。同时，笔者很早就参观过国内第一家生产集成电路的八七八厂（国营东光电工厂），对生产线的工艺流程并不陌生。笔者还去过国内最大生产集成电路的七四二厂（国营江南无线电器材厂），参观过国内最先进的集成电路生产线。再结合在八七一厂所见所闻，觉得我国集成电路生产起步早，发展慢，改革开放要加速大发展，才能跟得上国际先进水平。当然也明白症结之一，就是投资太少，因为微电子是吞金业。所以，文章最初标题是《投资杠杆向"吞金业"倾斜》，后来才改成《投资要向微电子倾斜》。

全文只有5个自然段，第一段开宗明义点明主题："有人将发展微电子喻为'吞金业'。且不说这种比喻是否贴切，仅从投资角度看，我们不能望'金'止步，而是要将投资杠杆向微电子倾斜。"第二段上升到理论高度："微电子是电子工业基础的基础，它的水平高低，代表了一个国家的工业技术水平；也可以说，一个国家国力的大小，在某种程度上决定于微电子技术的水平。其重要性不言而喻。"现在看来，这个说法也完全正确。第三段和第四段，论述起步早，发展慢的原因和问题，在资金不足情况下如何发展。第五段回溯主题："在投资政策上，多向微电子倾斜，恐怕是要长期坚持的。"笔者30年前的话是苦口良言，但人微言轻不会引起重视。现在我们在微电子上的吃亏，应该看成长期积累的教训。

从旧观念中解放出来

最近，中央领导同志十分强调，要全面理解、深入贯彻"一个中心两个基本点"党的基本路线，在改革开放问题上，思想更解放一点，胆子更大一点，比现在还要解放。这些指示精神，对搞活国有大中型企业，搞活流通领域，将发挥更大的指导和推动作用。

过去，很长一个时期，对市场经济是谈虎色变。在某些同志的头脑里，好像市场经济只是资本主义独有的东西，而高度的计划经济才属于社会主义。岂不知，市场经济不等于资本主义，社会主义也有市场；计划经济不等于社会主义，资本主义也有计划。因此，片面强调计划和片面强调市场，都是不可取的。

近十年来，我国在探索社会主义计划与市场相结合的新体制，尽可能兼收两种机制的长处，力求做到借助于市场机制，以市场为镜的，更有效的计划同计划指导下的更有效的市场的有机结合。诚然，我们做了很大努力，也取得了一定成效，但要真正达到这种高水平的结合，应从转变观念入手。这关系到建设具有中国特色的社会主义的重大问题。

首先，应该肯定，在有计划的商品经济中，市场不是外在的和强加进来的东西，而是内在的东西。从前，我们一些同志总以为市场与社会主义格格不入，这是因为他们不大清楚社会主义条件下仍然广泛存在着商品货币关系，社会主义仍然是商品经济。既然是商品经济就应该有市场调节。所以，市场和计划一样，都是社会主义内在的东西，这是不以人的主观意志为转移的。尽管社会主义有计划商品经济与资本主义市场经济，所有制的基础不同，但这并不意味着它们在经济调节的手段上也完全对立。计划与市场，作为调节经济的手段，是建立在社会化大生产基础上的商品经济发展所客观需要的。因此，在一定范围内运用这些手段，不是区别社会主义经济与资本主义经济的标志。

其次，由于计划和市场存在着内在的统一性，计划和市场二者在运行上既不可分割地联系在一起，又有合理的分工。一般来讲，计划主要从宏观、总量和结构等方面解决好重大的资源配置和重大的社会利益关系调整等问题，市场主要在微观经济领域日常的生产经营活动和有关的资源配置方面发挥作用。这种分工不是相互排斥或相互替代的，它们是在不同层次上发挥作用。过去，有些同志片面地把市场理解为自由市场，所以对其缺点和问题看得比较多，而忽视了它在有计划商品经济中的重要作用。现在，我们对市场的作用应有新的理解，市场的作用在于它可以通过权利、责任、利益和风险的结合，调动起直接从事经济活动的企业和个人的积极性和创造精神，在于它可以通过价格变动和需求信号，有利于引导生产资料、资金、劳动力、技术等生产要素的合理配置。

最后，计划与市场结合的问题，还必须解决一个群众观点问题。我们有些企业高度集中的计划经济的烙印较深，一旦被推上市场，相当一部分职工思想上准备不足。发挥市场作用，实际上就是让亿万直接从事生产经营活动的干部、群众利用各种各样的经济信息，承担责任和风险，有效地调动起他们生产经营的主动性、积极性和创造性，把过去主要由少数领导人员作出经济决策，变成广大群众普遍参与经济决策。在发展社会主义公有制基础上的商品经济的过程中，引入市场机制，使广大干部、群众作为共同占有生产资料的联合劳动者，共同参与经济决策，反映了与私有制不同的新型联合劳动关系。没有广大群众的认识、理解和参与，市场机制作用的发挥就会受到抑制。

当前，改革开放的步伐要加快，改革开放的力度要加大，如果还囿于原来单一的计划经济体制，是不利于社会主义经济发展的。只有转变思想，摒弃旧观念，才能走出一条宏观计划指导和有效的市场调节相结合的新路。

《电子商报》1992 年 3 月 3 日

解析：《从旧观念中解放出来》也是一篇获奖的评论员文章。此篇作品是在看到薄一波未发表的文章受到启发撰写的，这篇内部材料主要是谈商品经济，觉得可能是中央的一个信号，于是用了里面一些观点，写出《从旧观念中解放出来》，发表日期是 1992 年 3 月 3 日。笔者觉得跟得上中央步伐，对文章还比较满意。

民族工业亟须补"钙"

在 CIN 高级智能网系统验收会上，一名主管科技工作的领导，在即席发言盛赞 CIN 系统自主开发成功的同时，指出面对邻国的国际金融危机，汲取教训之一就是要尽快给我国民族工业补"钙"。所谓补"钙"，就是要在经济生活中补高科技的"钙"，通过补"钙"造就一批有自主知识产权的高科技产品。这位领导同志的形象化语言，耐人寻味，发人深思。

众所周知，儿童缺钙，小时就会得软骨症。而工业缺"钙"，腰杆子也直不起来。泱泱大国，为了人体健康，在神州大地正刮起一股补钙风。岂不知，民族工业更需要强筋壮骨。我们反对"闭关锁国"，主张拿来主义，但拿来的根本目的是加快自我开发步伐。一个民族要自立于世界之林，必须有强大的经济科技做后盾。从这个意义上说，CIN 高级智能网系统的研制成功，有着重要的意义。它不仅标志着我国在智能网技术开发与应用方面取得了重大进步，结束了我国电信市场上没有自己标准的智能网产品的历史，还揭开了依靠我国自有技术经济建网的新篇章。

CIN 研制成功有不少启示。其一是强强结合，优势互补，联合研制。军队、中科院及大学等系统高层面的研发合作，使各自的优势得到充分发挥。试想，靠一个部门或一个系统单枪匹马去干，结果必然是时间长、效率低、费用高，水平还是一个未知数。

其二是重大科技项目必须有攻关专项资金支持。CIN 因为列入国家"863"计划，所以得到专项资金保证。高科技要投入，这是不争的事实，没有雄厚的资金支撑，科研过程或漫长或搁浅。在这方面，要采取国家行为，舍得花钱，舍得花该花的钱。唯有如此，民族工业振兴才能指日可待，补"钙"才会成为过去的历史。

《通信产业报》1997 年 12 月 10 日

解析：《民族工业亟须补"钙"》全篇不足 700 字，萌发写这篇评论员文章，是因为在 CIN 高级智能网系统验收会上，一名主管科技工作的领导在讲话中，提到要尽快给我国民族工业补"钙"，通过补"钙"造就一批有自主知识产权的高科技产品。这个讲话对笔者有所触动，于是写出这篇评论员文章。一个民族要自立于世界之林，必须有强大的经济科技做后盾，没有属于自己的高科技产品，腰杆子就挺不起来，不患软骨病才怪呢?! 高科技企业怎么补"钙"，CIN研制成功已经给出答案，这就是强强结合，优势互补，高层面的研发合作，不能各自为战，闭门造车；还有就是舍得在高科技上花钱，没有雄厚的资金支撑，补"钙"就是一张空头支票。文章很短不能展开，民族工业为什么要补"钙"，怎样补"钙"已说得很清楚。

加快发展信息产业刻不容缓

当今世界，全球经济发展的重要趋势，是以信息产业为代表的高科技产业的迅猛发展。毋庸置疑，信息产业已经成为社会生产力的新的增长点，并对国民经济产生了巨大的推动作用。大力发展信息产业，加速信息化进程，已成为许多国家共同的战略选择。

我国领导人始终对信息产业的发展予以高度重视。江泽民总书记长期以来一直关心我国信息产业的发展，并多次对信息产业的发展作出重要指示。在今年2月14日到电子工业部参观"数字化产业最新成果小型展览"时，他再次强调说："在世纪之交，全球信息化进程明显加快，我们要迎接21世纪的挑战，就必须重视发展信息产业。"李鹏总理不久前也指出："电子信息产业是高新技术产业，在社会主义现代化建设中具有非常重要的地位和作用，要给予高度重视和大力扶持，加快它们的发展。"中央领导高瞻远瞩的讲话，对加速我国信息产业的发展，无疑起到了巨大的推动作用。

信息产业是指以电子信息技术为支撑的产业，或者说是直接用电子信息技术武装的产业。根据国际上通行的划分方法，信息产业涵盖的范围较广，是横跨第二、第三产业的一个大的产业群体，就其业务技术性质可分为信息制造业、软件业、系统集成业和信息服务业这四大行业。软件业和系统集成业是新崛起的行业。由于该产业呈现知识密集、技术密集、高度开放、节约资源、洁净环境的特点，信息产业将成为国民经济中的重要支柱产业。

加速发展信息产业，就要注意不断创新。创新是一个民族进步的灵魂，是国家兴旺发达的不竭动力。如果自主创新能力上不去，一味靠技术引进，就永远难以摆脱技术落后的局面。党的十四大以来，电子行业坚持科技进步，实施科技兴业的战略，在增强自主创新能力方面取得了丰硕成果，形成了彩电、微机、软件、程控交换机、VCD、IC卡芯片和新型显示器等一批自己的创新产品。事实证明，只要我们充分相信自己的力量，在技术开发和自主创新上狠下功夫，加强对年轻人才的培养，尽快使一批有才干的青年人脱颖而出，就能涌现出更多的具有自主知识产权的名牌产品，就能促使信息产业加快发展步伐。

加速发展信息产业，就要全面向数字化进军。数字化已成为全球电子信息技术发展的主流。"数字化生存"已成为世界上各个国家、各个民族必须面对的现实而尖锐的命题。面对数字化这一世纪大潮，我国电子行业已经积极着手研究制定从模拟技术向数字化技术过渡的战略。在电子工业部"数字化产业最新成果小型展览会"上，展示的 GSM 数字移动手机、下一代 ATM 宽带交换机、中清晰度电视机、DVD（新一代数字视盘机）以及用于数字电视接收的"机顶盒"（IRD）等成果，雄辩地说明我们拥有了自主知识产权的数字移动通信产业和数字视频产业中的若干关键设备。虽然我们与世界发达国家相比，数字化的进程还有距离，但我们有了一个好的开端，只要更新观念，抓住契机，不懈努力，中国的数字化春天定会姹紫嫣红。

数字化的到来必然会伴随着网络化的发展。因特网用户与日俱增，推动了计算机、通信和广播电视技术的融合，并在改变着人们的日常生活方式。我们应紧紧把握数字化、网络化发展的机遇，大力发展软件产业和芯片制造业，坚定不移地在自主创新能力上下功夫，就会实现在 21 世纪末把电子信息产业建设成为国民经济支柱产业的目标。

《通信产业报》1998 年 2 月 25 日

解析：《加快发展信息产业刻不容缓》的撰写，源于 1998 年 2 月 14 日江泽民总书记到电子工业部参观"数字化产业最新成果小型展览"时的讲话，他在参观展览时讲道："在世纪之交，全球信息化进程明显加快，我们要迎接 21 世纪的挑战，就必须重视发展信息产业。"江泽民总书记曾任过电子工业部部长，十几年后重回电子工业部，除了参观数字化产业最新成果小型展览，还看望了曾经共过事的老同志，尤其是他的讲话被看作一个信号，国家高度重视对信息产业的发展。笔者敏锐地抓住这个信息，及时写出评论员文章《加快发展信息产业刻不容缓》。

全文 1400 字左右，分为 6 个自然段。第一段强调："全球经济发展的重要趋势，是以信息产业为代表的高科技产业的迅猛发展……大力发展信息产业，加速信息化进程，已成为许多国家共同的战略选择。"也就是说明为什么要加快发展信息产业。第二段主要写中央主要领导对发展信息产业的重视，也就是加快发展信息产业的依据。第三段主要写什么是信息产业，也就是给读者普及信息产业的概念，否则什么是信息产业都没说清楚，何谈要加快发展，而且还要刻不容缓。第四和第五段是全文的中心，用两个"加速发展信息产业"作为起首句，一是强调创新，创新是一个民族进步的灵魂，是国家兴旺发达的不竭动力，这是加快发展的根本；二是指出要全面向数字化进军，为什么要向数字化进军，因为数字化已成为全球电子信息技术发展的主流，这也是明确加快发展的方向。第六段是结束语，提出我们应紧紧把握数字化、网络化发展的机遇，大力发展软件产业和芯片制造业，坚定不移地在自主创新能力上下功夫，就会实现在 21 世纪末把电子信息产业建设成为国民经济支柱产业的目标。撰写评论员文章除了观点正确，论述得当，还要注意逻辑关系。

中国通信迈向辉煌

——纪念改革开放二十周年

1998 年 12 月，是党的十一届三中全会召开 20 周年的日子。20 年来，中国的经济建设发生了历史性的巨变。其辉煌的成就，当惊世界殊。在国民经济的各个部门、行业中，通信业尤为耀眼，它超高速、超常规的发展，成为推动我国经济实现历史性跨越的加速器。

通信业的飞跃，令世人瞠目。1978 年，我国仅有电话交换机 406 万门，电话机 369 万部，普及率 0.38%，尚不及世界平均水平的 1/10。长途通信更是薄弱，全国 1.88 万条电路中的 90% 是架空明线，很多地区根本不通长话。通信网的技术设备相当落后，全国仅有的 175 万门市电话交换机中，人工设备几乎占了一半。当时，国内通信网络规模小、技术层次低，其落后状况严重制约了整个国民经济的发展速度。

谁能料想，弹指一挥间，中国通信发生了巨变。现如今，建成的光缆总长度近 100 万千米，局用电话交换机总容量 1.26 亿门，网络规模居世界第二位；全国电话用户总数达 1.11 亿户，其中移动电话达 2300 多万户，居世界第三位。全国电话普及率达到 10%，2/3 以上城市家庭安装了住宅电话。通信制造业已具备年产 3000 万线程控交换机、95 万信道、800 万—900 万部手机的生产能力。通信业从拖后腿到当开路先锋，创造了中外通信史上少有的奇迹。

通信业之所以取得突飞猛进的发展，首先，得益于邓小平建设中国特色的社会主义理论。邓小平理论是中国经济建设的指路明灯，也是中国通信建设的指路明灯。早在 1979 年，邓小平就明确指出，要把能源、交通、电信作为投资的重点。1980 年，他又指出"把交通和通信放在重要位置，这确实对整个经济的发展关系极大"。1984 年，他再次强调"中国经济发展应从何入手？先把交通、通信搞起来，这是经济发展的起点"。1986 年，他又一再强调"要研究投资方向问题。日本人说搞现代化要从交通、通信上入手，我看有道理。我们在这方面老是舍不得花钱"。邓小平这一系列关于通信必须先行的战略思想，充分肯定了通信在国民经济中的重要地位，对国家制定优先发展通信的方针政策，起到了重大的指导作用，同时也是指导中国通信事业走上中国特色发展道路的根本方针。

其次，改革开放的政策和环境为中国通信的发展提供了沃土。没有改革开放，我国经济实现不了历史性的跨越；没有改革开放，通信业也不可能出现跨越式的快速发展。"八五"期间通信业发展速度达40%—50%，这不仅在中国通信史上是空前的，而且在世界通信史上也是罕见的。这样的高速度，闭关锁国是办不到的，完全靠自力更生也是不现实的。我们采取的引进、消化、吸收、创新的方针，经过实践证明是一条成功之路。1982年，福州引进的第一套程控交换机开通，迈出了引进国外高新技术设备的第一步；1983年，上海贝尔电话设备制造公司成立，引进了国内第一条程控交换机生产线。从此，在全国范围加快了适度引进的步伐。尽管当时在引进问题上意见不一致，但在今天看来，引进先进的通信设备生产技术和生产线，不仅大大缩小了我国通信设备与世界先进水平的差距，而且为实现通信网装备的国产化打下了坚实基础。

引进是成功的。但引进的最终目的是加快自主开发的步伐。江泽民总书记多次指出："创新是一个民族进步的灵魂，是国家兴旺发达的不竭动力，如果自主创新能力上不去，一味靠技术引进，就永远难以摆脱技术落后的局面。"可喜的是，中国通信在消化、吸收的基础上，取得了自主创新的累累硕果。进入20世纪90年代，我国相继涌现出巨龙 HJD04、华为 C&C08、中兴 ZXJ10、大唐 SP30四大主力机型国产交换机，实现了大型局用数字程控交换机研制和产业化方面的群体突破，现在新增设备90%以上是国内提供的。目前，国产移动交换机的研制开发也取得突破性进展。毫不夸张地说，以"巨大中华"为代表的一批民族通信企业，为中国通信争得了荣誉，他们在自主创新方面所取得的成绩，是给改革开放呈上的一份厚礼，是中国通信20年巨变的结晶。

回顾过去，党的十一届三中全会为中国通信发展提供了快速向前的动力；前瞻未来，党的十五大为中国通信新的长征插上了腾飞的翅膀。我们深信，再过20年，中国通信必将更加灿烂辉煌，中国通信完全有可能成为世界通信业中的巨人。

《通信产业报》1998年12月23日

解析：《中国通信迈向辉煌——纪念改革开放二十周年》的撰写，主要是为了纪念改革开放二十周年，这在标题的副标题中就已明确。1998年12月，是党的十一届三中全会召开20周年的日子。20年来，中国的经济建设发生了历史性的巨变，其辉煌的成就，当惊世界殊。尤其是通信业超高速、超常规的发展，成为推动我国经济实现历史性跨越的加速器。笔者在第一段就讲清楚，为什么要写这篇评论员文章。第二段和第三段用一系列确凿数字，佐证了通信业超高速发展的事实。第四段和第五段论述了为什么能够超高速发展的原因，一是得益于邓小平建设中国特色的社会主义理论，二是得益于改革开放的政策和环境。第六段讲清楚引进和自主创新的辩证关系，引进的最终目的是加快自主开发的步伐，赞扬了我们在自主创新方面的累累硕果。第七段是结束语，描述了未来愿景："我们深信，再过20年，中国通信必将更加灿烂辉煌，中国通信完全有可能成为世界通信业中的巨人。"笔者20年前描述的愿景，20年后已经提前实现了。

激光医疗在中国

曾几何时，激光医疗在我国的开展尚属凤毛麟角，但近年来，一些大中城市却相继掀起了激光医疗热。激光医疗的项目在扩大，应诊的人数在增加，激光医院也勃然兴起。随着激光技术的迅速发展，这股激光医疗热还方兴未艾，使人不得不刮目相看。

激光早在29年前就渗入医学科学领域。1960年5月，Maimen用频闪灯的光能量激发合成红宝石棒产生波长为0.69微米的红色激光束以后，第二年红宝石激光器已用于治疗视网膜脱落，1963年试验治疗动物肿瘤。其后，激光应用日益广泛，并逐步形成一门崭新的应用学科——激光医学。迄今，激光器已成为眼科、妇科、神经外科、心血管外科、皮肤科及普外科等许多医科部门的常规治疗手段之一。

我国激光技术的起步并不晚。20世纪60年代初，长春光学精密机械研究所就研究出了激光器。60年代中后期和70年代初期，四机部所属的一些研究所、工厂先后研制成功了高重复频率调Q红宝石激光器、Nd：YAG激光器、二氧化碳激光器、氩离子激光器、氦氖激光器等。我国激光医学应用研究于60年代中期开始，70年代中期起激光在临床的应用有所增加。

由于激光医疗技术的日趋成熟以及人们观念的改变，在1988年前后，激光医疗热在我国兴起，关于激光医疗神奇疗效的宣传，在一定程度上为激光医疗的推广起了推动作用。如解放军总医院采用激光药头，为一患者击碎巨大结石，患者安然无恙，这种窥镜激光药头碎石，用于人体还是第一次。北医三院应用激光进行冠状动脉成型术，使病变的血管再通，这种不用开胸治疗冠心病成功在我国也是首次。辽宁抚顺激光医院副院长臧莜青自1985年起开始用激光做手术，她和同事3年多共做了1万多例面部血管瘤、肛瘘、痔疮和妇科宫颈糜烂、盆腔炎等手术，成功率在98%以上。由于她的激光医术高超，在第十六届萨格勒布国际博览会上获得金奖。还有应用激光美容机为顾客治疗面部雀斑、痣、疣等，使丑小鸭变成"白天鹅"的报道，更是具有吸引力。

激光医疗比常规治疗有诸多优越性，如感染少，出血少，患者痛苦少，治疗速度快，解除痛苦快，患者恢复快，加之疗效高、费用低、手术简单，不需住院，这些优点逐渐被患者认可，对激光治疗的恐惧心理自然消失，主动采用激光治疗的患者与日俱增，使激光医疗呈现出美好的前景。

综观激光医疗热，还有一些亟待解决的问题，需要引起我们的重视和思考。

国家要采取扶植政策。尽快在中心城市建立激光医院，并向中小城市和县级医院辐射。目前，除广州、南京、北京、抚顺等地外，专门的激光医院还不多。激光医院器械齐全，治疗技术熟练精湛，费用相对下降，医院的经济效益和社会效益都不错。因此，国家应进一步重视建立激光医院，投资贷款给以优惠政策。现在一些个体医生开始购置激光医用器械，也是看准了这个方向。办激光医院资金不够，可以几条腿走路。其中医院和工商企业合办，优势互补，利益均沾，值得借鉴。广州施莱特激光医院由华南激光应用发展公司与广州东山区门诊部合办，北京同仁医院与全华激光器械公司合办激光免疫门诊，都尝试着走出了探索之路。

激光医疗器械厂点需要清理整顿。现在，全国有70多个生产厂家，产品单一，管理混乱，缺乏规划，大有一哄而起之势。这里属中国医疗器械工业公司定点的厂不到10家。电子行业研制生产激光医疗器械有得天独厚的优势，机电部11所、12所及南京电子管厂等单位，都具有雄厚的技术力量和丰富的生产经验。他们研制的激光器不仅在国内20多个省市应用，还出口远销到欧洲等地。现在应下决心加强行业管理，统一规划定点，不管是归哪个部、哪个口管的厂家，一律实行优胜劣汰，打破部门分割状况，组建跨地区、跨部门、跨行业的联合体，发挥拳头优势。

我国激光医用器械的研制起步早，与国外相比激光技术并不低，尚存的问题是：品种不齐全，质量不稳定，操作不方便，市场价格高，其中可靠性指标，有些产品的寿命还不及国际标准的一半。产品要向长寿命发展，没有高质量的基础材料等于空谈。因此，我们要从解决基础材料入手。此外，要尽快运用微电子技术、遥感技术、光纤技术、显微技术改造激光医用器械，以提高其操作瞄准精度、灵敏度等性能。在产品设计中，必须充分考虑安全、有效及价格问题。只有满足了这三方面的要求，临床才有可能迅速接受并推广。

我国的激光医疗技术，已从实验室阶段走向实用阶段，开始为人民造福。我们要把握住这个契机，将激光医疗热推向整个神州大地。

《中国电子报》1990年6月29日

解析： 述评又称新闻述评或记者述评。它是一种以夹叙夹议、边叙边评的方式反映社会热点或国内外重大事件或问题的新闻体裁，是以事实为基础的评论。述评把新闻报道和新闻评论有机地结合起来，因此有述有评，要求评述结合。从述评的篇幅来看，往往述多于评，但它的重点是评，要做到叙中加评，评述融为一体。述评的形式多样，有工作述评、形势述评、事件述评、思想述评等。述评作为一种写作方法，任何新闻报道的体裁都可以采用，如述评式消息、述评式通讯等。

《激光医疗在中国》的写作，说明平时积累素材的重要性。1988 年初，笔者去海南参加记者站会议，途经广州晚上出来散步，看到广州施莱特激光医院的招牌，立即引起我对激光医疗的兴趣，并开始关注激光医疗的信息。后来到南京开"神剑"的会议，专门借辆自行车去南京电子管厂，参观了那里的激光车间。在北京举办的医疗器械展览会，笔者也前去寻找激光医疗的器械。《参考消息》刊登的外国激光医疗的消息，其他报刊登的激光医疗的信息，笔者都剪下来分类保存起来；还去看过激光医疗的病例，查阅激光医疗的发展史。整整两年的时间，积累了大量激光医疗的材料，最后去中国医疗器械工业公司采访，主要是了解全国激光医疗生产情况。在采用激光医疗三十周年之际，终于找到最佳的发表时机，马上动手写出述评《激光医疗在中国》。这篇述评全面介绍了激光医疗器械及激光医疗临床的历史、现状、问题和发展方向。

集成电路生产形势分析

经过多年的努力，我国集成电路有了一定的发展。1985 年集成电路产量达 5400 万块。但是，1986 年以来生产形势有些下滑。据全国 18 个集成电路生产企业统计，上半年销售额不到 1985 年同期的一半；预计全年完成的产量仅为 1985 年的 78.6%，同时还出现了成品库存量积压，成品资金上升，集成电路厂开工不足等问题。造成这种严峻局面的一个重要原因是进口电路的冲击。1985 年全国的市场需求大约为 1.5 亿块，而进口产品就有 2.1 亿块。另一个原因是专业化大生产尚未形成，因而性能价格比和国外产品差距很大。

从当前我们所具备的条件来看，要扭转目前的不利条件，还是有很大可能的。譬如我国已经具备了生产中小规模电路的基本条件；国内各部门对集成电路的需求量正在大幅度增加，市场前景是好的；国家正在提出加速实现彩电等整机配套元器件国产化政策，并将采取措施限制进口的数量。前不久召开的集成电路生产工作会议确定 1987 年集成电路产量要达到近 6000 万块，并要求加快落实近两年开发的 296 种"短、平、快"产品的生产，进一步推广应用 5 微米技术，争取用两年的时间实现中小规模电路国产化。我们是有能力实现这个目标的。

集成电路搞上去的关键，首先是搞规模经济，实现大批量生产，只有这样，才能大大降低固定资产与技术、智力投资摊在每一块电路上的成本，从而提高经济效益。美国今年建成的新生产线，每条线月投片量在 2 万片左右，每个工厂一般 5 人 6 条线，月投片量在 10 万片左右。我国引进的完整和不完整的集成电路生产线已有 30 多条，除一条线基本达到设计能力外，其他就连达到原设计能力 1/10 的也不多，国内生产的两条 Φ75 生产线也没发挥作用。所以，当前应把分立器件与集成电路前部工序集中到少数几个大企业，生产线要实行饱和生产，尽量把批量搞大。同时，在有条件的地方搞后部工序生产，实现专业化、集约化大生产。

其次，要继续下大力抓应用推广，进一步占领国内市场。为此，要做好以下工作：一是提高产品性价比。各类国产电路价格降到国际市场同类产品的两倍以下，才能增强国产电路的竞争力，要做到这一点，必须下决心改变原材料质低价高的现状。二是把成品率提高一倍，这是降低成本的关键。为保证提高成品率，质量管理要跟上去，基地要建立原材料监测中心。三是千方百计开发多种产品，形成集成电路系列型谱。"七五"期间集成电路能够投入大批量生产的品种，主要有中小规模逻辑电路、线性电路等低档通用电路；通信、计算机、工业控制等各种专用电路；大宗消费类产品所用集成电路。这些大市场我们不能轻易丢掉。

最后，要全面采用计算机管理，提高现代化管理水平。美国人估算，他们用计算机完成的工作量相当于 4000 多亿人的工作量。可见，采用计算机管理，对提高劳动生产率是何等重要。目前，我国电子工业还没有完全摆脱劳动密集型的发展模式，人均劳动生产率还很低。集成电路属于技术密集的高新技术产业，它主要依靠现代化加工设备，而不是靠手工作业。因此，职工队伍要向高知识结构靠拢，集成电路企业应加强教育培训工作，着眼于普遍提高在职人员的素质，从长远考虑要增加高等教育的人才比例，努力培养一批高技术人才队伍。

《中国电子报》1986 年 12 月 19 日

解析：《集成电路生产形势分析》从标题就能看出是形势述评，主要是对 1986 年集成电路生产形势下滑的分析。全文 5 个自然段，第一段简要分析了下滑的原因，有进口电路冲击的原因、有成品资金上升的原因、有性价比高的原因、有集成电路厂开工不足等原因。下滑原因找到了，如何解决这些问题，才是这篇述评的关键。第二段从市场需求层面、国家政策层面等方面分析利好因素，也就是扭转下滑有哪些有利条件。第三段至第五段是解决下滑的具体措施，搞规模经济，实现大批量生产；大力抓应用推广，进一步占领市场；采用计算机管理，提高现代化管理水平。这些并不是临时性解决下滑的办法，而是着眼于长远根本性的良方。

述评和综述有所不同。新闻综述只是客观地报道事实，一般不进行议论。以《集成电路生产形势分析》为例，如果是新闻综述的话，就不会有第三段至第五段这种写法。新闻述评属于新闻评论的范畴，主要是通过评述结合的方式，分析和评价事实，直接表明笔者的立场和主张，从而发挥舆论导向的作用。

可 喜 的 开 端

1986 年是"七五"计划的第一年，也是电子工业把"企业放下去，行业管起来"进行转变过渡的第一年。因此，对处在重要转折阶段的电子工业来说，慎重初战，务必求胜，至关重要。纵观过去的一年，我们欣慰地看到，电子工业在改革与发展中迈出了可喜的一步，取得了良好的开端。

首先，明确了电子工业的发展模式和方针、政策等重大战略问题，从而指导和推动了电子工业的改革进程。长期以来，我们一直在寻求一条适合中国电子工业发展的道路，但由于对一些问题的认识统一不起来，故发展模式一直不能确定下来。现在，经过反复论证和改革实践，对以下一些重大战略问题已经基本上取得一致意见：从发展消费类电子产品着手，建立效益型经济控制机制；投资类电子产品的开发要面向应用、主动服务、实行使用与制造相结合，建立制造与服务、物质生产与知识生产相结合的产业，促使电子技术应用达到新的高度和深度；走规模经济、集约化和基地建设的道路，正确处理整体与局部、重点与一般的关系；把扩大出口作为战略任务，打入国际市场，参与国际竞争，将我国电子工业提高到世界水平；坚持军民结合方针，促进军用技术向民用转移，全面为四化建设服务等。

上述战略思想的统一，一方面为制定电子工业"七五"计划纲要奠定了基础，使战略思想和规划内容有机地统一起来；另一方面为国家和地区制定发展电子工业的对策提供了依据。更重要的是促使我们的思想观念和工作方法发生了根本性的转变，领导工作由习惯于抓微观经济活动，转向了抓宏观、抓战略，其深远意义不可估量。

其次，企业下放不仅促进了横向联合，而且推动了行业管理。电子工业部在经济体制改革中，企业下放的步子迈得较大。1985 年下放了 138 家部属企业，

1986 年上半年又下放了 32 家部属企业，至此除两个有重大技术改造的部属企业没放下去，其余全部下放完毕，各项业务划转工作也进展顺利。通过实践我们看到，企业下放以后尽管还存在一些问题，但成效是显而易见的。过去企业有了问题，只能指望部里解决，如今地方的积极性调动了起来。例如，各地区为发展彩电生产，1986 年筹集外汇 3.3 亿美元；成都市主动为下放企业贷款达 5000 余万元；同时地方上为三线企业搬迁还积极提供资金支持和优惠政策，这些主动为下放企业排忧解难的做法，有力地支持了下放企业的发展。

企业下放后彻底打碎了条块分割的旧格局，推动了跨部门、跨地区的横向联合，而几种不同模式的电子经济集团的建立，又把横向联合向纵深推进了一步。从成立较早的几个电子集团来看，其群体优势得到了充分发挥。例如，贵州振华产业集团按照自身特点，坚持一业为主，多种经营，1986 年实现产值比 1985 年增长了 20%，21 家企业无一亏损。企业下放的成果不仅体现在企业本身增强了活力，更为重要的是促使电子工业各级主管部门开始摒弃部门观念的束缚，一切工作逐步走上行业管理的轨道。

最后，电子工业增长过猛的势头得到控制，经济发展保持了平稳协调的步伐。前几年年平均增长率递增过快，连续两年高速度发展。1986 年，原材料涨价、外汇缺口大、军工任务锐减等诸多不利因素，在一定程度上制约了电子工业持续高速发展，但在全行业职工艰苦奋战下，工业总产值仍比 1985 年增长近 10%。我们这里说的平稳协调发展并不是不要速度。电子工业作为信息产业，总是要超前发展的。如美国的电子工业年平均增长率一直保持在 16.8% 左右，十年间电子工业翻了两番。因此，一方面我们要抑制增长过猛的势头；另一方面我们也不能贻误战机，等待传统产业发展后再发展电子信息产业。关键是我们不仅要把握住一个比较符合我国国情的合适的增长"度"，而且要做好各项配套工作。

以电视机为例，1986 年彩色电视机市场需求量是 700 万部，我们实际上才生产了 400 万部；黑白电视机似乎出现了供过于求的状况，但有关数字说明，我国农村现有 1.9 亿多户，黑白电视机普及率仅为 10.94%，彩色电视机才占 0.77%，仅从农村市场着眼，电视机的发展前景还是相当可观的。对电子工业的发展速度问题，我们应该保持清醒的头脑，面对世界发达国家电子工业以高于传统产业和整个国民经济速度的数倍、十几倍的快速发展情况下，我们不能再继续拉大与世界先进水平的距离。

1986 年的产品质量和出口工作也取得了很大的成绩。前不久电子工业部颁布了 1986 年度部级优质产品 207 项；优质品率比 1985 年上升 10% 以上。电子工业出口创汇创历年最佳水平，仅第六十届广交会电子产品就成交出口额 1.7 亿美元，为历届广交会最好水平的 3.84 倍。虽然，我们还存在经济效益差这个亟待解决的问题，但既然有了一个可喜的开端，我们深信 1987 年电子工业的深化改革定会更上一层楼。

《中国电子报》1987 年 1 月 2 日

解析：《可喜的开端》是一篇工作述评。主要是全面评述 1986 年电子工业改革发展的成效。一篇 1900 余字的述评，概括电子工业一年的工作，必须有所取舍，突出重点工作。新闻述评不是年终总结，不能事无巨细面面俱到，不能眉毛胡子一把抓。笔者在拿到部里的材料以后，所做工作就是如何组织文章。1986 年电子工业改革发展，最重要的工作就是两件事，一是部属企业下放地方后有何效果，二是在哪些重大战略问题上取得统一，这两件大事直接关系到电子工业改革发展的成败。笔者紧紧围绕这两个方面展开评述，这些不是领导手把手告诉你的，需要笔者自己判断，否则干吗让你写？

电子工业在改革发展中，到底要采取哪种模式，要制定哪些方针和政策，在哪些重大战略问题上取得统一，这关系到电子工业今后的发展，也关系到改革的方向和成败。第二段和第三段回答了这个问题。战略上统一思想，步调上也会一致，明确了改革大方向，可以甩开膀子大干。电子工业部 1985 年下放了 138 家部属企业，1986 年上半年又下放了 32 家部属企业，除两个有重大技术改造的部属企业没放下去，其余全部下放并完成各项业务划转工作。这个改革力度是空前的，部属企业下放后效果如何，第四段和第五段用卓有成效的事实回答了这个问题，改革后行业管理大有可为。第六段是电子工业增长过猛的势头得到控制，经济发展保持了平稳协调的步伐。第七段是产品质量和出口工作也取得了很大的成绩。1986 年电子工业取得这些成效，难道还不是可喜的开端吗?!

《可喜的开端》发表于 1987 年 1 月 2 日，既是对电子工业过去一年改革发展的肯定，又预示着"既然有了一个可喜的开端，我们深信 1987 年电子工业的深化改革定会更上一层楼"。这是结尾的一句话。改革难，深化改革更难。距离这篇述评发表过去了 30 多年，电子工业、信息产业取得了举世瞩目的成绩，没有改革开放是不可能有如此高速发展的。

通信业还会迅猛增长吗？

近十年来，我国的通信产业一直保持着较高的增长幅度，在旺盛需求的强力刺激下，固定电话和移动电话的总量都已名列世界前茅。进入 21 世纪后，我国的通信产业还会继续保持这种迅猛的增长势头吗？作为制造厂商来说，面对供大于求的市场新格局，应采取何种对策？对上述业界关注的问题，笔者发表一孔之见，以期起到抛砖引玉的作用。

据信息产业部有关司局统计，1999 年 1—9 月生产程控交换机 2595 万线，同比增长 12.4%，行业统计内的手机产量达 1142 万部，同比增长 163%。移动通信超常发展，增幅达到行业平均增长速度的五六倍。这一增一减，为 2000 年的市场格局定下了基调。

权威人士预测，2000 年局用程控交换机的市场需求只有 2100 万线左右，还达不到 1999 年 1—9 月的总量。对于程控交换机来说，市场供给能力相对过剩和市场需求相对不足，已是无法改变的事实，否则不可能价格降到每线 30 美元左右甚至更低。移动电话用户 2000 年达 7000 万户左右，手机市场需求 3000 万部。2000 年是移动电话旺盛发展的一年，也是国产手机群体上市经受考验的一年，这是不争的事实。但是，我们不能不注意到手机市场的热销，前提是价格大幅下跌后出现的，仅仅一年时间，手机价格跌幅最高达 50% 以上，有些品牌手机的价格已接近成本价。手机暴利时代已成为历史，目前利润只有不大的空间，这应该引起蜂拥而上的国产手机制造商的高度重视。

我国通信业不大可能重现 20 世纪 90 年代迅猛向上的态势，其原因是与国家的经济大气候有关。首先是固定资产投资的增幅明显下降，这直接关联到生产制造企业计划盘子的缩小。其次是政策的调整，国家对垄断行业从重投资到重效率，利用、发挥好现有资源比投资新建更为重要。如截至 1999 年 9 月底，我国固定电话总容量已达 1.48 亿户，电话用户数只有 1.05 亿户，有些专网的闲置资源高达 50% 以上；最后受市场需求约束，企业为了保持和扩大市场份额，不得不采取竞相降价销售的手段，结果导致产品利润率下降，使企业难以保持良性循环。

作为通信制造企业，如何采取应变措施，当务之急是解决这样几个问题：以品牌竞争代替产品竞争，由协作竞争代替对抗竞争，从价格竞争走向服务竞争，最终使效率逐渐成为竞争的主流。

在产品供大于求的时候，品牌便成为左右市场的砝码。目前我国通信企业品牌意识不强，还没有认识到创造品牌是企业的根本发展力。上海贝尔在这方面的经验值得学习借鉴。他们不靠"价格大战"，而是依靠建立品牌赢得用户，使市场占有率保持一路领先的位置，从而也为企业赢得更为宽广的发展空间。他们的成功显现出品牌竞争的优越性。

由协作竞争代替对抗竞争，由正和博弈代替零和博弈，是当代市场竞争的基本趋势。我们的企业在市场竞争中更多地采取对抗而不是协作。在加入 WTO 以后，企业之间如果还是以对抗为主，那么打败我们的不是外国公司，而只能是我们自己。因此，2000 年通信企业的协作和联合可以说比什么都重要。

价格竞争是低级阶段，服务竞争才是高级阶段。这是因为服务已成为树立竞争优势的重要手段和提升企业形象的钥匙，众多厂商已经将服务看成企业持续发展的根本保证，因而开始从过去以产品为导向，逐步转向以用户为导向的策略。高科技企业尤其如此。只有实现了竞争观念的转变，才能使效率逐渐成为竞争的主流。由于效率竞争主要表现为适应过程的竞争和创新与技术进步过程的竞争，所以一旦它成为企业竞争的主流，无论是产业平稳增长还是缓慢下滑，企业在市场残酷的竞争中都会立于不败之地。

《通信产业报》2000 年 1 月 12 日

解析：《通信业还会迅猛增长吗?》这篇 1400 字的述评，介于工作述评和形势述评之间。改革开放以来，通信产业一直保持快速增长，在旺盛需求的强力刺激下，固定电话和移动电话的总量已经名列世界前茅。进入 21 世纪后，通信产业是继续保持迅猛增长势头，还是会回落放缓增长速度，这是行业内外关心的问题。这篇述评回答了大家的问题。全文共 8 个自然段，第一段至第三段是叙述1999 年通信市场的情况，预测 2000 年通信市场的走向。第四段至第八段是对通信产业不会像过去那样迅猛增长的分析，其中第四段从 3 个方面分析了通信业不大可能重现过去迅猛向上态势的原因；第五段至第八段从 3 个方面给出了在激烈的市场竞争中，通信业如何转变竞争方式，由低级竞争走向高级竞争的良方。这些分析是依靠平时的积累，对通信制造业及通信市场烂熟于胸的基础上得出的。

在写作述评的时候，经常会感到叙述多评点少，即使想写评点不知是集中写一段好，还是天女散花在文中好。确实，述评的评与社论、评论员文章不同，它不需要过多的理论性，有时精准的分析就是最好的评点。

电子产品要坚持高标准

今年以来，国务院领导同志多次强调指出，产品质量问题首先是个标准问题。一个国家的工业采用什么样的标准，是衡量其技术进步和现代化程度的一个重要标志。电子产品要达到高质量水平，满足国内市场不断增长的需要，增强在国际市场上的竞争能力，必须按照国际标准和国外先进标准组织生产。江南无线电器材厂和南京电声器材厂坚持采用国际标准，产品质量就有了可靠的保证。

企业要生产出高质量的产品，就要把眼光瞄准国际标准。不按高标准组织生产，就出不来高质量的产品，也就不可能缩小我国电子工业与世界发达国家之间的差距。国际通用的标准，因其有国际范围内的通用互换性，企业应直接采用。至于某些产品，国际上还没有统一的标准，则应尽量选择工业发达国家具有20世纪80年代国际水平的先进标准。要做好比较、消化工作，制定出具体可行的达标措施。

要使电子产品达到高质量水平，必须在技术改造、新品开发、质量认证、产品评优等项工作中全面执行国际标准。一个企业除具备必要的先进设备和仪器等条件，还应使生产的全过程处于受控状态，这是医治某些电子产品质量差、消耗高、效益低这一痼疾的根本措施。

《中国电子报》1986 年 7 月 8 日

解析：短评是一种简短而灵便的评论形式，在规格和层次上低于评论员文章。短评在发表时有署名与不署名两种。署名短评以个人身份发言，形式自由，手法多样。不署名短评代表媒介编辑部发言，是编辑部评论中比较短小的一种体裁。短评一般只讲一个观点，而且是点到为止，不展开论述。短评一般只有几百字，长了就不称其为短评了。

短评在运用时有两种形式：一种是针对某一事物或问题发表的独立成篇的简

短评论；另一种是配合新闻消息发表的，即所谓典型消息配评论的样式。消息中有些话没有说完或没有点出来，那么就在报道之后加一篇短的言论深入地说清楚。这种形式短评用得最普遍。

《电子产品要坚持高标准》是一篇配发消息的短评，而且配发的是两篇消息，即江南无线电器材厂和南京电声器材厂坚持采用国际标准，其中笔者编辑的南京电声器材厂坚持采用国际标准的消息，后来还被《人民日报》转载过，这是该厂第一次在《人民日报》上露脸。这篇短评全文不到500字，第一段用"一个国家的工业采用什么样的标准，是衡量其技术进步和现代化程度的一个重要标志"，来回应标题为什么《电子产品要坚持高标准》，而且有"国务院领导同志多次强调指出，产品质量问题首先是个标准问题"做依据。第二段讲明高质量的产品与国际标准的辩证关系：不按高标准组织生产，就出不来高质量的产品……第三段讲清怎样执行国际标准：要使电子产品达到高质量水平，必须在技术改造、新品开发、质量认证、产品评优等项工作中全面执行国际标准。三段式一环套一环，环环紧扣无缝对接。短评写作贵在文字精练，言简意赅，不要废话、套话；一篇短评就讲清一个问题，绝对不能多头并进。笔者写过配发消息、通讯的短评有几十篇，没有超过500字的，最短的只有200余字。本书只收录这一篇短评，说明笔者对国际标准的重视。

也谈"奖金与请客"

读了1月3日《北京日报》上发表的张玉柱同志的《奖金与请客》一文，我和周围的同志都有同感。我想补充一点看法：目前在一些厂矿企业出现一人得奖，全组吃喝的情况，是由多种因素造成的，特别是与我们的企业缺乏科学管理有关。

现在，我们的不少厂矿企业，还没有建立起一套包括定额、核算、检验、工时统计等为主要内容的完整的原始记录。即使有的单位制度比较健全，但它的后勤服务部门也缺乏行之有效的考核办法。因此，在评奖时不是凭贡献大小，不是凭"硬指标"，而是凭出勤，凭举手票数多少而定，这就必然带来弊病。如有些单位评"质量奖"时，由于没有开展"信得过"和质量攻关活动，又缺乏个人检验记录，而上面给了名额又不得不评，于是便出现了一些根本与质量无关的人员拿上"质量奖"的咄咄怪事。在这种情况下，评不上的人当然不服气，评上的同志心里也不安，随之一哄而起，把奖钱吃掉花光。目睹此情的各级领导，对于这种平均主义的现象也只好睁一只眼，闭一只眼。

奖金本来是按劳分配和贯彻物质原则的一种形式，它应该对劳动者在劳动过程中的变化作出准确、及时的反映，体现多劳多得。这样的奖金，才能发挥调动广大职工的社会主义积极性，加强劳动纪律，促进企业管理和提高劳动生产率的作用。一人得奖，全组吃喝，出现这样的情况，暴露了企业管理上的问题，应引起我们的重视。它提醒我们，要克服平均主义，杜绝一人得奖、全组吃喝的不良风气，除了加强思想教育工作外，必须抓紧实行重大的经济改革，改革一切不适应四个现代化发展的陈旧的、落后的、过时的管理方法。企业有了科学的管理，每个劳动者对国家的贡献大小，通过数字统计有了清晰的反映，评奖凭印象、凭举手的方式，就难以存在了。我认为每个企业都应该在这方面做出努力。

《北京日报》1979 年 2 月 14 日

"万无一失"析

第一次去亚运会电子工程指挥部采访时，那里的负责同志对我说："亚运会电子工程是一项庞大复杂的系统工程，一切都是按照实用、可靠、万无一失的要求去做的。"为此，他们提出了要"测试、测试、再测试！可靠、可靠、再可靠！"的口号。至今，这"万无一失"的话还深深留在我的脑际。

亚运会要开得圆满，岂止电子工程要做到"万无一失"，各项工作不都是以"万无一失"的精神去做吗？据悉，气象保障系统为做到"万无一失"，从 1987年开始，在几个主要赛场建立了临时气象对比观测站，积累了大量观测资料。

像电子工程和气象系统这样按"万无一失"要求去做的，我想还会有不少部门。

"万无一失"就是要事先把可能出现的问题都想到，并有相应措施，任何环节都不疏漏。亚运会的所有工作，都要有"万无一失"的准备。只要我们思想上高度重视，树立"质量意识"，作风上细致严谨，一丝不苟，就能做好各方面的工作。

《人民日报》1990 年 5 月 18 日

"暴露问题"析

　　在第十一届北京亚运会电子服务系统预彩排动员大会上，预彩排总指挥吴美蓉提出：一定要实事求是，有什么问题都要暴露出来，千万不能掩盖问题，否则会留下隐患酿成大祸。

　　亚运会电子工程是一项庞大的系统工程，又是我国第一次尝试将电子与体育联姻。因此，出现这样或那样的问题是极其正常的，只有问题充分暴露出来，才能对症下药，将隐患消灭在萌芽状态。现在暴露的问题越多，亚运会上问题就会越少。从这个意义上说，让问题早点暴露出来是明智之举，而掩盖问题则会贻害无穷。

　　此外，暴露问题的目的，一是锻炼队伍，考验解决问题的能力及应变能力；二是为了使电子工程达到稳定、可靠、万无一失，保证亚运会开好。所以，他们工作兢兢业业、一丝不苟，每一件事情都想得很仔细、很周密；为防止出差错，出纰漏，大事小事，不敢马虎，不敢掉以轻心。正是因为有了这样的思想准备，一旦出现问题，才不会手足无措，解决起问题来才会游刃有余。

　　亚运会两次预彩排，大大小小暴露出的问题不少，都及时得到了妥善解决，达到了预期的目的，为迎接7月中旬亚运会大彩排奠定了基础。

《中国电子报》1990 年 7 月 10 日

　　解析：《也谈"奖金与请客"》《"万无一失"析》《"暴露问题"析》3 篇放在一起解析。

　　杂谈是一种快捷地对现实社会现象发表自己见解的文体，其特点是反应灵敏、传递迅速、观点明确、便于阅读。杂谈内容十分广泛，手法也不拘一格，没有定式和套路。杂感是指写各种零散感受的一种文字。杂谈和杂感很能区分和界定。

　　《也谈"奖金与请客"》《"万无一失"析》《"暴露问题"析》是三篇杂谈，也可以说杂感，都是有感而发，随手写下。《也谈"奖金与请客"》的写作就是有感而发。1979 年 1 月 3 日《北京日报》有一篇《奖金与请客》的文章，文中讲的现象确实存在，但就事论事不够深刻，笔者当时在厂工会工作，对企业管理十分熟悉，认为问题根源是缺乏科学管理，因此想写一篇补充文章。为此整整琢磨了 3 天，1 月 6 日上午一蹴而就，午休时又修改誊清，下午就从邮局寄给《北京日报》。1 月 12 日，宣传科收到《北京日报》寄来的小样，并附有给厂党委的短函，大意是笔者的稿子他们准备刊用，征求厂党委对笔者的意见，如无大问题就要发表，同时请我本人看一下小样。笔者看小样没有什么问题，与原稿没有大的出入。这样一篇小稿要多人把关，政治部主任要审，工会主席要看，他们提出要删掉"尤其是生产单件多品种的军工企业"一句，怕发表后有什么副作用，引起厂内某些人的猜疑，他们的好心笔者照办，删掉这句话，小样退还宣传科。好心的同事规劝笔者，这样的文章会得罪人，笔者当天日记曾写道："难道讲真话、实事求是还有罪吗?! 可见要敢讲真话多么的不易。"1月16日，笔者从宣传科拿回改后的小样。1月17日，笔者去《北京日报》工商部，将改后小样交给责编，2月14日发在《北京日报》第2版《新长征论坛》。本书收录这篇杂谈不是为了讲故事，而是因为文中有这样的话"必须抓紧实行重大的经济改革，改革一切不适应四个现代化发展的陈旧的、落后的、过时的管理方法。企业有了科学的管理……"《也谈"奖金与请客"》的发表，距离十一届三中全会开过不久，应该说这篇杂谈的内容，是符合改革开放背景的。

　　《"万无一失"析》这篇杂谈不到400字，写于1990年5月1日，5月3日寄给《人民日报》，5月18日刊登在《人民日报》第2版《亚运漫笔》专栏。《也谈"奖金与请客"》与《"万无一失"析》都是自然投稿，之所以能够被及时采用，关键是内容切合报纸需要。写《"万无一失"析》的优势，在于笔者多次采访过亚运会电子工程指挥部，我国第一次举办大型体育盛事，不仅电子工程需要做到万无一失，赛事所有方方面面，都要做到万无一失。笔者在不到400字文内，光万无一失这句话，就出现过八九次，反反复复呼应主题。短评就写一件事，就围绕一个中心，不要出现枝蔓，不要偏离主题。

　　《"暴露问题"析》也是写亚运工程的，可以说和《"万无一失"析》是姊妹篇。这篇杂谈400多字，第十一届北京亚运会召开前，一定要把所有问题暴露出来，然后去把所有问题解决，如果把问题掩盖起来，到召开时才暴露出来，那才是一场灾难呢。因此文章要讲清为什么主张暴露问题，暴露问题的目的是什么，所以文中出现"暴露"二字七八次。

从善如流又何妨

　　记得在20世纪五六十年代，工厂里特兴提合理化建议。那时也许新中国成立不久，企业领导缺乏管理方面的经验，从善如流是很自然的事。工人当家做主的心气都很高，既然以厂为家，那么"家里"的大小事都爱管管，合理化建议活动搞得热火朝天也就不稀罕。这好像也是当年苏联"老大哥"工人参加管理的一条现成经验。

"文化大革命"期间，好多规章制度废除了，我们弃用的鞍钢宪法和大庆精神，被日本人捡去奉为管理的经典。好在改革开放以后，经过拨乱反正该恢复的又都恢复了，合理化建议却难以再红火起来。是不是因为时代前进了，它该退出历史舞台呢？当然不是。

近日读《今日 BISC》上唐荣明的一篇文章，让我茅塞顿开。1991 年 2 月至10 月，他被北京国际交换系统有限公司（简称 BISC）派到德国学习。他所在的西门子 Bruchsal 工厂，号召员工提合理化建议，并规定提出一项建议奖励 50 马克，若被采纳还可再奖 100 马克，而且规定任何人都不受限制。在一名德国工程师的鼓励帮助下，唐荣明写了一条很简短的建议交了上去。没想到几天后，人事部便给他一张合理化建议的证明信和 50 马克的奖励。

事情到此并没有结束。唐荣明实习期满回国，在一年半后的一天，北京BISC 生产部的德方经理把他叫去，当面向他宣布了 Bruchsal 工厂又一项规定：由于唐荣明当年所提的合理化建议被采纳，向他颁发了进一步奖励的证明，并兑现了第二次奖励的 100 马克。这件事过去八九年了，唐荣明还能记忆犹新，可见对他的触动和影响有多深。

西门子是有着上百年历史的国际知名大公司，他们对合理化建议如此重视，可见其生命力的长久有必然之处。反观我们的企业，不是没有持之以恒的制度保证，就是做不到言必信、行必果，关键还是领导的重视程度。据报载，有的地方合理化建议箱常年尘封，甚至锁都锈了，这总不能说领导重视吧。前年夏天去广东京粤电脑公司采访，得知员工经常提合理化建议，而且奖励政策到位，这与该公司总裁的开明是分不开的。

其实，坚持合理化建议制度并不难，从领导层面来讲，时刻要记着"三个臭皮匠，顶个诸葛亮"的道理。集体的智慧总是比个人高明，只要做到从善如流、礼贤下士，群众的合理化建议还能少吗？从员工来讲，应当继承 20 世纪 50年代关爱企业就像关爱自己家一样的精神，企业的生存与发展与每一个职工的命运息息相关，你能不闻不问、无动于衷吗？当然，必要的奖励制度一定不能少。

至于形式是次要问题，合理化建议箱也可，发个 E-mail 也行，搞个合理化建议接待日，或无主题头脑风暴座谈会也不错。总之，要把群众的智慧炒作起来，群众才是真正的英雄。

《通信产业报》2000 年 2 月 2 日

可怕的不仅是黑客

谁也想不到高科技会如此地戏弄人。1999 年底，全世界掀起了一场捉"千年虫"的行动，结果"千年虫"没捉着，虚惊一场。据一篇文章说，捉"千年虫"全球的经济损失就达 1.6 亿美元。

捉"虫"刚消停，黑客又闹腾起来。2 月 7 日至 9 日，美国的一些著名网站突遭黑客恶意袭击，Yahoo!、Bay.com、eBay.com、Amazon.com、CNN、E-Trade、Datek、ZDNet 等网站或中断服务或系统瘫痪，两三天造成的损失近 12 亿美元。美国一片恐慌，整个世界晕菜啦！更有好看的是，黑客连克林顿都戏耍了一把，克林顿接受 CNN 的网上在线采访时，至少有两个黄色帖子突破网络过滤系统，并以克林顿的名义贴了上去。其中一条是："就我个人而言，我希望在因特网看到更多的色情内容。"

除美国多个大型网站遭到有史以来规模最大的黑客袭击外，欧洲、巴西、中国的一些网站也未能幸免。龙年到，黑客闹。但此黑客不是彼黑客，他们已由过去的炫耀自身本领的玩闹行为，转变为恶意攻击，这不得不引起各国政府的高度重视。美国政府一面增拨款项打击黑客，一面严惩肇事者；日本政府制定了"反黑客对策行动"；德国组成了网上反黑客"特种部队"；印度则成立了全国电子警察委员会。黑客犹如过街老鼠，到了人人喊打的地步。

黑客固然十分可恶，但还有更可怕的东西值得我们注意。据报载，美国已把"黑客战"列为未来计算机网络进攻战中的基本战法之一，现正组织开展用无线电方式、卫星辐射式注入方式、网络方式把病毒植入敌方计算机主机或各类传感器、网桥中的研究，以伺机破坏敌方的武器系统、指挥控制系统、通信系统等高敏感的网络系统。为达到预期目的，他们还对出售给潜在敌方的计算机芯片暗中修改，使之可遥控操作。这种网络进攻手段，通常被称作芯片武器或"芯片陷阱"。

从网络防御的角度来讲，计算机黑客是一个挥之不去的梦魇，但从网络进攻的角度而言，黑客可以大显神通起更大的破坏作用。早在 1997 年 6 月间，美国国家安全局举行了一次代号为"合格接收者"的秘密演习，参与者是信息战"红色小组"。此次雇佣了 35 名黑客，演练成功后更加坚定了打"黑客战"的决心。

如果在未来的某一天，发生了"网络闪电战"，这绝非耸人听闻。到那时我们能从容应战吗？在今年春天的两会期间，有的政协委员对网络技术安全问题十分担心，他们害怕国内采购的设备软件中，一旦人家设定了密码，如果发生战事，对方启动密码，将使整个网络系统瘫痪，威胁到国家经济与国防安全。

这种担心不是多余的，起码我们 90% 以上的电脑中充斥着外国公司的软件，经济利益和国家利益是不可分的。更不要忘记美国未来学家的预言："控制与掌握网络的人就是主宰。谁掌握了信息，控制了网络，谁就将拥有整个世界。"这难道不比黑客更可怕吗?!

《通信产业报》2000 年 4 月 19 日

解析:《从善如流又何妨》《可怕的不仅是黑客》2 篇放在一起解析。

随笔是犹言随手下笔，即意之所之，随即记录，因其后先，无复诠次。它是议论文的一个变体，内容启人心智，发人深省深思，篇幅可长可短，形式灵活多样。有些随笔又叫随感或杂感。

《从善如流又何妨》《可怕的不仅是黑客》是两篇记叙性和议论性结合的随笔。2000 年新千年伊始，笔者在《通信产业报》开辟《凤山思绪》专栏，在开栏的话中说道："主要是平日所见、所闻、所感、所悟，不吐不快。20 世纪的凤愿带到新千年实现，更值得珍惜。'凤山思绪'专栏，采用随笔形式，所涉及的事均是亲身经历，亲耳所闻，事情有大有小，以今为主，针砭现实中的一些现象，均采用温情口吻，力求鞭辟近里。为了行文自由，尝试在文章中用一些口语，这不是对书面语言的反叛，只是在京城生活 50 多年的积习而已。"随笔每周一篇，每篇千字左右，从 1 月 5 日至 4 月 19 日共发表 14 篇，随着 5 月提前退休去深圳，专栏也就戛然而止不再续写。之所以从 14 篇中选出《从善如流又何妨》《可怕的不仅是黑客》，主要考虑的是内容原因。笔者对 20 世纪 50 年代开展合理化建议活动，始终认为对企业是一件有功德的事。当年七七四厂（北京电子管厂）是万人现代化大企业，党委书记熊杰是 9 级干部，经历过红军长征，厂长周凤鸣是 10 级干部，他们经常在厂区与工人聊天、下棋，对基层什么情况一清二楚，那还大力开展合理化建议活动，偌大厂区到处是合理化建议箱，定期开锁取出职工的合理化建议。《从善如流又何妨》文中提的德国西门子 Bruchsal 工厂，也是十分重视员工的合理化建议。试想一个大公司的董事长或总经理等高管，怎么可能是圣人或万事通，为什么不调动员工的积极性，为什么不开展合理化的建议。众人拾柴火焰高，从善如流又何妨。这就是选用这篇作品的用意。《可怕的不仅是黑客》说的是高科技问题，提醒重视网络安全。虽然一介草民，说话人微言轻，但拳拳爱国之心犹在。

附　　录

科技新闻通俗化管见

科技新闻是传播科技信息的使者，也是普及科学技术知识的尖兵。它对促进社会主义现代化建设事业的发展，促进社会主义精神文明建设和物质文明建设，具有重要的意义。

现代科学技术的迅猛发展，给科技新闻带来空前的繁荣。综合性的媒体纷纷加大科技报道的力度，各种科技报道专刊和专栏不断问世；专业性的科技报刊如雨后春笋般蓬勃兴起，专门从事报道科技新闻的记者、编辑队伍也在不断壮大发展；这使得科技新闻在我国新闻事业的百花园里，显得格外绚丽夺目。

但是，由于科学技术的发展极其迅速而变化又极其复杂，科学技术本身的深奥难懂往往让人望而却步。即使是科技工作者，对自己专业以外的东西，也会出现雾里看花的现象，这就是隔行如隔山之故。而科技新闻的传播，不仅是为了宣传科技工作者的业绩，进一步焕发他们的创造性思维；同时还有向广大人民群众普及科学技术知识的任务，激发他们热爱科学技术的兴趣。这就需要科技新闻面向社会、面向大众，吸引各行各业的读者来阅读。而要达到这一目的，科技新闻通俗化是必由之路。

要运用新闻的形式通俗地传达科学技术知识和信息，是一项艰巨的任务。长期以来，科技新闻"内行不过瘾，外行看不懂"的问题，成为困扰采写科技新闻的记者最为头痛的事情。其原因是学新闻和中文的记者、编辑，不懂或不甚懂所要报道的科技知识，文章往往说不清道不明科技本身的问题；而学理工科的记者、编辑，虽然在科技知识方面有所专长，但文章缺乏文采表达出来经常是艰涩难懂。二者兼备的记者、编辑寥若晨星，被大家公认的科技新闻佳作更是寥寥无几。

抛开如何才能写出科技新闻佳作不说，在读者心目中好的科技新闻，起码要做到准确新颖、通俗易懂，既要准确地传达出科技知识和信息，又要让大众看得明白，达到普及科技知识的目的。根据笔者多年在电子行业从事科技报道的经验和认识，科技新闻通俗化是当前迫切需要着力解决的问题。

本文试图从多个方面，运用作品实例，寻求解决科技新闻通俗化的有效途径。

一、深入浅出　准确诠释

科技新闻免不了会出现大量专业名词术语，而且大都深奥难懂，不要说普通读者，就是在科技领域工作的人，在科技知识迅捷更新的情况下，也未必能说清这些概念的准确内涵。我们的很多科技新闻，往往只是照抄照搬，罗列一些名词术语，不作任何解释说明，令读者如在云雾中，读后大脑一片茫然。这里面有多种原因，有的记者、编辑自己就不甚了了，只是做搬运的工作，照猫画虎，挪移过来就万事大吉，连作者都不懂，写出来后读者怎么能懂呢？有的记者、编辑一知半解，不解释还好，越解释越乱，所以索性不解释了；还有一种情况，作者自己懂得，以为别人也懂得，就惜墨如金不愿多作解释。

科技新闻通俗化，首要任务就是把所报道的科技信息中出现的专业名词术语，诠释得明明白白、清清楚楚。这种诠释不应是机械式的，不应是长篇大论式的，不能越诠释越玄妙，不能在诠释中又出现新的不明白。唯一的办法就是对文中出现的主要科技名词术语，进行深入浅出、准确清晰、通俗易懂、简单扼要的诠释，让读者一目了然，掌握在胸。

如《杨乐、张广厚研究函数理论获得重要成果》（新华社北京 1977 年 2 月 25 日电）这则消息，在导语中涉及"函数值""亏值"和"奇异方向"等数学概念，仅看导语，没有学过高等数学的读者是很费解的，也无从认识到他们成果的重要性。为了帮助读者理解，消息的第二段就用很通俗的语言先对"函数""函数关系"这个最基本的概念进行了解释：

> 数量之间一定的依赖关系，在数学上叫作函数。如汽车按一定速度行驶，行驶路程的多少依赖于行驶时间的长短。在这里，时间叫自变量，路程叫因变量，它们之间的数量关系，就是一种简单的函数关系。

即使没有学习过数学的人，也会懂得汽车行驶的道理，看了这段话，对什么是函数、什么是函数关系，也基本能懂个八九不离十。然后，作者往下层层剥笋，步步推进，对"函数值""亏值"和"奇异方向"等概念也诠释得通俗易懂。

科技新闻中的名词解释，实际上起到背景材料的作用。这种解释既要十分明确，又不能显得消息臃肿，它必须做到简洁明快，言简意赅。这种诠释放在消息的什么位置，也要十分注意。下面选择一些不同位置的例子：

法国物理学家用有机物实现超导性

新华社东京 1980 年 10 月 11 日电 据日本报纸报道，法国一个物理学家最近通过实验发现，有机物质在高压和低温下出现了超导性。据称，这个发现在世界上还是首次。

超导性是在温度和磁场都小于一定数值的条件下，许多导电材料的电阻和体内磁感应强度都突然变为零的性质。具有超导性的物体称为"超导体"。超导体的应用目前正逐步发展为先进技术，用在加速器、发电机、贮能器和交通运输以及制造高精度的磁强计、电压标准、微波探测器等方面。

（下略）

银河系中心存在黑洞

新华社北京 1982 年 5 月 7 日电 据合众国际社报道，美国天文学家最近指出，有越来越多的证据表明，在银河系的中心存在一个黑洞。

黑洞是一种非常致密的天体，具有极强的引力，以致任何物质包括光线都不能逃离这个天体。这一特性使它在空间成为不可见的天体，黑洞附近的物质会被极强的引力吸进黑洞，就像掉进无底洞一样。由于黑洞的上述特性，黑洞很难直接观测到。尽管科学家根据广义相对论早就预言了黑洞的存在，但一直难以确证。天文学家认为，根据黑洞附近物质被黑洞吸引而飞向黑洞过程中产生的辐射，可以间接判定黑洞的存在。

（下略）

世界首部机卡分离 CDMA 手机诞生

【本报讯】 在高交会临近尾声之际，A 馆里又传来一条激动人心的好消息：昨天，深圳市中兴通讯股份有限公司对外宣布，成功开发出世界上第一部机卡分离技术的 CDMA 手机。这一技术的开发成功，是第三代移动通信技术的一大重要突破。

机卡分离技术是指手机话机和存储号码等信息的 SIM 卡可以分离，如现在所使用的 GSM 手机，可以把 SIM 卡换置到任何一部 GSM 手机上。因为 CDMA 是下一代通信技术，此前一直没有解决机卡分离问题，只能采取每部话机一个固定号码的方式。CDMA-SIM 机卡分离功能的实现，使 CDMA 手机使用更加安全、灵活、方便，不但使用户可以像使用 GSM

手机一样随意更换话机，并能使用户享受到手机银行、手机预付费等更多的新型智能业务……

（下略）

（《深圳特区报》2000 年 10 月 17 日）

从上述三篇例文可以看到一个共同点，即名词解释的位置紧跟在导语后面，也就是放在第二段，这样做的好处是及时地为读者解疑释惑。同时，尽可能地用恰到好处的文字，对于什么是超导性、什么是超导体及其应用，什么是黑洞、什么是黑洞的特性，什么是机卡分离等诠释得简明扼要，即使不懂科技的人也能清楚明白，便于读者往下读的时候，头脑里不再有疑惑。

还有一种情况，将解释放在文章的中间部位：

新发现一门动物——"波戈诺弗尔"

新华社莫斯科 1961 年 6 月 22 日电 苏联生物学家阿捷米·伊凡诺夫发现一门新动物——"波戈诺弗尔"。它是一种无口无肠的海栖动物。这是苏联报刊最近发表的介绍这一发现的文章中说的。

据科学家研究，目前地球上已发现的动物达 100 万种之多。为了便于研究了解，科学家根据动物的结构、发展程度、物种彼此间类缘的亲疏远近加以分门别类。整个动物界分为若干门，门以下依次再分为纲、目、科、属、种。

苏联报刊指出，"波戈诺弗尔"不属于任何一个门，具有一系列其他动物所没有的特点。它最大的特点是根本没有口和肠子。在它的细长的线状身体的前部，有一些"络腮胡子"似的触手。触手多至 230 个。它就是利用这些触手来摄取、消化和吸收食物的。伊凡诺夫查明，这种动物没有脊椎，它具有由心脏和血管构成的复杂的循环系统。

（下略）

这篇消息约 600 字，共有七段，关于"波戈诺弗尔"的解释放在第三段，位置在全文的中部，也是最重要的一段。为什么不放在导语后面呢？这是因为在导语中对"波戈诺弗尔"已写了画龙点睛的一笔："它是一种无口无肠的海栖动物"，实际上这就是"波戈诺弗尔"的最主要特点，如果再作过多解释，一是容易造成导语冗长，二是怕读者一目了然后，不会往下看了。接着第二段介绍了动物的分类，这是为第三段做铺垫。第三段先讲了"波戈诺弗尔"不属于已知的任何一个门类，然后具体介绍"波戈诺弗尔"的特性，既是对导语里"无口无肠"特性的进一步详解，同时也回答了读者对"无口无肠"怎么摄取、消化和吸收食物的困惑，说明它是依靠"络腮胡子"似的触手来完成上述功能的。作者看似无心，实则是谋划全篇时，就想好了对"波戈诺弗尔"的解释放在什么位置最恰当。

将名词解释放在结尾的例子也屡见不鲜：

美、英、瑞士科学家发现新的基本粒子

新华社北京 1962 年 3 月 30 日电　纽约消息：美国布罗克海温国立实验室利用巨大的加速器第一次获得了一种新的基本粒子——"反克西负粒子"。

新粒子是科学家们在仔细检查 34000 张粒子径迹照片后发现的。它的寿命是一百亿分之一秒。

法国和瑞士的科学家在导致这项发现的研究工作中对美国科学家提供了合作，他们在法国和瑞士也宣布了这一发现。

基本粒子一般是指组成物质的最小单位，如电子、质子、中子、介子、超子等，"克西负粒子"为超子的一种。"反克西负粒子"为"克西负粒子"的反粒子。反粒子指的是所带电荷或磁性与正粒子相反而其他性质与正粒子相同的粒子。

我国第一胎小鼠嵌合体诞生

本报讯　中国科学院发育生物研究所核移植组的科技人员，在短短的三个月时间里，用昆明种白鼠和 C57 黑鼠做成嵌合体，成功地培育出具有不同遗传性状毛色黑白相间的小鼠嵌合体，为我国的科学技术领域填补了一项空白。目前，这些小鼠嵌合体正在该所健康生长。

"嵌合体"一词来自希腊，是希腊神话中的怪物，具有狮头、羊身、蛇尾的喷火怪兽。哺乳动物嵌合体技术就是用人工方法把具有不同遗传状的胚胎或者把具有某种遗传特征的细胞与胚胎组合在一起，使之发育成一个正常的个体。这种个体叫嵌合体。它是由带有不同遗传信息的细胞组成的。目前，国际上正在利用这一技术研究哺乳类动物的遗传和发育及探索人类遗传疾病的防治问题。我国第一胎小鼠嵌合体的诞生，对我国遗传科学的研究做出了贡献。

（《人民日报》1981 年 2 月 17 日）

以上两篇科技报道，前一篇 260 余字，后一篇不足 320 字。《美、法、瑞士

科学家发现新的基本粒子》共有四段，前面三段先介绍了美、法、瑞士科学家，是如何发现"反克西负粒子"的，这是消息的主体，把对"反克西负粒子"的解释放在了第四段，也是顺理成章的。对"反克西负粒子"的诠释，采取的是由浅至深，层层推进的方法，对每一个概念的解释只有一句话，每句话互相间都有关联。即基本粒子中包含超子，"克西负超子"为超子的一种，"反克西负超子"为"克西负超子"的反粒子，反粒子指的是所带电荷或磁性与正粒子相反而性质与正粒子相同的粒子。本来深奥的科学知识，三言两语就说清楚了。

《我国第一胎小鼠嵌合体诞生》一文只有两段，第二段对"嵌合体"解释的文字超过了新闻本身，可见其重视程度。在科技新闻里加上必要的名词诠释和背景介绍，本来是举手之劳即可完成的。但很多有价值的科技新闻连这点都做不到。其实要做到并不难，一是写稿时心中始终要想着读者，一定要让读者明白你写的东西是什么；二是写稿前自己先要搞懂，采访时不要不懂装懂，要不耻下问，直到自己基本懂了再写；三是编稿时自己都看不明白，就不要轻易发稿，而是请作者或专家给讲解清楚，然后重新编发。有时候不完全是水平问题，而是责任心和责任感的问题。

二、巧用比喻　雅俗共赏

深入浅出的诠释，如果还是从技术名词到技术名词，从科技知识到科技知识，对某些读者来说还是不够。读者的文化水平、知识结构、理解能力，是参差不齐的。采用恰当的比喻和形容，不仅能加深对科技信息的理解，还可增加作品的可读性和趣味性。最直观的是用物体形状和形象做比喻，有时仅一句话，就化深奥难懂为浅显易懂。这样的例子不胜枚举。

手机展开"袖珍"大展

本报讯　据美国《华尔街日报》报道说，世界移动电话机越来越小，袖珍化电话大战已拉开帷幕，美国的摩托罗拉、日本的索尼和瑞典的爱立信等各大公司纷纷推出了新袖珍电话，以吸引顾客。

索尼公司生产的新移动电话机仅3.6英寸长，巴掌那么大，像一袖珍收音机；爱立信推出的新电话机打开来也仅4英寸。最小的摩托罗拉的StarTac，仅3.5英寸长，重3.1盎司，像一副扑克牌，轻得可以装入衬衣口袋里。

（下略）

（《通信产业报》1997年1月8日）

韩国开发成功世界最小体积便携电脑

本报讯　韩国 LG 电子公司在美国微软公司、日本电气公司等世界各电脑企业的帮助下，最近研发成功世界最小体积的便携式电脑。

由 LG 电子公司投资 50 亿韩元（820 韩元合 1 美元）、经两年时间开发的这种超小型电脑样机长 16.8 厘米、宽 9.8 厘米、厚 2.58 厘米，重仅340 克。由于它体积小可装入衣服口袋随身携带，并只要配备两节普通碱性电池，便可随时工作。在装备传真解调器后，它还可进行文字传真。

（下略）

（《通信产业报》1997 年 1 月 8 日）

首块晶闸管模块在我国制成

本报讯　一个仅有肥皂盒大小的神奇模块，竟能取代像衣柜大小的整流柜的功能，这个名叫"集成移相调控晶闸管模块"的新成果，经我国科研人员 5 年攻关，日前宣告研制成功，经查阅对比文件，证明为国内外首创。该模块具有三相全控整流和三相交流调压两种类型，基本解决了目前工业部门各种电力调控的需要。

（下略）

（《人民日报》1997 年 3 月 27 日）

便携式卫星呼救仪

英国科学家最近研制成功一种便携式卫星呼救仪，使用者在迷失方向时可以用它向控制中心呼救。

这种装置的原理与移动卫星电话相仿，大小与移动电话相似，但功能要简单得多，因而成本相对较低。当使用者按下呼救仪的按钮时，呼救仪就通过一个硬币大小的卫星天线向当地上空的卫星发出求救信号，卫星将这一信号转发到地面控制中心，控制中心接到该信号后就会破译其内容。

（下略）

（《人民日报》1997 年 5 月 28 日）

我国制成世界上最长的碳纳米管

据新华社北京 1 月 31 日电　虽然只有不起眼的 3 毫米，但我国科学家不久前凭此创造了一项世界之最。他们成功合成出 3 毫米长、形状酷似牙刷的定向碳纳米管列阵，长度居于世界之最，使我国在"超级纤维"碳纳米管的研究尤其是合成方法上达到世界领先水平。

（下略）

（《人民日报》1999年2月1日）

码分多址便携式卫星终端问世

本报讯 一种小得可以装在一个类似公文箱大小的手提箱内的码分多址（CDMA）便携式卫星终端机近日问世。

……

……由于采用了先进的码分多址（CDMA）技术，使传统的 C/Ku 波段卫星终端机和天线的尺寸大幅度缩小。整个卫星终端机，包括天线及电源设备在内，能装进一个公文箱大小的手提箱内。天线尺寸从用于 Ku 波段的和 0.3 平方米的平板天线到用于 C 波段的 0.8 米直径天线。传输功率可在 200mW 到 3W 之间选择。

（下略）

（《通信产业报》1996年11月20日）

一台揭示物质结构的"超级机器"

德新社新闻专稿（发自汉堡）来自世界许多国家的科学家们正在这里安装一台独一无二的"超级机器"；他们希望，这台安装在地下室中的机器，能够帮助人类揭示物质最微小结构的秘密。

这台被称为"粒子加速器"的装置，实际上是原子粒子的"跑道"——这是一条长达 6.4 公里的"隧道"，在这条"隧道"中，粒子的运动速度被加快到接近于光速，并在加速过程中互相撞击。由此产生的各种效应，便能为物理学家们提供揭示物质结构秘密的关键线索。

……

早在 60 年代，科学家们就已经知道，质子、中子各由三个叫作"夸克"的更小的粒子组成。人们设想，一种类似于弹簧的力量把夸克结合成为那两种较大的粒子，即质子和中子。

……

当电子在加速器"隧道"中与夸克发生冲击时，电子携带的质子就会被撞得粉碎。

"结果，那根'弹簧'就会断裂，于是释放出来新的夸克，最后会放射出几十个粒子束。"……

　　　　……

　　由此形成的粒子束一连几个小时在这条"环形路"上循环飞奔，总路程相当于地球至太阳距离的30倍。

　　（下略）

　　以上几则科技消息，采用了不同的比喻来形容，有一个共同点就是都用形象的、立体的、已知的物体来比喻。说手机袖珍化，不仅告诉读者新推出袖珍手机的具体尺寸、重量，还形象地说"巴掌那么大，像一袖珍收音机"，"像一副扑克牌，轻得可以装入衬衣口袋里"，这很容易引起读者的联想，一下子在头脑里对袖珍手机有了一个清晰的概念。无独有偶，韩国开发的世界上最小体积的便携电脑，也是给出长、宽、高的具体尺寸和重量，然后形容"由于它体积小可装入衣服口袋随身携带"。

　　首块晶闸管模块问世则用形状的对比，"一个仅有肥皂盒大小的神奇模块，竟能取代像衣柜大小的整流柜的功能"，一般人大都见过整流柜，而对晶闸管比较陌生，一时很难解释清楚，作者用"肥皂盒大小"对比"衣柜大小"，读者就找到感觉，起码知道其体积比整流柜小很多，而功能又比整流柜神奇得多。

　　《便携式卫星呼救仪》是名副其实的科技简讯，只有160余字，却用了多处比喻形容，如卫星天线像"硬币大小"，装置原理"与移动卫星电话相仿"，大小"与移动电话相似"等。说制成世界上最长的碳纳米管，用3毫米长"形状酷似牙刷"形容它的列阵。用已知的日常生活中经常看到的物品比喻，容易诱发读者的联想，在读者的头脑中形成一个清晰的概念。

　　《一台揭示物质结构的"超级机器"》是一篇难得的范文，在全文中不仅把电子、质子、中子的简单原理和基本知识，给读者说清道明，还运用比喻手法把粒子加速器比作粒子的"跑道""隧道""环形路"，把夸克结合成为质子和中子的力量比喻为"弹簧的力量"，从而引导读者去理解和联想。

　　用头发丝比喻细微已司空见惯，在科技新闻中也是屡见不鲜。随手撷取两例：

最细的导线

　　由荷兰和美国科学家组成的一个国际科研小组最近研制成功迄今为止最细的导线，其直径仅相当于10个原子并排在一起。

　　据英国《每日电讯报》13日报道，基地设在荷兰德尔夫特技术大学的这一科研小组是利用"纳米碳管"技术研制成功这一最细的导线的。这一导线的长度只有1.5纳米，相当于头发丝直径的十万分之一。目前半导体技术中利用光蚀刻技术在硅晶片制造细微导线，但只能制成直径几百纳米的导线。如果能制造更细的导线，则可使半导体技术取得进一步突破，制成含有更多元件的半导体产品，计算机的容量和运行速度将因之大大提高。

（《人民日报》1999年2月1日）

美研制新一代信息储存芯片

本报讯 美国科学家正在研制新一代信息储存芯片，与目前最好的信息存储芯片相比，其信息存储可提高1000倍，信息存取速度快10倍。

据英国《星期日泰晤士报》报道，这种芯片宽度将在0.1微米左右，可相当于头发丝粗细的千分之一。目前科学家已在元件为0.1微米的条件下储存和读出信息，但将元件制造到0.1微米并能进入实用化阶段尚存在难题，其难点之一是芯片表面镀层无法镀得非常均匀。

通常芯片采用真空喷镀法，即将金属粒子喷到硅晶片表面，形成一层薄膜，然后再加工成各种元件。而在0.1微米的精度要求下，利用金属粒子喷涂到硅晶片表面，则如同将一颗颗手榴弹扔到阵地上一样形成大量的弹坑，致使晶片表面坑坑洼洼。

（下略）

（《通信产业报》1996年8月7日）

最细的导线，其直径仅相当于10个原子并排在一起，长度1.5纳米。恐怕读者对10个原子的直径有多细，1.5纳米到底有多长，只是一个看不见、摸不着的概念。但"相当于头发丝直径的十万分之一"这句比喻，给人一个细得不能再细的形象感觉。新一代信息储存芯片的宽度将在0.1微米左右，0.1微米也是概念，"可相当于头发丝粗细的千分之一"却是把概念变成形象，可以说这是通俗化的必由之路。

《美研制新一代信息储存芯片》一文中，在谈到芯片表面镀层的难点是在0.1微米的精度要求下，无法镀得均匀时，提到过去采用真空喷镀法时的弊端，对于这种工艺没有几个人懂得，然而作者在这里作了一个十分形象的比喻："利用金属粒子喷涂到硅晶片表面，则如同将一颗颗手榴弹扔到阵地上一样形成大量的弹坑，致使晶片表面坑坑洼洼"，这就让读者对真空喷镀法的弊端有了一个直观的认识，后面再讲离子束喷镀法能克服这一缺点时，就容易理解多了。

运用形容和比喻一定要恰当，让读者自己找到一个准确的形象感觉，切记不可乱比喻乱形容，否则一开始就会给读者一个错觉。

三、描绘场景　鲜活生动

科技新闻通俗化的另一个途径，就是在导语中运用场景描写。在倒金字塔的结构中，导语是全文内容的精华，也是读者最为关注的新闻点。每一个有事业心的记者都会拿出浑身解数，力求写出吸引读者眼球的导语。科技新闻传统的概括式导语，容易写得干巴和深奥，读起来往往令人索然无味。因此，必须借助于形象化的手段，通过场景描述来激发读者的兴趣。

这种场景描绘有多种方法，可以是倒金字塔写法，也可以是正金字塔写法；可以是一段式导语，也可以是两段式导语；可以在场景中出现人物，也可以在场景中不出现人物，可以是现场目击，也可以是事后加工。不管采用哪种形式，你要写的科技产品一定要出现在场景中，描绘场景时不仅要有镜头感，而且要让场景动起来，做到形象鲜活、生动有趣。下面举一些各种不同类型写法的例证：

3 秒升温 1000℃

我国快速热处理设备居世界前列

本报讯　机械手从片盒中取出硅片，送进石英腔。在两片高温石墨板中，硅片迅速升温，几秒后被推出。瞬间由火红变为铁黑。没有翘曲变形的硅片再由机械手送进片盒。这是日前记者看到的 RHT 型全自动快速热处理设备的操作过程。据专家介绍 RHT 3 秒可升温 1000℃，冷却速度也快，各项性能良好，已达到 90 年代世界先进水平。

（下略）

（《科技日报》1991 年 3 月 18 日）

我国首台磁悬浮列车在国防科大研制成功

本报讯　在一串串电铃声中，一节没有车轮的特殊悬浮列车从轨道上缓缓升起，升高约 10 毫米后，在没有任何依托的情况下静静地悬浮在空中，而后，在驾驶员的操纵下，列车沿轨道方向在空中前进或后退……这就是记者昨日在国防科技大学见到的我国第一台单转向架磁悬浮列车。

（下略）

（《湖南晚报》1995 年 5 月）

这两篇科技消息的导语，在保留五个 W 的前提下，采用了场景的描写。如果用传统的写法，《我国快速热处理设备居世界前列》的导语可能写成这样：

本报讯 日前，记者获悉我国自行研制的 RHT 型全自动快速热处理设备已居世界前列。据专家介绍 RHT 3 秒可升温 1000℃，冷却速度也快，各项性能良好，已达到 90 年代世界先进水平。

这样写无可厚非，也能说得清楚，但总觉得缺少点味道。因为 RHT 不是普通的热处理设备，它的研制成功，能够满足亚微米超大规模集成电路研制和生产的需要。有了"机械手从片盒中取出硅片，送进石英腔。在两片高温石墨板中，硅片迅速升温，几秒后被推出。瞬间由火红变为铁黑。没有翘曲变形的硅片再由机械手送进片盒"这样一个现场应用的描绘，不仅让读者知道了 RHT 热处理设备是专为半导体硅片退火用的，而且导语有了形象感、立体感，并增添了可读性和趣味性，给人"味道好极了"的感受。有没有场景描绘，味道确实不一样。

《我国首台磁悬浮列车在国防科大研制成功》一文的作者，在拿到通稿后，不是简单地一发了之，而是一心想把专业术语和原理，用通俗的语言表述出来，把这篇稿件写活，写出味道来。于是，他找了课题组的专家反复请教，终于弄懂了磁悬浮列车浮起来的基本原理，并登上磁悬浮列车进行亲身感受。所以导语中的场景特写镜头，才显得活灵活现。同类一批稿件见报后，读者反映这篇报道"最生动、形象，看得懂"。课题组的专家给的评价是既准确又形象。

上述场景描写是只见物不见人，有的场景描绘是有物又有人，缺少谁都不行。下面几例就是如此：

我国第一次成功进行体内爆炸治疗结石症

新华社西安 1980 年 4 月 30 日电 4 月 8 日，在西安市中心医院泌尿科，大夫用一种器械带着一枚微型炸弹，顺着一位患者的尿道送进膀胱夹住结石进行定向爆破。只听"啪"的一声，一个干枣大的结石被炸成四瓣，先后由尿道排出，膀胱无任何损伤，患者没有什么痛苦的感觉，只是在爆炸时小腹有带麻的微震感。

这是我国第一次成功地把体内爆炸治疗结石病应用于临床。

（下略）

沪上汽车流行"黑匣子"

本报讯 最近，笔者随几位记者从上海前往常州采访，车行途中，突然有位交通警察拦车检查，说怀疑我们的车超速。驾驶员不服。"打开黑匣子！"交警命令道。

黑匣子？以前只是飞机上有，那是一种飞机坠毁前记录飞行状况的"不祥之物"，现在居然流行起"汽车黑匣子"。

（下略）

（《电子商报》1995年1月24日）

春天的苹果火起来

本报讯　4月20日，苹果iMac电脑产品发布会现场，只有4岁的小男孩楠楠，带着几分好奇、几分惊喜，在短短的几分钟时间里，就顺利地启动了一台崭新的iMac，并现场表演了精彩的"巧巧龟游戏总动员"。这一切不禁让到会的业内人士对iMac易安装性和易操作性感到折服。

苹果电脑公司中国区总裁戴怀宗先生宣布，具有Internet激情冲浪能力和Macintosh简易操作特色的苹果iMac电脑正式进入中国市场，国内消费电脑市场以及电子出版用户从此有了属于自己的新宠儿。

（下略）

（《中国计算机报》1999年4月26日）

飞利浦数字移动电话独具个性

本报讯　一部只有9.9厘米高、95克重的数字移动电话，一会儿被罗振辉（Simon Roper）托在手掌上，一会儿又放进他的西服上衣兜里。这位飞利浦消费通讯系统亚太区经理，4月3日向在京的记者充分展示了据称迄今为止全球最小且最轻的飞利浦Genic数字移动电话。

（下略）

（《通信产业报》1997年4月9日）

前面两篇科技消息导语中的场景描写，都出现了"隐形人"，即无名无姓的人。《我国第一次成功进行体内爆炸治疗结石症》一文中，出现的是不知名姓的一位大夫和一位患者；《沪上汽车流行"黑匣子"》出现的是不知名姓的笔者、几位记者和一位交警。如果在场景中抽去这些"隐形人"，这些场景就不复存在，可见"隐形人"在这里起着举足轻重的作用。

此外，场景描绘上也各具特色。前者把进行体内爆炸治疗结石症的过程，采用层层推进的方法，每一步都描写得细致入微，读者感受到的是动态的画面，形象的镜头，令人信服的治疗成功。后者把汽车"黑匣子"这个多功能机动车行驶记录仪的作用，放在一个动态的行进中来完成，而且是在未知的前提下完成的。枯燥的"没有生命"的科技产品，在一连串动感的镜头中，变得鲜活起来，生动起来。这两则不同导语中的场景描绘，像是让读者看了两部精彩的电视短片。

而《春天的苹果火起来》和《飞利浦数字移动电话独具个性》两则科技消息中，出现的是有名有姓的人。前者是仅有 4 岁的小男孩楠楠和苹果电脑公司中国区总裁戴怀宗，后者是飞利浦消费通信系统亚太区经理罗振辉（Simon Roper）。苹果 iMac 电脑的易安装性和易操作性，是通过 4 岁楠楠的小手实现的；飞利浦 Genic 数字移动电话全球最小而且最轻，也是通过罗振辉的手掌展现的。这种场景描写，除了场景描述的共性外，由于有真人的出现，其真实性更令人信服。

再有一种情况，就是导语中的场景描写不出现五个 W，而把五个 W 放到了第二段中，这更像是正金字塔写法。下面就是这样两个典型例证：

及时发现歹徒劫机　跟踪显示飞机航向
国产航管 I 号系统身手不凡

本报讯　"7500" 不祥的代码，突然连续地闪烁。"飞机被劫持了！" 航管 I 号系统调度员盯着显示屏惊呼。告警。跟踪。调度员下意识地履行着职责……

在山东济南机场执行空中管制任务的国产航管 I 号系统，1989 年 12 月 16 日连续清晰地跟踪了被劫持的飞机，其良好稳定的性能，又一次得以显示。

（下略）

（《中国电子报》1990 年 1 月 12 日）

松下演练实装精粹

本报讯　随着有节奏的声响，几台松下贴片机、插件机将色彩纷呈、形态各异的电子元器件"种植"在基板上，一幅幅美妙"浮雕"便在转瞬间制作而成。中国科技会堂演示厅内，现代化电子生产技艺的神奇魅力，令人叹为观止。

9 月 16 日至 18 日，松下电器（中国）有限公司主办的松下电器机电新产品技术交流会收到了超过预期的效果。本次活动重点展示先进的表面贴装设备和自动插装设备，研讨交流 SMT 技术的最新发展，旨在促进我国电子基础行业的技术进步。

（下略）

（《通信产业报》1996 年 9 月 25 日）

　　上述两篇科技消息是又一种类型，最大的不同点是把时间、地点等五个 W 要素放到了第二段，第一段是纯场景描绘，这类似国外新闻的写法，有点美国华尔街日报导语的味道。国产航管 I 号系统是我国第一套自行研制的二次雷达空中管制系统，是真正的高科技产品，一般读者对其比较陌生。作者绕过高科技本身，用一个飞机被劫持的真实事件，描绘了一幅紧张、惊险的画面，一下子抓住了读者的眼球，诱发了继续读下去的兴趣，并取得了可信度和可读性的双重效果。值得一提的是，作者没有到目击现场，而是事情过了半个多月后，在采访中通过别人描述得知的。但是他仍然采用了从目击的角度去构思，取得了意想不到的效果。

　　《松下演练实装精粹》的场景描写，则是作者现场目击后写的。在一次松下电器机电新产品技术交流会上，向观众重点展示了先进的表面贴装设备和自动插装设备，如果用几十个字说清它们的性能和水平是很难的，弄不好就是一张产品说明书，枯燥乏味，艰涩难懂。作者抛开新闻通稿，把演练现场原封不动地"搬"到导语中，并用她丰富的想象力与演练现场的演示结合起来，把枯燥机械的插件过程比喻为"种植"，把平面印刷线路板喻为"浮雕"，这些比喻充满了立体的动感，给读者美的愉悦。有意思的是这两篇消息的作者，一个是南开大学中文系毕业，一个是北京大学中文系毕业。他们不仅中文功底深厚，也特别喜欢尝试创新，是属于我很欣赏的一类记者。

　　从上面一些例证中，可以看到科技新闻通俗化是有责任心记者的不懈追求。还有一种情况，企业的写手在撰写科技新闻时，着眼点更多的是对企业的宣传，一般不大讲究通俗化、可读性。企业写的科技新闻就是有通俗化和可读性的地方，一些媒体也不从读者角度出发，编发时尽量删节。下面试举一例：

中兴通讯以实力引领未来

印尼雅加达 INDOSAT 电信成功放号

　　本报讯　2004 年 7 月 25 日，印尼第二大全业务电信服务运营商 INDOSAT 公司在雅加达举行了盛大的放号活动仪式并取得圆满成功。此举不仅标志着 INDOSAT 公司在印尼电信业的巨大进步，也再一次以事实证明了中兴通讯 CDMA 设备的优质品质和公司雄厚实力。

　　INDOSAT 公司的放号仪式场面宏大，用直升机进行了航拍，对整个仪式实时转播。该公司邀请了一位来自马来西亚的攀岩高手扮成"蜘蛛人"，在没有安全带的情况下爬上了 INDOSAT 公司主楼 25 楼楼顶，并在 23 楼的地方打通了新加坡的国际长途。在此过程中，在地面的主持人通过手机对"蜘蛛人"进行了采访。据现场后台跟踪显示:"蜘蛛人"的手机呼叫正常,没有掉话等问题出现,放号现场除释放成功率达到100%外,呼叫建立成功率,以及切换成功率均超过99%。

(下略)

差异化竞争力制胜全球市场
中兴通讯CDMA2000网络首期50万线印尼正式开通

本报讯 日前,中兴通讯为印尼运营商INDOSAT承建的CDMA2000 1X网络正式开通运营,首期开通设备容量达50万线,覆盖雅加达等经济发达地区。该网络提供语音、高速数据和众多增值业务,并能平滑过渡到3G网络,从而能够帮助运营商更好地拓展市场,发展用户,降低运营成本,实现盈利。

在雅加达举行的盛大的开通仪式上,INDOSAT邀请了一位攀岩高手假扮"蜘蛛人"徒手爬上了INDOSAT主楼25楼楼顶,在百尺高楼通过CDMA手机拨通了国际长途并接受记者电话采访。放号现场,中兴通讯CDMA设备放号释放成功率达到100%,呼叫建立成功率、切换成功率均超过99%。中兴通讯优良的设备性能、完善的售后服务获得了运营商的高度评价。

(下略)

《印尼雅加达INDOSAT电信成功放号》是原作初稿,后经加工改写成《中兴通讯CDMA2000网络首期50万线印尼正式开通》供媒体发表。初稿与供媒体发表稿,除了标题改动较大外,最显眼的是后者将初稿第二段中有意思的描绘"蜘蛛人"的场景,砍掉了直升机航拍和"蜘蛛人"细节的描写,改后缩减下来部分显得直白。

稿件见报后,笔者搜集了2004年8月2日至8月11日的平面媒体和网络媒介,共有9家刊登了此消息,包括《光明日报》《中国证券报》《人民邮电报》、中国通信网、中国信息产业网等多种媒介,无一例外都删除了第二段中有关"蜘蛛人"的场景描绘,只有新浪网和搜狐网是原文照登。之所以删除有关"蜘蛛人"的场景描绘,可能编辑觉得这些描写太累赘,也可能觉得与全文风格不协调。本人认为还是写法问题,把场景描写放在第二段显得可有可无,或者认为不伦不类。

笔者试着按照正金字塔导语的写法改写如下:

直升机助阵　"蜘蛛人"显能
中兴CDMA在异国他乡好不风光

本报讯　印度尼西亚首都雅加达。一架直升机在低空盘旋，摄像师手中的镜头在俯瞰拍摄。矗立在繁华地面上的一幢25层大楼的四周人潮如涌，只见一个"蜘蛛人"像壁虎一般贴在墙壁上，在没有安全带的情况下，"嗖、嗖、嗖"地一口气爬到了23层，这时"蜘蛛人"潇洒地掏出手机，与新加坡通起了国际长途电话。随后，他又爬到楼顶接受了地面上的主持人通过手机对他的采访。

发生在2004年7月25日的这一幕，不是电影的特技拍摄现场，而是印度尼西亚INDOSAT公司在其主楼举行的CDMA放号活动开通仪式，"蜘蛛人"则是一位来自马来西亚的攀岩高手，整个仪式用直升机航拍，并进行了实时转播。据现场后台跟踪显示："蜘蛛人"的手机呼叫正常，没有出现掉话等问题，放号现场除释放成功率达到100%外，呼叫建立成功率以及切换成功率均超过99%。中国最大的通信制造业上市公司——中兴通讯提供的CDMA2000网络又一次为国争光。

（下略）

这样一改，把描绘"蜘蛛人"的场景放在导语里，编辑就无法删除，除非第二段也删除或根本不发。问题是现在的现场描绘，增加了动感和镜头感，更像一个视觉形象很强的短片，读者看了会觉得有意思，在审美感受中体验了中国高科技产品成功走向海外。当然，标题也做了大的改动，引题用"直升机助阵'蜘蛛人'显能"，为导语中将出现的场景做了铺垫，主题用《中兴CDMA在异国他乡好不风光》，也与导语互相呼应，而且将一篇企业新闻变成了行业新闻，甚至是社会新闻。

场景描绘的一个共同点是都具有现场感，作者要深入现场，把亲眼所见所感描绘下来，使读者也有身临其境的感觉，这就必须是动态的场景，而不是静态的场景。此外，作者的丰富想象力和文学素养，也会起到添加剂的作用。作者和编辑心中始终要装着读者，牢记你是写科技新闻，不是写科技论文，不是写技术报告，不是写产品说明书，不是堆砌名词术语。

科技新闻通俗化，不是一朝一夕就能实现的。上面提出的一些方法，可以在实践中尝试使用，还会出现更多的方法。有志于从事科技新闻的同志，只要孜孜不倦地去实践、去探索、去创新，一定会有所作为、有所创造、有所成果的。

（本文在2013年曾补充内容最后修定）

收入《产业报论文集》，中国建材工业出版社　1998年6月出版

技术"软文"写作初探

技术"软文"是一种特有现象，在新闻学上找不到有关它的概念和论述，在公开出版物上也见不到有关它的理论文章。根据接触到的一些报刊上公开发表的技术"软文"，粗略剖析以后，谈谈自己的一孔之见。

一、技术"软文"的由来

在20世纪90年代以前，报刊是靠吃"皇粮"生存的。进入社会主义市场经济以后，除党报党刊外，其余报刊逐渐"断粮""断奶"，首当其冲的是行业报和专业报。为了生存和发展，一些市场意识觉醒早的报刊，在硬广告之余，"发明"了企业专版，整版或半版刊登企业宣传自己的文章，这些文章大多出自企业宣传人员之手，也有找报刊记者代写的。企业专版收费标准比硬广告低不少，报刊创收，企业高兴，二者双赢。

企业专版在20世纪90年代初期兴盛一时，后来发展到个别报刊单篇企业宣传文章也收取费用，新闻出版署三令五申新闻报道不得收费，致使一些报刊略有收敛，改成企业赞助专栏，打企业的"版花"广告。为了与硬广告区别，这种收费文章在报刊内部被称为"软文"。"软文"是市场经济条件下的必然产物，报刊要生存和发展，就得千方百计用版面搞创收；企业要扩大影响，就是花钱也愿意在报刊上频频"露脸"。

到了20世纪90年代中期以后，我国IT行业和通信产业迅速崛起，尤其是21世纪新纪元开始时，一些高科技民族企业已能与跨国公司掰手腕，突出的是一些通信企业的技术发展与跨国公司几乎同步，而市场竞争又到了白热化的程度。企业渴望在报刊上多刊登介绍自己技术和产品的文章，以引起读者和用户的关注；而报刊既为企业服务，又可收费增加效益，技术"软文"应运而生。

何谓技术"软文"？笔者以为，技术"软文"是企业为了宣传和介绍自己的技术和产品及解决方案而撰写的特定收费文章（也有的报刊因企业投放广告多，技术"软文"不再单独收费），它的主要阅读对象是用户（特别是潜在用户）。

技术"软文"不是科普文章，不承担为广大读者普及科技知识的功能；技术"软文"不是新闻报道，不受时效性的约束；技术"软文"不是产品说明书，更不是科技论文，它也许写些技术背景，但笔墨不能多，它的重心是企业技术的先进性和产品的实用性，解决方案的可行性，以及给用户带来的便利和效益。

二、技术"软文"写作中的几个问题

技术"软文"的佳作寥若晨星，笔者留意过一家主流行业报的技术"软文"，三个月没看到一篇值得称道的作品。不过，看过一些技术"软文"后，还是总结出一些规律性的东西，结合自己的体会和认识，谈谈如何才能写好技术"软文"。

（一）标题制作

标题是文章的眉目和提要。它既要醒目抓人，又要提炼文章的主题，二者结合得好，才是上佳的标题，但往往顾此失彼。比较而言，技术"软文"的标题比新闻的标题更难制作。从看到的一些技术"软文"，大致有以下几类标题：

1. 公司名称+技术、产品或解决方案，公司名称+应用、业务、方案、策略、模式等，或者去掉公司名称，只保留后者。多数技术"软文"的标题，采用这种形式。

如：《独领风骚——中兴通讯 CDMA 位置服务系统》《中兴 WCDMA 产业化的最新进展》《GSM 1X 技术和中兴通讯 GGG 网关解决方案》《北电网络 3G UMTS 发展势头迅猛》《华为智能光核心设备服务全球多条干线》《华为全线跟进 IPv6》《爱立信即时通实现移动新业务》《诺基亚领先倡导 PoC》《摩托罗拉：广州地铁是经典应用》等。

有时候标题中不出现公司名称（因为有公司版花广告在文章下方），如《具有"智能意识"的 GGSN》《DSL 的多业务网络模型》《SAN：面向大客户的新业务》（上海贝尔）、《城域传送网的应用》（大唐）、《GoTa 的战略意义》（中兴通讯）等。

这种形式的标题只有一行主题（俗称大标题或正题），其优点是能让读者一目了然、一览无余地了解文章的主题是什么，公司和作者要告诉读者什么、表达什么，如果对此内容感兴趣的话，他就会去阅读。不足之处是标题不太活泼生动。

2. 比较常用的还有引题+主题或主题+副题两种形式。

（1）引题+主题的形式

引题：推进电信普遍服务　共建农村通信市场
主题：中兴通讯推出"村通工程"解决方案

引题：立足长远目标　力争少走弯路
主题：选择合理的 WCDMA 网络无线扩容方案（北电网络）

引题：打造运营业务理想
主题：上海贝尔阿尔卡特构建"精品网络"

引题："听诊"联通
主题：呵护 CDMA 绿色精品网络（中创信测）

引题：思科 CRS-1 震撼登场
主题：路由器蜕变：下一代网络的福音

这种形式，引题的主要作用是交代背景、烘托气氛、总结成果、揭示意义等。

（2）主题+副题的形式
主题：建设先进高效、安全可靠的电力信息网
副题：中兴通讯业务智能交换机打造香港中华电力数据通信网

主题：新时期的接入网建设
副题：采用中兴 ZXA10—MSAN 建设综合业务网络

主题：精品网络需要专业打造
副题：中兴通讯 CDMA 网络无线解决方案的特点

这种形式，平时用得更多一些，也更规范一些。中兴通讯的一些技术"软文"便喜欢采用这种形式。在这里副题的作用是补充、注释、印证主题，使主题更加完整。

引题与副题的二者区别是：引题务虚，副题务实。

3. 技术"软文"的标题制作，因受文体的限制，不能做得花里胡哨、云山雾罩、不知所云、文不符题；而应以准确、实在、易懂、题文相符为原则，在此基础上尽量做到新颖、生动，有些色彩，有点韵味，增强一些可读性。

如："听诊"联通（引题）

呵护 CDMA 绿色精品网络（主题）

一个"听诊"，一个"呵护"，有几多人性化的味道。

此外，像《NTT DoCoMo：三驾马车齐驱动》；

《宽带任我游》（副题是"MONS 家庭多媒体娱乐系统介绍"）；

《好风凭借力》（副题是"从几桩奥运赞助看通信新业务推广"）；

《3G 如何能无处不在》等也都做得不错。只要下功夫，还是能制作出好的标题的。

（二）开头导入

不论任何文体的文章，写好开头都是十分重要的。好的开头，就如同"诱饵"能吸引读者读下去。技术"软文"的开头，又与一般文章有所不同，它不能有很长的过渡，也不能写很长的虚套子。在读过的一些技术"软文"中，好的开头不多，要么冗长啰唆，空话、废话很多；要么干脆没有开头，干巴巴地开头上来就是第一个小标题，显得十分突兀。怎样的开头比较好呢？下面谈一谈笔者的意见。

好的技术"软文"开头，应该做到准、快、短、新。

所谓准、快、短、新，就是切入准、进入快、文字短、写法新。

1. 切入准、进入快，是技术"软文"开头的基本要求

技术"软文"的开头不同于其他文体，不需要很长过渡，不需要刻意修饰，不需要先此后彼，不需要先抑后扬。切入准就是切入的角度要紧紧围绕主题，不要出现过多枝杈；进入快就是直截了当进入正文，中间没有必要引申，更不要做文字游戏。一句话，切入准、进入快就是要开门见山、干净利落，不拖泥带水。

如：中兴通讯的《CDMA 企业无线高速数据业务的应用》（《人民邮电报》2004 年 7 月 13 日）一文，开头写道：

> CDMA 企业无线高速数据业务的应用主要依托于 cdma2000 1x 网络，通过 PDSN 无线接入 IP 网，实现数据的无线传输。

上述开头不到 50 个字，直接切入主题并立即进入下文，接着便是正文的第一个小标题"企业无线高速数据业务"。可以说这个开头一句废话都没有，一个多余的字都没有。

《中兴 WCDMA 在网络不同建设阶段的覆盖策略》（《人民邮电报》2004 年 2 月 26 日）的开头，用了不到 140 个字，不仅切入准、进入快，而且提纲挈领地把全文内容做了概括，读者看了开头便对全文要表述的内容有个大致了解。下面是原文的开头部分：

> 运营商有限的资金投入和用户的渐进接受过程，决定了 WCDMA 的网络建设不可能一开始就进行全覆盖策略规划。因此和其他通信网一样，WCDMA 的网络建设也可以大致分为三个阶段：初始建设期、规模发展期和网络成熟期。在这三个不同阶段，运营商具有不同的目标客户群，也就具有不同的覆盖策略。

开头第一句话"运营商有限的资金投入和用户的渐进接受过程"，是导入全文的"由头"，后面的话是全文的纲，纲举目张，引出正文的三个小标题"初始建设期——低成本，大覆盖""规模发展期——多业务，广覆盖""网络成熟

期——全业务，细覆盖"，全文紧扣主题，一气呵成，浑然一体。可见好的开头是为主题服务的，对全文的架构也起到提挈导引的作用。

华为的《泰国双频网优化经验》(《人民邮电报》2004 年 7 月 27 日) 的开头则是另一种类型：

> 作为有效解决覆盖和容量问题的网络结构，GSM900/1800 双频网已经得到广泛的应用。双频网优化的焦点问题是话务引导和均衡问题，一般通过空闲状态的 CBA、CBQ、CRO、ACCMIN 以及通话状态的层级设置来实现。下面将结合华为公司的泰国 AIS 项目，重点探讨基于这种网络结构的优化方法和思路。

这个开头也仅有 130 个字，它先提出"双频网优化的焦点问题是话务引导和均衡问题"，然后通过这个问题导入，再带出后面的优化经验。

从上面的三篇例文可以看出，虽然它们都符合切入准、进入快的要求，但写法上又各有千秋，或直截了当，或提纲挈领，或提出问题，在百余字中寻求变化。写作就是这样，有创作规律可循，不能死"套"某种模式；有共性东西参照，但必须有个性风格。求新求变，与众不同，始终是文字工作者的追求。照抄照搬，不动脑筋，是不可取的。

2. 文字短、写法新，是技术"软文"开头的另一个基本要求

开头要切入准、进入快，带来的必然是文字要精练，不能臃肿。笔者抽样阅读了 42 篇技术"软文"，其中没有开头，直接就进入第一个小标题的有 8 篇；采用一段式开头的有 19 篇；使用两段式或三段式开头的有 14 篇。从中可以看出多数作者青睐一段式开头，这是因为一段式开头符合切入准、进入快、文字短的基本要求，也是技术"软文"写作的规律。

在一段式开头的 19 篇中，有两篇在 50 个字之内，有 8 篇在 100—150 字，两篇在 150—190 字，6 篇在 200—250 字，一篇 390 字。最长的 390 字，最短的 20 字，这就是说 100—150 字是最佳选择。文字长短没有硬性要求，但惜墨如金是应该提倡的。以某家报刊为例，一篇 2000 字的技术"软文"，收费 2 万元左右，也就是说每个字 10 元，390 字的开头就是 3900 元，多一两句废话，就会白扔出几百元，从节省每一个"铜板"出发，也要字斟句酌，惜墨如金，学会用最少的字，表达最丰富的内容。

技术"软文"的写法新，是相比较而言的，有一定难度，但起码不要写得那么艰涩难懂，或者平淡无味，开头尽量做到通俗化，有些新意或有点变化，尽可能吸引读者的眼球。

《中兴 GSM 网络规划优化服务》(《人民邮电报》2004 年 7 月 27 日) 的开头是这样写的：

　　　　话务掉话比从 102.15 上升到 130.08，最坏小区比从 2.49%降到
　　0.68%，掉话次数的绝对下降比例达 26.94%……这些数据是中兴通讯
　　对西南地区某移动网络进行第三方网规网优后得到的结果。看似枯燥的
　　数字却凝聚了中兴通讯网规网优工程师辛勤的汗水和无穷的智慧，彰显
　　了中兴通讯为客户精心服务的优良品质。

　　上述开头有点像新闻的写法，利用数字对比的事实导入，不同以往技术
"软文"开头的写法，给人以新鲜感，同时也增强了可读性。
　　上海贝尔的《SAN：面向大客户的新业务》（《人民邮电报》2004 年 8 月 12
日）的开头异曲同工，也是新闻的写法：

　　　　据 Disaster Recovery Journal 发布的统计表明，美国公司的计算机平
　　均每年停机 9 次，每次 4 小时，因停机而造成的损失平均每小时从 1.5
　　万美元到 650 万美元不等。美国计算机停机每年造成 40 亿美元的损失，
　　其中 43%的美国公司在发生灾难后再也没能恢复，另外有 29%的公司
　　在两年内关闭了。

　　这个开头先用事实提出一个严峻的问题，只字未提存储域网（SAN）技术，
实际上是埋了一个伏笔，诱导读者"欲知后事如何，且听下回分解"。下面一段
紧接着写道"正因为此，存储域网（SAN）技术在近年来发展非常迅猛……"
给人顺理成章、水到渠成的感觉，可见作者匠心独运。
　　爱立信的《3G 如何能无处不在》（《人民邮电报》2004 年 7 月 1 日）的开
头，并不急于推介自己的 3G 技术，而是先给读者很多大运营商开通 WCDMA 商
用服务的信息，面对扑面而来的信息，第二段隆重推出沃达丰公司：

　　　　对于有雄心在欧洲迅速发展的运营商来说，WCDMA 是必行之路。
　　2004 年 4—5 月全球主流运营商纷纷开通 WCDMA 商用服务，他们是
　　NTT DoCoMo、沃达丰集团（欧洲和日本）、T-mobile（德国电信）、
　　TIM（意大利电信）和 Telefonica（西班牙电信）；另外，Orange 和 Cin-
　　gular+AT&T Wireless 已经决定在 2004 年年底前开通 WCDMA 服务。
　　　　在全球 3G WCDMA 的大潮中，已经有越来越多的运营经验值得我
　　们借鉴。其中沃达丰公司通过 3G PC 卡瞄准商务用户和普通用户就是
　　一个新的运营"动向"。

　　爱立信始终深藏不露，直到最后一段临近结尾时才写道"目前全球已经有
91 家运营商签署 WCDMA 商用部署合同，其中 46 家选择了爱立信作为唯一供应
商或供应商之一。"新闻事实与标题《3G 如何能无处不在》做到呼应。这也是

一种巧妙的写法，"王婆卖瓜，自卖自夸"，不如改由用户的多寡事实说好。

《从传统设备的局限走向网络的系统智能》（《通信产业报》2004年4月26日）的开头，抛开技术本身，给读者一个理念的开头：

> 正如我们所见证的互联网正在改变我们的工作方式、学习方式和生活方式。我们坚信，基于IP为核心的下一代网也将改变电信运营商的经营理念、思维方式和商业模式，因为，这正是IP网络的力量。但是，如果我们不能摆脱传统观念和思维方式的束缚，我们难以得到解决传统问题的真谛。

这篇文章的作者，是思科公司亚太区NGN/VOIP首席技术顾问，使人感到只有真正懂得技术的精髓，才能站得高，跳出技术谈技术。

以上这些例证，并不见得是最好的，但都摆脱了程式化的模式，起码可以给我们拓宽思路，参考借鉴，举一反三，力争写出各式各样、耳目一新、值得回味的开头。

（三）架构组织

技术"软文"的架构，与其他文体相比，还是比较简单的，其内容决定形式，没有什么大的变化。一般来说，要求结构能更好地表现主题，为主题服务。技术"软文"的架构很少使用纵式结构（以时间为序）和纵横交错式（时空交错）结构，大都采用横式结构（按事物性质或逻辑关系组织材料）。

在横式结构中，出现最多的是技术优势、产品特点、解决方案、赢利模式、商用经验、市场前景等。围绕这几方面组织材料，我把它归结为三种常见的结构模式，即步步为营式、围绕主题式及平行并进式，有时这几种模式还互相交叉。

1. 步步为营式

所谓步步为营式，就是根据事物的逻辑关系步步推进，最终实现作者的意图。如《智能光网络的演进》（《人民邮电报》2004年8月12日）全文使用了四个小标题，小标题中再套小标题，步步推进，一目了然：

> 一、多业务和智能化是光网络发展的必然趋势
> 二、智能光网络的标准和体系结构
> 三、智能光网络的演进
> 1. 网络设备的演进
> 2. 网络形态的演进
> 3. ASON网络的演进
> 四、华为OSN智能光网络演进

这篇稿子逻辑关系十分严谨，从光网络发展的必然趋势，到标准和体系结构；再从智能光网络的演进，到华为 OSN 智能光网络演进，一步一步推进，让读者看到智能光网络的一个完整演进过程，最后企业产品的推出是水到渠成。

《中兴软交换：率先成熟商用，当然领先一步》（《人民邮电报》2004 年 6 月 22 日）的结构分为三个部分：

> 中兴通讯软交换产品领先的技术优势
> 中兴通讯软交换先进的业务实现方案
> 中兴通讯软交换产品成熟的商用经验

先讲技术优势，再讲实现方案，最后提商用经验，也是步步推进。中兴通讯软交换在先进技术和业务实现方案的基础上，还有成熟的商用经验，这对读者来说才是最重要的。技术再先进，不能商用，犹如空中楼阁。

《从传统设备的局限走向网络的系统智能》的结构也是三个部分，则是另一种推进模式：

> 传统 PSTN 设备的局限
> 下一代网的系统智能
> 下一代网规划中的策略
> 1. 明确指导思想和目标——避免"黑暗中射箭"
> 2. 面向市场、面向商业、面向用户——"由里向外"的驱动力
> 3. 战略合作伙伴——远见创新和稳健踏实的保证

文章先彼后己，先抑后扬，把传统 PSTN 设备的局限讲透，顺理成章便走向下一代网的系统智能。对于如何搞好下一代网的规划，作者又提出几条切实可行的策略：明确指导思想和目标，重视三个面向和建立战略合作伙伴。从诊治病因到开出药方，逻辑推理步步为营。

2. 围绕主题式

所谓围绕主题式，就是整个文章结构，自始至终紧紧围绕主题，处处呼应主题，从小标题中就能看出作者的意图。如《中兴软交换成熟的商用盈利模式》（《人民邮电报》2004 年 5 月 19 日），全文从头到尾都在谈赢利模式这个中心点，并用四大部分串接起来：

> 实用、成熟的软交换语音赢利模式
> 迅速发展、持续收益的软交换话吧赢利模式
> 业务丰富、灵活的软交换大客户赢利模式

灵活、融合的软交换网络合作运营模式

《上海贝尔阿尔卡特构建"精品网络"》(《通信产业报》2004 年 5 月 31 日)也是万变不离其宗,文章分三个部分写"精品网络":

"精品网络"的诞生

"精品网络"如何成"精"

"精品网络"如何提供 QoS 保证的多业务

3. 平行并进式

所谓平行并进式,就是文章的段落内容,虽有一定的逻辑关系,但基本是平行的,并不是一环扣一环的紧密无缝。如《呵护 CDMA 绿色精品网络》(《通信产业报》2004 年 5 月 24 日)就是由三个互不干涉的部分组成:

完善的测试方案

1. 应用功能优势

2. 基本测试方便快捷

3. 过程测试清晰实用

灵活的测试手段

1. 用户化的协议解码

2. 灵活的消息捕捉和过程跟踪

3. 独创的多接口交互关联

4. 强大的统计分析功能

5. 丰富的 A 接口网络优化功能

实战"诊断"

1. CDMA2000 分组 R–P 接口分析

2. CDMA2000 核心网性能分析

3. CDMA2000 QoS 分析

以上完善的测试方案、灵活的测试手段、实战"诊断"三个部分,是各自独立的平行关系,抽出哪部分,都能自成体系。

《大唐电信"画中话"突破固网增值瓶颈》(《人民邮电报》2004 年 8 月 12 日)全文是由市场前景、产品特点、美好远景三个各自独立的部分组成:

一、产品的市场前景

二、产品的功能特点

1. 精巧可人、秀外慧中

2. 传递情感、音视并通

　　3. 使用便捷、操作简便

　　4. 质优价廉、自主技术

　三、产品的美好远景

　　谈产品的功能特点和市场前景，是最常见的写法，基本上在技术、产品、方案、市场、应用等这个圈子里转，只不过每篇文章的组合和侧重点不同。

　　《中兴 CWDM 技术在河南中原油田的应用》（《人民邮电报》2004 年 8 月 12 日）也是这种类型，与大唐文章不同的是"市场"变成了"应用"，三个部分变成两个部分：

　　　CWDM 稀疏波分复用技术的特点

　　　河南中原油田 CWDM 设备应用情况

　　平行并进式的写法，段落之间可以有过渡，也可以没有过渡；逻辑关系可以有必然联系，也可以没有必然联系，作者有较大的自由度。

　（四）值得注意的几个问题

　　技术"软文"的写作，有以下几个问题值得引起重视：

　　1. 一般企业的技术"软文"，主要是从宣传自己的技术、产品的角度出发，引导运营商和用户，这无可厚非。但是如果换位思考，从运营商和用户的角度写，把如何为客户创造价值带来赢利，如何为客户降低运营成本和风险，如何帮助客户增加成功的机会，如何给客户营造再创造的空间，效果会更好。

　　2. 有些企业偏爱宣传自己技术的先进性，好像越先进越能代表自己的技术水平高，这样一来运营商和用户就会采用你的产品。其实恰好相反，运营商和用户最关心的不是你技术的先进性，而是成熟度和应用案例及商用化的前景；最关心你的产品能不能给他带来赢利，能不能给他带来利润最大化，能不能给他带来二次创造的空间，以及提供什么样的服务。

　　3. 所有的技术"软文"在谈技术和产品时，都会写到功能和特点，像写说明书一样，罗列好多条，平均使用力量。不同的企业，相同的技术和产品，写出来大同小异。写功能和特点时，要有侧重，重点写你的技术和产品包括方案，最突出的是什么，与别的企业和竞争对手相比，你哪方面比人家强，尤其是质量稳定性和赢利性强在哪里。功能和特点要有主次，与别的企业和竞争对手相同的，尽量淡化，与众不同的要浓墨重彩。

　　4. 一般要有小标题。在笔者读到的技术"软文"中，1000 字左右、1500 字左右、2000 字左右的居多，少数的达到 3000 字。作者为表述方便，大都在文中安排几个小标题，或者在这些小标题中再套小小标题。小标题要醒目，长短字数差不多。没有小标题，黑乎乎一片文字，读者往往会望而却步。

5. 文章要求条理分明、逻辑清晰；语言简洁、文字流畅；通俗易懂、可读性强。技术人员写技术"软文"，不要以为写得越专业越高深，才越能代表自己有水平，这是误区。文章是写给读者看的，首先要让人家看懂，否则没有宣传效果，白糟蹋企业的钱。很多真正的专家，吃透了技术的精髓，写出的技术文章反而通俗易懂，举重若轻，可读性强。

2004 年 8—9 月初稿
2005 年 3 月 30 日二改
2011 年 5 月 19 日三改
2013 年 3 月 16 日最后修订

"三大一高"与报业竞争

在社会主义市场经济条件下，新闻媒介的竞争日趋激烈，报纸的评价标准也在发生变化。什么样的报纸才能立于不败之地？什么样的报纸才算办得成功？笔者以为，既不能以上级主管满意为准，也不能以读者意见一锤定音。评价报纸办得成功的客观标准应是"三大一高"，即发行量大、广告量大、影响力大和权威性高。

"三大一高"不是杜撰出来的，它是符合市场经济条件下报纸运作的客观规律的。因为发行→生存线，广告→生命线，影响力和权威性则是报纸品牌优势和特色优势的集合。客观事实告诉我们，发行、广告、办报三者之间不是平行关系或对等关系，而是相互牵制、互为因果的关系；三者之间也不能简单概括为主次关系或主辅关系，而是龙头、生命和根本的关系。也就是说，发行是龙头，广告是生命，办报是根本。

如果把"三大一高"作为报纸追求的目标，经过怎样的努力才能实现这个目标呢？笔者根据多年办报的实践和认识，下面主要针对行业报和专业报，分别就发行、广告和办报的问题进行阐述。

一、发行的龙头地位不能动摇

在计划经济时期，企业的排序是产供销，生产排在首位，销售排在老末，因为那是以产定销"皇帝女儿不愁嫁"的年代。在市场经济条件下，企业的排序倒过来是销供产，销售排在第一，生产排在老末，因为这是以销定产的时代，需要自己去找市场。报纸的发行工作实际上也经历了同样的过程。20世纪90年代以前，很多报纸是上级单位下红头文件，类似摊派性质，还有就是用公款订报，不愁发行量上不去。在报社的部门设置上，有的把发行划入广告部，叫广告发行部，其实广告是实，发行是虚，从人员配备上看，发行人员与广告人员的配比一般不超过二成。也有的把发行归入通联部，同样通联是实，发行是虚。不管划入哪个部门，发行都是从属地位。直到20世纪90年代，各报社才纷纷成立发行部，但发行部门的人员素质和文化层次又与采编部门大相径庭。

发行部门地位不高，还表现在是报社的"出气筒"。广告部门完不成任务，找的理由是客户认为发行量低而不投广告；采编部门认为报纸办得不错，之所以影响力小，是由于发行不到位。发行人员有苦说不出，明明是报纸可读性差没人爱看，怎么都一股脑儿赖到发行上了。明明是发行人员在报社的地位、待遇及受重视程度都不高，广告少了发行就变得重要了？

为了巩固和扩大发行量，有的报社在每年的发行季节，社领导分头出击，去下面宣传游说，中层干部也各路出击去抓发行；有的报社还把责任落实到人，每个员工头上都有发行任务，发行业绩与奖励挂钩；还有的报社给记者站"政策"，下达发行指标，超额有奖或提成。诸如此类的办法对短期内见效很有帮助，但解决不了报纸的根本问题。

笔者拙见，认为解决发行应从以下几个方面入手：

1. 彻底转变观念认识，确立发行人制。要解决发行问题，首要的是转变观念，在认识上坚定不移地把发行工作当作龙头，摆在首位；在行动上调精兵强将充实发行部门，给发行人员配备先进的通信工具；发行工作做得好，如同企业销售人员做得好一样，应看作单位里的英雄；要让报社每一个员工懂得，报纸发行量上不去，就如同企业的产品没人要。此外，也要适当解决发行人员的待遇问题，诸如评职称难等。从根本上解决问题，就要逐步推广发行人制。美国报刊大都采用出版人制，但从20世纪80年代开始，美国开始推行发行人制，把发行人提到报社的主要领导位置，可见对发行工作的重视程度，这是报刊在市场经济条件下的必然。

2. 根据报纸定位，找准主读者群，制定切实可行的发行策略，把发行做到位。对发行的认识，一个是量的概念，即发行量多少；另一个是质的概念，即是否发行到有效读者手中，否则发行量越大浪费越大。有效读者在哪里？这就要根据报纸的定位，分析哪些是主读者群，哪些是次读者群，哪些是一般读者群，然后千方百计覆盖主读者群，建立主读者群数据库，跟踪主读者群的忠诚度，扩大主读者群队伍。发行的量和质，需要找到一个平衡点，量多质差是浪费，量少质高影响力小。

发行策略的着眼点，应是扩大发行量，压缩减少发行成本，这是一对矛盾体。一般情况下，发行量越大，发行费用越高，尤其是采用赠阅来扩大发行量，无疑会增加发行成本。这里也有一个临界点的问题，要找到发行量和发行成本的最佳匹配，确定最佳匹配的发行量。为了达到这个指标，可以采用多种办法：

——办法之一是由主要的广告客户出资，为他们的用户订阅报纸，根据订阅数量，计算邮局返回的60%订报费，折合成广告版面给广告客户刊登。这是一个双赢的结果，广告客户的广告既保证用户能够看到，又不用再付广告费；报社没花一分钱，确保了发行量的完成。

——办法之二是与邮局和企业合作，由企业出奖品，邮局来运作，搞有奖订阅，公证机关监督抽奖。这是一个三方共赢的结果，企业的奖品就是无形的广告，比花广告费的影响还要大、还要好；邮局发行的每份报纸，提取定价的40%作为发行费，发行量越大，提取的发行费就越多；同样报社没花一分钱，确保发行量的完成，只不过为提供奖品的企业多做点宣传而已。

——办法之三是为达到最佳匹配，适度适量赠阅，赠阅对象主要是政府机关和大专院校，以扩大报纸的影响力为目的。以上这些办法大都经过不同程度的实践，是行之有效的。

二、广告作为生命线重在策划

我们的报纸必须兼顾两个效益，即社会效益和经济效益。自20世纪90年代以来，随着政府机构改革和职能的转变，绝大多数报纸不可能再以机关报的名义，指望上级拨款来养活报社。部委与报社彻底脱钩，把报纸推向市场，报社转制为企业已是大势所趋。虽然报社的收入有多种来源，但作为纸介媒体来说，毫无疑问广告是主营收入，广告是报纸的生命线毋庸置疑。

广告要以最大收益、最多受众、最好反馈为前提思考问题。这里涉及和发行、版面的关系。广告和发行是互为牵制的关系。广告客户从初期靠关系、靠感情投放，变得越来越理智，如果发行量少，覆盖面小，客户是不会投放广告的。还有一种情况是报纸广告铺天盖地，有的专业报的广告占版面的70%以上，一般读者会很厌烦甚至不看（当然广告也是一种信息传递，这里也有一个量的比例适度问题），影响报纸的发行和广告的效果。最好的办法是广告的受众和报纸的受众重叠或交汇，保证广告得到理想的反馈，这对发行来说是个异常艰巨的任务。重叠或交汇的比例到底多大合适？百分之百最好，但显然是不现实的。如果能达30%—50%就是相当不错的。调查的唯一办法就是建立读者数据库。虽然建立读者数据库要耗费相当大的人力和物力，还有软件的开发和数据库的管理及更新，但这个钱是非花不可的，因为数据库会成为说服广告客户的科学依据。

广告与版面的关系也有一个难解的结。一般情况下，广告客户在签订广告合同时，往往会有一个附加条件，那就是报社要免费为企业刊登一些软广告稿件（或称"软文"），尤其是大广告客户，你是很难回绝的。还有就是报纸收费的企业专版，一般稿件都是企业自己提供的，免不了溢美之词和夸大之处，再就是稿件质量太"水"，直接影响报纸的形象。广告部门为了创收坚持必上，采编部门有抵触情绪，往往扯皮到总编或社长那里。既要让广告客户满意，又不影响到报纸的质量，唯一解决的办法，就是在符合新闻客观真实性的前提下，记者下去捉"刀"或编辑费心，让这些"软文"和稿件的质量达到正常的发表水平。再就是普及新闻知识，为企业培养合格的撰稿能手。作为行业报或专业报不得已这样做，那是为了生存也不算丢份儿。而有影响效益好的综合报纸对这些附加条件只能是一个字"不"。

报纸的广告初期是靠广告部的人员拉来的，"拉广告"真是千辛万苦、千方百计。在广告客户经理一窝蜂上的时候，靠关系拉，靠感情拉，靠面子拉，靠真诚拉，靠"蘑菇"拉，靠回扣拉……拉广告是初级阶段。等到企业变得"精明"和"悭吝"的时候，拉广告往往不灵了，这时才进入策划广告的高级阶段。当然，那些上门做广告门庭若市的报纸另当别论。

策划广告不仅仅是技巧问题，而是要有让广告客户心动的好点子，并能真心为客户提供全方位的服务；策划广告不仅仅是让广告客户从兜里掏钱，而是让他们感到物有所值，不做不行，非做不可；策划广告还有个换位思考的问题，要站在客户的角度，为客户的利益着想，从双赢出发做好客户的参谋；其实策划广告不仅是好点子，还是一种境界。所谓技巧问题，就是选择刊登广告的最佳时间，选择广告的最佳创意，选择最佳效果的适宜媒介等。

事在人为。广告策划人员必须具备丰富的知识和良好的素养，必须熟悉行业和企业，必须对主要客户的基本情况了如指掌。诸如企业历史的来龙去脉，研发、市场、管理的现状，何时有庆典活动，何时有新品发布，何时有鉴定、获奖，何时有产品上市等。此外，还要掌握企业的广告投放计划和宣传策略，以及他们的客户或消费群的基本情况。只有业务熟、情况明，才能保证策划到位和成功。现在一些报社已着手改变广告人员学历低、素质差的问题，把一些熟悉行业的记者转轨到广告部门做策划，不失为一个好主意。

三、独家报道是报纸特色的基石

报纸的品牌效应是构筑在特色的平台上，而要把报纸办出特色，必须源源不断地推出有分量、有深度、有新意、有影响的独家报道。任何一家报纸的总编都不会甘于人后，都不愿人云亦云，重复别人就是打倒自己。新颖、独具风格的版式，引人注目的独家报道，始终是各家报纸不懈的追求。

但是，近年来新闻界的记者沉下去的时候少，深入实际少，深入基层少，跑会议多，拿材料多，走马观花多。这样一来就无法捕捉到现实生活中鲜活的东西，就很少看到有影响的独家报道，报纸的新闻大同小异，如同是一个模子里刻出来的。尤其令人忧虑的是，越来越多与 IT 界有关的行业报和专业报，传真稿、网络稿、公关公司稿等，如"蝗虫"一般铺天盖地而来，且内容雷同。笔者并不否认这些稿件含有某些新的信息，经过编辑认真加工后可以见报。问题是这类稿件大量充斥版面，不仅影响报纸质量，还使记者、编辑养成惰性。

针对泛滥成灾、屡禁不止的传真稿、网络稿、公关公司稿，提出并强调独家报道迫在眉睫，要大力提倡记者写独家报道，编辑优先发排独家报道，领导奖励独家报道，并舍得给版面。

何谓独家报道？在1998年中国电子报社记者站工作会议上，为了破除一些人认为行业报和专业报没有独家报道的传统思维定式，我提出一个宽泛的独家报道的概念：

1. 任何报纸均没有发表过的，只有我们独家发的新闻。当然这种情况不是每天都有，甚至说不是很多，但认真采撷还会时有发现。

2. 我们自己组织策划的先于别的报纸发表的新闻。这种情况以深度报道和连续报道居多。

3. 各地发生的新闻，区域性地方报纸刊登了，但在京的综合性报纸和同类媒体未发，我们"改造"后发表了。

4. 虽然同类媒体先后见报了，但我们重新挖掘，赋予新意，显示出独到见解的新闻。

以上的诠释与一般的独家新闻概念不同，理解如此宽泛，目的是激发行业报和专业报的记者、编辑的积极性，让他们感到行业新闻有的可抓，有的可写；同时，也从"人无我有，人有我新，人新我深"的角度，去认识独家报道是报纸办出特色的牢固基石。

如何写出独家报道？一要培养记者的新闻敏感性，善于捕捉正在发生或将要发生的有独特新闻价值的信息和事件；二要老老实实深入基层采访调查，亲自抓第一手新闻，抓"活鱼"；三要掌握丰富的信息源，大浪淘沙，去粗取精，去伪存真，写出有独特视角的新闻。这样做会很苦很累，很耗费时间和精力，没有拿现成材料拼凑省心省力，但对报纸和个人都有利，这样的独家报道多了，报纸就有了特色和个性，影响力就会越来越大，读者就会觉得有看头，发行就会容易做了，广告客户就会找上门来。这就是办报是根本的原因之所在。记者勤于动脑动手，经常写独家报道，业务水平提高得就快，在读者中的知名度就高，在造就名记者的道路上就会走得顺、走得快、走得好、走得远。

写独家报道，是一项长期的任务，必须锲而不舍地坚持到底，要把独家报道看成报纸办出特色的当家菜。笔者在《中国电子报》《电子商报》《通信产业报》工作时，曾把组织记者采写深度报道和系列报道，作为独家报道的主攻方向，收到很好的成效，一批稿件被中央人民广播电台等媒体选用，有些还评上过全国好新闻和中国产业报好新闻。

1996年创刊的《通信产业报》，由于起步晚，与创办早的同类报纸相比缺乏优势，一段时间内没有自己的特色，版面上尽是摩托罗拉、爱立信、诺基亚、北方电讯等外国公司的信息。后来发现电信垄断的坚冰很难打破，同行报纸封杀新成立的联通公司，我们就为联通公司的信息开绿灯，致使同行报纸的记者要看联通的消息，要上我们的报纸上找。与此同时，我们决定把宣传民族通信产业、为民族通信产业鸣锣开道，作为报纸特色的主攻方向。1998年报社组织记者到基层深入采访，在报纸上用整版搞了"振兴民族通信产业专题报道"，以民族通信产业的旗帜"巨大中华"为主，外加四个有实力、有影响的民族通信企业，组织采写了八篇独家报道：《巨龙昂首东方》《大唐初展雄风》《中兴鹏程万里》《华为擎起希望》《东信巨鹰展翅》《南方别有天地》《金鹏振羽高飞》《华光再度辉煌》。这八篇通讯的标题前两个字都是公司名称，业内十分熟悉。像我们这样全视角、大容量的地毯轰炸式的系列深度报道，在同类报纸中还是第一次，立刻在行业和读者中引起强烈反响，并为发行和广告打下了基础。可惜从全年来看，这样的独家报道还是太少。

当然，增加独家报道，把报纸办出特色，光靠报社自己的力量是远远不够的，必须扩大信息源，壮大作者群，组织一批通讯员、特邀撰稿人、特约记者、专家学者、政府官员、自由撰稿人为我们写稿，鼓励并奖励他们多写独家报道，多写精品。

在报业激烈的竞争中，行业报或专业报要想在报业之林中立足扎根，走上良性循环的轨道，必须坚持把"三大一高"作为追求的目标，坚持发行是龙头，广告是生命，办报是根本的办报方针。只有实现了这个目标，才能在21世纪初行业报或专业报的二次创业中显出成效。

收入中国产业报协会1999年第五届学术年会《产业报论文集》

华尔街日报结构与普利策新闻奖

引　子

　　新闻采用倒金字塔结构，在世界范围内已被视为基本的写作形式之一。这是因为倒金字塔结构的写法是最简洁的方式，符合新闻受众的阅读心理习惯。目前，还没有一种报道形式，能像倒金字塔写法那样被广泛应用。既然倒金字塔结构成为新闻界公认的写作规范，写起来就容易千篇一律，不自觉地掉进公式化的窠臼，缺少了新颖性和可读性，还会影响受众面和受众效果。

　　我国古代的文学理论家刘勰在《文心雕龙》"总术篇"中写道："文场笔苑，有术有门……思无定契，理有恒存。"这里指的是在文学领域和写作园地，方法和技巧可以有多种多样的表现形式；在写作原理上既有一定的规律可行，又不能拘泥于固有的格局。其实，新闻写作也是这个道理。

　　美国是倒金字塔结构写法的发源地，又是最早突破倒金字塔结构的桎梏，创造出非倒金字塔结构写法的国家。早在 20 世纪 80 年代，美国就将非倒金字塔结构写进他们的新闻教程。笔者在阅读了一部分普利策获奖作品后，对非倒金字塔结构，特别是华尔街日报型结构的写法，有了较为全面的认识和理解。

　　所谓非倒金字塔结构，就是传统的五个 W（何时、何地、何人、何事、何因），不再出现在新闻的第一段（导语）里，它具有较强的故事性、情节性和戏剧性。读者看这类新闻，或被故事所吸引，或被悬念所驱使，津津有味地一段接着一段往下阅读（不像倒金字塔结构，看了导语就不用再往下读）。新闻最后推出高潮，使读者获得心理的满足和愉悦。

　　说到非倒金字塔和华尔街日报型结构的写法，不能不谈普利策新闻奖，因为获普利策新闻奖的作品是华尔街日报型结构写法的典范。

　　普利策奖是由约瑟夫·普利策（1847—1911）创立的。普利策是美国现代报业的奠基人，出生在匈牙利一个犹太人的家庭，17 岁从家中出走，后被美国军队招募为一名骑兵，1867 年加入美国籍。1868 年，他当了德文《西部邮报》记者；1878 年 12 月 9 日，出价 2500 美元买下了圣路易斯的《电讯报》，后与当地《邮报》合并为《圣路易斯邮讯报》；1883 年，他以 34.6 万美元买下《纽约世界报》。普利策创造了编辑写作制——记者采写的材料由编辑润色、整理、综合成稿件见报。这种写作规则至今仍是新闻界的普遍原则。同时，他对报纸的经营与编辑也独树一帜。他强调新闻要真实和准确，文字要简洁和通俗，要花力气写好社论。普利策 1911 年去世。他生前立下遗嘱，将财产捐赠给哥伦比亚大学（哥伦比亚新闻学院是由他创立的），并设立普利策奖，奖励新闻界、文学界和音乐界的卓越人士，从 1917 年以来每年颁发一次。普利策奖象征了美国最负责任的写作和最优美的文字，普利策新闻奖则是美国新闻界的最高荣誉。

笔者在阅读了部分普利策新闻奖的获奖作品后，突出地感到这些获奖记者除了最负责任的写作态度外，在写法上也是勇于创新，不断探索，敢于打破常规和固有模式。尤其是很多获奖作品采用了华尔街日报型结构的写法。下面结合具体作品对华尔街日报型结构的写法及其变种进行剖析：

一、华尔街日报型结构基本写法

在美国新闻教材中，对华尔街日报型结构的写法，有着多种表达方式。卡罗尔·里奇认为华尔街日报型结构的原则，是基于从特殊到一般，"这种形式往往以轶事类导语开头，比如在导语中描述一个与报道主题相关的人物或者事件，然后在核心段讲述报道主题。报道的主体部分根据小标题安排，小标题之间一环扣一环，直到文章结尾，全文就像绕了一个圈，结尾照应文章开头……虽然这种模式被广泛用于全国各地报纸的新闻和特写中，但由于《华尔街日报》以每天在头版刊登这种类型的趋势报道而闻名，所以这种结构模式被称为华尔街日报型。"（卡罗尔·里奇著，钟新主译，《新闻写作与报道训练教程》第三版，中国人民大学出版社，2004 年 4 月第 1 版，第 208 页）

卡罗尔·里奇把华尔街日报型写法，按顺序分解为六个部分：软导语→核心段→导语和核心段的支持材料→支持性材料：引语、事实、轶事等→展开型材料：因/果、解释、观点等→照应开头：与导语相关的轶事、描述、展望等。卡罗尔·里奇这里概括的是通常的华尔街日报型结构，多用在消息和特写报道中。

这里说的软导语，不同于过去常用的概括性导语，它多是轶事型、描写型或叙述型，开篇把焦点放在一个人物、场景或事件上面，其思路是从特殊到一般，借助人物、地点或事件来引出文章的重点，选用的人物或场景是受到核心段所阐述问题的影响的众多人或者事物之一。

核心段紧跟在软导语后面，这是展示新闻焦点的段落，即让读者清楚你这篇文章主要内容说的是什么以及它的重要性。

然后就是为导语和观点提供支持性材料，这部分通过不同的观点或者与新闻焦点有关的材料组织起来。

文章结尾一般会照应开头，可以使用导语中提到的人物的引语或故事，也可以使用文章前面提到过的某件事情的未来发展情况。

　　对于不太熟悉华尔街日报型结构的中国读者来说，卡罗尔·里奇的表述不太好掌握。在《美国新闻教程》中，还有一种容易让人理解的通俗表述方法，即把华尔街日报型结构分为四个步骤：确定主题（重点集中在某个独特的方面）→向主题过渡→报道主题→回到文章开始的重点上去，写一个强有力的结尾或做一个总结性的阐述。如图示：

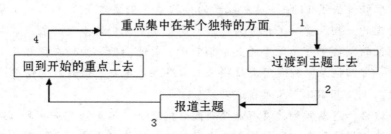

　　通过图示可以清晰地看到，虽然表述方法不同，但华尔街日报型结构还是很讲究开头要抓住读者眼球，强调报道主题的独特性和过渡的重要性，结尾照应开头，完成一个循环。为了有一个感性的认识，还是通过作品来进一步剖析。

二、华尔街日报型结构作品剖解

　　在普利策新闻奖获奖作者的作品中，有很多华尔街日报型结构的范例。《纽约时报》记者埃·姆·罗森塔尔写的《奥斯威辛没有什么新闻》（《纽约时报》1958 年 8 月 31 日）就是极好的例证：

奥斯威辛没有什么新闻

　　本报波兰布热津卡讯——在布热津卡，不知怎么，最令人毛骨悚然的是，在这里，太阳和煦、明亮，一排排高大的白杨树长势喜人，在门前不远的草地上，还有儿童在嬉笑、打闹。

　　这真像是一场噩梦，一切都可怕地颠倒了。在布热津卡，本来不该有太阳照耀，不该有光亮，不该有碧绿的草地，不该有孩子们的嬉笑。假若在布热津卡，从来就见不到阳光，青草都枯萎凋残，那才合乎情理，因为这里是一个无法形容的恐怖地方。

　　但是，每天都有许多人从世界各地来到布热津卡，这里可能是世界上最可怕的旅游中心。人们怀着不同的目的来到这儿，有的是想看一看这里的情况是否像传说中所描绘的那样，有的是要提醒自己不要忘记这个悲剧，有的是想通过访问死难者受折磨的场所，来向他们致意。

　　布热津卡同南面更加著名的城市奥斯威辛只相隔几公里。奥斯威辛大约有 12000 居民，距华沙约 171 公里，坐落在莫拉维亚卡东端的一片沼泽地上。

布热津卡和奥斯威辛共同构成了一座周密组织起来的大型杀人工厂的一部分，被纳粹称为奥斯威辛集中营。

从最后一批战俘脱光了衣服在狗和卫兵的驱赶下走进毒气室到现在，已经过去了 14 年，奥斯威辛的惨状被人们讲过许多次了。在集中营待过的一些人曾写下一部回忆录，回忆录中提到的事是一般正常人难以想象的。集中营总监鲁道夫·弗朗茨·费迪南德·豪斯在被处死前曾写下一部回忆录，叙述了大规模杀人以及在活人身上做试验的情况。据波兰人说，有 400 万人死在这里。

这样，奥斯威辛就没有什么新闻好报道了。但是，有一种无形的压力迫使你提起笔来。这种压力来自无法抑制的某种感情。专程到奥斯威辛来，什么也不说，什么也不写，这对于这儿的受难者来说，实在是一种不友好、十分令人痛心的行为。

布热津卡和奥斯威辛如今已是十分宁静的地方，再也听不到刺耳的尖叫声。参观者默默地迈着步子，先是很快地望上一眼，接着，当他的脑海中浮现出牢房、毒气室、地牢和刑房时，脚步就逐渐放慢，简直是在地上拖着走。导游也不必多费唇舌，因为只要他用手一指，就一清二楚了。

对于每个参观者来说，都有某些他认为永远也不会忘记的特别恐怖之处。有的人在奥斯威辛感受最深的是重新修复的毒气室，据说这还是"小的"。而对另一些人留下深刻印象的是：在布热津卡，德国人撤退时破坏了的毒气室和焚尸炉的废墟上已长满了雏菊。

许多参观者目瞪口呆地盯着毒气室和焚尸炉，因为他们觉得这一切不可思议。当他们看到玻璃窗后堆积得像小山似的头发，看到一堆堆婴孩的小鞋，看到一排排堆放着被窒息而死的人的尸体的砖房时，不禁毛骨悚然，不寒而栗。

一位参观者突然张开大口，差不多叫出声来。他看到好多木箱，一排排地放在女牢房里。每只木箱都有三层，宽 6 英尺，高 3 英尺。每只箱子晚上都要塞进 5—10 名女囚，她们就在里面过夜。导游很快地穿过牢房。那里没有别的东西。

有一座用砖砌成的建筑物，在这里，德国人曾在女囚身上做绝育试验。导游推了推门，门上锁了。记者实在感激，不必入内了，但马上臊红了脸。

一条长廊，一排排面孔从墙上死盯着你。成千上万张照片，囚徒的照片。他们都离开人世了。这些曾经站在照相机前的男人和女人都清楚死亡在等待着他们。

他们目光呆滞。但是，中间一排有一张照片却使记者回顾良久，思绪万千。一个年轻姑娘，大约 22 岁，丰满可爱，满头金发。她温柔地微笑着，好像想起了什么甜蜜美妙的事情。究竟是什么念头在这个姑娘的脑海中闪过呢？她的形象在奥斯威辛挂满死难者照片的墙上留下的纪念又意味着什么呢？

记者被带进地下窒息室待了一会儿，喉咙就像被人扼住了一样。又有一个参观者走了进来，她跟跄地退了出去，在胸前直画十字。在奥斯威辛，没有地方可以祈祷。

参观者恳求似的你望着我，我望着你，然后对导游讲道："够了。"

奥斯威辛没有什么新东西可以报道。这里天气晴朗，树木青青，门前还有儿童在打闹、嬉戏。

作者介绍：埃·姆·罗森塔尔 1946 年至 1954 年曾担任过《纽约时报》驻联合国记者，随后被派往印度工作。1958 年 6 月起担任《纽约时报》驻波兰记者，他在波兰工作的 17 个月期间，以机敏、准确和可靠而在渴望消息的波兰人中赢得了声誉。但是，由于他报道了波兰政府存在的问题以及共产党的困境，于 1959 年 11 月被驱逐出境。

普利策奖评选委员会由于他对波兰"敏锐、权威性"的报道而授予他 1960 年普利策国际报道奖。《奥斯威辛没有什么新闻》不是他当时的入选作品，却是他写得最好的并集入《普利策新闻奖获奖作品选》，被公认为是美国新闻写作中不朽的名篇。下面套用华尔街日报型结构，对这篇作品进行具体分析。

写作背景：埃·姆·罗森塔尔在担任《纽约时报》驻波兰记者时，第一次去华沙以外的地区最早的旅行，就选中了奥斯威辛。他被在"二战"期间发生在这座纳粹集中营里 400 万无辜百姓惨遭杀害的事实震惊了，虽然战争已过去了 14 年，但时年 36 岁的他，凭借着记者的良知和责任感，拿起笔来直抒胸臆，把自己的感受告诉读者和世人。

确定主题：在和平的环境里，不能忘记过去，不能让法西斯残暴平民的历史悲剧重演。作者把重点聚焦在奥斯威辛集中营这一独特的方面。

软导语：第一段用的是软导语写法，描写布热津卡宁静的氛围，极尽渲染阳光、草地、白杨树和嬉笑、打闹的儿童，给人一幅和平年代的图景。

向主题过渡：第二至第四段是过渡段。从第一段软导语，平缓进入第二段，一连用了 4 个"不该有"：不该有太阳照耀，不该有光亮，不该有碧绿的草地，不该有孩子们的嬉笑。这 4 个"不该有"，一下子吊起读者的胃口，并用"这真像是一场噩梦，一切都可怕地颠倒了""这里是一个无法形容的恐怖地方"制造出悬念。读者不禁要问，为什么这么多的"不该有"呢？为什么这里是"一个无法形容的恐怖地方"呢？

第三段继续向主题过渡，讲述了人们从世界各地来到这个"世界上最可怕的旅游中心"的目的，开始接近主题；第四段推出奥斯威辛，完成了向主题的过渡。

报道主题：第五至第十六段是文章的核心段，即报道作者所要表述的主题，也是全文内容的重点。它告诉读者德国纳粹法西斯在奥斯威辛集中营，犯下了惨无人道的罪行。通过毒气室、焚尸炉、地牢、刑房、装女囚的木箱、婴儿的小鞋、堆积如山的死难者的头发、年轻可爱的微笑着的姑娘照片等大量支持性材料，以无可辩驳的事实和丰富的细节，无声地控诉了"二战"期间法西斯纳粹令人发指、罄竹难书的罪行，完成了主题的报道任务。

照应开头：第十七段，也就是结尾的一段："奥斯威辛没有什么新东西可以报道。这里天气晴朗，树木青青，门前还有儿童在打闹、嬉戏"，又回溯到第一段时的场景。开头与结尾前后映照，在和平宁静的现实氛围中，唤起人们对战争的谴责、痛恨和对和平的期盼、珍惜。

2005年是"二战"结束60周年，重读埃·姆·罗森塔尔47年前发表的这篇作品，仍有不可替代的现实意义，人们常说新闻是易碎品，经不住时间上的"压"。《奥斯威辛没有什么新闻》却是经久不衰，从一个侧面证明了华尔街日报型结构是有生命力的。

三、华尔街日报型结构三大要素

衡量华尔街日报型结构的写法是否精良，报道是否会博得读者强烈的反应和共鸣：兴奋、幽默、激愤、丧气、同情、惋惜等，不仅要写法鲜活，引人入胜，关键是看能否将三大要素——重点、细节和过渡，运用得恰到好处。从这个意义上说，重点、细节和过渡是华尔街日报型结构的精髓。而传统的倒金字塔结构，导语是全篇的精髓。

1. 重点是全篇成败的关键

所谓重点，就是"集中在某个独特的方面"的东西，它与立意或主旨有十分密切的关系。你一开始就要十分清楚自己的报道对象，重点是动笔前就要确定好的。不仅在写报道时，而且你在采访提出问题时，就要有明确的目标作为重点。有时，当你采访某人之前做准备工作时，你对重点已经很清楚；然而有时，直到你与采访对象交谈时，才知道重点是什么；还有一种情况是在你采访结束后，或重新梳理采访录音和笔记时，才豁然开朗寻觅到重点，即"某个独特的方面"。

重点是要苦苦思索才能找到的，它是文章的支撑点，是重拳出击的地方，是全文成败的关键。重点必须是独特的，而不是一般的，它是从特殊到一般，从个性到共性。因此，不能面面俱到，主次不分，囫囵吞枣。与重点无关的材料要坚决删除，所有新闻事实和细节，都要围绕重点来组织，来取舍。

如果，你认定这篇报道写一位功成名就的企业家，首先要找到他身上最令人感兴趣的那个部分，假如最令人感兴趣的部分是他的品格，那么你就将重点放在形成他那种品格的那些故事上，并探究是什么事情和什么人影响了他？他的人生哲学是什么？如果碰巧发现他经常以遛狗作为消遣，请不要把这一事实放进报道中，除非它与报道的重点有着十分密切的关系。比方说它可能成为一个很好的例子，来说明他是多么喜欢竞争。

在本文提到的普利策获奖作品中，大都在选材时就确定了重点，找到了"某个独特的方面"，在写作时通过大量支持性材料，将重点聚焦在这个"独特的方面"。如《奥斯威辛没有什么新闻》，作者确立了在和平的环境里不能忘记过去，不能让法西斯残暴百姓的历史悲剧重演这个主旨后，就把重点聚焦在奥斯威辛集中营这一独特的方面，通过现实映照历史。

《五亿人在慢慢死去》反映的是亚洲和非洲的灾难性饥馑。它将重点集中在印度辛吉玛利村难民营及非洲中部尼日尔一个叫考村的难民营，将视角聚焦在6岁的萨库和4岁的哈尔达这个"独特的方面"。

确定重点和寻找重点如大海捞针，先要从普遍性中找出特殊性，从共性的东西中找出个性的东西，反过来把特殊性和个性的东西作为视角，从而观照普遍性和共性的东西，反映出深刻的、内在的、本质的东西。这样的新闻作品，才会有广泛的社会影响，才会有震撼人心的力量，才会有持久的生命力。

2. 过渡是通向主体的桥梁

在倒金字塔结构中，是没有过渡段的，导语过后紧接着就出现报道的主体，绝不会让读者有突兀之感，最多是在导语后面加一些背景材料。华尔街日报型结构则不然，它要借助过渡段，让读者知道为什么要写这篇报道；因此通常的过渡段，采用倒金字塔写法导语应包括的材料。《华尔街日报》的工作人员称这种过渡为"螺母"段，它要求过渡起到丝丝入扣，环环相绕，一环扣一环的作用，螺母是由或多或少的"丝扣"构成，缺少任何一个"丝扣"，就不能前进或倒退。

"螺母"这个比喻形象贴切，过渡的重要性不言而喻。还有一点说明过渡重要性的是，报道中的过渡段，常常决定了读者看报纸时，是继续看你的报道还是看其他的报道，否则你要展现的精华还没露面，读者已经移情别恋了。过渡的重要性绝不能忽视，它是通向报道主体的一座桥梁。因此，不是可有可无，而是必不可少的。

《华尔街日报》在报道美国国防部招标程序的变化时，用了 3 段篇幅描述招标条件的改变，如何节省了一笔用来购买辣酱油的钱。在这个"螺母"段中，记者把相对来说不很重要的辣酱油写了进去：

> 国防部每购一瓶辣酱油可以节省不到 4 美分，同今年国防部准备花费在军队装备和给养上的 490 亿美元相比，这简直是微不足道的。但是五角大楼官员希望，通过放弃专门生产规格品种数以千计的军需产品，转而购买日用商品，可以节省大笔费用。

这里过渡句是以辣酱油开始，而以招标改革计划成功后，将从 490 亿美元中节省大批经费为结尾。这种从具体到一般的过渡是在第四段出现的。这种过渡也可能出现在第二段、第三段或第五段；有时过渡是一段，即直接式过渡，有时过渡是几段，即渐进式过渡。过渡段不论长短，总是应该出现在距离报道开头不远的地方，起到承前启后、顺理成章的作用。如《奥斯威辛没有什么新闻》第一段是软导语，第二至第四段是过渡段，过渡段用了 3 段，采用的是渐进式的过渡，具有层次感。

过渡段的作用视具体作品有所不同，有时并不需要"螺母"般丝丝入扣。盖洛德·肖写的现场目睹记《死谷》（《洛杉矶时报》1977 年 7 月 23 日），开头几段是这样写的：

> **本报宾夕法尼亚州约翰斯城讯——**直升机低低地穿过劳雷尔朗水库的阴森森的山谷，然后在一大片土地和乱石堆上空盘旋。两天前，这里还是一座储水一亿加仑的水库。
>
> 宾夕法尼亚州水坝安全工程师约瑟夫·埃拉姆在巡视过现场后诙谐地讲道："19 年来，我一直告诫人们，就在这些山谷中，隐藏着危及他们安全的定时炸弹。他们总是不相信我的话。"
>
> 埃拉姆在这里讲的"定时炸弹"是指宾夕法尼亚州西南部狭长谷地中星罗棋布的几十座老化了的水坝，其中一些根本就无力抵挡暴风雨时常对它们的袭击。
>
> 就在星期三凌晨，天还没有亮，一场降水量为 12 英寸的暴风雨猛烈袭来，使这座宽 400 英尺的大坝有三分之一倒塌，洪水像猛兽一样从水库里冲泻出来，使 55 人死亡，财产损失达 2.5 亿美元。
>
> （下略）

这篇报道的第二至第三段是过渡段，它与后面紧接着的报道主体是一种因果关系。这个过渡段主要是告诉读者老化了的水坝是"定时炸弹"，水坝之所以倒塌，是必然的。先让读者知道水坝倒塌的"因"，第四段推出水坝倒塌这个"果"，真是水到渠成。让读者从一开始就了解到水坝之所以倒塌，并不完全是天灾，这有助于读者对水坝倒塌之外的东西的关注，而这正是作者的目的。

了解一下事件背后的东西，就可以加深理解肖写下"定时炸弹"的良苦用心。从 1976 年 6 月 7 日起，肖就发起了一场反危险水坝的宣传活动，这场宣传活动持续了一年半之久。为了弄清楚全国有哪些水坝有危险，他花了几个月的时间，专门研究了政府关于全国 5000 个国营和私营水坝的报告，这些报告加起来有几千页；此外，他还采访了各色人物达几十人。1977 年 3 月 13 日以后，他在《洛杉矶时报》开始发表关于美国一些水坝的材料，时时发出警告，指出某些水库难以抵挡洪水的压力，随时都有倒塌的危险。对于肖对水坝问题的揭露及发出的警告，有关部门始终无动于衷，公众也未引起注意。

终于，事实印证了肖的最坏设想，灾难来临了。1977 年 7 月 19 日深夜和 20 日凌晨，宾夕法尼亚州约翰斯城的劳雷尔朗水库突然倒塌，造成极其严重的后果。肖立即赶往现场，写下了《死谷》。这时，他的头脑里冒出来的第一个念头，肯定是老化了的水坝这颗"定时炸弹"引爆了，把它放在过渡段是最自然不过。

肖写作《死谷》时只有 34 岁，他曾当过 4 年美联社驻白宫记者，1975 年到《洛杉矶时报》做记者。他是一个有良知的记者，从不追求猎奇，更多关注的是美国民众的生命及财产的安全。他的一次次警告及报道，终于换来卡特总统下令拨款，立即对私营水坝进行视察，联邦机构也开始采取行动。肖被授予 1978 年普利策全国报道奖。

3. 细节是诱发兴趣的钥匙

在华尔街日报型结构中，细节是安排在报道的主体部分。也就是说，无论是主体部分还是核心段，都是由一个个细节构成的。这里所说的细节，不是从你的口里"讲"出来的，而是应让读者"看"到的。它是实实在在，让读者看得见、摸得着的事实，而且是颇具可读性，能让读者感兴趣的事实。而这些事实有的是轶闻、轶事，有的是丰富多彩的描绘，有的是鲜为人知的故事。

这些细枝末节，作为重点的支持性材料，必须做到始终让读者保持阅读的兴趣，否则读者随时会失去继续读下去的耐心。当然，兴趣不仅仅取决于细节，还取决于你报道时的精心安排，以及细节和重点的结合是否紧密，是否能使报道从一个思路流畅地过渡到另一个思路。

细节有的是人，有的是物，有的是事，甚至有的是自然风光；有时是一句话，有时是一个场景，有时是一个情节，有时是一段趣闻轶事。下面介绍的一些例文中，随手撷取的细节例子很多：

如《五亿人在慢慢死去》一文中，年仅 4 岁的哈米达，说到她身体太虚弱已无法长时间站立时，有这样一个细节描写："她那几根瘦骨头成天就像蜘蛛一样盘在妈妈背上""两副死板的面具，上面绷着两张坑坑洼洼的皮"，这些比喻十分贴切、形象，读者仿佛看到瘦骨嶙峋的哈米达与她妈妈就在眼前，它是一个放大的特写镜头。在写尼日尔考村撒哈拉游牧民的难民营时，有这样一个描绘难民帐篷的细节，"一排排帐篷就像手指甲一样从村里直伸到滚滚的黄褐色沙丘那边"，真是一幅活生生的饥馑难民图。

《我们到处在挨打》一文报道的是 1971 年的印巴战争，在写到东巴基斯坦总督埃·姆·马利克在印军第一次和第二次袭击总督府这段期间内写好辞职书时，有一个宗教仪式的细节："然后，他洗了脚，跪在地上，开始祈祷。"虽然在战争中，他是败北者，心绪乱作一团，但在祈祷前还是没有忘记先要洗脚这个细节。

前面提到的《奥斯威辛没有什么新闻》一文，有一个装女囚木箱的细节："他看到好多木箱，一排排地放在女牢房里。每只木箱都有 3 层，宽 6 英尺，高 3 英尺。每只箱子晚上都要塞进 5—10 名女囚，她们就在里面过夜"。这个木箱细节写得十分细致，木箱的高度、宽度、一共几层、装多少个女囚，写得细致入微，让读者对纳粹法西斯残害人性的罪行，从理性认识进入感性认识。

《漫步在无人区》中，既有静态细节的描写，如"一切都静止不动了。就在空空的房屋旁，堆着一筐筐橘子，没有任何人碰它们。打断的电话线乱糟糟地盘在电线杆上，已毫无用处"；也有动态细节的描绘，如"在路上迎接你的是跳跳蹦蹦的鸡群""一个自来水龙头正在往外淌水，流出来的水在地上形成了小溪，然后一直流到一块曾经是花园的低洼地里""当炮弹砰砰地落到山坡上时，羊群四处逃窜，一个劲儿地叫唤，沟里的青蛙也咽咽咽咽，叫声不绝"，这就是无人区里的一幅幅画面，虽然没有见到一个人，但大自然还是客观存在，如同电影里的空镜头，此时无声胜有声，给读者以无穷的遐想。

前面提到的《华尔街日报》关于美国国防部招标程序的报道中，有这样一段细节趣闻：

> 联邦购货规格长期以来就是官僚主义的象征。几年前，参议员劳顿·奇尔斯透露，有人想把捕鼠器卖给军队，但其规格必须与长达 500 页的书面规定相吻合。其中一项要求"用线材、钢材、碳（高碳）钢和圆钢生产机械弹簧"。这位佛罗里达州的民主党议员断定说，规格详细到如此荒谬的程度，以至于"一旦你制造出新型的捕鼠器，你就绝不想把它卖给联邦政府"。
>
> 联邦政府自己也觉得难为情，只好将捕鼠器的规格压缩到不满一页。

无疑，捕鼠器是这里的细节，这个细节本身就是一段趣事，而且是让人哭笑不得的趣闻。美国政府中的官僚主义，用这样一个细节就得到佐证，真是写得绝妙之极。

好的细节不仅丰富了作品的内容厚度，还起到诠释、帮衬报道主题的作用，同时文章也增加了可读性和趣味性，是一服地地道道的调动读者兴趣的添加剂。

写得好的报道，除了重点、细节和过渡这三大要素外，还必须具备强有力的结尾，也就是华尔街日报型写法的第四步。倒金字塔写法结尾并不重要，经常是戛然而止，可有可无。华尔街日报型写法的结尾，强调再回到报道开始介绍的人或事，前后呼应，完成一个闭环。

四、华尔街日报型结构两大特色

华尔街日报型写法与传统新闻写法的最大不同，就是以记者现场目睹、亲身感受，来描绘所发生事件的全部情节或事件的某一片断。他们一般主要从两个角度切入，一个是从人的视角切入，一个是从揭露问题的视角切入。其实，这不仅仅是写作方法的技巧问题，也是记者的责任心和使命感的驱使所然。

1. 从人的视角切入的写法

从人的视角切入的写法，主要是把人物作为报道的主体。作品以描绘人物开头，而不是以事件、场景或问题开头，作者关注人物的命运走向，读者同样为人物的命运牵肠挂肚。这种写法借鉴小说的写作技巧，强调可读性和可视性；但它不是小说，而是新闻事实，是为广大读者所关注的新闻事实。

还有一种情况，就是以描绘人物开头，先吸引读者的视角，而真正的目的是借人带出后面要报道的主要问题。如《华尔街日报》记者理查德·雷杰写了一篇罗德西亚的政治和种族问题的报道，开头就是从描绘人物开始的：

【罗德西亚索尔斯伯利电】一对年老的夫妇耐心地在这里排着长队，等候搭乘飞往伦敦的飞机。男的提着一个破旧的棕色手提箱。箱子装得太满了，一直合不上。箱子里面装着今后生活所需的盘子、碟子和一些其他日常生活用品。在罗德西亚住了 13 年后，他们正准备移居到英国去。

前来送行的有他们的儿子、儿媳妇和一个十来岁的孙女儿。他们之间闲谈了许多。他们中谁也不知道何年何月才能重新相逢。突然，女孩子忍不住，哭了起来，双臂扑向年老的夫妇，他们都一起痛哭起来。其他等候上机的乘客，显然早已习惯这种场面，根本不看他们一眼。

（下略）

随着游击战争的不断加剧，仅一个月就有1111名白人，从南部非洲这个国家移民，而这对年老的夫妇，只是1111名白人移民中的代表。作者利用机场这个悲欢离合的场面，以富有人情味的语言，唤起了读者的同情心。这时作者笔锋一转，开始重点报道罗德西亚的政治和种族问题。通过这对年老夫妇的命运，同时勾起读者对另外1109名移民情况的关注。

威廉·马伦的普利策获奖作品《五亿人在慢慢死去》（《芝加哥论坛报》1974年10月13日）也是以描写人物作为开头的，它以更大的篇幅把焦距对准了两个难民儿童的命运：

五亿人在慢慢死去

每天，在印度东部一个叫辛吉玛利·帕奇尼帕的小村庄上空，以及非洲中部尼日尔一个叫考的小村庄上空，升起的都是同一个太阳。

黎明的曙光首先降落在辛吉玛利村的农民难民营。就在这儿，6岁的萨库·巴门摇摇晃晃地站起身来，一拐一拐地走出了无顶的小屋，开始了一天饥肠辘辘的生活。

6小时后，曙光也来到考村撒哈拉游牧民难民营。在这里，一个叫哈米达、年仅4岁的瘦长小女孩无精打采地从地上爬了起来，也开始了一天的生活。

萨库和哈米达虽然相隔5500英里，太阳投下的阴影却是一样的。

他们是可怕的幽灵的阴影，是活着的小骷髅的阴影。由于同样的自然和人为的力量，他们在地球上只能得到短促而不幸的生命。

8月初，在沙漠地带一个凉飕飕的清晨，《芝加哥论坛报》摄影记者奥维·卡特和我一道采访了考村的村长。

"我看哈米达活不了多久，"他对我们说，"现在只要一伤风或拉肚子，她就没命了。"

由于身体太虚弱，哈米达已无法长时间站立了，她那几根瘦骨头成天就像蜘蛛一样盘在妈妈背上。妈妈和孩子贴得很紧，她们就在距帐篷不远的地方。一排排帐篷就像手指甲一样从村里直伸到滚滚的黄褐色沙丘那边。

"运来的食物不够吃，"村长说，"我们每天都要死两三个人。"

几周后，我们访问了印度的辛吉玛利村，村里的教员也认为萨库活不长了。

"如果几天内他喝不上牛奶，"教员说，"他就会送命。这周已有20人死去了。"

萨库和他的妹妹成天就在闷热的小镇上的衣衫褴褛的人群中，摇摇晃晃地走来走去。他们骨瘦如柴，走起路来，犹如鬼影，而这个镇上的人们，也和他们一样，腹中空空。

哈米达是黑人，她是沙漠上的游牧民的孩子。他们的畜群都因非洲6年的大旱而统统死掉了。

萨库是棕色人种，是稻农的孩子，父母亲在印度8月的一场大洪水中丧失了生命。

直到今年夏天，他们还生活在不同种族、不同宗教、不同文化和不同生活方式的两个世界里。

洪水和干旱过后，他们虚弱不堪。他们挨饿是因为当他们最需要食物的时候，世界却无法给他们食物。他们面临着同样的命运。

到今年夏末，萨库和哈米达就像一对亲兄妹——肮脏，赤身露体，濒于死亡。他们的面孔已不是孩子的面容，而只是两副死板的面具，上面绷着两张坑坑洼洼的皮。

当他们成天静静地坐在那儿，也许在做着天真的孩提之梦时，恐怖有时就会悄悄地钻进他们的眼睛，这就是他们剩下的唯一的感情。

现在，萨库和哈米达可能已离开了人世。

8月中旬，在哈米达所在的村庄，原来不定期地运来食物的卡车不复出现，维持这个小村庄的细小生命线中断了。

当我们访问萨库所在村庄时，印度已根本没有粮食运到那里了。政府刚刚开始向全世界紧急呼吁提供食品援助。

当然，哈米达和萨库的故事并不新鲜。有史以来，饥荒每年都要夺去许多人的生命。

（下略）

作者介绍：威廉·马伦出生在美国威斯康星州的拉克罗斯，毕业于威斯康星大学新闻学院，时任《芝加哥论坛报》记者。当他发表这一系列报道时，仅有30岁。奥维·卡特出生在美国密西西比州，29岁时上过福雷斯特社区学院和摄影学校，1969年到《芝加哥论坛报》当摄影记者。马伦和卡特共同被授予1975年普利策国际报道奖。

写作背景：1974年夏天和秋天，《芝加哥论坛报》派出白人记者威廉·马伦和黑人摄影记者奥维·卡特，远渡重洋到亚洲和非洲实地调查饥荒情况，然后将他们目睹的一切向美国公众报道，以促进美国公众对世界的了解。两位记者都为他们在亚洲和非洲许多城镇和乡村亲眼看到的可怕景象而震惊——儿童骨瘦如柴，村民们无可奈何地看着邻居缓缓地死去，在大片荒芜的土地上，田园焦干，食物奇缺。无能的救济机构浪费了大量救济物资，官僚主义和贪污腐化夺走了亿万人的食物，难民的生活惨不忍睹，人们挣扎在死亡线上。许多专家估计，到2000年，有五亿人将死于饥馑。面对触目惊心的世界性饥馑，他们在3个月后，带着收集到的资料和拍摄的照片回到了美国，《芝加哥论坛报》在当年10月13日到18日发表了这些报道和照片。这些报道和照片冲破了美国人漠不关心的硬壳，产生了巨大影响，许多人纷纷写信和打电话给报社，问道："我能帮些什么忙？"

作品分析：面对亚洲和非洲的灾难性饥馑，作者并没有从饥荒遍野的场景切入，也没有一开始就枯燥地罗列难民死亡的人数，而是借鉴运用文学的典型化手法，设定了两个典型环境：印度东部辛吉玛利村的农民难民营及非洲中部尼日尔一个叫考村的撒哈拉游牧民难民营；将视角聚焦在两个典型人物——6岁的萨库和4岁的哈尔达身上。作者通过典型环境下的典型人物的命运——两个活着的小骷髅的阴影，预示着千千万万个在难民营的儿童，会像萨库和哈尔达一样，成为这场历史上最大一次灾难的殉葬品。

无疑，萨库和哈尔达构成作品的主体，他们的现状、他们的命运、他们的前景，无不牵动着读者的心。两个孩子的形象，在读者心中是活生生的，是立体的；铁石心肠的人也会掬下同情之泪。如果不从人的具体角度切入，不是从特殊到一般，而是概括地用场景和数字叙述饥馑造成的灾难，效果肯定会逊色不少，也无法真正打动人心。人是新闻的主角，而且是无可代替的主角。人物无法预测的命运，人物的喜怒哀乐、悲欢离合、大起大落，永远是吸引读者眼球的第一要素，也是拨动读者心灵敏感处的最好药方。

在手法运用上，作者还采用了时空交错和对比的方法，来增强典型化的效果。一个在亚洲，一个在非洲；一个是印度的农民难民营，一个是尼日尔的撒哈拉游牧民难民营；一个是6岁的男孩，一个是4岁的女孩；一个是棕色人，一个是黑人；种族不同、宗教不同、文化不同、生活方式不同，但饥馑是一样的，灾难是一样的，命运是一样的。这种手法，说服力更强。

如果说文章的前半部分是形象思维，两个儿童的悲惨命运只不过是"药引子"的话，后半部分（这里因篇幅所限，没有选录）更多的却是理性思维。它深刻地剖析了造成这场灾难的自然的及人为的动因：如西非成千上万英亩的牧场，正在被越来越扩大的撒哈拉沙漠所吞没；非洲撒哈拉正南半沙漠地带的萨赫勒和印度东北部水灾泛滥成灾；全球粮食短缺现象十分严重；印度很多做父母的坚决拒绝计划生育，必须至少要生六七个孩子；塞内加尔、毛里塔尼亚、马里、孟加拉国、尼日尔、乍得、埃塞俄比亚等国家，也都是人口大大超过他们赖以生存的土地和资源。这种分析无疑加深了新闻的厚度和深度。

特别值得一提的是作者的敬业精神和工作态度。为了获取第一手素材，他们的足迹从塞内加尔的达喀尔到印度东海岸，从马里的廷巴克图到印度的库奇比哈尔。在战胜了暴风雨和瘟疫、崎岖的道路和铺天盖地而来、贪得无厌的蚊虫的同时，他们还得没完没了地与一些生怕自己的丑闻向外界披露的官员周旋。可以这么说，好稿子不仅是写出来的，还是走出来的，是思考出来的，形式手法只不过是锦上添花。在研究结构形式的时候，不要忘记内容是起决定性作用的。

2. 从揭露问题的视角入手的写法

从揭露问题的视角入手，多数为调查性报道。这就要求作者必须亲身进行实地调查，而这种调查必须是客观的、真实的、公正的、准确的；不能先入为主，不能以偏概全；不能意气用事，不能失实失真。批评性报道是新闻的锐利武器，是新闻之所以有战斗力的表现。揭露问题的调查性报道，本身就吸引人，再加上新闻性强，往往都是读者普遍关注的社会问题，又有文学性的描述，格外受到读者的青睐。现在的普利策新闻奖 14 个奖项中，就包括调查报道奖和批评奖两个奖项。

下面以威廉·谢尔曼的《一次感冒？一个小时看了三个医生》（《纽约每日新闻》1973 年 1 月 23 日）为例进行分析：

一次感冒？一个小时看了三个医生

上周某一天，一名记者乔装成享受福利的患感冒的病人，手持医疗补助证，走进了皇后街奥泽恩公园的福利医院。

病人先是被打发去见脚病医生。然后，又到内科医生那儿去了两趟。医生告诉他，还得来第三趟。后来，又让病人去精神病医生那儿。医生安排，病人这几周都要来看病。当病人第二次上医院时，做了一次心电图，验了两次血、化验了三次小便，进行了一次 X 光透视。

一天之中，他拿了六张处方单。医生让他到医院二楼上的药房去取药。那一天，当病人走出医院时，手上捧着一盒擦脚粉、一盒涂脚油、一小瓶安眠药、一瓶强烈镇静剂、一盒盘尼西林注射剂和一瓶咳嗽药，这些药都是为他医治感冒（而且还是假感冒）用的。

皇后街医院之行只不过是《纽约每日新闻》对医务界弄虚作假的现象进行深入调查的一部分内容，这次调查是在市人事局和卫生局的密切合作下进行的。他们监视了这次调查的全过程。

这些单位同意发给记者临时医疗证。实际上，记者到曼哈顿、布朗克斯和皇后街的好几家医院看病时，身体十分健康，一点小毛病也没有。随后，卫生局审查了这些医院对他的治疗情况，并且分析了他在调查中弄到的各种药品。

记者在一名伪装其表兄的摄影记者的陪同下，走进了罗克威大道131—12 号的公园福利医院。在那里，他与另外 25 位病人一样，不安地等待着就诊。当时，记者表面上（如果不是事实上）是一个享受福利的患感冒的病人。在举止言行上，极力装成与周围的人没有什么区别。

在候诊室，一位穿白衣的护士用静电复印机复制了好几张病人的医疗证，不断问道："请问您的教名、出生日期，您有电话吗？"

她将这些情况填在一张登记表上，这张表将由病人附在账单上，等看完病，再交给医院。接着，她问道："您要看什么病？"

"我觉得有点感冒，我得找医生看看。"

"好吧，内科医生正忙着呢。你先到脚病医生那儿去看看脚，他现在有空。"

"干吗？我只是有点感冒。"

"那你也得先检查检查脚。"

"好吧。"病人讲道。在他"表兄"的陪伴下来到了脚病医生大卫·盖勒的治疗室。医生是一个性情很温和的人，他让感冒病人躺在一张床上，放松了一会儿。

鞋和袜子都先后脱掉了，医生用手捏了捏脚，然后问道，"你脚上有什么毛病吗？"

"没有。我只是有点感冒。为什么要我来看脚呢？"

"啊，我们这里检查病情是由下到上的。我们先看看你的脚，然后再检查其他部分。"

医生在病人的左脚上发现了一块小疹，问道："这有好久了？"

"好几天了。"病人答道。

"我给你开点药，就到楼上药房去取。将油在上面涂几次，很快就会好起来的。"

"我为什么要到二楼去取药，我们家附近就有药房。"

"这里的药剂师懂得医生开的药方，他们贮藏的药也比较多。"医生说道。

根据医疗规则，医生给病人开处方，病人可以到任何药房取药。

盖勒医生给病人开了擦脚粉、抹脚油，并告诉病人，他患的是霉菌蔓延症。（卫生局一位脚病医生后来说，照这样的解释，还得培育细菌，但并没有这样做。）

五分钟后，脚病医生看完了病，关照病人，"不要着急。"接着他向负责接待的护士挥了挥手，护士很快就将病人领到另一间治疗室。这间治疗室约有 32 平方英尺，里面坐着一位内科医生……

（下略）

作者介绍：威廉·谢尔曼生于 1946 年 12 月 9 日，纽约市人，毕业于巴德学院，并在波士顿大学取得硕士学位，《纽约每日新闻》记者。他在写这组拆穿百万美元医疗补助费骗局的调查报道时，只有 27 岁。

写作背景：为了拆穿百万美元医疗补助费的骗局，谢尔曼乔装成患感冒的病人，以看病为名去多家医院实地调查取证，以大量的第一手材料戳穿了医院的丑行。一个小"病"，竟被支使看了好几个科，对享受福利的"病人"，医生乱开药、多开药；一些精神病医生给市里送的账单上填写的时数，要比他们每天实际看病的情况高出好多倍；一位牙科医生两年就向市里提交了 80 万美元的账单等问题，都是由谢尔曼一手拆穿的。在调查过程中，市卫生局给他大开绿灯，发给他一张医疗补助证，对医生给他开的处方以及到过的医院进行了监视；报社更是极力给他铺平道路，一切费用由报社支付。在他的文章见报后，市卫生局向那些弄虚作假的医生提出起诉，追回了多索取的医疗补助费达 100 万美元。

普利策奖评选委员会审议了 100 多篇地方调查性新闻，认为谢尔曼的调查"充分发挥了个人的积极性"，并对他的文笔和机智大加赞扬。他被授予 1974 年普利策地方特别报道奖。

作品分析：《一次感冒？一个小时看了三个医生》一文，只是谢尔曼这组系列报道的开头部分，但我们还是可以窥见一斑。这篇揭露性调查报道，为了展现其真实性和可信性，以他本人乔装成病人去医院看病的经历，给读者以身临其境的感觉。前半部分主要叙述交代看病的情况，基本上是在静态中完成的；后半部分借鉴小说中的对话形式，在动态中推动事件发展，先是作者与护士的对话，后是作者与脚病医生的对话，这些对话本身就是新闻事实，而且是最可信的新闻事实；对话是零距离的接触，是看得见、摸得着的新闻事实；对话所呈现出的镜头感和画面感，能给读者带来视觉上的享受，它的作用在这里是别的手法无法代替的。人融入事中，事由人带出，自然顺畅，没有做作之感。

阿塞尔·摩尔和小温德尔·罗尔斯写的《恐怖的法沃尤医院》（《费城问询报》1976 年 6 月 27 日），也是揭露性调查报道，但与《一次感冒？一个小时看了三个医生》一文，在写法上又有不同。

恐怖的法沃尤医院

本报宾夕法尼亚州魏马特讯——在波科诺斯以北一个森林环绕的乡村，有一座可爱的三层楼的圆形砖瓦建筑，许多犯过罪的精神病人在这里接受治疗，这就是法沃尤州立精神病院。它的外形看起来还确实有点像它的名字应该具备的那种特点。

当有人驱车经过这一优雅、空气清新的地区，一定会将它误认为一所规模不大的学院、一座郊外旅馆，或一座庙宇。

其实，它根本就配不上这些高雅的称号。有幸从这里出来的病人都称它是一座人间地狱。

还有其他大量材料可以证明这个说法是准确的。这些材料有的来自医院的看护人员和管理人员，有的来自学者，有的甚至来自政府的调查人员，这些调查结果被扣压了。

《费城问询报》经过三个月的调查，揭露出以下大量问题：

在法沃尤州立医院，病人在看护人员的殴打下或在看护人员的唆使他们相互殴打的情况下送命。

就在这个地方，病人打死后登记为心脏病突然发作。

就在这个地方，将病人打得死去活来、全身血污、失去知觉作为儿戏。

就在这个地方，一名看护人员打病人、其他看护人员蜂拥而上，已成为一条不成文的法律。

就在这个地方，病人被看护人员或其他病人强行鸡奸。

就在这个地方，病人被强行剥光了衣服生活好多年，有时还要戴上手铐，被推进冰凉的牢房。

就在这个地方，除了镇静剂外，再没有任何其他治疗手段，有些镇静剂早已为其他医院禁用。

在这座精神病院，精神病医生都没有执照。

就在这个地方，有人因小过失判处了 30 天监禁，要等上 30 年才能恢复自由。

就在这个地方，病人从住院起到确诊要经过二三十年的时间，有一病例拖了 26 年。

就在这个地方，人们没有任何舒服之感，就连卫生纸也没有。

就在这个地方，医院里的工作人员和病人都得以敲诈、偷盗作为生活的准则。

这就是《费城问询报》调查结果的一部分。这次调查是曾在该院住过院的一个病人的控诉的敦促下，在进行了一系列访问、研究了大量未公开的材料的基础上进行的。受访问的人包括以前和现在的看护人员、医院管理人员、政府官员以及从该院转到监狱的病人或出院的病人。

调查的主要结果是：杀人、掩盖罪行、严重失职、贪污腐化、残暴和鸡奸已成为这座医院的家常便饭，这种状况已延续了 30 年或更长的时间。

该院管理处现在的负责人上周告诉记者，他们正在采取措施，铲除从前的弊病。

过去，在医院里也做过一些改革的尝试，但是犯罪和玩忽职守的现象依然存在。最近，有两名医院的高级工作人员对记者讲，新的改革必须触及到看护制度。

州执法部门对法沃尤医院的情况早就有所了解，在其档案中有许多该医院犯罪的材料，其中包括谋杀这样的罪行。但是，该部门没有采取任何措施。

档案中还有政府调查人员的一项说明，说他们的调查工作在一些关键方面是十分肤浅的。

在当时的公共福利部长海伦·沃尔杰姆思的要求下，1974 年 11 月，州首席检察官伊斯雷尔·帕克尔下令就该医院发生的威胁、殴打、非法买卖以及死亡事件进行调查。大部分调查是由调查局进行的，州警察总署也就法沃尤医院中的死亡事件做了调查。

当调查结束时，帕克尔已经去职了，联邦公共福利部长也已易人。1975 年 4 月 16 日，新的州首席检察官罗伯特·凯恩向新任的公共福利部长弗兰克·比尔写了一个报告。他写道："在许多场合，工作人员曾动手对付病人，"但是，这些行为"没有过头或犯法"。

"没有任何事实可以证明医院所被指控的罪行，"他写道，但是他并不排除"病人钱财的所有权和非法买卖所引起的严重问题，以及对这些问题的处理不善……"

这个结论是怎样得到的呢？据调查局长塞西尔·耶茨在一封附信中讲，这只是听看守人员的一面之词，而毫不尊重病人的意见。

耶茨举了两个例子，说明医院是如何设置重重障碍使调查只见皮毛、不能触及根本的。他说，这些病人是否犯了罪或患精神病，"看来都值得怀疑。"

不管怎样，医院代理总监罗伯特·哈麦尔讲道，全院 453 名病人中，有 30% 从未犯过任何罪行。但是法沃尤医院的档案上写着：进院的病人不是由于患有精神病，而是由于是捣乱分子；有些人是因为法庭犯了官僚主义错误而被送进来的。

耶茨还指出，他手下的调查人员查阅的只是看护人员被病人打伤的病历，而不是病人被看护人员打伤的病历。如果用后一种材料，他说，

"在法律上就会有问题。"他讲道：这样，"就不能尽量原原本本地分析问题"或建议采取纠正的行动。

作者介绍：阿塞尔·摩尔和小温德尔·罗尔斯是《费城问询报》的记者，他们在采访调查法沃尤医院虐待精神病患者的暴行时，分别是 36 岁和 35 岁。两人共同获得了 1977 年普利策地方特别报道奖。

写作背景：摩尔和罗尔斯于 1976 年春天，对法沃尤州立精神病院进行了三个多月的调查，揭露了这个极其肮脏、拥挤不堪的精神病院令人发指的罪行。一位曾在此住过院的病人，告诉了他们很多真相和内幕，如一位病人因 1938 年在那里打架，在里头被关了 32 年；还有一位病人只是用手推了一下看护人员，就被剥光了衣服，扔到小牢房里待了整整 7 年；有的看护人员为了取乐，就让病人像斗鸡那样互相厮打……

《费城问询报》的调查和报道，在社会上引起很大震动，政府立即采取了多项措施：法沃尤医院的每个病人都接受了精神病检查，有 58 名病人出院。此外，在州政府调查人员的建议下，其余病人送往别处比较安全的州立中等医院进行治疗。医院院长辞职。州里通过了精神病人权利法。今后法沃尤医院一有病人死亡，就得通知验尸官化验；在必要情况下，还得进行调查。韦恩县大陪审团经过 19 个月的审讯，最后宣判法沃尤医院中有 36 名工作人员犯了 20 起罪，其中包括谋杀罪。但是，尽管有大量证据，法官还是对其邻居、朋友予以开脱。

作品分析：《恐怖的法沃尤医院》是一系列调查报道的摘要。它的写法更接近华尔街日报型结构。第一段软导语借助"一座可爱的三层楼的圆形建筑"，把法沃尤医院带出来。第二至第三段是过渡段，第二段采用欲擒故纵，又是优雅、空气清新，又误认为是一所规模不大的学院、郊外宾馆、一座庙宇；第三段笔锋一转，点出它是一座人间地狱；这两段完成反差过渡，第四段过渡结束。

从第五段起进入核心段，即铺叙主要的新闻事实，也就是揭露出大量的问题。这些问题不是像写报告那样去铺陈罗列，而是一连气用了 11 个"就在这个地方"作为段落的起始句，这种 10 个以上的排笔式写法，在新闻中还是比较少用，这里起到了烘托气氛、增强气势，添加色彩，吸引眼球的作用，具有很强的可读性。

文章的后半部分，推出调查结果，并先后出现联邦公共福利部长、州首席检察官、调查局局长、医院代理总监等人物。这种先写事后写人的做法，是为了映衬新闻事实的真实性、客观性和可信度，以及记者调查的多方位、多侧面。光有事没有人，好像给读者的感觉只是作者一个人在讲述，读者对你文章的客观性会有一丝疑虑，"我凭什么相信你说的是事实，而没有偏见甚至虚假成分"，有这么多的权威人士"出面"，读者不再有半点疑惑。

无论是《一次感冒？一个小时看了三个医生》，还是《恐怖的法沃尤医院》，之所以获得普利策新闻奖，主要是因为调查报道的问题，是社会普遍关注的问题。揭露这些丑闻（美国政府的官僚主义、漠视人权和腐败），不仅仅是为了暴露而暴露，不仅仅是为了整治某些单位和某些人，其出发点是把假恶丑的东西大白于天下，让民众监督它、批臭它、整倒它，不能让类似问题重蹈覆辙，也是利用舆论监督来推动社会的进步。一句话，之所以能产生较大的影响，关键是抓住了"重点集中在某个独特的方面"。恰到好处的写作手法，只不过是绿叶配红花而已。

五、华尔街日报型写法两个变种

华尔街日报型的写法，经常把人物、场景、事件作为导语开头，它强调把重点放在报道某个人或问题的某一部分上，而将传统的导语移到后面或融入其他段落中，这是倒金字塔以外的基本写法。这种写法还有两个变种，即以写景为导语和以小故事为导语。以写景为导语和以小故事为导语的写法，与华尔街日报型结构的基本写法，只是导语有所不同，其他的结构——确定主题、过渡、报道主题以及结尾等，都是一样的。因此，阐述华尔街日报型写法的两个变种，主要就是介绍写景和小故事这两种导语的写法。

1. 以写景为导语的写法

以写景为导语的写法，是吸引读者注意力的一种有效方法，它能引起读者心灵上的愉悦。在景色的描写中，有时是纯风景的描绘，有时也将报道的有关人物写进去。

在一篇有关艾米西人准备过冬的报道中，《哥伦比亚每日论坛报》的记者是这样开头的：

> 乡村显得一片宁静，这是在丰收大忙之后，冷酷、刺骨的严寒到来之前的农闲时节。
>
> 农家用手捆起来的玉米秆，一捆捆直指天空，大堆灰暗的云不停地从西方涌来。棕色的树叶顽强地挂在瘦削、赤裸的树木上，树木昂然挺立，准备着严冬的到来。冻僵了的褐色小草在寒风中摇动。
>
> 大地显得毫无生气。但是在田野里，越冬小麦似乎还有点新意，它那初生的绿叶表明，下一个春天早晚会到来。
>
> 空中，没有任何煞风景的电线或电话线。沿着碎石小路，骑马或坐在轻便马车上的人们悠闲地闲逛着。有不少农民在出售自家制作的糖果、高粱饴和花生糖。

这是艾米西人居住的农村。如果说土地正准备休息的话，依靠土地为生的艾米西人却没有休息。在每一个农场，无论是在谷仓附近的空地上还是在田里，人们都在劳动。辛勤劳动是他们的生活方式，几乎所有的农活是靠马或人力来做的。"这样的劳动方式已有很长的历史了，是上帝的意志叫我们这样做的，我们认为应该保持这种方式。"一个农民解释说。

（下略）

上面的几段中，开头前4段都是写景：宁静的乡村、灰暗的云、棕色的树叶、赤裸的树木、褐色的小草、碎石的小路、轻便的马车等，绘制了一幅艾米西人严冬到来之前的农闲图，这种描写像是一篇小说的开头，人们读了有一种美的享受。它平滑地进入第五段后，也就是过渡段，读者才发现这不是小说而是一篇新闻。从第六段起，记者开始描写艾米西人怎样秋收。前4段的风景描绘，不仅是为了吸引读者的注意力，也是为了艾米西人的秋收做铺垫，这就不是为了写景而写景。

理查德·克雷默写的《漫步在无人区》（《费城问询报》1978年3月17日）的开头也采用了写景描写：

漫步在无人区

本报从被占领的黎巴嫩雅达角发出的通讯——死一样的寂静笼罩着无人区。在走过两英里的大道上，阒无一人。这时才深感到，人是不可少的，人像房屋、篱笆和田野一样，是风景的组成部分。

这里，距黎巴嫩南部边界只有8英里，介于法塔赫突击队最后一个哨所和以色列的前沿阵地之间，在路上迎接你的是跳跳蹦蹦的鸡群。就在48小时前，人们还在院里向它们撒过谷粒。

这里，就像被火山埋掉的庞培一样，只不过没有岩浆而已。一切都静止不动了。就在空空的房屋旁，堆着一筐筐橘子，没有任何人碰它们。打断的电话线乱糟糟地盘在电线杆上，已毫无用处。一个自来水龙头正在往外淌水，流出来的水在地上形成了小溪，然后一直流到一块曾经是花园的低洼地里。

这里，微风擦过树叶发出的沙沙声也会吓你一大跳，赶快隐蔽起来，等到你钻进橘林里，仰望天空，察看是否有飞机之后，你立即会觉得自己太蠢，神经过分紧张。

确切说来，这里也有声音，而且十分嘈杂。附近就有真正的飞机和高射炮。当炮弹砰砰地落到山坡上时，羊群四处逃窜，一个劲儿地叫唤，沟里的青蛙也咽咽咽咽，叫声不绝。

但是，只有人的声音，如小孩的哭声、机器的喧嚣声，或是人们的笑声，才能打破这死一样的寂静。没有人，在两个世界之间的这块天地里，死一样的寂静永远也不会消失。就在法塔赫最靠前线的一个哨所后面，一群挎着克拉什尼科夫冲锋枪、戴着流行的贝蕾帽的不到20岁的小伙子正在安详地聊着天，他们已在这里紧张地度过了好长时间。

……

（下略）

这篇《漫步在无人区》的开头前5段都是风景描写，它不同于那种秀美自然风光的描绘，而是着笔于死一样的寂静情景。在特定的环境——无人区里，阒无一人，只有空空的房屋、乱糟糟的电话线、往外淌水的自来水龙头、一筐筐橘子……除此以外，就是跳跳蹦蹦的鸡群、四处逃窜的羊群和叫声不绝的青蛙。没有人的世界，是死一样寂静的天地。第六至第七段是过渡段。第八段进入核心段后（这里因篇幅有限，没有选录），我们看的是另一种情景：燃烧的汽车、发焦的车身、重型坦克屹立在路边、一摊摊血迹、一车车难民……使我们嗅到了战争的味道。前面5段写景衬托了无人区的寂静，与后面以色列阵地的荷枪实弹形成了鲜明对比。无人区的宁静成了企盼和平的象征。就是在进入核心段之后，作者也没有忘记穿插一段景色描写：

灌木丛中长满着雏菊，空气里散布着忍冬的芳香。东边山坡上传来爆炸声，间或夹杂小鸟的欢叫声。

这些自然风光的描写，在字里行间渗透着渴望和平，厌恶战争。

这里不得不费些笔墨介绍一下作者和他的采访过程，目的是加深对开头写景和全文主旨的理解。

理查德·克雷默1950年出生在纽约州罗彻斯特市，先后在霍普金斯大学和哥伦比亚新闻学院取得学位，在《巴尔的摩太阳报》工作了4年后，于1976年进入《费城问询报》，1977年被报社派往中东。1978年，当以色列入侵黎巴嫩南部，摧毁巴勒斯坦解放组织营地时，克雷默在特拉维夫雇了一辆出租汽车，让司机尽量往北开，但以色列军队禁止他向前。

在这种情况下，克雷默不是被迫返回特拉维夫，然后去报道以色列政府如何为难他，而是告诉司机将车开往特拉维夫飞机场。他在机场赶乘最早一趟班机飞往希腊雅典，然后又从雅典飞往贝鲁特。在贝鲁特，他又雇了一辆出租汽车，让司机尽量向南驶去。在最后一道阿拉伯哨所，他受到警告，不许继续向前。但是，他不顾个人安危，步行向前，进入了死一样寂静的无人区。文章开头的写景是他的亲身感受，如果不是甘冒死亡的危险亲临无人区，不可能写出如此精彩而又翔实的报道。

另一点需要说明的是，克雷默放弃了美国官方的新闻公报、有关外交和军事进展的声明，自己着重于报道这场连绵不休的战争对普通老百姓生活产生的影响。《漫步在无人区》就是在这种背景下写出来的。普利策奖评选委员会是这样评价的："他在1978年从中东发回的报道富有洞察力，具有鲜明特色，此外文笔优美，条理清楚。"并因此授予他1979年普利策国际报道奖。

上述两例是纯写景开头，然后通过过渡段进入报道主题。下面介绍迈尔克·戴利在《乡村之声》周刊发的一篇关于纽约市某地段的专稿。他通过开头描写那个街区为背景来描写中心人物：

奥特洛将一卷钞票塞进口袋里，从斯蒂普莱希爱斯码头，穿过栈桥，走回到康涅尔岛。他刚卖了他的0.32英寸的镀镍自动手枪。现在，他口袋里有65美元，可以为他刚出世两天的儿子买衣服了。在码头的尽头，一个来自新泽西州的15岁的孩子俯在栏杆上，用他新买来的枪，瞄准脚下20英尺远的水面。一声枪响，两只海鸥吓得从码头的一边飞了出来。海鸥惊慌地飞到了海滩上，海浪不停地冲击着海滩上的沙土。

在第二段，我们随着奥特洛来到了第20号西街。然后在第三段和第四段，作者通过过渡段进入报道主题：

25年前，康涅尔岛是个避暑的海滨小镇。每年夏天，数以百万计的人离开酷热的城市住宅来到这三英里长的海滨、栈桥和娱乐场所。分散在瑟弗大街北面三层楼房四周的避暑小平房，每所房子一季度的租价是500美元。

后来，这个避暑胜地成了一个商品倾销场所。冬天有取暖设备的平房租给领取社会福利的家庭，租金是每年1800美元。娱乐场成了流浪街头的歹徒们夏天的格斗场所。昔日穷人的天堂变成了今日穷人的地狱。

这篇报道的主题不是讲奥特洛或来自新泽西州的15岁的孩子，而是报道康涅尔岛的变化。它通过一个典型居民区的情景，让读者更好地了解到这一带的变化。因此，开头的这些情景描写，对于这篇报道来说，是恰到好处的。

以写景作为开头，是在特定环境下采用的，并不是所有新闻都要来一段写景描写。记者在开头写景之后，可以有多种的角度来写这篇报道，但是他们往往用详细的描述来衬托要概括的论点。在全篇报道中，重要的一点就是将中心放在有关的场面描写上。这也是只有华尔街日报型写法独有的特点。

2. 以小故事为导语的写法

华尔街日报型写法的第二个变种就是以小故事为导语。文章一开始就用有趣、逗乐、诱人的小故事吸引读者的注意力，吊起读者的胃口，诱发继续往下读的兴趣。理查德·塞弗罗在《纽约时报》采写了一篇有关去纽约后失踪的几千名妇女的报道。他用了其中一名妇女的一个小故事，作为导语开始了这篇杰出的报道：

> 这毕竟是乔安妮·巴肖德不快活的半生中最快乐的一天；在她24年的生活里，她的家人从未见过她这样高兴过。
>
> 9月2日，乔安妮在纽约市的贝勒弗尔医院的某个地方的公共电话亭，打电话时宣布说："昨天我生了个女孩。"她的妹妹巴巴拉在俄亥俄州柯特兰的巴肖德住处接到这个电话时大吃一惊。全家人谁也不知道乔安妮已怀孕，甚至连她住在哪儿都不知道。
>
> "近来好吗？"巴巴拉问道。但是乔安妮只想谈论她的女婴卡拉。"孩子长着满头的黑发，个子小，十分逗人喜欢。"
>
> 打电话的4天后，这个婴儿就死了。婴儿是在乔安妮称之为家的东哈莱姆贫民窟里被乔安妮宠爱的、唯一的伴侣、一条饥饿的德国牧羊狗咬死吃了。
>
> （下略）

这个小故事的开头很有趣也很沉重，经历了喜悲的过程，给读者留下太多的悬念和想象的空间。乔安妮为什么半生不快活呢？全家人为什么连她住在哪里都不知道呢？乔安妮怀孕时为什么连家人也不通知呢？为什么几天后婴儿被乔安妮宠爱的一条德国牧羊狗吃掉了呢？为什么咬死婴儿的牧羊狗是乔安妮的唯一伴侣呢？婴儿的生父是谁呢？为什么没在乔安妮的身边呢？为什么乔安妮住在贫民窟，她以什么为生呢？读者一下子就被人物的命运所吸引，带着过多的疑问想从文章中求解。前3段小故事是喜，乔安妮终于有了爱女；第四段过渡段是悲，婴儿卡拉被牧羊狗咬死。如果用倒金字塔写法，导语会写成这样：

> 9月2日，住在纽约东哈莱姆贫民窟的乔安妮，生下了一个私生女卡拉。在她打电话向家人报喜后的第4天，这个婴儿被家中一条饥饿的德国牧羊狗咬死吃了。乔安妮的悲剧是住在贫民窟里几千名失踪妇女真实生活的悲惨写照。

这个概括性导语五个W齐全，读者一目了然，知道了作者要告诉读者的是什么，不用往下看了。但它不像小故事开头那样，会像磁石一样抓住读者，逼迫你看下去。

《堪萨斯城明星报》曾收到一篇有关一个男人杀死一头小鹿的报道，如果运用传统的倒金字塔写法，导语会写成以下形式：

住在布朗伍德的 28 岁的奥古斯特·约翰·谢勒，由于杀死了一头小鹿被罚款 400 美元。

但《堪萨斯城明星报》采用了一个小故事作为导语，而且不到结尾，不揭出文章的关键。下面是该文的全文：

【密苏里阿奎拉电】 三年前，在密苏里东南某个面积为 240 英里的农场里，有个以饲养安格斯牛为生名叫哈罗德·梅里克的人。有一天，在他的铁丝网围栏上发现缠住了一头小鹿。

这头小鹿在铁丝上挣扎着。它全身是血，由于害怕和孤独，它有点发狂。梅里克和妻子玛丽以及他们 8 岁的女儿桑德拉就收养了这头小母鹿。他们给它敷裹伤口，及时地喂它软草嫩枝，这样小鹿就不害怕了。

小鹿得救了。他们给它取名乔安妮。乔安妮健康地成长着。它和梅里克的牛群一起吃草，偶尔它还被没有小牛陪伴的母牛围着献殷勤——虽然它长得与牛多么不一样。

梅里克夫人回想起乔安妮，就感到高兴。

她说："我们接待了乘着学校大轿车前来观看小鹿的学生以及驱车路过的人们，他们全都被拥在牛群之中的小鹿所吸引。附近的人都知道它。大多数人还知道它的名字。"

虽然乔安妮会成长为一头结实强壮的母鹿，但是它从不靠近梅里克的铁丝网；即使它能很容易地跳过去也不跳。显然它对能够成为牛群之中的一头鹿感到十分满意。

4 月 13 日清晨，早起的一个邻居听见了枪响，他朝外看去，看见乔安妮在牧场上摇摇晃晃。在砾石路不远的地方有个男人拿着一杆枪。邻居赶快去叫梅里克。

梅里克及时赶到，在路边碰到了一个男人和一辆黄色小吨位的货车。后来他记得在货车的后窗上还贴着一张农场罢工的标签。问他在这儿干什么来着，这个男人说他只不过是在这里"看看这头鹿"。

然后，梅里克就走去看能否救救乔安妮。他救不了它了。随后的一项兽医报告说，这头动物身中两枪，其中一枪穿过了心脏。

等到梅里克再转回来时，这个男人已经走了。不过梅里克还记得住这辆车的样子。

在五英里内，密苏里自然资源保护委员会的代理人唐·梅发现了有

14 辆模样差不多的车辆。不过没有一辆是属于梅里克所描述的那个男人的。

但是就在梅里克几乎失去寻找信心的时候，梅又发现了第 15 辆汽车。车内的男人在被捕两小时后承认了杀死这头小鹿。

星期三，在斯托德得县的马吉斯特德法庭，密苏里州布朗伍德的贮藏仓库老板奥古斯特·约翰·谢勒，以在非狩猎季节在公路上随便开枪被控有罪。谢勒被罚款 400 美元——这是迄今为止该县此类案件罚款最多的罚金。

当问到为什么要打死乔安妮时，谢勒回答说："只不过是为了好玩。"

这篇报道前 3 段采用了小故事开头：一头受伤的小鹿，被农场里一个以饲养牛为生的一家人收养的故事，对读者来说它具有新鲜感，谁也不知道这个故事如何发展下去，读者怀着浓厚的兴趣，渴望知道故事的谜底。开头的效果达到目的了。与其他华尔街日报型写法不同，它没有以过渡段的形式报道新闻内容，而是按照时间顺序组织全文，事件一步一步发展下去，故事按部就班讲下去，读者津津有味读下去，直到结尾才揭开谜底：枪杀小鹿的人受到罚款的处理。这跟读小说一样，不到最后看不到结果。这种关于"发生了什么事"的写法，一定要始终吊着读者的胃口，用故事性吸引你坚持读到最后。

有的新闻事件本身就错综复杂、跌宕起伏，具有很强的故事性，以小故事开头更是不足为怪。如吉恩·米勒写的《皮茨—李以自由人的身份来到世上》（《迈阿密先驱报》1975 年 9 月 20 日）就是这样的作品：

皮茨—李以自由人的身份来到世上

弗雷迪·皮茨和威尔伯特·李星期五中午 12 点 37 分从死神笼罩的阴影下走了出来。他们没有回首顾盼。

铁窗后的人传来的喧闹声在他们身后消失，摄影机后的人流在他们面前徐徐地退去。

皮茨和李的脸上没有丝毫笑容，他们对谁也不打招呼。

为了另一人所犯的罪行，他们在监狱里度过了 12 个春秋再加上 48 天。现在他们以自由人的身份来到了世上，皮夹里放着一份复制的州长下达的平反命令的副本。

"我在这个旅馆里待够了，"皮茨委婉地说，"这儿的伙食住宿条件太差了。"

"我已经脱下了囚衣，换上了我在自由的世界上的衣服，"李说，"好小子，我觉得我像费城的一名律师。"

他们离开了，他们有些临时计划，但是没有宣布……

（下略）

这个小故事开头，给读者带来刨根问底的兴趣。弗雷迪·皮茨和威尔伯特·李到底是两个什么样的人呢？他们为什么被错判并关在监狱里 12 年零 48 天呢？他们是怎样洗刷冤屈得到平反的呢？他们出狱后是否要为了讨回公道而告状呢？读者要得到答案，必须耐心地看下去。开头过后，米勒从容、公正地讲述了这个曲折复杂的故事。皮茨和李是两个贫苦的黑人，在 1963 年被指控在佛罗里达犯有谋杀罪，虽然他们都坚持自己是清白无辜的，还是被判处了死刑。

吉恩·米勒是一位对人关心、信奉人权的资深记者，1928 年出生在印第安纳州埃文斯维尔市。在印第安纳大学毕业和在军队服役后，他当了记者，1957 年到《迈阿密先驱报》工作。从 1963 年至 1975 年的 12 年间，米勒通过不懈的努力，以列举出的铁证，使 3 个不同案件中，被错判为谋杀罪的 4 个无辜人重获自由。

自从米勒确信皮茨—李的案件是错判以后，他以极大的决心、耐心和恒心以及技巧，为他们平反艰苦奋斗了八年半，这期间在报纸上为此案写下了 150 余篇专栏文章，30 余万字。他遭受到人们的误解、谩骂、诽谤、敌视、殴打，但始终没有退却，没有放弃。报纸主编也坚信他是正确的，一直全力支持他，最终为皮茨—李这两个贫苦黑人讨回公道。米勒是美国最受尊重的记者之一，于 1967 年获得普利策地方特别报道奖，1976 年又获普利策地方普通报道奖。

六、第一人称的写法

与倒金字塔写法不同的，除了华尔街日报型结构外，还有第一人称的写法、连续对话的写法和日记、札记写法等多种写法。

第一人称写法的优势，就是从第一人称的角度抓住其他写法不可能抓住的特点，因而这种写法能取得最好的效果。什么情况下采用第一人称的写法？运用第一人称的写法，最好是不仅记者看到了这件事，而且还把自己牵涉在这不平常的事件中。没有亲身经历、没有参与其中，除非在必须采用第一人称写法不可的情况下，务必不要乱用这种写法。

在普利策新闻奖中，不乏运用第一人称写法的佳作。梅丽曼·史密斯写的《我看见历史在爆炸……》（合众国际社电讯稿 1963 年 11 月 23 日）就是这方面的代表，这篇报道全文近 6000 字，下面节录部分内容：

我看见历史在爆炸……

合众国际社华盛顿 11 月 23 日电——这是一个十分迷人的、阳光和煦的中午，我们随着肯尼迪总统的车队穿过达拉斯市的繁华市区。车队从商业中心驶出后，就走上了一条漂亮的公路，这条公路蜿蜒地穿过一个像是公园的地方。

我当时就坐在所谓白宫记者的专车上，这辆车属于一家电话公司，车上装着一架活动无线电电话机。我坐在前座上，就在电话公司司机和专门负责总统得克萨斯之行的白宫代理秘书马尔科姆·基尔达夫之间，与其他三名记者挤在后座上。

突然，我们听到三声巨响，声音听起来十分凄厉。第一声像是爆竹声，但是，第二声和第三声毫无疑问就是枪声。大概距我们 150 码或 200 码前面的总统专车立刻摇晃起来。我们看见装有透明防弹罩的总统专车后的特工人员乱成一团。

下一辆是副总统林顿·约翰逊的专车，接下来是保卫副总统的特工人员的专车。我们就在后面。

我们的专车可能只停了几分钟，但像过了半个世纪一样。我亲眼看见历史在爆炸，就连那些饱经风霜的观察家，也很难领悟出其中的道理。

我朝总统专车上望去，既没有看见总统，也没有看见陪同他的得克萨斯州州长约翰·康纳利。我发现一件粉红色的什么东西晃了一下，那一定是总统夫人杰奎琳。

我们车上所有的人都朝司机吼了起来，要他将车向总统专车开近一些。但就在这时，我看见高大的防弹玻璃车在一辆摩托车的保护下，嚎叫着飞速驶开。

我们对司机大喊："快！快！"我们斜插过副总统和他的保镖车，奔上了公路，死死地盯住总统专车和后面特工人员的保镖车。

前面的车在拐弯处消失了。当我们绕过弯后，就可以看到要去的地方了——帕克兰医院……

我跳下汽车，飞快跑到防弹玻璃车前。

总统在后座上，脸朝下，肯尼迪夫人贴着总统的身子，用双手紧紧将他的头抱住，就像在对他窃窃私语。

……

我已通过记者专车上的电话，向合众国际社报告了有人向肯尼迪总统的车队开了三枪。在医院门前目睹总统专车上血迹斑斑的景象，我意识到必须马上找一个电话。

......

我抄一条小路径直冲到了医院的走廊上。我首先看到的是一间小办公室，这根本不像一个办公室，倒像一个电话间。办公室里站着一个戴眼镜的男人，他正在摆弄一大堆乱七八糟的表格。在一个像银行出纳台那样的小窗口，我发现木架上有一部电话机。

"怎样接外线？"我气喘吁吁地问道。"总统受伤了，这是紧急电话。"

"拨9。"他边说边把电话推到我身旁。

我连拨了两次，终于接通了合众国际社达拉斯分社。我用最快的速度发了一个快讯：总统在穿过达拉斯的大道上遭到枪击，总统伤势严重，可能是致命的重伤。我正打着电话时，抬着总统和州长的担架从我身边经过，由于我背向走廊，直到他们到距我75英尺或100英尺的急救室门前，我才看见他们。

我从窗口外的人的脸上突然出现的恐惧神情上知道他们已过去了。

我站在通往急救室的淡褐色走廊上，一边向合众国际社打电话报告枪击时的情况，一边紧盯着急救室外面，看会出现什么新情况。这时，我眼前展开了一片忙乱的景象。

（下略）

用第一人称写的《我看见历史在爆炸……》这篇报道，是一篇记述翔实精细，描写真切生动的现场目击记。"我"亲身经历了肯尼迪总统遇刺的全过程，并按时间顺序，把每一个读者关心的细节都没漏过，可以说是"我"的现场实录记。他做到了每一个镜头都会留在读者的心中，给读者身临其境的感觉。如果不是运用第一人称的写法，绝不会如此生动传神。这与记者的经验、判断、功力和"特权"是分不开的。

梅丽曼·史密斯在1936年就担任合众社和合众国际社记者，并担任过22年的白宫记者，是一位资深的身经百战的老将。由于事发时他是驻白宫的高级记者，又是合众国际社的代表，还是所有新闻机构采访总统活动的报业联营的代表，所以他占有离总统车队最近的距离，能在第一时间抢在别的媒体记者前面。

此外，虽然当时他已50岁，但身强力壮，反应敏捷，动作麻利，在新闻战的短兵相接中，他占了上风。他第一个用电话发出肯尼迪总统遇刺的消息，数小时后，他就写出了这篇《我看见历史在爆炸……》，合众国际社第二天清晨便发出这篇报道的全文，立刻在读者中产生很大的影响，并因此获得1964年普利策国内报道奖。在30年中，他报道过6位总统。但是，他在1968年病倒了。1970年4月13日，当他57岁时，他向自己头部开了一枪，用一粒子弹结束了30多年的记者生涯。

里奇·海兰德写的《我们今天都会死去》(《齐尼亚新闻报》1974 年 4 月 4 日)也是采用第一人称的写法:

我们今天都会死去

每当我思绪万千,想起这场旋风给我的城市及其居民带来的灾难的时候,我就会从现在起哭上一百年。

我比以往任何时候都更加体会到:现在,没有任何东西证明我的存在,除了世界上最宝贵的东西——我的生命,我孩子的生命,我妻子的生命!

我们今天都会死掉,就像许多人悲惨的命运一样。但是,我们活下来了,我们会重返家园并且继续活下去,连同我的城市,我们的城市和你们的城市。

这真是一场可怕的景象。将来某个时候,当我们(包括我在内)回想起今天的所作所为,就不禁会恶心、不寒而栗。

昨天,就在龙卷风刮起之前,我产生了一个奇怪的念头。这一奇怪的念头驱使我打电话给妻子,关照她就在我们家唯一能挡风的地方睡觉。我们家就在阿罗里德街,距离沃纳初级中学只有 75 码远。

就在我挂过电话不到 10 秒钟后,我们在无线电里听见了行政司法官代表的尖声叫唤:"龙卷风穿过公路,到达第 42 街。"不知什么缘故,兰迪·布莱卡比和我抓起一架照相机就冲到了第二街他的汽车房(刚才我们还在互相说我们不会这样干)。

我们认为龙卷风就在城边。天啊,我们真是大错特错了!在五点交叉道口,我走下汽车,猛然发现几乎直立起来的龙卷风螺旋状风柱就在眼前,靠近圣布里基德教堂。风柱四周盘旋着一些死去的飞鸟和乱七八糟的碎片,就像被一个魔鬼弄死和撕碎一样,而这个魔鬼像是等待了 2000 年,为了今天这场胜利。

我们又上了汽车,狂风在周围咆哮。我们设法避开龙卷风的路线。首先想到的就是,作为一个新闻记者,要尽快弄清所发生的一切。想撒手不干也不行。

当我们快到辛辛那提大道时,我明白了——我们的家也遭了殃,劫数是难逃的。我们的汽车在公路上来回地盘旋,想找一条到阿罗里德街的便道,但是,运气不佳。

后来,我找到了一个小男孩,他是我们报社副总编汤姆·麦凯瑟琳的儿子。他向我们指出了一条捷径，就在沃纳初级中学后面。

汽车拐弯时，我想，"不，上帝，不，不要再朝前走了，就像以往那样记住他们吧。"

房子被摧毁了。只有几堵墙还立着，其他的都塌下去了。看来，没人活下来。可是，就像一线阳光突然钻出云层，出现在齐尼亚从未有过的恐怖的上空，我突然听到了妻子的声音——她和我的只一个半月的儿子，5 岁的女儿，居然安然无恙。我从来就没想到，我是多么深深地爱着他们！

我们家唯一的损失是一条德国种的短毛猎犬，它很温驯，名叫巴伦。我想，它是逃掉了而已。但愿有人会把它送还我们。

我赶忙将妻子和孩子送到威尔明顿我父母那儿，又回来和成百上千人一道，通宵达旦地投入了救灾工作。

以下是一些自我牺牲、动人心弦的实例：

——人们不顾个人安危，竭尽全力将倒塌下来的木头搬开，以便抢救那些压在下边可能还有口气的人。

——齐尼亚市市长鲍勃·斯图尔特在全市有一半被毁的情况下，指挥了一次大规模抢救和清理，直到第二天早晨，还不知全家的生死如何。

——吉恩敞开店门向需要的人供应热咖啡和面包。

当太阳升起时，这场龙卷风所带来的灾难在人们眼前一一呈现出来了。我十分憎恨这一切，但是我们还活着，而且大多数人活着。虽然我们许多人无家可归，但都想在废墟中挖出一点家中的东西，如家庭相册一类的纪念品。

我们要挖！我们要生存下去！该死的。

1974 年 4 月 3 日下午 4 点 40 分，一场特大的龙卷风袭击了俄亥俄州齐尼亚市，这座仅有 27000 名居民的美丽小城，有 33 人死亡，1600 人受伤，财产损失至少达 1 亿美元。创刊 106 年以来从未停刊过的《齐尼亚新闻报》，动员了报社全体雇员（80 名，其中有 14 人家产全部被毁），力保第二天能出版这场龙卷风报道的号外。报社大楼屋顶被狂风掀掉，玻璃窗全被砸破，印刷机也严重损失，电也没有了。但报社全体人员将写好的稿件、拍摄下来的照片、死伤者名单以及财产损失的详情统计单，送到附近一家兄弟报纸《米德尔城新闻日报》印好，在第二天将这场龙卷风号外的报纸，送到 15000 位读者手中。这期号外的成功出版，反映了人们在巨大的身心痛苦下从事活动的精神状态。该期发表的《我们今天都会死去》，不仅保留了现场参与的真实性，而且不同于一般的事实性消息，因为这篇报道在描述事实的同时，富有浓郁的人情味。第一人称中的"我"，得知妻子和儿女在自然灾害中安然无恙，流露出发自心底的真情"我是多么深深地爱着他们"！这种从内心深处喷涌而出的伟大人类之爱，也深深地感染了读者。这也是第一人称写法的独有魅力。

1975 年春天，就在重建齐尼亚市的巨大工程还在进行时，《齐尼亚新闻报》被授予普利策普通地方报道奖。这说明龙卷风号外和《我们今天都会死去》的应有价值。

七、日记、札记的写法

日记体和札记体本身都是一种体裁，它不属于消息的范畴。但是在普利策获奖作品中，意外地看到了日记、札记写的新闻，看来真是条条大路通罗马。

在 1971 年的印巴战争中，《华尔街日报》驻远东记者彼得·卡恩一个人孤零零地困在重重包围的达卡城内。当时达卡城内的一切通信联系都切断了。卡恩的处境十分危险，本来报社建议他离开，但他决定留下来。由于通信联系切断，他无法发稿。在这种情况下，卡恩坚持写日记，将自己的所见所闻原原本本记载下来。当战争一结束，他立即将这些日记发回报社，《华尔街日报》在头版发表了他的日记《我们到处在挨打》（《华尔街日报》1971 年 12 月 21 日）。这篇独家新闻报道，成为战争的活见证。下面是日记的摘录：

我们到处在挨打

本报达卡讯——在这场短促的流血战争期间，从这儿向国外发出消息是根本不可能的。这样，当战争在 12 月 3 日爆发时，我就开始记日记。这些日记并不能成为这场战争的历史记载，因为它只能记录席卷整个次大陆的这场冲突的十分小的一部分。

我的日记有些是评论，甚至带有个人的色彩，对于这些，我只能请求谅解，因为在战争期间，消息闭塞，在这样的形势下，容易令人触景生情。

12 月 12 日　星期天

大约在 9 点钟，神学院的蒂姆神父来到国际饭店做弥撒，但是有消息说，负责疏散的飞机就要到了。外国人都奔往机场。神父说："我现在才了解留在神坛上的新郎的心情。"

乘车与一对年长的美国夫妇赴机场，他们已买好了疏散的飞机票。

老头戴一顶铝盔，老太太手上拎着一个鸟笼，笼里有两只叫得欢快的燕雀。"我不得不将狗扔下，"她说，"真可怕。"

在机场上，看见一名巴基斯坦少校走到一位美国官员面前，问他的妻子是否也可以一道疏散，回答是不能。巴基斯坦军官说了声谢谢就走开了。苏联总领事兴高采烈。他说："我真高兴，我的漂亮的太太已上飞机了。"

12月13日　星期一

早报上以黑体字标题宣布："敌人进攻被打退"，但是报上最长的文章是"饥饿的魔影在上沃尔特徘徊"。从早餐厅，人们可以看见饭店的雇员在用系有磁铁的绳子打捞落在游泳池里的高射炮炮弹片。

在解除宵禁的六小时期间驱车去市中心。许多孟加拉人离开了城里，但是在街上可看见一些比哈尔人（非孟加拉少数民族），当然是人力车夫。今天，我只看见少数巴基斯坦国旗在飘扬。一位外交官说："达卡所有的缝纫机都在缝制孟加拉国旗。"

12月14日　星期二

下午一两点钟，达卡攻城战就快打响了。印度的苏制米格飞机连续向市中心的"政府大厦"——总督府发射火箭。两名记者从城东南回来，他们的车在路上走了好几小时。据他们讲，印军离城只有7英里，中间只隔一条河。还会有一些战斗。印度飞机在市中心上空向下撒传单，呼吁所有军事和准军事人员就近向印军投降，并保证生命和财产的安全。

红十字会的负责人说，达卡的食品供应非常紧张。什么食品都短缺，许多商店不营业，宵禁使人们无法上街，价格高昂，穷人根本买不起。

有消息说，东巴基斯坦总督埃·姆·马利克和其他文职官员都已辞职。一位联合国官员（大约下午1点钟时他在总督府）说，在印军第一次和第二次袭击总督府这段期间内，马利克就写好了辞职书。然后，他洗了脚，跪在地上，开始祈祷。

12月15日　星期三

早餐时，印军空袭10分钟后，餐厅就没有人影了。餐桌上到处扔着咬了一半的鸡蛋。法曼将军（一位巴基斯坦指挥官）约在上午9点钟来这儿。巴基斯坦军队会投降吗？"我们为什么要投降？投降的问题还没有考虑过。"将军开着一辆盖着泥土伪装的梅塞迪斯小轿车四处奔波，车牌上有两颗将星。没有武装保护。10点钟刚过一会儿，一名英国记者从我身边跑过，他口里喊道，一小时内法曼将军要来饭店宣布投降。大家都很兴奋。电视记者互相打招呼，要维持好秩序，排成一行。"就这一次，"他们说，"我们不要互相打架，免得只照上自己。"

法曼将军准时到了，但是他转向墙角，电视摄影记者一无所获，只拍下一个背影。有谣传说，叶海亚总统昨天晚上已批准投降方案，但是可能受到了尼亚茨将军（巴基斯坦高级指挥官）的阻挠。

一名巴基斯坦军医来到饭店。他的谈话调子很沮丧。"什么是荣誉？"他问道。"为了荣誉到底要作多大的牺牲？过去我们曾经为荣誉进行决斗。现在为了维护荣誉就得牺牲一百万人。"他说。巴基斯坦军队伤亡惨重。

法曼将军离开了饭店。还是有许多关于投降的谣言。谣言真是太多了。

12月16日　星期四

上午10点钟，饭店一位负责人走了过来，他说道："确切消息，确切消息。投降了。"5分钟后，一名联合国官员在饭店证实："投降的最后通牒被接受了。"

我与其他记者一道冲向机场。12点45分，一辆巴基斯坦军车驶来，车牌上有两颗星。我猜可能是巴基斯坦将军来迎接印度的直升机。但是，一个缠着紫红色头巾的将军和另一个戴着步兵帽的将军走出车来，但不是巴基斯坦军帽。"你们好，我是印度军队的纳格拉将军，"戴着步兵帽的人说，"这是克拉准将。"他介绍了那个围着紫红色头巾的人，他俩率领印度军队今天凌晨从北边进入了达卡市郊。

我们听说国际饭店里发生骚动，于是就返回了。一个发了疯似的孟加拉人被抬了进来，腿上受了轻伤。最后，他被安置到饭店的三张椅子并成的临时病床上。饭店经理匆匆跑了过来，他还是像以往那样衣冠楚楚。"血都滴到我的高级椅子上了，那帮该死的王八蛋将他的脚刺伤了。"他说。

城里一片混乱，到处都是带枪的人；有兴高采烈的孟加拉年轻人，有不知所措的印度人，还有怕得要命，不知到何处以及如何投降的巴基斯坦军人。

今天下午，纳格拉将军和巴基斯坦军队的法曼将军，乘车到了饭店门口。一群人对着法曼将军乱喊乱叫："刽子手，杀人犯，浑蛋。"法曼走向他们，温和地说道："你们了解我替你们办了什么事吗？"他是指拯救了人们生命的投降。可能这帮人也清楚，但是并不介意。

下午 5 点钟，记者们都奔向高尔夫球场去观看正式投降仪式。投降书签字，一式四份。尼亚茨将军宣读文件花了很长时间，他好像是第一次这样做。

签字后，秩序乱成一团。一伙人要将印度将军扛到肩上，巴基斯坦将军受到周围人的推搡。法曼将军目光呆滞，孤零零地站在人群之中，不知所措。当两个孟加拉人猛地向他撞过来时，他喃喃地说："你看，我们到处在挨打。"

法曼将军将一只手插在上衣口袋里，慢条斯理地踱着步。"我怎样走出这儿呢？"他自问道。一会儿，他就在人群中消失了。

12 月 17 日　星期五

下午 5 点 55 分，来了两名苏联记者。"我们是塔斯社和《真理报》的记者。刚到。有什么消息？"

两小时后，在饭店一个房间里，一位记者边呷着苏格兰威士忌，边讲道："嘿，灯亮了。"确实亮了。这是近两周来，晚上第一次不用点蜡烛。

后来，来了三位印度人。他们说："全城现在平静下来了。已下了宵禁令。倒霉的枪声总算平息了……"余下的话淹没在一片自动枪的枪声之中。

但是，今天要比昨天平静些。

12 月 18 日　星期六

还有一些枪声，还有一些杀人的现象，特别是对比哈尔人的杀害，还在继续。孟加拉国的胜利庆祝会变成了一场血淋淋的景象；四名巴基斯坦的同情者受到折磨后被杀掉。今天早些时候，孟加拉人找到了一个大坟墓，里面埋着一些颇有名气的孟加拉知识分子的尸体，这些人是被当地的军人作为人质在头天晚上杀害的。这是一个传统的流血社会，他已经历过了 9 个月的大屠杀。流血怎么会突然停止呢？

达卡逐渐地平静了下来。

1972 年 5 月的一个清晨，卡恩在纽约家中睡得正香，突然电话铃声打断了他的美梦，主编在电话里告诉他被授予 1972 年普利策国际报道奖。他想庆祝一下，但房间里除了烟灰缸里一支未燃尽的雪茄外，什么也没有。于是他坐在床上，点燃了雪茄。后来，卡恩成为《亚洲华尔街日报》第一任主编兼发行人。普利策奖评选委员会给予他很高的评价："比其他人都更阐明了新闻的意义。他充分发挥了主观能动性，报道的最早，而且有深度。他写下的这些日记生动感人，告诉了读者所发生的事及其原因。"看来，不管采用哪种新闻形式，只要内涵深邃，报道及时，都有可能获奖。

与日记不同的是，札记是新闻的一种体裁。普利策新闻奖中，也有札记获奖的情况。马克斯·弗兰克尔写的《中国八日之行札记》（《纽约时报》1972年2月28日）就是一例，这里选录札记中的最后一篇：

中国八日之行札记

本报2月28日（星期一）上海讯——远涉重洋的美国人是以疲惫不堪的眼光对中国投以最后一瞥的。他们的心情像马可·波罗一样激动，但是他们在中国只逗留了八天，而马可·波罗却待了许多年。确切说来，他们是用八天的时间来满足数十年的渴望心情——对每一亿中国人花一天时间。要知道，当美国人上次在这些大街上溜达时，他们中大多数人还是襁褓之中的婴儿！

街道上给人的印象是单调，确实太单调了，街道上拥挤的人群差不多都穿着蓝衣服，一片单调的蓝色。但是，这单调的一切包含着丰富的内容，充满着生命力，潜藏着无比的雄心壮志，经历过无数灾难和风险，有过许多美好的梦想，能把这叫作单调吗？

华盛顿人口调查局公布的中国人口数字是85000万，误差为5000万；平均寿命是55岁或60岁，误差为5岁。

现在健在的79岁的毛泽东主席无视这些统计数字，他坚持认为，梦想只有一个：自给自足，自我尊重，不断革命和平等，单纯而又天真的集体主义精神，战胜私念、个人主义和社会的旧习惯。

人民留下了难以忘怀的回忆，他们不断地重复毛主席的口号，戴着政治上一致性的面具。但是，同样的面具使他们异常谦恭有礼、好客和自信。他们似乎认为，除了政治上的权力和个人自由外，任何事都在其职责范围。他们从上到下都显得生气勃勃、精神焕发。对任何问题，无论是讨论如何打包，或是将萝卜削成孔雀的形状摆在宴会桌上，他们都一样认真。

"中国人嘲笑什么？他们讲些什么笑话？"一位来访者问道。

"如果我们22年来不失去接触的话，您就不会提出这个问题了。"

"很可能，幽默因社会的不同而异。我们吃饭用叉子，你们用筷子。谁也说不上比别人就强多少。"

"好吧，你们想了解哪方面的笑话？"

"男人讲女人的笑话吗？"

"不，不讲。"一个女人说。

"你讲毛主席的笑话吗？"

"不，他是一个受大家尊敬和爱戴的人物。"

"记者讲他们编辑的笑话吗？"

"当然讲。"

"士兵讲他们军官的笑话吗？"

"讲，但是在工作很严肃，或大家工作很紧张时，就不会讲了。"

"那么，怎样在军官、编辑、主席和总理之间划一条界线呢？你们可以开哪些人的玩笑呢？"

满桌谦和的主人足足沉默了 10 分钟，对于这样一个傻乎乎的问题，显然是不可理解的。

1972 年，美国总统尼克松对中国进行了历史性的访问。马克斯·弗兰克尔作为随行记者，对这次访华作了详尽的报道。弗兰克尔是哥伦比亚新闻学院的毕业生，以善于撰写事实性报道著称，起先搞地方报道，后来任驻外记者，42 岁时成为《纽约时报》驻华盛顿分社社长。在中国繁忙的八昼夜里，他一个人孤军奋战，与其他成百上千的记者竞争，报道中美关系的恢复。

他在《纽约时报》上发表的《记者札记》，内容充实、观察敏锐。他不追求漫无边际的夸夸其谈，也不预测中美关系会如何发展。偶尔，他也谨慎地谈谈人们都在忧虑的中国领导人，特别是毛泽东和周恩来日益年迈的事实，以及中国对来访的美国记者欣然给予空前的新闻自由的意义。

我们从这组札记的最后一篇可以看出，弗兰克尔在结构上运用札记写法，能抓住新闻实质进行详尽准确的报道，而且文笔漂亮，新颖别致，对话幽默。因此获得 1972 年普利策国际报道奖。

从华尔街日报型写法和普利策新闻奖可以看出，美国记者头脑里的束缚少，新闻的写法也是多种多样，喜欢别具一格，独树一帜，让人茅塞顿开，"哇，新闻还可以这样写。"而我们的新闻写法陈旧，墨守成规，缺乏创新。

我们不应该排斥借鉴和学习。读者期盼着内容充实、内涵深邃、写法新颖、令人眼前一亮的作品多多问世。

1999 年 7 月初稿

2001 年 6 月二改

2005 年 7 月三改

2011 年 5 月四改

2013 年 3 月 18 日最后修订